QUYU KECHIXU FAZHAN DE
LILUN YU DUICE

区域可持续发展的理论与对策

毛志锋／著

吉林出版集团股份有限公司

图书在版编目（CIP）数据

区域可持续发展的理论与对策 / 毛志锋著. -- 长春：吉林出版集团股份有限公司，2015.12（2024.1重印）

ISBN 978-7-5534-9793-8

Ⅰ. ①区… Ⅱ. ①毛… Ⅲ. ①区域经济发展—经济可持续发展—研究—中国 Ⅳ. ①F127

中国版本图书馆 CIP 数据核字(2016)第 006902 号

区域可持续发展的理论与对策

QUYU KECHIXU FAZHAN DE LILUN YU DUICE

著　　者：毛志锋
责任编辑：矫黎晗
封面设计：韩枫工作室
出　　版：吉林出版集团股份有限公司
发　　行：吉林出版集团社科图书有限公司
电　　话：0431-86012746
印　　刷：三河市佳星印装有限公司
开　　本：710mm×1000mm　1/16
字　　数：380 千字
印　　张：22.75
版　　次：2016 年 4 月第 1 版
印　　次：2024年 1月第 2 次印刷
书　　号：ISBN 978-7-5534-9793-8
定　　价：83.00 元

前 言

环境是人类社会延续的自然基础，而发展则是人类社会协调人与自然、人与人关系的能动表现。如果发展不能立足于可持续性，那么这样的发展势必胁迫环境的自然无序演化，亦将危及到人类自身的生存与发展。因此，环境与发展成为当今国际社会关注的主题，走可持续发展之路无疑是人类自为的明智之举。

追求人类社会的可持续发展，旨在谐和全球和区域不同层次及其内部人口、经济、社会、资源和环境之间的相依关系，促进物质能量的有序转化和供需均衡。这不仅涉及到物质生产、技术进步、资源的开发利用和环境的改善保护等以探索自然演化规律，协同人与自然关系的自然科学与技术范畴的研究，亦更关联到物质财富在不同时空域的合理分配及人类文化、精神财富的扬弃与文明等以探索社会发展规律，和谐人与人关系的社会科学领域的研究。因此，可持续发展问题构成了一个人与自然和人与人相互关联、时空耦合的复杂巨系统。探索这一复杂系统的运动规律和对策措施，需要自然科学和社会科学的方法理论相融合，需要理论研究与社会实践相统一。

当今全球性不可持续发展的危机，迫使各国陆续制定 21 世纪可持续发展的议程和实施策略，并付诸社会实践。然而，由于可持续发展的概念和公理提出的时间不长，加之它所涉及的内容范围较广，知识综合性较强，因而其理论研究滞后于实践需要已是不争的事实，采用传统或单一学科的理论、方法冠以" 可持续发展" 来认识区域对象系统，并制定政策指导社会实践已捉襟见肘。倘若持续理性误导，难免使可持续的社会实践陷入一片混沌。面对世界人口日益膨胀、物质消费突增的压力和资源供给、环境保障的危机，没有科学技术的创新和文化、制度上的进步，人类社会的持续发展亦将难以保证。由此看来，建立以探索复杂巨系统的演化规律和社会、经济调节机制为先导的可持续发展理论、方法、评价和政策、技术支撑体系及预警系统，成为当代科学研究的前沿与各国科学家献身的使命。

当代世界特别是发展中国家能否持续发展，是关乎未来人类社会有序进化的核心议题。占世界人五分之一强的中国是全球最大的发展中国家，近 20 余年来经济的快速发展，使近 13 亿人口基本摆脱了贫困，为世界经济发展和社会稳定做出了巨大贡献。然而，发展进程中的人口、消费、就业问题的强大压力，资源短缺和环境污染的日益加剧，不仅是 21 世纪较长期影响中国现代化经济建设和可持续发展的关键桎梏，而且这些问题能否妥善解决亦将影响到全球的可持续发展，势必成为世界各国政府和科学家关注的焦点。因此，紧密结合中国国情研究和建立可持续发展的理论与方法体系，探讨中国宏观和地域的可持续发展战略与实践对策是中国学人责无旁贷的义务和应肩负的时代重任。

本书的框架构思起源于我在加拿大和美国做博士后期间的研究，回国后通过再做博士后和任教期间的持续研究而集腋成裘。在国家自然科学基金面上项目《县域可持续发展的系统分析和调控策略研究》与重点项目《中国可持续发展的管理理论和政策研究》以及中国博士后科学基金和留学人员科研基金相关项目的资助下，经过近 4 年的苦心钻研，先后在国内核心期刊上以期刊的首篇或栏目首篇发表了 20 余篇学术论文，然后经重组、删减、补充和拓展而成此书。此外，书中第 12 章是根据我为北京大学环境科学中心的硕士和博士研究生授课的部分讲稿修改而成，第 13 章主要参阅了友人米红博士的一篇文稿，在此谨表谢意。

最后，借该书付梓之际，感谢著名学者叶文虎、牛文元、张象枢和毛汉英诸教授的有力支持和学术思想之启迪，以及吴关奇教授对该书结构的有益建议。也感谢我的妻儿平素的艰辛和湖北科学技术出版社汪敏女士所付出的辛劳。

目　录

第1章　可持续发展研究的态势析评 ………………………………… 1

1.1　引言 ……………………………………………………………… 1

1.2　可持续发展研究状态的历史分析 ………………………………… 2

1.3　可持续发展研究趋势的理性评论 ………………………………… 10

1.4　小结 ……………………………………………………………… 14

第2章　可持续发展的哲理研究 …………………………………… 16

2.1　引言 ……………………………………………………………… 16

2.2　“天人合一”思想的起源与哲理 ………………………………… 17

2.3　人类社会可持续发展的系统思辨 ………………………………… 20

2.4　小结 ……………………………………………………………… 29

第3章　人类社会的演化规律与“三阶段”论说 ………………………… 30

3.1　引言 ……………………………………………………………… 30

3.2　双螺旋进化与主形态演化趋势 …………………………………… 31

3.3　生存阶段与农业文明 …………………………………………… 34

3.4　发展阶段与工业文明 …………………………………………… 35

3.5　可持续发展阶段与环境文明 ……………………………………… 39

3.6　小结 ……………………………………………………………… 42

第4章　人与自然和谐的生产剩余与消费剩余理论 ……………………… 44

4.1　引言 ……………………………………………………………… 44

4.2　人与自然和谐的生态结构与能量转化 …………………………… 44

4.3 人与自然和谐的内在机理与准则 …… 47
4.4 发展与保护的双重变奏 …… 49
4.5 小结 …… 51

第5章 人与自然和谐准则的系统解析 …… 53
5.1 引言 …… 53
5.2 地球系统应沿着非平衡定态演变 …… 53
5.3 三种生产须协调发展 …… 57
5.4 福利效用累加持续递增 …… 60
5.5 小结 …… 62

第6章 可持续发展要求下的人与人公平 …… 63
6.1 引言 …… 63
6.2 公平的伦理原则 …… 63
6.3 公平的实践原则 …… 66
6.4 小结 …… 72

第7章 社会稳定与可持续发展 …… 73
7.1 引言 …… 73
7.2 区域空间发展的非平衡演化 …… 73
7.3 区域社会稳定与发展的理论辨析 …… 75
7.4 社会稳定的调控途径与机制 …… 82
7.5 小结 …… 83

第8章 适度人口与可持续发展 …… 84
8.1 引言 …… 84
8.2 适度人口学说的演绎与评价 …… 85

8.3 可持续发展与人口控制 …… 89
8.4 人口—经济发展的协同 …… 94
8.5 生态适度人口容量与控制 …… 108
8.6 社会适度人口的理论分析与估算 …… 121
8.7 区域适度人口规模的关联抉择与控制 …… 130
8.8 小结 …… 144

第 9 章 SD 要求下的生产均衡与科技进步 …… 146

9.1 引言 …… 146
9.2 生产均衡发展的理论基础 …… 146
9.3 生产均衡发展的条件与准则 …… 149
9.4 科技进步与生产均衡发展 …… 153
9.5 小结 …… 156

第 10 章 人类文明与可持续发展 …… 157

10.1 引言 …… 157
10.2 人类文明的历史辨析 …… 158
10.3 环境文明与“三种生产”协调发展 …… 164
10.4 物质文明与资源利用 …… 166
10.5 生育文明与人口控制 …… 169
10.6 依靠政策和法规，实现人口、经济和环境生产的协调发展 …… 171
10.7 小结 …… 172

第 11 章 区域可持续发展的运行机理 …… 173

11.1 引言 …… 173
11.2 区域可持续发展的运行机理与准则 …… 174
11.3 小结 …… 184

第 12 章 区域可持续发展的能值分析与仿真 …… 186
12.1 引言 …… 186
12.2 能值的基本原理 …… 186
12.3 基本原理 …… 189
12.4 能值与国民经济系统 …… 213
12.5 区域能值系统的分析与仿真 …… 223

第 13 章 区域可持续发展系统的评估 …… 239
13.1 引言 …… 239
13.2 区域可持续发展评估的原则 …… 240
13.3 区域可持续发展系统的评价指标体系 …… 243
13.4 指标信息的处理 …… 246
13.5 小结 …… 252

第 14 章 发达国家可持续发展的战略与政策 …… 254
14.1 引言 …… 254
14.2 发达国家可持续发展战略和政策的形成 …… 254
14.3 美国可持续发展的战略和政策 …… 256
14.4 日本、法国和加拿大可持续发展的战略与政策 …… 264
14.5 发达国家可持续发展对策的启示 …… 268
14.6 小结 …… 270

第 15 章 发展中国家可持续发展的战略对策 …… 271
15.1 引言 …… 271
15.2 发展中国家可持续发展的战略对策 …… 271
15.3 中印可持续发展的对策比较 …… 274
15.4 小结 …… 283

第 16 章 中国可持续发展的专题研究 …… 285
16.1 引言 …… 285
16.2 中国的人口控制与可持续发展 …… 285
16.3 中国的小城镇建设与可持续发展 …… 296
16.4 中国自然保护区可持续发展的案例研究 …… 305
16.5 县域可持续发展的案例研究 …… 315
16.6 小结 …… 350

第1章　可持续发展研究的态势析评

1.1　引　言

马克思早在130年前就指出："文明如果是自发地发展，而不是自觉地发展，则留给自己的是荒漠。"自从创世纪以来，人类掌握自己发展的命运，着实蕴藏着无比聪明的智慧和弹奏着改天换地的壮举，亦不断吞食着自身生存厄运和发展危机的苦果。

人类社会的农业文明在促使社会经济发展的过程中，因人口规模不断膨胀和生活消费压力冲击驱使下对自然界的盲目开发和经济扩张，使生态环境自打破自然调节之后一次一次失去人工辅助下良性循环的平衡，进而带来难以遏制的自然危机回报。工业文明在造福于人类社会进步的同时，也使人类的生存环境涂上了浓重的"污黑色"，从而宣示了"先发展，后治理"模式的最终失败。

20世纪中叶以来，新技术革命为人类的生存和发展不断显现出光明的前景。但有增无减的人口浪潮和日益剧增的消费压力，使有限的耕地负载不断加重。对自然资源的超度索取和能源、化工等工业的快速发展所带来的危害，不仅使水土流失、土壤退化、生物资源急剧减少、生态循环调节功能降低，而且导致大气臭氧层被破坏，"温室效应"不断侵扰着人类的生存环境。尽管信息网络技术的勃兴加速了世界经济一体化进程，且为全球携手解决生态、环境和社会危机问题提供了监测、通讯和治理技术等方面的措施，以及公众评论和取得共识上的便利手段，但由此掀起的新经济浪潮中的高技术垄断、区域发展失衡、失业和贫富差异加剧现象，也直接威胁到国际社会的稳定和人类的可持续发展。

由此看来，自在的人类不仅要欲求自身的幸福生存，亦着实需要为未来的子孙后代远虑立足之地和开创似锦的前程。因而，可持续发展已成为当今国际社会论坛的主题；调整经济发展模式，扶正消费观念，控制人口自身再生产，依靠科技进步，有效地开发利用自然资源和保护生态环境，加强国际合作，消除贫困和社会动荡危机，建设好“地球村”，无疑是当代人自为的明智之举。

1.2 可持续发展研究状态的历史分析

追求人类社会的可持续发展，旨在谐和不同时空域人口、经济与资源环境之间物质能量的有效转化和供需均衡，以便满足当代人的健康发展和未来人口幸福生存的需要。于是，围绕这一论点的认同和探索应当说是由来已久。古希腊时代柏拉图“理想国”的设想，马尔萨斯“两个公理”和“两个级数”理论的提出，马克思恩格斯“两大生产相互适应发展”理论的奠基；20 世纪 30 年代，美国开始对田纳西河流域的综合开发治理，后继有日本国土整治《一全综》《二全综》的颁布实施等。从理论到实践上，无不显现出不同历史时期社会各界人士和各国政府对人类生存与可持续发展的忧患和研究、实践的青睐。而使可持续发展成为公理和震撼世界的里程碑性呐喊与研究，被公认为：一是20世纪60年代初，美国生物学家 R. Carson《寂静的春天》震发的一声春雷；二是70年代初罗马俱乐部《增长的极限》的惊世宏言；三是80年代中期，布伦特兰夫人倡导的《我们共同的未来》的全球性呼唤；四是90年代初，联合国领导的“21世纪议程”宣言，从而逐步拉开了世界进入可持续发展时代的实践序幕。

我国自古以来“天人合一”的哲理和“人地共生”的长期社会实践，既使中国最早进入农业文明时代，也使中华民族对可持续发展有着更深刻的认识和使命感。特别是20世纪70年代“计划生育”和“保护环境”国策的制定与实施，80年代区域综合发展研究和“黄土高原水土流失治理”，“三北和长江流域防护林建设”等，90年代《中国21世纪议程》白皮书的提出和当今西部大开发的战略性探索，从而也显著地推动着我国可持续发展的系列研究与实践活动，

虽然人类社会的发展实践和当代遍布世界的人口、贫困、资源枯竭、环境污染、“温室效应”蔓延的压力与危机早已驱动理论界和各国政府，从不同学科和策略角度探索区域综合协同的可持续发展问题，然而由于人类社会的发展阶段不同，各国或地区的发展进程与自然、经济、环境和社会的客观状态相

异，于是其发展模式和路径的抉择也必然大相径庭或难以苟同。有关可持续发展的概念界定、理论观点、评价准则和研究方法亦是纷彩异呈，百家争鸣。

1.2.1　概念与理论探索

就可持续发展的概念界定或认识而言，早期的生态学家把它表征为：自然资源及其开发利用程度间的平衡（Geerling 8c de Bie，1986）。后继的代表观点则认为：可持续发展是寻求一种最佳的生态系统以支持生态的完整性和人类愿望的实现，使人类的生存环境得以持续（R. T. Forman，1990）。进而，也就演化出了“以生物为中心”“环境保护第一”和“经济原点发展”等偏激论点[1]，认为经济、技术发展是环境恶化的根源，要保护环境，只有限制经济的发展。

在西方一些经济学家看来，区域可持续发展的核心是经济的发展。于是继 J. L. Simon 的《没有极限的增长》，以及赫尔曼·卡恩提出的再工业化战略等经济决定论思潮之后，E. B. Barbier 在其《Economics，Natural Resources，Scarcity and Development：Conventional and Alternative Views，1985》一书中定义道：“可持续发展旨在保持自然资源的质量和其所提供服务的前提下，使经济发展的净利益达到最大限度。”还有的学者认为，可持续发展是“今天的资源使用不应减少未来的实际收入”（A. Markandya and D. W. Pearce 1988）。显然，这些观点所强调的已不是传统的以牺牲资源与环境为代价的经济发展，而是不降低环境质量和不破坏世界自然资源基础的经济发展。然而，现实状态是，一些发达国家仅仅立足于保护自身的资源和环境，依靠资本输出和经济贸易，甚或政治、军事措施不平等地占有他国资源来促进自己的发展，也或将高污染的企业生产或技术设备转移出去，而追求自身环境的洁净。而众多发展中国家为摆脱贫困和落后，在加速发展经济过程中，资源浪费和环境污染因缺少经济资本和技术往往很难得到有效遏制。此外，市场经济中的个人和短期利益机制也往往导致对保护自然资源和环境的漠视或亵渎。因此，如何保障区域经济和人类社会发展的可持续性，在理论和实践上均需要长时期地不断探索。

在现代社会发展中，没有科学技术的支撑，无从谈起人类的可持续发展。因此，认为“可持续发展就是建立极少产生废料和污染物的工艺或技术系统”[2]。日本学者山本良一教授在研究材料与环境间的关系时指出：以前材料科学的基本出发点是力求最大限度地发挥材料的潜在性能，几乎从未从环境和资源枯竭的观点进行过考虑。故而因追求高性能、高附加值往往与产品的再生循环利用是矛盾的，直接导致了近代“大量生产、大量消耗、大量废弃”的生产模式。[2]显然，科学技术也是把双刃剑，既是影响人类社会可持续发展的关键因素和根本手段，亦因“技术决定论”诱导下的盲从又会招致严重的后患。

联合国开发计划署（UNDP）在宣传《我们共同的未来》主旨的报告中认为：如今发展面临政策、市场和来自科学的三大危机，故而必须重新定义发展的内涵。于是，可持续发展意指“通过社会资本的有效组织，扩展人类的选择机会和能力，以期尽可能平等地满足当代人的需要，同时不损害后代人的需要”。这里的社会资本是指“体现在人们之间的关系之中自觉形成的社会规则”。[3]UNDP认为，没有社会财富（资本）的支持，人力资本和物质资本都难以维持或被正确利用。显然，UNDP的可持续发展内涵更多地从属于社会属性，强调社会机制，强调国际合作和地方发展中的实践创新——建立新型整体化的社区组织，鼓励民众参与共同决策，乐于相互信任和合作，即为共同的利益而奋斗。

综上所述，有关可持续发展的概念界定和内涵探索，不仅阐述了可持续发展的目标，也勾画了相应的实践路径，从而正在形成各自的理论和指导社会实践的思想体系。通过资料检索和归纳分析，当前国际上具有代表性的可持续发展的理论观点和研究成就如下：

①新古典均衡理论（Equilibrium-Neoclassical）：该理论基于个人的理性行为、效用和利润最大化原则，以及对可持续发展含意理解的假定，在完全信息下通过价格的相互作用和市场机制，且将可耗竭资源和环境污染问题补充于传统的经济均衡增长模型[4]，来研究和实现可持续发展。其主要理论观点是：通过市场机制，替代稀缺的自然资源或改善要素的生产力，在技术进步和资本积累的正面效应足以抵消自然资源的耗竭、环境的污染和人口增长等的负面影响下，一个相对恒定或不减少的人均消费道路可以无限地维持。

Dubourg和Peace认为[5]，可持续发展被理解成经济福利潜力的维持和增加，因而人均经济福利的非负变化成为代际公平的目标。在他们看来，在一些限定的条件如技术、资本存量、资源可得性、时间偏好和福利等影响下，资源的不断开发利用必然导致未来各代生活标准不可接受的降低，先前被描述为最优的发展道路也许是不可持续的。也就是说，可持续的发展道路不必是最优的资源配置效率和福利的最大化。他们断定可持续发展的有效政策的核心是承认不同资产在一定程度上是可以替代的。

Marini 和 Scaramozzino 则把环境质量引入个人效用函数的代际分配作为连续各代的个人馈赠予以考虑，认为财产和权利的分配决定各代之间资源的有限配置是否能够提供一个满意的福利水平。他们借助模型得出如何获得代际公平与帕累托效率的一般原则，并设计了一套时序关联的财政政策来克服市场缺陷和保持生态系统的恢复力。他们认为在一适当的财产和结构转移下，通过环境外部性和代际外部性的内部化可以获得代际公平。[6]

② 生态、技术进化论：这种理论主要是通过分析生态系统演替和技术创新的规律，寻求可持续发展的对策措施。它舍弃了上述理论的均衡假定，而采用非均衡、变迁和非线性机理研究经济和生态的协同演化。

Christensen(1996) 从经济思想的发展过程中寻找进化的方法，指出在经济学中大多数进化思想受到生物学和生态学领域的影响。认为进化理论对可持续发展问题的应用更强调培育技术创新和体制变化，以便决策者可以更好地使技术、经济和财政发展状态的调整达到可持续发展规范所需的条件。[7]

Healy 认为可持续发展引起一种对技术选择的新方法，尤其是清洁技术的采用。由于技术变化作为内生的与社会组织和制度相关联，因而采用新技术和进行制度创新是可持续发展的必需条件。[2]

Freeman 提出了一个多阶段的生产模型来分析气候变化、自然资源稀缺与经济扩张和环境政策的相依关系。认为通过调整经济发展、分配公平和环境质量目标，有助于保障社会的可持续发展。[8]

③ 伦理—乌托邦：这种观点主要从伦理学角度研究资源利用和人与环境的相互作用，进而研究福利分配和代际公平问题。主张通过树立新的价值观来激励公众克服利己主义和短期效益追求的弊端，在尊重自然和子孙后代幸福生存的前提下，制定长期可持续发展的政策和策略。[1]

除上述理论观点的研究外，国外一些学者还从复杂系统运行机理、系统生态学、人类生态学、社会生物学、社会经济、政治体制等方面进行可持续发展的理论探索。

显而易见，国外学者在可持续发展的理论研究上，虽然竟先从不同学科领域和认识视野进行探讨，然而由于可持续发展涉及人口、经济、资源、环境和社会的综合协同发展，以及不能脱离不同发展程度国家的客观发展状况而高谈阔论，因而从整体上看有关她的研究迄今仅仅处于初级探索阶段，还远未形成较规范的理论体系用于指导不同发展状态下的可持续发展实践。对于可持续发展的政策和技术支撑体系研究来说，由于缺乏可持续发展的基本理论作指导，各国根据自身的特点亦仅处于“摸着石头过河”的实践探索状态。

概而言之，国际上对可持续发展的理论、方法和发展中国家可持续发展的实践研究也仅仅处于起步探索阶段，国内的研究成就和水平与其相比没有多少差距。而且国内学者的一些研究成果及中国可持续发展的实践，已引起国外科研机构和学者的青睐。

可持续发展是要求人类在资源利用、经济增长、社会发展和生态环境保护方面都表现出理性的长远的协调，即国际社会所倡导的区域PRED（人口、资源、环境和发展）协同。我国著名生态学家马世俊与王如松（1984）在提出社会—经济—自然复合生态系统概念的基础上，把这种发展的原则归纳为“总体、协调、再生”[9]六个字。

北京大学中国持续发展研究中心叶文虎教授[10]和中科院科技政策与管理研究所牛文元教授[11]等分别从三维结构、时空耦合系统和环境承载力论、环境价值论与协同发展论方面，对可持续发展的概念和理论进行了妥切的论述和深层次的探讨。中国人民大学环境经济研究所的首任所长张象枢教授，80年代初就已着手从区域综合发展协同和生态县建设方面运用系统工程的方法论对我国县域的持续发展问题进行了系列开创性研究。值得提及的是，上述三位先驱者正在联袂率领一批年轻的学者围绕可持续发展的内涵、机理和实践运作等问题，从伦理学、能值和价值流、行为理论、时空耦合调控和政策机制诸方面对可持续发展的理论、方法和应用进行更深入的系统研究。

另有一些学者从可持续发展的概念入手，探讨了前人将自然资源转移给后代，为后代人留下宽松的生存空间的机制、方式和条件，即自然资源的代际转移问题。地理学家毛汉英教授近年来亦比较系统地探讨了区域经济和社会同人口、资源、环境的协调发展问题。[12]人口学家田雪原教授从人口学角度详细地论述了人口、经济、环境的可持续发展机理和社会实践问题。[13]本书的作者曾以适度人口的社会追求为中轴，在其博士学位论文中较为系统地探讨了人口与经济、资源和环境谐和发展的理论与方法。[14]

显而易见，由于中国是一个发展中的人口大国，人口问题往往成为我国可持续发展的主要障碍，于是追求人口、经济、社会和资源、环境的协调发展形成了国内学术界有关可持续发展概念和理论研究的核心与共识。

PRED 问题更多地与农业和农村的可持续发展相关联，特别在发展中国家尤为重要。1991 年 4 月在“农业与环境”国际会议上所提出的“持续农业与农村发展战略”的《登博宣言》已成为全世界的共识和行动纲领。七十年代以来，西方出现的有机农业、绿色农业、生态农业、持续农业等各种替代农业模式，企图探索一条新的农业发展策略和农村发展途径，以满足日益增长的人口和消费需要，且缓解对资源和环境的破坏压力。我国 20 余年来持续开展的生态农业研究和近百个生态县、乡建设，逐步形成了各具特色的持续农业和农村发展模式，已取得了显著的成就，博得国际社会的关注和世界粮农组织（FAO）的赞赏。此外，有关农业和农村可持续发展理论的纵深研究也十分活跃。

1.2.2　评价与方法研究

除了上述概念和理论研究及实践探索之外，国内外学者在区域可持续发展的评价和模型方法研究上也取得了较为丰硕的成果。

就评价的指标和方法而言，美国的 Zolatos 曾试图用统计数据和调查研究的资料表明经济发展是非持续性的，并通过修改国民生产总值可得到一些重点反映自然资源利用价格的指标。在发展中国家，Repetto 等人有关印度尼西亚自然资源的核算和经济增长评估被认为是项开拓性研究。他们为了估算该国自然资源蕴藏的数量和质量变化，对 GDP 指标和国内投资总额（GDI）进行了调整，然后从 GDP 中减去自然资源净衰减量的估算值，导出净国内产值（NDP）用于分析印尼的经济增长。认为在考虑自然资源的消费后，国内生产总值（GDP）的传统测算明显地夸大了该国的经济增长。在英国，Pearce 等人试图对持续性定义两个不同的标准，即“不充分”测度和“充分”测度。持续发展的“不充分”测度假设自然和人工资产可被完全取代，其中需要储蓄措施。若储存的资产多于人工和自然资产的衰减值，则认为经济是可持续的。而“充分”测度指标包括对“濒危”自然资产的鉴定和测算，这种资产的任何确定性衰减都是非持续性的信号[15]。

在衡量生活质量的可持续发展的社会经济学指标方面，西方的学者曾提出了一个评价 20 个国家生活质量的典型指标。该指标采用像营养、健康、闲暇、安全保障、教育和剩余收入额那样的变量，并用其权重调整设计而成。其零值代表人类恰好能幸免于难的生存条件，指标值等于 100 表示人类的基本需求、物质需求和文化需求都能充分满足的条件。近年来，设计可持续发展多变量指标的意图又以“持续经济福利指标（ISEW）”的形式被提出来，即有 ISEW＝个人消费＋非防御性公共开支－防御性开支＋资产形成－环境破坏开支－自然资源衰减。[15]

在生态学领域，西方学者认为生态持续性的一个重要测定方法是估算全球净初始生产力（NPP）。NPP 是从生物固定的总能量（主要是太阳能）中减去初始生产者（植物）的呼吸耗能之后剩下的能量。通过测算这种有限资源（NPP）的利用，提出了一些指标，不但包括可持续性指标，且还包括对直接为持续性人口承载提供的能量测算。近年来，在测定生态稳定性方面，一些学者对环境污染、生态退化的指标体系和评价方法也进行了多途径的探索。

从已检索到的资料看，西方学者虽然从经济、社会、生态环境诸方面探讨可持续性的评价指标体系和方法比较活跃，但综合地评价区域可持续发展的研究迄今仍甚欠缺或比较浮浅。这与评价判据的争议有关，也映射出了此类研究的难度所在。

值得一提的是，以色列希伯来大学的道夫尼尔曾在 1983 年指出，可运用“发展度”和“感应度”来测量和计算人对区域变化的作用，故而提出了人类活动强度指数。联合国开发计划署于 1995 年创立了人文发展指数，即以预期寿命、教育水准和生活质量为基础变量组成的综合指标，得到了世界各国的赞同，但对指标变量的选择和计算仍有较多的争议。

世界银行在 1995 年 9 月 17 日公布了衡量可持续发展的新指标体系，并明确宣称：“这一新指标在确定国家发展战略时，不是用收入而是以财富作为出发点。它对传统的思维提出了挑战，同时也使财富的概念超越了货币和投资的范畴。”[16]这一综合指标包括自然资本、生产资本、人力资本和社会资本，能够较好地测度国家或区域可持续发展的状态。然而，这一新指标体系在衡量国家财富净值增长随时间变化的同时，却忽略了不同国家的基础条件和不同发展阶段社会经济发展的特点及文化背景，也难于反映和评判不同发达程度国家在寻求全球平衡稳定持续发展过程中，如何承担相应的国际责任和义务；新指标体系比较注重衡量时间过程的动态变化，而对地理空间的不均衡却无法予以较好的体现。

由此看来，在可持续发展的测度研究上还有待深入探讨。作者以为，可持续发展测度指标是否适宜，取决于可持续发展理论和不同发展阶段、不同发达程度国家可持续发展准则的要求。然而，由于目前国际上可持续发展的理论研究还极不成熟，因此其测度指标的制定将会因理论依据不足而很难对实践做出客观、公正的评判。倘若盲目地运用同一指标体系和标度对不同发展地区或国家进行同一尺度的可持续发展衡量，其结论就值得怀疑和商榷了。

我国对资源环境和经济—生态的评价研究自 20 世纪 80 年代来已取得了系列成果。邓宏海（1984）曾把整个环境质量指标划分为物理、生态和社会三个子体系，并列出了近 300 个指标。迟维韵（1990）从生态经济学的角度指出，资源的“投入”与生态经济成果的“产出”之比值的大小是评价生态经济效益的标准，并对生态经济效益的评价方法进行了归纳。中科院生态环境研究中心的王如松、赵景柱以江苏大丰县为例对生态县建设指标体系进行了探讨，曾构建了包括社会、经济和生态环境诸方面的 50 项指标，用于评价生态县的建设。徐海根（1994）基于层次分析法原理，从自然生态环境、人类开发强度、环境状况三个方面，提出了农村环境质量区划的指标体系。

中科院的牛文元教授和北京大学的叶文虎教授等近年来对衡量可持续发展的指标体系也进行了研究。对把追求经济增长作为发展唯一目标的传统观念提出质疑，进而从系统学角度建立了自然生态系统与社会经济系统相协调的指标体系，便于人们通过比较分析来探求区域可持续发展的规律。且连续两年富有成效地分析、评价和公布了中国可持续发展状态与战略的年度报告，对国内的实践和研究产生了较大的推动作用。

综上所述，评价区域可持续发展的指标选择和方法运用，关键在于评价准则与判据的确定。追求区域可持续发展旨在谐和人口、经济和资源环境之间的协同发展，于是围绕这一理念和准则的综合评价，以及从社会实践方面如何评价领导、管理的职能和政策、法律的作用，尚需要进一步开拓性研究。

在区域可持续发展的研究方法方面，罗马俱乐部的 D. H. Meadows 成功地运用系统动力学模型探讨了“增长的极限”。美国著名生态学家 H. T. Odum 的能值分析原理和动态模拟技术使我们能够从同一度量能值出发，系统地探讨区域人口、经济和资源环境谐和发展的内在机理，以及未来可持续发展的战略设计与综合评价。[17] H. E. Daly 和 W. Isard 的经济—生态模型，以及 D. James 等人的环境治理和评价模型[18]，均为当今的可持续发展研究奠定了较好的方法论基础，而 V. D. Bergh 等人（1990）开发的区域持续发展的经济—生态模型更具有实用价值。他们通过设置几种情景方案，主要分析在较大时间尺度上，开放的社会经济—生态系统的动态行为及政策影响，包括经济行为、经济平衡、生态功能及过程，由生态到社会经济的反馈机制等。[19]

近年来，国内的学者基于 80 年代区域社会经济总体发展规划的模型方法研究，从可持续发展方面探讨了人口与经济、人口与资源环境承载的协同发展模型，[20,21]以及开展了区域 PRED 协调发展的定量研究。值得一提的是，钱学森和于景元等著名学者开创的系统综合集成方法和对复杂系统研究的非线性模型技术，对于我们从事区域可持续发展研究奉献了宝贵的思维方法和研究手段。

1.3 可持续发展研究趋势的理性评论

可持续发展作为人类社会进化的一个新阶段或最高阶段，既需要长期的实践探索，亦需要全方位的科学研究。纵观人类社会的进化史，曾历经了生存与发展阶段，缔造了以物质生产为核心的农业文明和工业文明，使人类摆脱了饿殍的危机和物质生活贫困的束缚。然而，伴随人类相对生存空间的不断扩大和绝对可容空间的逐渐缩小，自然资源的供给日趋贫乏，加之生态环境的消纳功能退化和质量降低，使人类社会面临着新的不可持续发展性危机。为了当代和未来人口的幸福生存与发展，人类社会无疑须走可持续发展的环境文明之路。

人类社会的可持续发展是一个全球性的进化过程，但它又以各国或地区内外的人与自然、人与人的和谐发展为基础。中国是一个欠发达的人口大国，能否有序地持续发展不仅关系到中华民族自身的利益，也直接影响到全球的可持续发展事业。因此，从全球和我国可持续发展的实践需要出发，在总结前人研究的基础上深化探索可持续发展的理论及其在中国的应用实践，则是理论工作者义不容辞的神圣职责。

1.3.1 加强国际合作战略研究

可持续发展对当代发达国家来说，进一步有效地开发、利用自然资源和充分保护环境，则往往是其社会关注、政府操作、科学家探索的主要议题。

就发展中国家而言，由于人口规模剧增，文化科技素质普遍较低，经济基础薄弱，科技教育事业落后，对资源与环境的危害又在不断加剧，因而现实状态应是处在摆脱生存困境和提高人们的物质生活水平的发展阶段。但又不能沿袭发达国家所历经的生存与发展模式，尚需按人类社会可持续发展的目标要求来进行促使生态环境良性循环基础上的有序发展。于是，以人口的控制、消费需求和经济行为的扶正为主导的人口、经济、资源环境的协调发展，且依靠科技和社会资本（政策、法规、文化和价值观调整，以及民众参与）来促进，无疑是发展中国家或地区可持续发展决策研究与方略实施的核心。

此外，为了实现世界“共同的未来”目标，发达与发展中国家的积极合作，发达国家对发展中国家的经济和技术援助，也是一项重要的亟待深入探索和有效付诸实施的国际性战略。

1.3.2 开展“三种生产”协同理论的探讨

从环境保护运动的兴起到 PRED 和可持续发展概念的提出，反映了国际社会对人类社会健康发展的高度重视，且在理论和方法的研究上取得了较丰硕的成果。然而，就可持续发展的认知、路径选择，及其相关的理论和方法研究而言往往存在一定的局限或片面性。

可持续发展本质上是指人类社会的可持续发展，为此需要正确地处理人与自然、人与人之间的相依关系。人与自然之间既存在着能量供需的矛盾对立，又有发展与进化的和谐统一，而和谐统一既是两者共存的前提又是其必然的归宿。于是，作为能动的人类就要协同好人口生产（人口生命与生命力生产）、物质资料生产（经济生产）和环境生产（资源生产和废物的消纳）三者之间的发展关系，这是保障人类社会可持续发展的根本所在。就人与人之间的相依关系而言，首先应是可持续发展目标前提下的时空和谐，即凌驾于肤色、语言、信仰、价值观差异之上的不同国家、地域和不同代际之间可持续发展共同利益上的公平和互利。这需要正确地处理上述三个生产协同发展要求下的物流、人流、资金流和能量流的合理消费、分配和流通及其内在机制问题。

因此，可持续发展应当坚持整体论的系统观和多元论的协同观，即为了当代和未来人口的幸福生存与发展，在世界维度上应追求人类与生物圈及各国共同利益之间的和谐，在区域发展上应注重人口、经济和资源环境之间的协调。值得注意的是，可持续发展强调的是不同时空域整体的综合发展协同，而不是每一局部或行业也必须持续发展。尽管局部或行业的不断发展可能有助于整体的可持续发展，但某一社会经济和生态环境可综合调控区域整体的可持续发展并非要求每一局部或行业也要持续发展。因此，不宜提倡脱离整体发展的协同需要，仅仅追求经济不断增长或行业不断壮大的某一较小区域或某一行业的可持续发展。

有鉴于此，从人口、经济、资源环境谐和发展方面系统地探讨区域可持续发展的内在机理[22]、发展模式、综合措施、评价判据及组合配套的研究程式和方法体系，则是可持续发展理论研究上亟待解决的重要命题。

1.3.3 持续探索中国特色的SD之路

中国人口众多，资源相对贫乏；经济基础薄弱，区域间发展差距日趋加大；能源紧缺，然又供需滞障；生态环境失衡，破坏与污染却仍不断加剧；生活消费追求超度，但4000多万农村穷困人口却亟待脱贫；就业危机迭起，社会保障体系急需健全；人口素质普遍较低，科技、教育快速发展又面临重重困难。这一系列客观现实及其间的矛盾冲突，一直阻碍着我国国民经济的顺利发展和人民生活条件全面改善的现代化进程，亦常困惑着未来可持续发展决策方略的制定和有效实施。

因此，坚持以经济建设为主导的发展观是我国实施可持续发展战略的核心宗旨。在此原则指导下，就宏观发展而言，应以人口、经济和资源环境的协调发展为目标，通过全面评估、调整和制定系列政策与法律、法规，持续有效地控制人口的数量增长，全面提高人口的素质，正确地引导消费行为和保障剩余劳动力的充分就业；持续有机地调整产业结构和生产力的空间布局，依靠科技进步、制度创新和资产重组，促进经济有序稳固较快地发展；在有效开发利用自然资源的过程中，积极保护耕地、水和稀缺矿藏与生物资源；更大力度地改善城乡人民的生活环境和生产环境，保护好自然生态环境。

为此，需要加强可持续发展的基础理论、管理理论和评价准则与指标、方法的研究，广泛开展国内发展和国际贸易的政策、法律评估，以及信息革命浪潮下的发展前瞻和新政策确立的模拟预估性研究。此外，通过社会学、决策学研究和舆论宣传，逐步扶正、更新广大民众的经济意识、消费观念和价值观，特别是各级政府部门领导和管理者阶层的决策、发展观念与行为意识，从而使可持续发展的科学理念和目标追求牢牢扎根于广大民众和政府官员的头脑与行为指针之中。

1.3.4　县域的可持续发展是基础

农业是国民经济的基础和人民赖以生存的生活资料源泉。没有农业的有序发展和粮食生产的稳固增长，既不可能保障发展中国家的可持续发展，亦将影响着世界“共同的未来”。占国土面积 90%以上，具有 9 亿左右人口，蕴藏着丰富的自然资源和人力资源，且以乡镇企业迅速崛起为导引的农村社会经济系统能否有序发展，不仅直接影响到中国的现代化建设进程，也将决定着其全国生态环境的改善和保护。

作为城乡接合部，以农业和农村社会经济的发展为主体，既从事三大产业的经济再生产，又兼蓄社会、文教卫等领域再发展的县域，是我国实施党政领导管理和利于加强各项事业有序发展调控的基层综合社会经济系统。没有全国县域农村人口的有效控制和广大农民生活水平的逐步提高，没有其辖域农业的持续稳固发展和基础的不断加强，没有其农村生态环境的积极改善和保护，就不可能保障我国“21 世纪议程”远大目标的顺利实现。因而，如何抓好县域可持续发展的决策研究和社会实践，则显得极其重要和迫切。

虽然生态农业县的建设和农村环境改善保护及农村人口控制问题早已引起各级政府和学术界研究的重视，但如何通过健全社会主义市场经济和法规、管理体系，调整利益机制和社会价值观念，以及引导人口生育和消费习俗，并且从农田生态、农村经济和县级社会、经济与资源环境和谐发展三个层面，系统地探讨物质循环和能量供需机理，农村资源环境随人口和经济增长演化的特征、规律，以及县域可持续发展的调控途径和相关的理论与方法、评价体系，尚属空白或比较离散、浅薄。究其根源，一是县域（或区域）可持续发展的内涵界定、理论研究和观念转变需要一个探索和适应过程；其二由于县域（或区域）系统内在关系复杂，度量单位不同，一般的方法手段很难解决人口、经济和资源环境谐和发展的机理、评价及发展战略之研究。Odum 的能值分析原理和其应用研究成果表明，从能值分析角度对县域（或区域）的可持续发展进行系统分析和模拟研究，不啻是一个甚为有效的探索途径和措施。

1.4 小 结

本章通过历史回顾和现状分析，从可持续发展的概念、内涵、评价准则和指标，以及研究方法和社会实践方面，比较系统地分析了国内外有关可持续发展理论研究的成就和动向，以及存在的问题，并探讨了我国今后研究的重点和实践对策，旨在促进我国的可持续发展。

本章参考文献：

[1] Barrow，C. J.，Sustainable Development Concept. Value and Practice. Third World Planning Review. 199517（4）.

[2] Healy，S. A.，Science，Technology and Future Sustainability. Futures. 1995. 27（1）.

[3] Dales，J.，New Directions for Sustainable Development. UNDP. 1989.

[4] Arrow，K.，Bolin，B.，Economic growth，carrying capacity and the environment，Science，Costanza，R. etal，1995，268：520.

[5] Dubourg，W. R. & Pearce，D. W.，Paradigms for environmental choice：sustainability versus optimality，Models of sustainable development，Edward Elgar，Cheltenham in Faucheux，S. et al（eds.），1996.

[6] Bergh，C. J. M van den，Ecological economics and sustainable development：theory，methods and application，Edward Elgar，Cheltenham，1996.

[7] Munasinghe，M. The Economist's Approach to Sustainable Development，Finance and Development，1993a，30：16—19.

[8] Freeman III，A. M.，The Measurement of Environment and Resource Values：Theory and Methods. Resources for the Future，Baltimore，1993.

[9] 马世俊，王如松．社会－经济－自然复合生态系统理论［J］．生态学报，1984（1）．

[10] 叶文虎．可持续发展：理论与方法的思考［A］．环境管理与技术文集［C］．北京：中国环境科学出版社，1994.

[11] 牛文元．可持续发展导论［M］．北京：科学出版社，1994.

[12] 毛汉英．县域经济和社会同人口、资源、环境协调发展研究 [J]. 地理学报，1991 (4)．
[13] 田雪原．人口、经济、环境的可持续发展 [J]. 中国人口科学，1995 (6)．
[14] 毛志锋．适度人口与控制 [M]. 西安：陕西人民出版社，1995.
[15] The International Journal of Sustainable Development and World Ecology. 1994 (2)．
[16] 牛文元，毛志锋．可持续发展理论的系统解析 [M]. 武汉：湖北科技出版社，1998.
[17] Odum，H. T.，Energy，Environment and Public Policy，UNEP Press，1989.
[18] James D.，Jansen H and Opschoor H.，Economic Approaches to Environmental Problems. Elsevier Scientific Publishing Company. 1978.
[19] Bergh，V. D. and Nijkamp，P. A.，Dynamic Economic-Ecological Model for Regional Sustainable Development. Journal of Environmental System. 1991. 20 (3)．
[20] Feng Mao and Krishnan P. A.，Modeling Analysis of Supply-Demand Balance between Economic Development and Manpower Resources. Journal of Developing Areas. USA. 1996. 41 (3)．
[21] 毛志锋．论人口增长与经济发展的协同机制 [J]. 系统工程理论与实践，1996，16 (8)．
[22] 毛志锋．区域可持续发展的机理探析 [J]. 人口与经济，1997 (6)．

第2章 可持续发展的哲理研究

2.1 引 言

走可持续发展的环境文明之路，这是在人类面临人口膨胀、贫困蔓延、资源短缺、环境污染日趋加剧，而仅仅倚重于各种科学技术摆脱诸此困境难以根本奏效情况下，反思人类文明的发展历史和人类生存方式的演进过程，剖析全球性“问题复合体”的根缘，前瞻人类未来命运“岌岌可危”的预兆后所形成的共识。

人类社会的农业文明，使人类脱离于动物界步入改造自然的征途，既铸造了灿烂的古代文化，又为人类的生存需要和近代工业的发展奠定了物质基础及积累了原始资本，从而有力地推动了社会生产力的发展。然而，由于那时科学技术发展落后，人类认识自然和改造自然的能力十分有限，故而常常不得不服从于自然力的唆使。同时，人类为了自身种的繁衍和生活改善，在逐步适应自然的“改天换地”过程中，亦因人口的膨胀压力和盲目对自然的无度索取而间遭自然界的无情报复。工业文明依靠蒸汽机的发明使用及电气化、化学化和电子信息化的强大作用力，通过征服自然创造了丰裕的物质财富，推动了人类社会的快速发展。然而，因社会超度索取自然界的物质能量而逐渐激起自然造物主的狂怒和回报；因人类竭尽可能地征服自然，却面临着自身被征服的危机。

人毕竟是高级的社会动物，人类已经觉醒。里约热内卢宣言标志着全球“人类共同体”的缔结和社会发展模式根本转变的肇端。然而，面对人与自然、人与人，以及人类自身繁衍之间关系交织的复杂巨系统如何有效运转与发展，这既是一个战略大转移后的运作策略问题，但更应是一个思维科学理念的转变和新的文化观形成的首选议题。原始社会，人类在认识自然、适应自然的混沌中逐步独立于自然而促进了自身的进化；与自然力紧密耦合的农业生产，使人类认识到依靠自身的体力劳动和工具创造，并通过掌握自然规律可以改造自然，转化自然力服务于自身的生存和发展；工业革命和科学技术的突飞猛进，使人类认识到自身既有能力征服自然，也因破坏环境而面临人类社会不可持续发展的危机。

由此看来，自在的人类为了自身和未来子孙后代的幸福生存，需要不断重新界定人与自然的关系，需要吸纳东方“天人合一”哲理的精华，通过调整人类社会的发展模式和实践作为，在协同人与自然关系的基础上，亦能和谐人与人之间的利益机制，以及调整人类自身的生产行为。

2.2 “天人合一”思想的起源与哲理

2.2.1 “天人合一”思想的起源与演绎

人是自然的产物，既有与其他动物一样的生物属性，而受自然规律所支配；但又有别于一般生物，能够在适应自然和改善环境的运动过程中，不断提高自身生物属性的质和量，因而更具有生物本性的高智能进化特征。作为自然的异化，人的能动作用和自控能力虽然使其自身能够超脱于自然物而独立存在与发展，但他生存的物质基础依然来源于自然，且其劳动的对象和认知思维的原象仍是自然。作为人的异化，自然既是人类异化之母，又是人类宿命的归栖。因此，人与自然不可分。“天人合一”是人类启蒙时代不自觉遵循的自然观，到了农业文明时代则成为东方文化自觉恪守的朴素哲理。经过工业时代人与自然对立危机的阵痛和反思，“天人合一”再经理性升华后又势必成为未来环境文明时代人类所应遵循的信条。

“天人合一”的自然观虽然起源于原始人采集捕猎的生存实践，但形成一个较完整的哲理和思想体系则是中国儒道学派的结晶。作为中国儒学的经典《周易》视日月为“易”，通过“仰以观天文，俯以察地理，是故知幽明之故”。即通过观物取象，师法天地，由其中推演出幽明、生死、天命等人生哲理；利用“元亨利贞”楷模四时春夏秋冬，并言辞：“元者，善之长也；亨者，嘉之会也；贞者，四时之干也。”即把四时与人伦结合为一，形成“君子四德”：

“君子体仁足以长人，嘉会足以合礼，利物足以和义，贞固足以干事，君子行此四德，故曰元亨利贞。”[1] 从而归结出天地—四时—人伦，浑融统一的“天人合一”的思想体系，形成了中国古代天人感应、天人合一的朴素自然观。

到了宋代，“天人合一”成为理学家无可质疑的伦理宗旨。程颢在《语录》中谓道：“天人本无二，不必言合。若不一本，则安得先天而天弗违，后天而奉天时。”显然，宋代理学已视“天人合一”为无须论证求索之真理，只有人与自然浑融为一，天人相通而不隔，方乃奉天承运人之论理矣。王阳明遵循“天人合一”的理念，提出了“仁者与天地万物为一体”的主张。他在其《阳明全书》中论道：“夫圣人之心以天地万物为一体，其视天下之人无外内远近，凡有血气，皆其昆弟赤子之亲，莫不欲安全而教养之，以遂万物一体之念。”很显然，王阳明的“天人合一”哲理不仅强调人与自然为一体，而且倡导人与人统一于万物应诚爱无私，和睦相处。“原是一个天，只为私欲障碍，则天之本体失了，如今念念致良知，将此障碍一起去尽，则本体已复。”[1] 由此看来，王阳明认为只有呼唤人的良知，去弃一切私欲杂念，恢复万物为一体之本原，才能和谐人与人之间的仁爱之亲。

“天人合一”不仅是万物同归一体的儒家思想的处世结晶，而且也是中国古代道家学派哲理的精髓。儒家重人伦，以求人与自然的和谐；而道家师法自然，从中探寻天人合一的哲理。“人法地，地法天，天法道，道法自然。”则表明以老子为代表的道家学说是围绕自然展开的。庄子《天道》曰：“明白于天地之德者，此之谓大本大宗，与天和者也；所以均调天下，与人和者也。”显然，道家以“万物在道”为宗旨，强调认识天地，以和谐自然；主张遵循自然法则，而求人和；且只有整体地认识自然，才能“达万物之理”，以期“原天地之美”。尽管儒家侧重于人类的力量，从人的角度来认识自然，强调入世、进取；道家则偏倚于自然的力量，从自然方面楷模人，追求出世、超脱。然而，正是儒道两家的互补效应使得“天人合一”成为中国古代哲学思想的中枢，从而铸造了东方文化与农业文明。

2.2.2 “天人合一”思想的内在哲理与缺陷

自春秋战国以来，“天人合一”作为一种传统文化观在华夏文明中一直居于主导地位，其根源在于这一哲学思想是建立在人与自然统一的基础上。虽然作为能动的人与自然而然的自然具有本质上的差异，但由于人是自然的产物依赖自然而生存，于是两者构成了大千世界的有机整体。作为生物体的人具有与万物同一衍生规律，而作为自然异化的社会中的人同样须遵循自然的秩序，且以万物之理规范人之行为，方能实现与“天”与人之和。

由此看来，“天人合一”既解释了人与自然在本体上的差异与同一特性，又阐述了人类的价值取向，即认为人类的价值不仅仅是为了像动物那样生存，而且把与自然合德、合情、合序视为人类自身的最高理想追求。其“仰则观象于天，俯则观法于地”又表征出人类只有通过实践，在认识自然的过程中修身养性，产生一种“与天地精神同流”的价值观和责任感，才能实现“天人合一”。

因此，“天人合一”是一种朴素的唯物辩证自然观，在方法论上具有整体性和开环的动态性理念。就整体性而言，“天人合一”是一个将本体论、价值论和实践论融为一体的较为完整的思想体系。这主要表现在它将人和自然两个不同质的系统视为同一本原体，认为“有天地然后有万物生焉”，有万物再有男女、父子、君臣伦理，由伦理关系推及文明道德的礼义。尽管世界愈益庞大，社会愈益复杂，而其本原是自然，是自然的生命化育。就是说，只有“天地之间的感应化生万物，圣人观天地感应而引发心灵的触动”，才能正确地解读自然、社会、宇宙、人生的无穷奥秘；也只有人统一于一道，才能求得人与人之间的平和，而“道法自然”才能实现人与自然的和谐。尽管在人与自然之间，感性与理性、主体与客体、个体与社会、理想与现实之间存在差异，但不存在绝对的独立和不可逾越的鸿沟。因为人脱胎于自然，两者之间在生物属性方面具有同一法则和衍生规律，正是这种人与自然的同一性，从而使得“天人合一”成为华夏文化的规范与导向；也正是儒道学派以人与自然的和谐作为施教、感化的伦理灵魂，从而保障了中华民族数千年持续的统一。中国的建筑追求的是与自然融为一体的对称整体风格，中国的医学讲求阴阳和谐，系统施治。因此，“天人合一”的整体观成为中国传统文化和伦理哲学的核心而铸造了东方文明。

所谓开环的动态性是指，人与自然虽属两个不同质的系统，但由于统一于自然，在“天”与人之间既存在着物质、能量的交换，也存在着伦理信息的感应和变化。因为“天人合一”中的天是指包含天地、日月、四时、风火、雷电、山水的自然界，而其中的人又泛指国家、社会和个人。这无所不包的自然界和人类社会不是静止不变的，而是在天与地、阴与阳这种对立互补作用力的推动下，不断交错运动、感应和演绎。自然界是一个有生命的肌体，作为自然异化的人类只有在适应自然的过程中有序地调节自身，以及与自然的关系，才能实现“天人合一”的终极追求。

中国儒道贤哲的“天人合一”思想虽然充满着自然辩证观，但由于人类社会发展和自然科学进化的初始束缚，这一流芳百世的朴素哲理难免存在着历史的局限性和认识论上的片面性。在本体论方面，无论是儒家倡导的“夫大人者，与天地合其德”，还是道家“天地与我并生，万物与我合一”的终极追求，均表明以自然为中心、人统一于自然为“天人合一”思想的本征。但作为自然异化的人类毕竟与自然万物有质的不同。当科学的发展不足于对自然界的衍生规律有透彻的洞析之时，事事顺应自然，且以天象和生物的自然循环来解释、规范人类的繁衍与发展，使人类被严格地束缚在自然链条的确定之中，从而淡化了对人类社会自有规律的探索，使政治体制长期僵化在封建专制和对自然与偶像的无限崇拜之中，亦难免扼杀了人类认识自然、抵御灾害、改善环境的无穷创造力。这大概就是中国延续数千年封建统治和农业王国，而未能较早进入工业文明时代和民主社会的思想根源。

在价值论方面，“天人合一”在重视伦理、道义和追求自然美等内在精神价值的同时，却忽视或淡化了地球万物的多元化发展与求同存异个性的扬弃。因此，中国数千年的物质生产总是以自给自足为本，中国传统文化所颂扬的亦总是从家庭到国家的集权，以及以谦虚和顺从为内涵的人之禀赋。

在实践论方面，“天人合一”重视人与自然相统一、相和谐的一面，而忽视或淡化了人与自然相矛盾、相对立的一面；重视人对自然无条件的依附，而忽视了人的能动作用和实现人与自然之间的有机协同，从而客观上制约了社会生产力的发展和人类自身的进步。

2.3 人类社会可持续发展的系统思辨

2.3.1 人与自然的对立统一

“悲剧是人类最好的学校”。可持续发展概念的提出产生于人类社会不可持续发展的征兆和环境危机。导致这种状况的客观原因是人口数量和消费欲膨胀，科学技术辅佐下对自然资源的摄取超度和使环境背负太重，净化功能退化。而其主观根源则需要反思“以人为中心”、天人对立的西方物质文明观的悲哀，以及理性误导和支持这一社会实践的价值观与方法论的扭曲。

唯物辩证法认为，任何事物的发展都呈现出“肯定—否定—否定之否定”的发展变化规律，黑格尔称之为“正反合”三段式。天人关系的发展无疑也在遵循这一规律而演绎。

在人类“茹毛饮血，穴居杂处”的蒙昧时期，天人混沌未分，人只不过是“自然的存在物”，人类的生产行为和繁衍服从于自然的必然性。到了农业社会的初期，人类能够依靠自身的智慧利用自然，通过观察天象和万物生息感应人生，因而就有了“天人合一”哲理的产生和发展。由于人对自然认识的局限性，以及社会生产扩张与生活需求压力远未构成对自然环境的威胁，因而“天人合一”既是贤哲们倡导的治世宗旨，也是社会易于接受和遵循其伦理的历史必然。尽管古希腊哲学家普罗泰戈拉提出了“人是万物的尺度”的命题，但社会实践并未形成“以人为中心”的人统治自然的伦理宗旨。随着人类社会分工、三次产业和科学技术的迅速发展，以及人口规模与消费欲膨胀的双重压力，客观上既形成了人与自然对抗的能力，又产生了人掠夺自然的社会需求。因此，在文艺复兴的欧洲最先爆发了以技术革命为先导的工业革命，从而掀起了人征服自然的历史浪潮。近代法国哲学家笛卡尔“借助实践哲学使自己成为自然的主人和统治者”[2]的呼唤，自然成为西方伦理和价值观的理论支柱。

在“以人为中心”、人统治自然思想的支配下，以最先发达的西方国家为代表，通过建立社会竞争机制最大限度地发掘了人类的创造力；通过发展商品化生产和不断战天斗地，改变了人从属于自然和完全依附于自然的地位，从而在社会实践中创造了巨大的物质财富和精神财富，建构了整个现代物质文明。随着社会生产力的较快发展，人类借助科学技术这把“达摩克利斯剑”，从而使自己真正成为自然的主人和至高无上的统治者。于是，人类文明的悲剧就在这物质无限追求的对自然的执拗征服中愈演愈烈，登峰造极。

当人类对自然的征服已发展到行将被征服的危机时代，“可持续发展”的呼唤无疑是人类的彻底觉醒。在开始寻求保护环境、拯救人类的全球战略和技术策略中，我们需要重新回归到人与自然这一对立统一的哲学命题上来建构新的价值观和方法论。因此，“天人合一”的自然观和方法论在“否定之否定”的哲学逻辑演绎中便有了新的诠释和命题——“天人和谐”。

地球是一个兼有物理属性、生物属性和人类社会属性的复杂有机整体，她以其他星球为环境而统属于宇宙大系统。地球上的生物有机体、无机体和她对应的环境通称为自然界，具有"自然而然"的法则和运动规律。人作为自然的异化则具有生物属性和社会属性，其生物属性迫使人类依赖自然，适应自然，按自然规律运作，易于形成"天人合一"的自然观。而人类的社会属性则使人独立于自然，按社会规律操作，易于导致同自然的对立和对抗。因此，人自身所固有的上述二重属性决定了人与自然既相对立又相统一。

对立并不等于对抗，统一也不意味着完全同一。就是说，人与自然是两个不同质的"物类"，倘若仅存在同一性，无异于使人类蜕化到自然状态，像其他物种那样顺应自然，适者生存。因此中国古代"天人合一"的思想本身包含着人与自然同一律的认识弊端。"以自然为中心"的价值观既阻碍着人类社会的进化与发展，也难于真正实现人与自然的有机和谐。如果将人与自然的矛盾对立上升为对抗，能动的人类亦无异于自掘坟墓，使自身陷入被自然征服的深渊。因此，西方"人是目的""人是自然界的最高立法者"的"以人为中心"的价值观和社会实践，则导演了当今人类社会不可持续发展的危机。

在人与自然对立统一的演绎中，人是矛盾的主体，既需要依赖自然的物质能量供给和环境保障而生存发展，又能运用自身的能动性，通过认识自然和社会的发展规律来谐和人与自然、人与人之间的关系。因此"可持续发展"就是在反思"天人对立"过程的厄运后，实现"天人和谐"的诏示。"天人和谐"既不是"以自然为中心"的人同一于自然，也不是"以人为中心"的人对抗于自然，而是人与自然的有序耦合和有机协同。

人类社会发展与自然界演绎进化是两个具有不同因果关系和变速的系统。在人类社会系统内部，既因各个国家或地区拥有的自然资源和环境条件，以及经济基础不同，而客观上存在着发达与不发达的发展差异；又因各自民族的风俗习惯、文化背景、价值观取向和社会体制不同，以及历史问题的积淀，而存在着物质利益上的矛盾冲突和文化观念上的差异对抗；亦由于人类自身的能动作用，而使社会发展具有相对快变特征。在自然界内部，因天体变化、地壳运动和人类作用干扰，既存在着自然演变中的随机涨落，也存在着生物与非生物，以及生物内部的规则与不规则的矛盾交织和相生相克。由于自然演化的慢变性，如果生态系统一旦循环失衡，则需要相当长的时间周期才可得以修复。此外，从发展角度看，因不同尺度分割的三维空间：微观、中观和宏观或宇观，以及三维时间：眼前、中期和长期，则又使人与自然关系的对立统一往往在时空的结合中，既因物质能量的供需不均而存在着矛盾对抗，亦因须臾不可分离而需要人类主动寻求人与自然融和的途径和措施。

因此，由人类和自然相耦合组成的宇宙大系统是一个相互依存和机制的复杂巨系统。面对这样一个复杂巨系统，如何认识和运作则是人类社会永恒探索的命题。这首先需要在认知思维和理念上进行一场革命，从而建立起复杂系统的方法论；需要树立复杂系统的系统观和认识论，才能正确地处理好人与自然、人与人之间的有序耦合和有机协同，以保障人类社会的持续发展。

有鉴于此，我们不妨从以下几个方面作些探讨。

2.3.2　整体论的系统观

从宇宙观角度看，人与自然统一于宇宙这个复杂浩瀚的物质大系统。从世界观角度看，不同民族群聚的国家或地区又统一于世界这个复杂的人文社会大系统。无论是人与自然并存的物质大系统还是人文社会大系统，均具有复杂性和整体性。如果将认识的视野集结在人与自然紧密结合的地球生态系统上，我们会发现它绝不是一个物理星球与生物圈和人类社会简单相加的载体，而是一个兼有物理属性、生物属性、人类社会属性的复杂整体。无机体和生命有机体是在天体运行与地壳的多次变化中自然赋予的，人类是在地球生物的随机变异和类人猿为求生存的劳动中诞生的，因而其间存在着千丝万缕的因果关系，我们不应该用简化论和割裂分析的观点来认识人与自然的有机联系。

人既是自然的，又是超自然的。尽管他源于生物和物理交互影响的自然界，又从中脱颖而出，并以自身的能动作用及其文化、思想和意识区别于自然，但我们不应当将人类社会视为自然异化的对立实体而成为自然界的征服者和统治者。人类社会初期的天人混沌、合二为一的“天人合一”思想是由于人类对自然和自身发展规律认识的局限，而依照对自然现象的有限理解和认识来演绎人类生命体进化和社会发展所产生的朴素哲理。

在科学技术迅速发展的现代社会，人类已有足够的能力征服自然，毁灭地球。倘若我们毅然沿袭工业革命时代的机械割裂和无限分解降解的思维逻辑来认识、运筹人与自然发展的复杂机制，那么人与自然之间客观存在的对立必然走向彻头彻尾的对抗，人类也自然会毁灭于自身意志的执拗。因为机械割裂的思想和无限细分的方法，是把有机存在的整体分解成各自独立或联系松散的缀块进行研究或线性整合，将人与自然视为对立对等的不同机体，将不同文化与发达程度的民族、国家或人群进行意识形态领域的等级分类与精神奴役，因而从根本上无视于人与自然、人与人这个复杂肌体所应具有的整体和谐与勠力同心。无论是人与自然还是人与人，原本就是一个生命共同体或利益共同体，不能因为时空的分隔和质的差异就抹杀了其固有的统一性和融合性；不能因为满足当代人或各自民族、国家的利益就肆意妄为地对自然竭泽而渔，对其他民族或国家或社会团体兵戎相见，从而既危害未来子孙的生存，又蹂躏了人类社会整体的协同发展。

因此，针对地球这个复杂系统所具有的整体和谐性原则，我们的认识论和方法论不仅应当表现为“想整体，做局部”，即在整体优态或综合利益最大化原则下进行分解协作，与“想局部，做整体”，即在实现整体最优运作时要考虑到局部的特性和需求；而且还应当将普遍与具体、一般与个别统一起来协同运作。因为正像帕斯卡所说的：“所有事物都既是原因又是结果，既是被动又是主动的，既是中介的，又是直接的。一种自然的和难以察觉的联系把相隔最远和最不相同的事物连在一起，所有事物都经过这种联系维持着自身。”因此“不了解全部便不可能了解各部分，不了解各部分也不可能了解全部。”[3]只有想到人与自然这个相互依存整体的存在，只有了解自然界和人类社会各自演化与发展的规律及其两者之间的依赖与制约机制，我们才能更好地把握人类自身的行为准则，才能有机地实现人与自然的有序结合和协同进化。也只有坚持整体论的系统观，我们才能建树起全球意识，且用于处理好人与人、国与国、民族与民族之间原本固有的利益和文化的和谐。

2.3.3 多元论的协同观

凡是复杂系统，均具有物质个体的多元性和依存关系的多维度。也只有不同质、不同属性、不同层次或量度物元的多维存在与联系，复杂系统才具有相互依存的稳定性和相互矛盾的对立统一性。

人与自然须臾不可分离的地球是一个多元化的复杂系统，既有自然界生物和非生物的多样化，又有人类社会民族、文化、政体等的多元性，以及人自身素养、情感的多重性。保护生物的多样化，有助于自然生态的能量互补与物种的繁衍进化；保持世界文化、政体的多元化，则有助于不同民族文化的竞相发展与借鉴，有助于遏制世界霸权和保障世界和平；承认和发展人自身的多重个性，则有助于保护人自身的自由和激发个体的创造力。譬如，森林生态系统多样化物种的群聚，既孕育了丰富的生物能量，又为自然环境的净化和人类的生存构筑了良好的生境；我国现在不同所有制经济实体的存在和交融，有力地促使了社会生产力的较快发展，则均是多元论协同观的最好诠释。

复杂系统多元个体之间的联系具有非线性特征。这是由于元素间的相互依赖和机制不是单向的线性因果关系，而往往呈现出多因多果、双向反馈、多级嵌套耦合、随机映射的交互效应。这种非线性机制的存在，有助于避免系统向单极化方向发展，有助于“杂交出优势”，有助于物质能量的多级转化和高效利用，有助于系统在随机涨落的相干波形效应和协同中产生新的有序结构。元素间的线性关系只能使系统产生固定比例的叠加效应，它排斥着随机扰动和物元质的变异，进而影响系统远离平衡态稳定结构的形成和内在功能的进化。只有多元的非线性机制，才能在多因多果、一因多果的对立统一中产生真正的协同生序。

因此，作为人与自然、人与人耦合的复杂系统，既是多元物质的共生，从而需要结成生命或利益共同体；又存在着非线性机制，需要在自组织激励和人类的能动调控下，使人与自然、人与人之间充分和谐和有机协同。

2.3.4　开放论的持续观

系统与环境是相互作用而共生、发展的。系统与环境的相互作用表现在以下两个方面：

① 环境对系统的作用。环境对系统有两种相反的作用或输入：给系统提供生存和发展所需的空间、资源、条件和动力机制，起着促进系统演化的积极作用，是有利的输入，统称为资源；给系统施加约束、扰动、压力，影响或危害着系统的有序生存和发展，起着消极的作用，是不利的输入，统称为压力。这两种作用都从不同时空的组合上影响着系统的状态、性能和功能的展示，也造就着不同的系统。所谓“一方水土养一方人”，形象地阐述了环境对系统的塑造。

② 系统对环境的作用。这种作用表现在：给环境提供功能服务的积极作用或有利输出，统称为功能；因系统自身的不当行为或排泄物和与其他系统为争夺环境资源，而对环境产生破坏的消极作用或有害输出，称为系统对环境的

污染。也就是说，系统以其功能的输出和对环境的污染而塑造着环境。

上述两个方面的相互作用如下图所示。

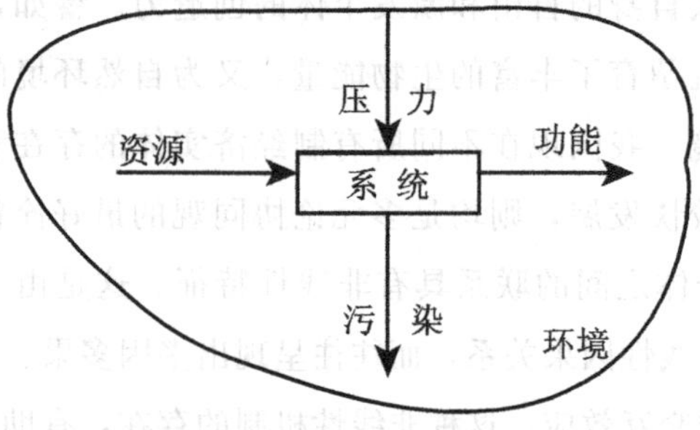

图 2-1 系统与环境的相互作用与共生

在同一环境中产生、发展起来的不同系统，总体上是互补共生的。即因相互提供功能服务而共生，或者因处于环境大循环过程通过中介环节而共生。相互竞争的系统因相互提供竞争对手而互补共生。即使捕食与被捕食之间，因相互制约而共存。如果被捕食者系统消亡，捕食者系统也必然消亡。

显而易见，环境塑造着环境中的每个系统，环境又被组成它的所有系统而塑造。为了自身的生存和发展，生命力系统必须是开放的，且需学会适应环境。合理有效地开发利用环境，同时要妥善地保护环境和促进环境的良性循环与发展。

人与自然耦合存在的地球，是一个开放性的复杂巨系统。这不仅指地球以其他星球为环境，通过吸纳太阳的光、热能和向宇宙耗散自身的盈余或排泄物而进行能量转化和保障生命有机体的繁衍，而且在地球系统内部也存在着人类社会系统与自然界系统的互为环境与开放。同样，在人类社会系统和自然生态系统各自内部也存在着不同层次系统或缀块的开放。就是说，开放性是一切有机生命体的本原特征，生命有机体通过与环境交换物质能量才能促进自身的新陈代谢和持续进化。

人类社会系统与自然生态系统是互为开放的系统，为了维持两者之间的协同进化，就需要缔结成有机和谐的关系，这意味着作为能动的人类不仅从自然界摄取物质能量，还需要根据自然现象和规律对生态环境进行一定能缺的时空补偿和一定能达方面的有序调控。同时，人类还需要控制自身的生产行为和消费行为，在节约资源、减少废弃物排放的发展过程中，保障和促进自然生态环境的生命活力与净化能力，在促进人与自然协同共生中实现人类社会的持续发展。

就人类社会系统的开放性而言，为了实现人类社会的可持续发展，就需要全球携手合作去协同人与自然的进化，而合作又必须建立在世界不断充分开放的基础之上。因此，不同国家、不同区域的社会经济系统既需要通过经济贸易、文化交流、信息传播、科技合作等途径进行物质、能量、信息、资本和人才的交换互补，也旨在通过系统内外的输入输出、发达国家对欠发达国家的经济和技术援助，以增进国家与国家、民族与民族、人与人之间的和谐与友谊。在推动人类社会物质文明和精神文明的同时，通过多极、多渠道的开放性合作，以促进人类与自然的和谐，实现环境文明和保障人类社会的持续发展。

面对当今世界的发展悲剧和依然存在的不发达的盲目发展、疯狂的科技竞赛和市场竞争、割裂的和简化论的思维观念，以及为满足当代人的需求而仍向自然界的超度索取和对环境的恣意破坏，为维护各自民族和国家的本位利益而无端地进行资源掠夺和经济势力竞争，为保障政治集团或民族的狭隘利益而加剧军备或无端挑起战争，导致人为的敌对灾难，因此“持续发展”无疑是人类社会文明的共识和永恒追求。

走人类社会的可持续发展之路，首先需要调整我们的发展观和方法论，需要改变传统的民族意识、经济意识、权力意识和对自然界的征服理念。如果我们的思维方式、理念和精神仍然处于唯物质文明和局部利益追求的不发达状态，便会使不发达的人类文明和世界发展更加不发达；如果发达的国家或地区的人们解除了精神贫困，不发达国家或地区人们的物质贫困问题也会迅速得以解决。

其二需要调整人类社会的发展目标。既通过人类自身的努力不但建立人与人、国与国之间的新型和谐的伙伴关系，而且要重新建立起人与自然的有机和谐链。也就是说，不仅为了当代人的和睦相处，幸福生存，而且为了子孙万代的生存与发展，需要通过多种途径和有益策略逐步实现人与自然、人与人的和谐。

其三需要调整现代社会生产行为和生活方式。一方面通过调整经济结构和发展科学技术有效地节约资源，保护环境；另一方面通过有效地控制人口规模的膨胀，提高人口的素质，改变消费陋习，以便减少资源供给的压力和环境消纳废弃物的负载。

2.3.5　*发展论的层次观*

等级层次结构是系统组织的一个基本特征。系统不是组成部分杂乱无章的堆积物，而是元素组织秩序的结果，系统的组织秩序总是以等级层次结构的形式表现出来。系统的等级结构是一个纵向分层次、横向分功能子系统的纵横交错结构形式。一个系统纵向可以分成几个等级层次，排成隶属关系。横向可将每一层次划分成职能分工并列的单位或不同级次的子系统。显然，纵向划分是隶属关系，上下层间性质相同，等级和管辖范围不同，下级“服从”上级；横向划分是分工关系，每一单元或子系统只履行一项职能，互相间等级和管辖范围相同。

系统都是有等级层次结构的，没有纵横向结构，就不成其系统。愈是元素众多、关系复杂的系统，等级层次结构也愈多愈复杂。自然界演化出来的系统、人类社会系统、人与自然结合的人工系统，以及语言符号系统、思维系统等，都具有等级层次结构。系统论认为，无论是系统的形成和保持，还是系统的运行和演化，等级层次结构都是复杂系统最合理或最优的组织方式；或最少的空间占有，最有效的资源利用，最大的可靠性，乃至最好的发展模式等。这就是等级层次原理，即等级层次结构是系统的客观存在，也只有将相同划分为不同等级、层次的配置结构，既便于认识相同，又能更好地处理系统内的相依关系和调动元素或组分的职能，从而实现系统整体功能的最大化。

就人类社会的发展而言，由于客观存在的自然地理和资源、环境支撑条件不同，以及发展历程、人口消费需求和文化、社会制度相异，因而各国或地区的发展状态及面临的不可持续发展危机，呈现出不同层次的水平或态势。这决定了既不能用同一准则和尺度去衡量其可持续发展的状态和支撑潜能，也意味着各国应根据自身的发展条件和状态，采用适宜的发展模式和策略来保障各自的可持续发展。

可持续发展是全球性的人类社会事业，处于不同层次发展状态的国家尽管不可能将来都具有相同的发展水平，但缩小层次间的差异和实现其间的有机协同则是人类社会可持续发展的目标追求。因此，由于发达国家通常得先发展之利，通过资本输出和贸易不平等及其他手段而占用了发展中国家较多的资源和人力资本等方面的社会财富，因而协助发展中国家摆脱贫困和不可持续发展危机应是自身义不容辞的职责。对于发展中国家来说，根据自己的自然、社会经济条件、内在需求和所处的国际背景地位，在保障自身可持续发展需要的基础上，应尽可能地缩小同发达国家之间的发展差距。

就一国的可持续发展而言，因自然资源、环境条件、经济基础和所处的地理区位不同，各行政地域或流域的发展状态同样呈现出不同的层次水平，也会面临不同程度的不可持续发展危机，以及应肩负不同梯次的可持续发展职责。尽管不同层次区域的可持续发展可以保障一个国家的可持续发展，但国家的可持续发展不一定要求其辖域的每一层次区域系统在同期内都须可持续发展。不同层次或同一层次不同区域可持续发展的形态、准则，及其在整个国家系统可持续发展中的地位、作用和功能亦不尽相同，因此不可能用同一标准去衡量不同层次或同一层次不同区域的可持续发展状态，而根据国家可持续发展的整体要求去界定不同层次区域的发展功能和职责，进而实现递阶协同发展则尤为重要。

2.4 小　结

“天人合一”作为中国传统文化的精髓具有朴素的自然辩证观。本章从可持续发展角度，剖析了“天人合一”思想的哲理和弊端，评判了西方“以人为中心”伦理的历史价值和所导引的社会灾难，探讨了人与自然、人与人的对立统一的系统观，以及天人和谐和复杂系统的认知论，旨在裨益于可持续发展的哲学理念与其理论体系的研究。

本章参考文献：

[1] 傅道彬. 歌者的乐园——中国文化的自然主义精神 [M]. 哈尔滨：东北林业大学出版社，1996.
[2] 余谋昌. 生态文化的理论阐释 [M]. 哈尔滨：东北林业大学出版社，1996.
[3] [法] 埃德加・莫林，安娜・布里吉特・凯恩等著. 马胜利译. 地球 祖国 [M]. 北京：生活・读书・新知三联书店，1997.
[4] [美] 米歇尔・沃尔德罗. 复杂——诞生于秩序与混沌边缘的科学 [M]. 北京：生活・读书・新知三联书店，1997.
[5] 牛文元，毛志锋. 可持续发展理论的系统解析 [M]. 武汉：湖北科技出版社，1998.
[6] 王雨田. 控制论・信息论・系统科学与哲学 [M]. 北京：中国人民大学出版社，1986.
[7] 苗东升. 系统科学精要 [M]. 北京：中国人民大学出版社，1998.
[8] 高光. 自然的人化与人的自然化 [M]. 北京：中央党校出版社，1989.
[9] 哈肯・H. 协同学讲座 [M]. 西安：陕西科技出版社，1987.
[10] 毛志锋，叶文虎. 论“天人合一”与可持续发展 [J]. 人口与经济，1998 (5)：1—6.

第3章 人类社会的演化规律与“三阶段”论说

3.1 引　言

可持续发展是当今国际社会论坛的主题。她超越了现实中的国界、民族、文化、价值观和意识形态等的束缚，使人类在关注自身命运的旗帜下达到空前的统一。然而，可持续发展究竟是人类社会一种理想的过渡状态与发展模式，亦或是人类社会演化的最高阶段，却存在着认知上的模糊、偏颇和实践上的混乱。满足当代和未来人口的幸福生存与健康发展作为可持续发展概念的内涵似乎已成为共识，但是她的外延却因社会经济发展状态、地理环境条件、资源保障程度，以及文化价值观念等的不同，而迥然相异甚或背道而驰。这种现象迫使我们需要重新审视人类社会发展的目的和演化的规律与机制。

大自然的伟大在于创造了万物，并以其自有规律演绎着生命的进化和环境的变迁。人的伟大则是在认识自然、利用自然的过程中，寻求自己能够持续生存和发展的适宜模式与策略。人虽然是“自然之子”，但自形成“类”后便以人类社会自有的发展规律既独立于自然，又相依于自然。于是，在地球上便产生了人类社会与自然生物群落两大生命力系统。两者既对立又统一，既相矛盾又须和谐共生，既要有序依存又混沌交织，构成了一个日趋复杂的双螺旋形进化的耗散结构。

生存与发展始终是高悬之剑，迫使人类在利用自然养育自己的过程中，也能够认识自身，保护自然，以求与自然和谐共存。然而人类与自然生命力系统的演化，既非时空上的同步，也非性质上的等同。人类的生存与发展常常面临着程度不同、状态各异的自然和社会危机，于是就有了能否持续发展的忧患和安身立命、开创似锦前程的动力。

在 20 世纪中后叶以前的历史长河中，尽管人类曾经历过若干次不同程度的政治、经济和自然灾害危机，但由于当时的相对生存空间较大，自然资源供给较充裕，环境消纳废弃物的功能也较强，因而能否持续发展的问题始终未正式列入人类社会的议事日程。在自然界物竞天择的非平衡相变中，人类社会仍以物质追求为目标在曲折中加速发展。只是到了当代，人类社会的发展面临着全球性的不可持续发展总危机之时，可持续发展问题才成为全球关注的焦点。由此可见，可持续发展问题不应该仅仅限于理想模式的追求，而应当是人类社会发展最高历史阶段进程中人与自然协同演化规律及其状态和谐实践的探索。这样，才有助于我们从时空整合上认识、评判、协同不同发达程度和相异资源环境条件下国家地域的发展策略，乃至同一国家而不同级次区域发展的递阶控制。本章正是立足于此，在总结人类社会发展过程，探讨其演化规律的同时，从理论上阐释可持续发展的内涵和准则。

3.2　双螺旋进化与主形态演化趋势

如果说生命物质起源于“原始汤”中无机物的有机化，那么从单细胞到多细胞的遗传变异和自然选择则标志着生物群落系统步入螺旋形进化的征程。人脱胎于高级形态的生物变异，但一旦形成“类”后便在生存与发展的螺旋形演绎中与生物进化分道扬镳，同自然环境悲欢离合，从而谱写着人类社会文明的历史序曲。

从简单到复杂，从无序到有序，从低级到高级，是一切生命力系统进化的共同特征，而其进化轨迹则是沿着多序度稳态的“时间之箭”而螺旋形演变。远离原始平衡态是生物物种诞生和进化的基础，在内部变异和外部涨落机制的非平衡相变下，产生新的不同序度的稳定态则往往成为生命力系统能级转化的目标追求。因为这种稳定态不是无序的平衡态，而是物种之间及其与环境达到充分相互适应、内在循环协同有序与互利共生之后，使系统内禀熵的产生率最低，具有耗能少、抗干扰能力较强的内稳定态。

任何生命力系统的开放性决定了自身在同外部环境交换物质能量过程中，必然受其强力干扰而波动。同时，物种的遗传变异和自催化代谢又会引起内在结构和能量供需的失衡。由上述波动和失衡叠加形成的涨落足于超越系统自组织调节能力时，便将系统推向混沌的边缘，于是，物种分异，关系重组，结构相变和功能转折，经过优胜劣汰后一个新的更为复杂、更强功能和更高序度稳定态系统的形成又成为进化的必然。生命力系统的进化是在内在结构日趋复杂、自组织功能不断增强中逐步向高层次推移的，然而由于系统内外失衡、涨落机制，致使其进化只能沿着稳定态的目标轴在曲折中从不稳定到稳定，从低序稳定到高序稳定而螺旋形演化。在自然界中，从遗传物质DNA分子结构的双股螺旋变异到生物物种或非生物矿石等的螺旋线方式生成，既表明其曲折的进化历程，又揭示了具有螺旋状结构物体在物质、能量消耗上的经济性和进化的稳定性。[1]

人类社会和自然界中的生物群落虽具有不同的结构和功能，但却拥有上述生命力系统进化的共同特征。两者既相统一于生物圈，在环境自然力的沐浴中自我进化，又因各自的发展不适度而危害着环境的消纳，遂使他们只能在曲折中进化。同时，两者又因人类的生存、发展需要和能动作用，在物质生产的联结中彼此制约，进化涨落，从而形成相互作用的双螺旋形进化结构。

进化意味着自我复制、分化和扩展壮大。尽管遗传、变异是生物系统“物竞”进化的内在根据或动力，但离不开无机的自然环境的物质能量供给与信息调节。于是，“天择”作为外部条件也就制约着生物的进化是在同环境和人类社会的对立统一中螺旋形演化的。生物种群的“提纯复壮”，生物群落的“随遇而安”，其演化机理就在于适应环境而生存，适应异养种群而发展，且能够在人类的驯育下有序有效地进化。而其内在机制则是物质能量的供需均衡，以及围绕物质供需和能量转化而进行的食与被食的有序竞争。

生存和发展作为人类进化的内在动力，既离不开无机的环境资源和有机的生物资源，也离不开人类自身的社会经济资源和能动调节作用。于是，“人择”即人类对自然和社会发展规律的逐步认识与调控能力的日益增强作为行动的准则，从而也决定了人类社会的发展是在同环境和生物系统的对立统一中螺旋形进化的。人类物质生活水平的提高和环境享受条件的改善，以及人类精神文明的进步，都离不开自然资源的供给和环境的保障。但与生物种群、群落进化机理所不同的是人类不仅能够适应自然规律，而且通过自身的能动作用在于利用自然规律促进生物进化和环境改善，同时亦能有序地调节和促使人与自然关系的和谐。

环境既以自有的物质能量促进着人类与生物的演化，亦作为一种信息感应的“氢键”或“媒场”胁迫、耦合着生物与人类的共生、协同。于是，人类与生物在环境场中构成了相互作用的双螺旋进化结构体。就是说，人类与生物既相统一于生物圈，在环境自然力的沐浴、选择中自我进化，又因各自的发展不适度而滞胀着环境的调节、消纳，遂使它们只能在曲折中进化；同时，两者又因人类的生存、发展需要和能动作用，在物质生产的联结中既需和谐依存、能量互补，又因供需失衡而彼此制约、进化涨落。因此，人类社会发展史首先是以人的生存和发展需要为目的和内在动因，依赖生物和非生物资源及环境场而演绎的自然史，其次才是由人类社会内部的生产活动、利益分配、文化交流、精神文明等所泛衍的社会进步史。

人类的生存与发展须臾离不开物质的生产和供给，因而也就有了与自然界的矛盾冲突。由于不同时空域资源的有效供给和环境的可能承载有限，因而人类社会内部从未间断过为争取生存和发展的公平引发的对立对抗。由此看来，人与自然的关系始终是人类进化、社会发展的关键问题。只有首先处理好人与自然的关系，生物进化与人类发展的双螺旋结构在环境场的外部约束和自组织机制中才能有序演化，而能动的人类是使这种演化有序的主元，其生存与发展的内在需求既支配着人类社会的发展历程，也左右着生物的进化和环境的变迁。

人类社会的进化，主要表现为生命体——人口数量的繁衍、扩张和生命力——以智力为主体的人口素质的不断提高。这两者的发展都离不开物质资料的生产和资源环境承载的调节，以及人类对自然演绎规律和社会生产方式变革的认识与利用。

物质资料生产是连接人与自然演化的中枢，是人类通过直接或间接劳动来转化自然力的运动过程。它既受制于一定社会生产方式下生产力和生产关系的矛盾运动，亦被外在自然演化过程中的环境生产即资源供给和环境消纳功能所界定。当社会生产力水平低下，人的劳动效率不足于创造出较多的剩余产品时，人类必然依靠多生产劳动力人口去战天斗地，以维持自身和再生产人口的基本生存需要。当社会物质生产的增长速度超越人口的自然增长率，而带来较多的劳动剩余时，以提高人口物质、文化生活水平和改善人口素质，利用自然、改造和征服自然为特征的发展则成为主旋律。当人口的物质生活需求和环境负载超越资源的持续利用保障和环境消纳的良性循环时，资源供给危机、环境保障危机、人口失业和相对贫困危机、民族冲突和社会秩序紊乱等现象就接踵而来。这时，以人与自然和谐为核心，以当代与未来人口利益公平为追求的可持续发展就成为全人类共同进步的合力点。

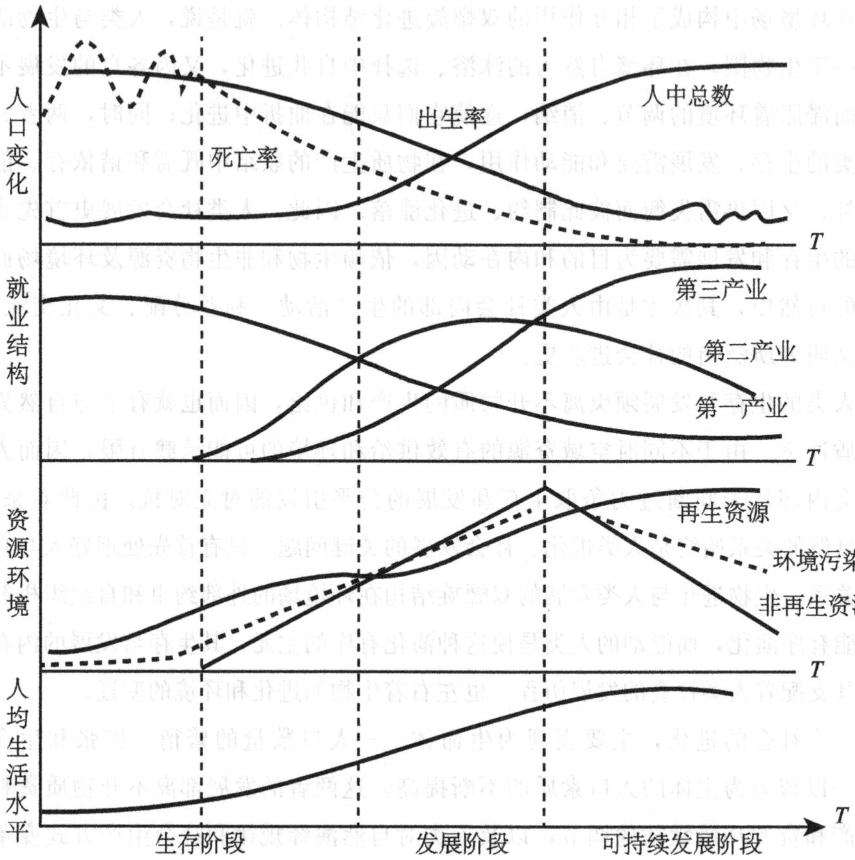

图 3-1　人类社会关联因子在不同演化阶段的发展变化

由此可见，生存、发展和可持续发展组成了人类社会三个特征各异的演化阶段，这三个演化阶段分别对应着农业文明、工业文明和环境文明的孕育与实现时代。下图映示了这三个演化阶段的基本特征和规律及其主要关联因子的动态趋势。

3.3　生存阶段与农业文明

人类的社会生存，是指维持生命体扩大再生产和生命力简单再生产状态下的人类活动的社会形态。生存是人口生命延续的本能，为此必然需要从事物质资料生产和与之相关的一切社会活动。

当社会生产以采集、捕猎和简单的农牧业生产活动为主时，人类的劳动仅能维持人口自身生命和繁衍后代的基本需求。这时，社会形态是以原始工具、手工劳动和简单分工合作为特征的社会生产方式和单一初级产业形态的生产力，以及以部落、家庭或社区交往为表征的简单的生产关系。在新石器时代之前，部落、家庭式的生产单元，只能从事分散的游牧活动以及小农生产经营。人类的社会生存完全依赖自然力的初级转化，因而人口生命体生产呈现出高出生、高死亡、低增长的原始型人口增长静止态和缓慢的生命力进化。

随着人类智力的进化和生产工具的改进，以手工业为基础的第二产业和以产品交换为先导的商贸、第三产业雏形开始发展，人类劳动逐渐有了较多的剩余，伴随而来的则是人口生命体再生产演化到高出生、低死亡、高增长的传统型膨胀阶段。于是，相对有限的劳动剩余除用于满足新增人口的生存需要外，已无多少投入来改善人口生命力再生产和社会生产力的发展。因此，在从人类社会的诞生到工业革命前夜的漫长历史过程中，人类社会的进化主要以满足人口的基本物质生存为基本动力，而以物质资料分配和占有形式为主要内容的社会生产变革，使社会制度历经了原始社会、奴隶社会和封建社会几个主要阶段。

这一漫长的历史阶段，虽然营造了农业文明和古代灿烂的文化，推动了科学技术的进步，促进了社会生产力的发展，但从总体上来说，人类基本上是为了生存而与天斗，以图摆脱饿殍的困扰；与人斗，以便得到物质资料的公平分配与占有。因此，历史上的农业文明本质上是生存文明，古代文化则是反映人类依附自然而生存的文化，社会生产关系的变革和生产方式的改进同样首先是为了人类的生存需要。

在这一历史阶段中，人类的生产活动以生存为主要目标，加之人类对自然规律的认知局限和对自然力利用上的盲目性，因而向自然界无度索取成为历史的必然。所幸的是，由于绝对生存空间广博，原始的自然资源较丰富，生态环境自调节功能亦较强，人类的生产活动虽在局部地域造成部分生物物种蜕化，资源存量枯竭，自然循环失衡，但总体上并未构成生态环境危机。人类在学习、适应自然的过程中与自然处于混沌中的和谐与共生。

3.4 发展阶段与工业文明

工业革命的勃兴，使人类从利用自然、改造自然异化为对抗自然、征服自然的力量。以人口生命体和生命力双重扩大再生产为本征的社会、经济、科技、文化的高速发展，成为人类社会演化的主旋律。这种发展的内在动因，已从人口的基本生存需求转变为人类生存条件的不断改善和物质生活水平的持续提高。因此，从工业革命兴起到20世纪中后叶，以人口身体素质的增强、人力资本的积累和生产资本的功能拓展为标志，历经外延型经济的大幅度发展和工业化过程的突飞猛进，显著地提高了人类的物质生活水平，拓展了人类对自然资源的利用，增强了人类对自然灾害和社会风险的抵御能力，充分发掘了人力资本的内在潜能和社会、生产资本的潜在效力，改善了人口的素质。然而，在全面推动社会生产力快速发展的同时，也造成了人类社会不可持续发展的危机。这一阶段的具体演化特征如下。

3.4.1 人口生产

人口生命体的再生产由传统型逐步转入低出生、低死亡、人口自然增长率渐趋递减的发展型。就是说，由于社会生产力的较快发展，显著地促进了科学技术的进步和医疗卫生、文化教育事业的长足发展，于是因资本有机构成的提高导致了人力资源过剩；因生活消费需求的增加，致使可开发利用的自然资源和物质生产可能提供的生活资料相对供应不足。

因此，社会生产和家庭生计不再以人口繁衍、劳动力数量的增加为财富积累的源泉，加之社会保障下的人口死亡率降低，于是人口生命体的再生产在人口自然增长率达到高峰后逐步演变为低出生态势。与此相适应的人口年龄结构，呈现出劳动年龄人口比重大、幼年和老年被抚养人口比重较小的成年型。人口在地理空间上的分布，也由分散的农村群居逐步转向城镇化格局。

3.4.2 物质资料生产

物质资料生产由以农业为主体的产业结构形态逐步转为以工业为主导的多部门经济生产。由于生产的机器化、电气化和分工愈益精细的专业化，因而社会劳动生产率显著提高，经济发展迅速，物质财富日趋充裕。在这一历史阶段，人力资源的产业配置结构演变趋势大体上是：第二产业居主导地位逐步上升；第一产业在工业装备的不断反哺下劳动生产率得以提高，于是其投劳比重低于第二产业且继续下降；第三产业在服务于第一、二产业发展需要的过程中，其投劳比重呈显著递增趋势。为了实现工业化和使GNP快速增长，发展中国家亦往往步发达国家的后尘集聚人财物于产值高的工业部门，特别是被誉为“工业之母”的重工业。于是，以能源等非生物资源消耗为主体的工业化生产结构成为经济增长和社会发展的主导。

产业结构的上述变化趋势推动了经济快速增长，进而对劳动力的数量需求较多，质量要求愈来愈高，于是在促进科技教育文化等社会事业迅速发展和一定程度刺激人口生育的同时，随着生产资本和社会资本有机构成的提高，以及以物质利益竞争为中心的商品经济和市场机制的强化，劳动失业人口增多和物质消费超度则愈益造成社会的沉重背负和压力，导致了人口与经济发展的不协同。此外，反映人与人之间关系的国家、地区利益冲突，物质财富占有和分配的社会矛盾，以及相随而来的文化、意识形态对立则愈显突出。

3.4.3　环境生产

在消费人口增多和物质生活水平显著提高压力的驱动下，特别是在追求最大利润目标的刺激下，人类社会大规模的物质生产活动导致了对自然资源，尤其是以化石能源为主体的非生物资源的无度开发利用。人类日益借重于科学技术，不仅使资源的开发强度急速增加，而且导致资源种类开发利用上的多样化。全球范围内不可再生资源的存量日益减少，部分稀缺资源已枯竭；可再生的部分生物资源因再生功能蜕化而供不应求，有些物种已灭绝或濒危；可开垦的耕地资源已十分有限；淡水资源的可利用总量和质量亦难以满足生产和生活日益扩展的需要。

在这一历史阶段，虽然科学技术在使人类扩大资源开发利用规模与强度的同时，通过良种繁育、人工培植、太阳能和核能的开发，以及资源替代和稀缺资源的节约、保护等措施，增加了资源的供给或延缓着资源的耗竭，但是在追求经济增长和资源开发利用的高产量、高性能、高附加值发展策略诱导下，科技的创新和应用亦不可避免地强化着“大量生产、大量消耗、大量废弃”的错误模式，这在某种程度上更加速了资源的衰减或枯竭。同时，不可再生资源，特别是化石能源的过度开发利用导致了严重的环境污染。土地、森林和淡水等可再生或非枯竭类资源的不适度利用，已引起水土流失、土壤沙化、尘暴等自然灾害频繁及环境净化和自调节功能退化。生产和生活消费垃圾也使环境消纳背负沉重。

总之，自工业革命以来，与自然资源的开发利用趋势相仿，环境污染亦呈现出逻辑斯蒂函数演绎态势，且环境整体质量在逐步退化，已危及人类的幸福生存与健康发展。

3.4.4 文化建设

在这一历史阶段，与上述三种生产[2]的变化特征相适应的是人类的文化观、价值观和消费观也烙印着以物质追求为目标的发展理念。文化产生于人猿揖别之时，伴随着人类社会的兴衰而发展。

广义而言，文化包括物质、精神和制度三个层面。物质文化是人作用于自然界形成的，是人类智慧在生产要素、过程和产品中的体现。它是文化的基础，是制度文化和精神文化的前提条件；制度文化是在人与人相互作用的过程中形成的，是生产关系及其规范和准则的映像。它是文化的关键，只有通过合理的制度文化，才能保证物质文化和精神文化的协调发展；精神文化是人的意识、观念、心理、智慧生成与表现的集合。它是文化的主导，保障和决定着物质文化与制度文化发展的方向。由此可见，文化作为人类的创造和使用，其演化状态不仅镌刻着人类的智慧，也映射着人类的生存与发展方式。

在工业革命之前，人类文化虽然分别凸现于图腾、宗教和伦理之中，但总体上是自然文化，即依赖、听命于自然而生存的理念和价值观的表现。工业革命之后，人类为了满足自身发展的需要，一方面借助科学技术和社会分工去改造、征服自然；另一方面又以国家、民族、阶层、社团、家庭为网结，通过多元文化形态的矛盾和冲突改造社会，进化人类自身。因而，这一阶段的文化更多地呈现为社会文化。在此文化氛围的熏陶下，人们的消费观凸现为对物质生活的无限强烈追求，价值观则着重于人对自然的征服和对家庭或某一群体占有物质利益的贪婪。

概而言之，自工业革命以来，体现人与自然关系的人口生产、物质生产、环境生产，以及在其基础上的科学技术和文化建设等发生了翻天覆地的变化，创造了前所未有的物质文明和灿烂的现代科技与文化，显著地推动了社会民主和人类的全面发展。然而，工业文明在造福于人类物质享受和推动社会快速发展的同时，也把人类社会引向了不可持续发展的歧途。因此，呼唤一个新的发展时代或使人类社会进入最高发展阶段已成为历史的必然。

3.5　可持续发展阶段与环境文明

3.5.1　当代面临的发展危机

农业文明是人类依赖于自然力的恩赐和生物资源的直接开发利用摆脱了饥饿的束缚，从而使人口的生命再生产得以延续。工业文明则是人类依靠自身的聪明智慧和科学技术，征服自然，改天换地，创造了充裕的物质财富，使人类社会以加速之势全面地快捷发展。然而，到了 20 世纪中后叶，人类社会却面临着全方位的不可持续发展性危机：

① 人口爆炸和粮食短缺，这不仅使人口众多、经济落后的发展中国家面临生存与发展抉择的两难境地，也使世界因失业和贫困以及贫富差距扩大的马太效应处于动荡之中；

② 能源紧缺和资源耗竭，不仅严重地制约着当代物质生产和现代化的经济建设，也将威胁到未来人口的幸福生存和发展；

③ 环境污染与生态失衡，加剧了人与自然的矛盾冲突，迫使人类收敛发展，且能以更多的经济资本消耗去补偿自然代谢的亏缺；

④ 精神贫困与民族冲突，既窒息着人与自然演化的协同，也滞障着人与人及全球社会利益群体之间的公平与和谐；

⑤ 科技发展的盲目竞争和利己失控，加速了上述全球性危机。

3.5.2　可持续发展论理

如果说，生存是人类对摆脱自然束缚的渴求，那么发展便是人类征服自然欲望的探索。历史上，“发展”曾被视为一种神话：“社会进入工业化后便可实现福利最大化，缩小极端的不平等，并给予个人尽量多的幸福”；又被简单化为“经济增长是推动社会、精神、道德等诸方面发展所必要和足够的动力。”[3]然而，当代全球所面临的发展危机则使这些发展观成为一种悖论，是导致人类社会不可持续发展的罪魁。亦迫使人类对发展的历程进行反思，从而确立了新的发展观和奋斗目标——可持续发展。目标通常具有阶段性和地域之别，作为人类社会的可持续发展则是时空目标协同而又无界的集合。因此，同人类社会已经历的生存与发展阶段相比，可持续发展既是人类社会进化的一个新的历史时期，又是一个漫长而无止境的人类社会演化的最高阶段。

可持续发展概念的形成源于对当代不可持续发展状态的反思，而它作为目标的宗旨则是通过人与自然、人与人的和谐谋福利于当代和未来的人口。显然，可持续发展既是一个衡量人类社会能否有序演化的标准，又是一个全球性人与自然协同进化的状态过程。标准随时空演化状态过程而不同，是一组动态变化的向量。其外部约束受控于环境生产力，即取决于全球生物圈保护和健康演化下的不同地域自然资源的生产能力和存量的多寡，以及环境的质量和消纳废弃物功能的强弱；而其内在评判准则和动力则是当代和未来人口对物质、精神消费与环境优美享受的需求。

因此，就外部约束和内在动力而言，当代人类所面临的环境生产危机，迫使人类必须作出明智的抉择——走可持续发展之路，用于修正自身的自然观、价值观和文化观，规范自身的生产和生活行为准则，以便逐步实现与自然的和谐共存。[4]从人类社会发展的现实来看，不同国家、地域的环境条件和发展水平不尽相同，然而可持续发展却是全人类的共同事业。发达国家借助先发优势占有更多的自然资源和人类财富，同时也造成了对环境更多的危害和对他人较多的盘剥，无疑应承担更多的责任和义务，需要肩负调控自身的发展和支援发展中国家可持续发展的双重职责。而发展中国家既承受着全球发展危机的威胁，又面临着自身需要发展的压力和动力，但决不能再沿袭发达国家的发展模式，而应实行符合可持续发展要求下的发展，即以实现人口、经济、资源、环境的物质、能量供需均衡和社会发展协同为目标要求的发展。

人类社会的可持续发展，具有空间上的全球性和时间上的无限性。这意味着，她既不是各个国家、地区或每一行业、部门可持续性发展的简单相加，也不是几代人持续努力的线性组合。全球人类社会的可持续发展需要以每个国家、地区或行业、部门在不同时段的有序发展或可持续性发展为基础，其间包含着人与自然、人与人在内容、方式、空间和时间上的统筹兼顾和综合协同。每一个国家或地区的可持续发展，同样需要内部行业、部门或不同区域在不同时段的和谐发展。

3.5.3　可持续发展阶段的基本特征和行为准则

作为人类社会进化的最高历史阶段，可持续发展必须按自然和人类社会的双螺旋演化规律，在继承人类文化遗产和物质财富的基础上，通过调控科技进步的方向，促使人与自然、人与人之间和谐相依；通过倡导和发展环境文明，使自然资源得以永续利用，环境消纳、调节功能不断增强。[5]其具体演化特征和行为准则应是：

① 就人口生产而言，可持续发展应表现为人口生命体的低速或零增长和生命力的持续增强。这是人类自为的明智之举，只有控制好人口数量的适度低速增长和人口素质的稳步快速提高，才能从长远和全球角度保障人类社会的可持续发展[6]。伴随环境生产的压力和社会的进步，人口生命体生产无疑会呈现出低出生、低死亡、低增长乃至静止型趋势。相应地，人口的年龄结构也逐渐演变为老年型，虽然会因此而影响社会经济发展的活力，但人口素质的显著提高和科技进步的辅佐，能够弥补因老龄化带来的社会经济负效应。

② 在物质生产方面，经济的发展将不再只注重于 GNP 或 GDP 的增长，而是着力于自然资源利用效益和社会、经济资本优化组合下生产效率的提高。与之相适应的产业结构则是以第三产业的发展为主导，即通过发展文教卫事业，大力改善人口素质；用现代知识和科技装备产业生产；倚仗金融、交通、信息等优质服务机制调节资源组合、财富分配和社会关系。第二产业的发展应是轻重工业和产品结构合理配置、低污染、高效益要求下的科技集约和清洁型生产，以及废弃物回收利用业的培育。第一产业无疑应侧重于优质高效农业的发展、太阳能资源的生物充分转化利用和生物多样性资源的综合开发与保护。

③ 在环境生产领域，伴随化石能源和矿物资源存量的减少，大力开发利用太阳能、核能、生物能源和海洋资源，以及最大可能地节约、回收和提高资源利用效益成为历史的必然。与此同时，保护和建设全球生物圈，促进生物多样性发展和生态平衡，消除污染和提高环境的生产力，将是和谐人与自然的关系，保障人类社会可持续发展的根本需要。

④ 对于国际社会来说，可持续发展事业的全球化，信息革命导引下的世界经济一体化，必然迫使人类社会须打破国家、民族、政治、文化和价值观等

界域、差异束缚，携手建设人类利益共同体，统筹解决人与自然、人与人之间的矛盾冲突。这不仅需要强化联合国和国际、区域性政治、经济、教科文组织的统筹、协调功能，亦更需要各国政府、企业和民众的持续努力，在共建一个“地球村”的目标要求下稳步地推进各国和区域的可持续发展。

⑤ 从消费和社会运行机制方面看，尽管提高人类的物质生活水平仍是可持续发展阶段的重要目标，但精神、文化生活需求和良好生态环境享受将日益成为人口生命力发展的主导。这不仅需要调整消费观念和生活方式，同时需要改变社会调节机制。在此阶段，商品经济和市场机制仍是调动人的内在活力，优化资源、资本配置，促进社会生产力发展的一种有效手段。然而，资源的无端浪费和加速枯竭，生态环境的破缺和污染的加剧，贫富差距的日趋增大和全球范围的社会动荡，已表明唯市场机制论的危害和“蹩脚”。因此，社会法制、公众舆论及社团的民主监督，不同层次政府和组织的职能干预与协调，以及市场调节诸三位一体的联动机制，则是保障人类社会可持续发展的中枢。

如果说，农业文明标志着人类生存阶段社会发展的辉煌，工业文明则是人类社会全面增长了的发展，那么高擎环境文明的旗帜，将使人类社会得以可持续性发展。

3.6 小 结

本章在剖析人类与自然生命力系统的双螺旋形进化过程及其相关主形态演化趋势的基础上，提出了人类社会由生存、发展到可持续发展的“三阶段”演化学说。嗣后，依据“三种生产论”分析和评价了生存与发展阶段的特征和规律，探讨了可持续发展的内涵及其演化阶段的基本特征与行为准则。

本章参考文献：

[1] 卫恒永. 人类向自然界学到了什么 [J]. 图形科普，1997 (3) .

[2] 叶文虎，陈国谦. 三种生产论——可持续发展的基本理论 [J]. 中国人口、资源与环境，1997 (2) .

[3] 叶文虎 . 创造可持续发展的新文明理论的思考 [A]. 北京大学中国持续发展研究中心 . 可持续发展之路 [C] . 北京：北京大学出版社，1994.

[4] 埃德加 · 莫林等著. 马胜利译. 地球 祖国 [M]. 北京：生活 · 读书 · 新知三联书店，1997.

[5] 毛志锋，叶文虎. 论“天人合一”与可持续发展 [J]. 人口与经济，1998 (5)：1—6.

[6] 毛志锋. 论环境文明与可持续发展 [J]. 中国经济问题，1998 (1)：48—55.

[7] 毛志锋，叶文虎. 论适度人口与可持续发展 [J]. 中国人口科学，1998 (2)：11—17.

[8] 编写组 . 自然辩证法讲义 [M]. 北京：人民教育出版社，1979.

[9] Coveney P.，Highfield R.，The Aroow of Time：Avoyage through science to solve time's greatest mystery. London：Great Britain，1990.

[10] Mesarovic M.，Pestel E.，Mankind at the Turning Point. New York：Dutton，1974.

[11] Cole S. Thinking About the Future：A Critique of “The Limits to Growth” . London：Susses University，1973.

[12] 叶文虎，毛志锋. 三阶段论——人类社会演化规律初探 [J]. 中国人口、资源与环境，1999 (2)：1—6.

第4章 人与自然和谐的生产剩余与消费剩余理论

4.1 引 言

可持续发展既然是人类社会进化的最高历史阶段，从而决定了人类为了自身的利益，不仅需要修补、和谐人与自然之间的相依关系，而且需要妥善地处理人与人之间错综复杂的内在利益矛盾和文化、意识形态方面的激烈冲突；不仅需要在理论上进行理想性发展蓝图或模式的研究，更需要面对社会实践进行可行性的理论和方略探索。因此，从人类社会实践的需要探讨人与自然和谐的运动机理和准则，依据客观的社会现实研究人与人关系公平的伦理行为和标度，按可持续发展的需要探索社会实践的效率和途径，才能形成科学的理念促进可持续发展大业的有效实践。

4.2 人与自然和谐的生态结构与能量转化

自人类诞生之后，历经数十亿年沧桑变化的地球自然生态系统迄今已基本不复存在，于是人类社会与自然环境的对立统一便成为地球人工生态系统演化的中枢。人类不仅以其对自然规律的认识和适应而生存，也按其需要通过不断地改造自然环境来丰富自身的发展。人虽源于自然，人的生物属性无法摆脱自然环境的决定性制约，但人依靠社会属性成为自觉主体后已不甘于自然本能对自己活动的主宰，而是依赖自身的能动作用对外在的自然环境进行征服以满足日益增长的需要。于是，人与自然的矛盾对立便成为地球人工生态系统功能退化、结构涨落的“祸根”，既使自然生态循环失衡、失序，反过来又使人类社会陷入生存和发展的危机。诚然，导致两败具损的根源是人自身生产的无节制、物质生产对自然力利用的超度和凌驾于自然之上的人类中心主义的征服观的作祟。因此，探讨人与自然协同进化的规律，重建与自然的和谐关系和共生互利机制，则是实现人类社会可持续发展的核心议题[1]。

建立在自然生态基础上的人类社会是一个高级的复杂系统，她的发展不仅不能违背生态系统的自然法则，而且借助人的能动作用在认识自然规律、利用自然力的基础上，通过和谐人与自然的相依关系，以保障人工生态系统的稳定演化。这是人类的基本职责，也是以人为本谋福利于当代和未来人口所需的根本利益所在。和谐人与自然的关系需要协同两者内在能量的供需，于是需要解析人工生态系统内在的结构和协同机理。

按传统的生态学观点，自然生态系统是由以太阳能为能量来源的植物生产者，以食植和食肉为生存的动物消费者和依靠动植物残体谋生的微生物分解者，以及非生物的自然环境组成。尽管各具不同形态和能级的自然生态系统，具有相异的生产者、消费者和分解还原者，但却按营养链形成了不同性质和规模的物质、能量与信息传导的组织结构、功能系统。广义而言，组成生物系统的植物、动物和微生物不仅是生产者，而且也是消费者。作为初级生产者的植物，以消费环境中的光、热、水、温和土壤矿物等无机质而生长发育，既生产出有机质和释放大量的氧气供动物和人类享用，又通过自身的群落组织功能涵养水源和调节着环境的质量。食植食草动物在消费植物、异类低级动物，以保障自身生存和繁衍后代的同时，也生产出可供高级动物和人类享用的肉皮毛类产品。以动植物残体为消费对象的微生物，不仅生产、繁衍出自身和族类，提供人类所需的菌类物种、物质，而且将有机物还原为无机物复归于环境，从而保障了自然生态的循环。

作为社会经济系统中的人，既是生产者、消费者，又是分解者。能动的人类不仅依靠自身的体力和智能不断地转换自然的物质能量来保障自己的生存和发展，而且通过培育动植物提高对太阳能量和环境无机物的利用，以便生产出更多的有机物质在满足自身需要的同时，促进生物物种和群落的繁衍；通过培育更多的微生物，研制与开发有效的“三废”降解、治理技术和采用社会经济措施，以保障环境质量和促进生态系统的良性循环。值得注意的是，对于动植物的残体和人类社会生产抛弃、生活排泄的“三废”等物的分解还原，不仅需要微生物和人工技术措施，而且还依赖于自然的风化、热解、水稀及其他自然力过程。因此，我们可以分别将微生物、其他自然过程，以及人类的还原技术与社会措施视为相对独立的分解者来参与人工生态系统的循环。这样，便可得到下列人工生态系统的结构图（图 4-1），旨在有助于解析人与自然和谐的关系，探讨其间有序运行的机理。

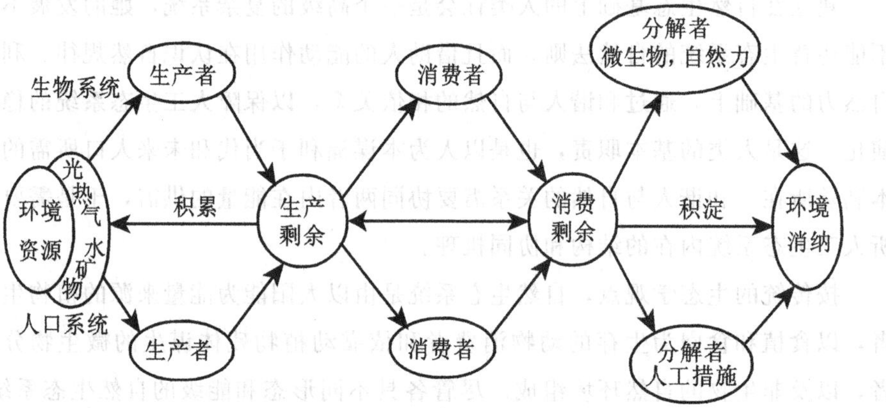

图 4-1 人工生态系统结构

从图 4-1 可以看出，由生物、环境和人口组成的人工生态系统是依赖能量的转换和供需而耦合共存的。自然环境为初级生产者提供植物生长所需的能源和地质条件，然后植物以其能量剩余供养食植动物的生存与发展；同样，食肉动物消费食植动物的剩余能量来延续生命和繁衍后代；寄生于动植物和人体内或生物群落、环境场中的微生物以消费其残体和排泄物等为生，且与自然力作用过程合作，通过分解、降解、合成还原物质能量于环境，以维持自然生态能量的平衡循环。人同样既是生产者，又是消费者。作为生产者的劳动人口，不仅依靠转化生物能量和创造社会财富再生产出生命力，而且还需生产出更多的物质、能量剩余以满足后代和受养人口生存与发展的需要。人类的诞生已打破了自然生态的循环，人口的地域超载和现代社会生产力的加速发展更加剧了生态环境的自然循环危机。因此，需要利用人工技术和社会法规、经济机制，以及道德规范等措施分解人类生产和消费的残物剩余，在减缓环境压力的同时促进生态系统的良性循环。

4.3　人与自然和谐的内在机理与准则

伴随人口规模的日益膨胀和作用于自然能力的不断加强，纯粹的自然生态系统基已消失，地球表层更多地呈现为以人和自然交互作用的具有不同类型和功能的人工生态系统。它们不仅吸纳地球外部环境中的光、热能量和地球系统内部的水、温、矿物等资源，而且不同类型生态系统、不同营养级之间也客观地存在着物质、能量和信息的交换。因此，由生物、人类和地球环境组成的人工生态系统是一个开放的能量输入输出系统。系统的开放性，既决定了状态空间的动态和结构相对稳定特征，也表明了系统能量转化和积累的内在本质。一个具有生命力的系统，只有不断地与外部交换物质能量，才能通过转化、积累过程而发展自己，进而形成相对稳定和有序演化的结构。

生态系统中的能量从低效向高效转化，则在每一个营养级上需要有较多的生产剩余，供高一级消费者吸纳和自备，以适应复杂多变环境中的自我调节。这些剩余以化学能的形式积淀于生物体内，或以生物能形式繁衍出新的物种，也或以物质形式储备于生物群落和各种“仓库”之中。譬如用之不竭的太阳能是绿色植物的“猎物”，然而自然生物仅利用其能量的1%左右，人工培育的植物利用量迄今也未超过5%，其余所剩95%以上的能量则以光、热能形式耗散于宇宙，用于调节天体循环，减缓灾变，满足人与其他生物需要，乃至保障绿色植物的特殊、极限需要，而并非一种经济意义上的浪费。食植动物通常也仅消耗植物能量储备的10%，这意味着约有90%的植物能用于植物本身的需要和满足人类及其他生物的需要，以及保障生态系统的稳定。另据研究，食肉动物的生物能转化效率也仅15%左右，[2]而依然有大量的能量剩余供人类或其他异类动物和微生物消费。于是，在生物系统中便形成了以营养链为序列的生态能量金字塔，相伴而随的是生物个体（种群）数量的金字塔和生物异质多少的重量金字塔。这不仅使生物系统具有丰富的物质能量，以满足自身的生存和种的繁衍，而且能够缓冲外部环境的振荡和维持生态的平衡。

人类是以转化自然力为其生存和发展的基础，不仅直接索取生物剩余，而且通过培育动植物和采掘、加工矿物及其他能源来创造更多的剩余，以满足和丰富日益增长人口的生活需要。值得指出的是，由于非生物资源和生物产品剩余供给的有限性，人类社会的物质剩余有别于生物剩余应适度，以便在保障人口消费需要的同时，避免人类对自然的过度开发利用。

如果说生产剩余是满足生物和人类生存与发展需要的物质和能量变换的“即时储蓄”，那么消费剩余则是满足其需要的物质和能量变换的“长久储蓄”。原始的自然能量经过生物和人类的生产过程变成不同形式的物质产品，意味着能量由低效向高效的转化。而动植物和人类的残体、排泄及生产过程中的废弃物，则需要借助微生物和人工技术将其转化为低效的能量复归于自然，以保障生态系统的能量均衡和环境质量的洁净。生物的消费剩余易于被微生物和自然力分解、消纳，而当代人类的生产和生活消费剩余不仅较难被消解，且量大不易扩散，因而造成环境的严重污染和沉重背负，既危及人类的生存和发展，也危害着生物的繁衍。资源短缺危害着人类的生存与发展，而环境污染和消纳功能的退化，不仅威胁人类也窒息着生物的进化。由此看来，如何把握物质、能量生产剩余和消费剩余量的多寡与运行机制，则是和谐人与自然相依关系的关键。

人工生态系统的稳定既取决于外部能量的供给，又依赖于生物系统和人类社会的生产剩余的供需与消费剩余的分解还原。就生物系统而言，保障自然生态系统良性循环的基础，一是植物物种愈多，群落结构愈复杂，意味着生物量愈大，因而能够提供更多的剩余满足食植动物和人类的需要；二是食植动物的种类和数量，不仅能适应、依附于植物种群的物质提供和群落结构的生态环境而生存、发展，且其能量消费的规模不能超越植物剩余能量的承载；三是微生物的繁衍数量和消解功能，要能够还原动植物和人类的消费剩余于环境；四是适应于地域环境生存的生物，要有合理的群落结构。

对于人口系统来说，认识、适应自然规律，在此基础上合理地利用自然规律，则始终是人类社会可持续发展的核心议题。作为自然界的一员，人类只有充分认识生物链营养级物质能量的转化和剩余规律，才能有效地把握自身的生存需求和维持生态平衡；作为人工生态系统中的能动主体，只有充分认识生物的生长特性和演化规律，才能有效地培育和保护生物以加速自然能量的转化。同时，人类也只有充分地认识自身适应和合理利用自然而发展的规律，才能保障人类社会的可持续发展。为此须遵循下列原则：一是人口生产的增长和消费水平的提高，既需要考虑到生物的生产剩余，也要顾及社会的生产剩余及自然资源的潜在转化能力，即人口消费的总需求不能超越保障生态平衡所需的生物生产剩余和有助于社会物质生产持续要求下的人工生产剩余；二是人口的生活消费在保障基本物质生活得到满足后，应转向对服务、文化教育和环境享受的消费追求，而不宜于对物质消费的无尽贪婪，以便能为后代留下较足的不可再生资源；三是社会生产和生活的消费剩余不能超越生态环境的消纳能力，即不能因过度污染而降低环境质量和使生态良性循环功能退化。这要求除微生物消解和自然力融化能力之外，人工降解技术和保护措施的功能应强于污染物的剩余危害。

综上所述，从能量转化方面我们可以得到下列人与自然和谐的基本准则：

准则Ⅰ： 生物链能量转化剩余服从

$$B_{1s} >>> B_{2s} >> B_{3s} \cdots\cdots B_{ns}$$

式中 $B_{is}(i=1，2，.3\cdots n)$ 依次为植物、食植动物、食肉动物及至人类所能消耗的生物能量剩余。

准则Ⅱ： 社会生产能量转化剩余服从

$$P_S = \sum \alpha_I B_{is} + \sum \beta_i R_i - \theta P \geqslant 0$$

且有

$$0 < \alpha_i << 1，0 < \beta_i << 1$$

式中：α_i 分别为不同生物资源能量的人工利用转化率，β_i 为各种不可再生资源能量的人工利用转化率，R_i 为相应的不可再生资源的即时探明储量，θ 为人均物质能量消费，P 为人口数量。

准则Ⅲ： 消费剩余的消纳服从

$$(1-\varepsilon_1)\sum c_i B_i + (1-\varepsilon_2)(d_1 P + d_2 M) < E$$

式中：$\varepsilon_j(j=1，2)$ 分别为微生物、人工治理、资源回收技术和自然力消解废弃物的能力系数，$c_i(i=1，2，\cdots n)$ 依次为不同营养级动植物的废物排放系数，$d_\kappa(\kappa=1，2)$ 分别表示人均生活消费排放系数和社会生产过程中的“三废”排放及引起水土流失、沙化等方面的单位数量或产值损害系数，M 为物质生产总量，E 为环境消解能力。

4.4　发展与保护的双重变奏

如果说，“增长”是指满足人们基本物质生活需要而对资源开发利用规模的扩大和经济总量的增加，那么“发展”则不仅意味着物质财富的增加，更着眼于人们生活质量提高要求下的经济和社会的全面有效变革或开发。在当代资源短缺和环境恶化情况下，“发展”又附加了“可持续”的前提条件，即保障生态环境良性循环和满足后代人需要前提下的发展。于是，相对于开发意义上的全面发展与满足持续需要条件下的积极保护便成为人类社会可持续发展的两个车轮，即既要发展又要保护，以发展促保护，用保护维持更好的发展。

为满足人类的生活需要，人们需要依靠自己的劳动通过采集、培育、开采、冶炼、加工等措施不断转化生物和非生物能量，因而在人口日趋膨胀压力下和以生存、物质消费追求为主要特征时代，社会以粮食、基本物质生活用品的数量和产值的增长为主要目标。于是，大量开垦原野，毁林开荒，围海造田，大规模地开发矿藏，开采化石能源，发展以钢铁冶炼、制造和加工业、化工、电力为主体的物质生产成为社会生产力和经济增长的主要形态。伴随而来的不仅是劳动力需求增加引起的人口规模的高速膨胀和物质财富的快速增长，而且导致水土流失、土壤沙化、生态循环失衡、自然灾害频繁及至社会矛盾的加剧。数千年来的人类社会实践和沉痛的历史经验教训表明，这种单纯地依靠对自然的无度索取来换取物质财富量的增加和经济的增长，既引起自然界日趋强烈的无情报复，也难于稳定社会的有序进化和改善人们的物质生活水平的持续提高。因此，以自然资源的广泛开发和有效利用、人口数量增长的控制和素质的提高、物质的极大丰富和与精神财富的双重增加、依靠科学技术全面推动社会生产力和使国际社会经济一体化的发展，则成为20世纪后半叶人类社会进步的主旋律。

显然，由经济的“增长”过渡到社会经济的全面“发展”，虽然历经了长期的社会实践和磨难探索，但毕竟是人类由农业社会向工业社会过度的物质文明的进步，由单一的物质文明向物质、精神双重文明的跃进，由片面追求经济产量、产值的增加上升到经济效益的苛求，乃至社会和生态效益的兼顾。于是，伴随工业现代化的进程，不仅发达国家率先由经济的外延扩张转向内涵效益挖潜的发展，人口数量渐趋零型增长和素质显著提高，大力借助科学技术促进经济的繁荣和社会的文明；而且发展中国家在接受发达国家惨痛经验教训的基础上，也正在由依靠资源转换的粗放型经济增长转向劳力、资金和技术密集型经济的发展，人口数量的过度膨胀开始得以控制和人口素质有所提高，缩短与发达国家的差距和尽快提高人们的物质生活水平成为主要奋斗目标。

尽管“发展”的思维定式和现代工业化的广度实践，使人类社会的物质生活水平有了显著的提高，世界经济的一体化和社会文明取得了前所未有的发展；然而伴随物质财富充裕和商品生产过剩的同时，自然资源特别是以化石能源为主体的不可再生资源的紧缺和环境污染的加剧，以及因生态修复功能退化而引发的自然灾害频繁和强度的日趋加大，直接形成了全球性不可持续发展的危机。此外，因人口生育规模惯性膨胀和物质消费加速增长的双重压力，以及失业和贫富差距加大引起的社会动荡，也使人类深切呼唤“需要可持续发展的未来”。因此，传统的以物质财富为枢纽的资源的广度开发、经济的“高生产、高消费、高污染”和物质利益机制的全球化的发展模式已难以为继，以社会、经济的有效发展和资源、环境的积极保护为主体的发展战略将成为未来人类社会可持续发展的主导。

由于生物资源剩余利用的有限界定和不可再生资源的日渐稀缺，人类社会为了持续发展就必须在开发中积极保护生态系统的物质、能量生成的自循环机制；在持续丰富社会物质财富的同时，充分依靠科技进步提高自然资源的利用效益和最大限度地节约资源，以便能为后代留下宽裕的生存与发展空间；在适度满足人们基本物质生活消费的同时，通过大力发展第三产业来改善其对服务、文化教育等精神消费的需求；在合理人口和生产力地域格局，减少和治理城乡“三废”污染的同时，通过植树造林，根治沙化荒漠滩涂，建立自然保护区等措施积极保护生态环境，以便减少自然灾害的侵袭，改善当代和未来人口的生存和发展环境，提高其生活的质量。

实现人类社会可持续发展的上述目标，谐和人与自然的相依关系和物质能量的有序转化是根本．这不仅需要以人为本，即以人类社会的长久发展需要和人们生活质量的根本改善与提高为目标，充分发挥人的能动作用认识自然规律，依靠科学技术有效地转化自然力，在节约自然资源和保护好生态环境的基础上，尽可能地丰富人们的物质、文化生活和精神需要，提高人类的生存质量；而且要以人与自然的互利共存为宗旨，即改变人听命于自然的宿命观和人类征服自然的唯我观，通过调整社会、经济、人口结构和利益机制，以及改变消费模式，来和谐人口、经济、社会、资源、环境的相依关系，从而实现人类社会的可持续发展。

4.5　小　结

本章从人与自然耦合演化的人工生态系统研究入手，为了揭示其内在物质、能力的转化规律，提出了生产剩余和消费剩余的概念，并以此建立了人与自然耦合的框架结构；剖析了人与自然和谐的内在机理，提出了相应的“剩余准则”；进而从生产剩余和消费剩余角度，论述了发展与保护的协同机理和对策。尽管这里初步形成的“双剩余理论”还有待深化和完善，但她有效地揭示、阐释了人与自然和谐的机理、准则和宜采用的对策措施。这无疑为探讨人与自然和谐要求下的可持续发展问题，提供了一条创新的途径和理论依据。

本章参考文献：

[1] 毛志锋．适度人口与控制［M］．西安：陕西人民出版社，1995.

[2] 党承林，王崇云．生态系统的能量盈余与热力学第二定律［J］．生态学杂志，1999（1）：53—58.

[3] 毛志锋，叶文虎．论可持续发展要求下的人类文明［J］．人口与经济，1999（5）：1—7.

[4] 叶文虎，陈国谦，涂又光．和谐：可持续发展观的灵魂［J］．中国人口、资源与环境，1999（4）：1—4.

[5] Odum，H. T.，Energy，environment and public policy. UNEP，1989.

[6] Odum，H. T.，Systems ecology. John Wiley and Sons.，1983.

[7] David James. Economic approaches to population and environmental problems. Publishing Company Amsterdam，1987.

[8] 毛志锋，叶文虎．生产剩余与消费剩余：人与自然和谐的探索［J］．中国人口、资源与环境，2000（2）：11—14.

第5章　人与自然和谐准则的系统解析

5.1　引　言

人与自然的对立统一是人类社会永恒探索的主题。自人类社会诞生以来，在地球上便产生了人与自然生命力系统相伴的双螺旋形演化结构，也就客观地存在着两者既对立又统一，既相矛盾又须和谐共生，既要有序依存又混沌交织的复杂机制和均衡与非均衡的相变过程。

“皮之不存，毛将焉附。”没有自然，就没有人类；没有人与自然的和谐，就不可能从根本上保障和实现人类代际与代内的公平生存与发展。因此，追求人类社会的可持续发展旨在谐和人与自然的关系，这不仅需要能动的人类不断探索自然演化和社会进化的规律，亦需要规范人类自身的生产与消费行为，以及调节物质利益的分配机制。认识自然和探索人类自身的进化规律，不仅仅是为了适应自然而生存，利用自然而发展；还需要改善自然，约束自身，改造社会，通过协调人与自然之间的物质能量供需均衡来保障自然的有序演化和人类社会的持续发展。

和谐人与自然的相依关系，必然需要确立和遵循相应的理论与实践准则。基于此，本章借助耗散结构理论和其他学说进行量化模型和准则及相应策略的探索。

5.2　地球系统应沿着非平衡定态演变

地球是一个依附于太阳系的星球，但它同时又是一个在不断完善而自主的世界。它从依附中汲取自主，又在生命与非生命系统的相互作用中日臻得以完善。如果我们把组成地球系统的大气圈、水圈、岩石圈和其他星球、天体视作生物圈的环境，那么统属于生物圈的人类社会和生物系统则是在环境场作用下相互机制与依存的。

自人类社会独立于自然物以来，地球系统便处于远离自然平衡态的稳定与不稳定乃至急剧涨落的演变过程中。为了保障人类社会的可持续发展，则需要谐和人与自然的相依关系，使地球系统能够沿着非平衡定态有序演替，然后在此总准则要求下，通过适宜策略以促进人类社会、生物和环境系统协同有序地演化。

世界是物质及其运动中的世界，而能量则是物质运动的表现和量度。在物质运动过程中，失去一种质的运动的一定量，必定产生另一种质的运动的相当的量。显然，这种能量守恒是指开放系统中能量以物质为载体输入输出的守恒。在开放系统中，能量流依靠信息认知导向，在不可逆过程和自组织机制的双重作用下，使系统可以逐步地建立起远离平衡的稳定的物质结构状态。[1]

开放系统中的能量不可逆过程不仅标志着物质形态的变换，也总发生着由一种利用效率较高的能量转变为效率较低的能量的能量耗散。这意味着系统的内禀熵增大，即系统的无序度增加，对生命系统来说就是组织结构破缺，状态失衡，生命力退化。为了重现系统演变的有序化，必须不断从外部摄取负熵流，即与外界交换物质、能量和信息，并通过建立起的认知、适应、调节的自组织机制加强系统内部结构和关系的重组，提高物质、能量的转化效率和抗干扰能力，以促进系统沿着非平衡定态有序演化。既然人类社会的可持续发展需要生物系统和人类社会系统均应沿着多序度稳定态演化，那么由他们和环境组成的地球生态系统也应沿着非平衡定态有序演化，其演化过程是由第 3 章所述的双螺旋以不同的振幅和频率叠加形成，且应逐步趋于相对稳定的非线性演化。因此，地球生态系统的非平衡稳定态演化既是人类社会可持续发展的根本保障，也是衡量人与自然和谐的总准则。

人与自然的和谐即标志着地球生态系统的相对稳定有序，而其度量的广延参量则是熵。由热力学第二定律知，系统的总熵 dS 变化由 deS 和 diS 两部分组成，前者为系统与外界交换物质、能量和反馈调控而引起的熵流，若其大于零则表示熵增，反之则称为负熵流；后者是系统本身由不可逆过程引起的熵产生项，因而总是熵增，即 $diS \geqslant 0$。籍此原理，我们分别给出生物系统、人类社会系统和环境系统的熵变化公式如下：

$$dS_1 = deS_{-13} + deS_{+13} + deS_{-12} + deS_{+12} + deS_{-11} + \sum_{j=1}^{n} diS_{1_j}$$

$$= \sum_{i=1}^{3} deS_{-1i} + \sum_{i=1}^{3} deS_{+1i} + \sum_{j=1}^{n} diS_{1j} \tag{5-1}$$

式中：dS_1 是指生物系统的总熵，$deS_{m13}\,m=(-,\ +)$ 分别为来自环境能量供给所产生的负熵流和因其灾变干扰而产生的熵增，$deS_{m12}\,m=(-,\ +)$ 分别为来自人类补偿、调控产生的负熵流和因其过度索取及不适当生产行为所引起的熵增，deS_{-11}是指食物链能级转换和生物自适应机制过程中所产生的负熵流，diS_{1j}则是不同生物种群通过蒸腾、呼吸、排泄或残骸等能量耗散引起的熵增。

$$dS_2 = deS_{-23} + deS_{+23} + deS_{-21} + deS_{+21} + deS_{-22} \sum_{j=1}^{n} diS_{2j}$$

$$= \sum_{i=1}^{3} deS_{-2i} + deS_{+21} + deS_{+23} + \sum_{j=1}^{n} diS_{2j} \tag{5-2}$$

式中：dS_2 系指人类社会系统的总熵，$deS_{m23}\,m=(-,\ +)$ 分别为环境能量供给所产生的负熵流和其物理灾变所致的熵增，$deS_{m21}\,m=(-,\ +)$ 分别是来自生物系统能量供给的负熵流和生物灾变的熵增，deS_{-22}是指人类自组织机制引起的负熵流，diS_{2j}是指生产消耗和社会变革以及生活消费和社会消费过程中所产生的熵增。

$$dS_3 = DEs_{-33} + DEs_{-32} + \sum_{j=1}^{n} diS_{3j} \tag{5-3}$$

式中：dS_3 是指环境系统的总熵，deS_{-33}系环境自净能力引起的负熵流，deS_{-32}为人工改善环境引起的负熵流。

就公式（5-1）而言，由于后两项非负，当且仅当 $dS_1<0$，即$\left|\sum_{i=1}^{3} deS_{-1i}\right|>\sum_{j=1}^{n} diS_{1j}+\sum_{i=2}^{3} diS_{1i}$时，表明生物系统从自然环境、人工补偿和自身能级转化中获得的负熵流，抵消了自身遗传变异和代谢过程中因能量耗散、无序组合而产生的熵，以及来自环境和人为干扰引起的熵增。于是，在其系统总熵可逐步减少中趋于稳定有序进化。由于这种进化具有动态性，且生物系统的熵变与生物种群的生长发育有关，因而由熵的广延性可知

$$\frac{dS_1}{dt} = \sum_{i=1}^{3} \frac{deS_{-1i}}{dt} + \sum_{i=2}^{3} \frac{deS_{+1i}}{dt} + \sum_{j=1}^{n} \frac{deS_{1j}}{dt} \tag{5-4}$$

当$\frac{dS_1}{dt}<0$ 时，即有 $\left|\sum_{i=1}^{3} \frac{deS_{-1i}}{dt}\right| > \sum_{i=2}^{3} \frac{diS_{1i}}{dt} + \sum_{j=1}^{n} \frac{diS_{1i}}{dt}$，则意味着生物系统处于成长发育阶段。

当$\frac{dS_1}{dt}<0$且$\left|\sum_{i=1}^{3}\frac{deS_{-1i}}{dt}\right|=\sum_{i=2}^{3}\frac{diS_{+1i}}{dt}+\sum_{j=1}^{n}\frac{diS_{1j}}{dt}\neq 0$时，生物系统则处于稳定成熟阶段。

若$\frac{dS_1}{dt}>0$，即有$\left|\sum_{i=1}^{3}\frac{deS_{-1i}}{dt}\right|<\sum_{i=2}^{3}\frac{diS_{+1i}}{dt}+\sum_{j=1}^{n}\frac{diS_{1j}}{dt}$，显然，生物系统进入衰老退化时期。

特别地，当$\frac{dS_1}{dt}=0$，且$\left|\sum_{i=1}^{3}\frac{deS_{-1i}}{dt}\right|=\sum_{i=2}^{3}\frac{diS_{+1i}}{dt}=\sum_{j=1}^{n}\frac{diS_{1j}}{dt}=0$，表明生物系统已处于死亡解体阶段。同样道理，我们也可以对人类社会和环境系统的变化状态进行上述类似的分析与评判，此处不再赘述。

对于地球系统来说，其总熵为

$$\begin{aligned}dS &= dS_1+dS_2+dS_3\\ &=\sum_{I=1}^{3}dES_{-1i}+\sum_{i=2}^{3}deS_{+1i}+\sum_{j=1}^{3}diS_{1j}+\sum_{i=1}^{3}deS_{-2i}\\ &\quad+DEs_{+21}+deS_{+23}+\sum_{j=1}^{n}diS_{2j}+\sum_{i=2}^{3}deS_{-3i}+\sum_{j=1}^{n}diS_{3j}\end{aligned} \tag{5-5}$$

当且仅当$\left|\sum_{i=1}^{3}deS_{-1i}+\sum_{i=1}^{3}deS_{-2i}+\sum_{i=1}^{3}deS_{-3i}\right|>\sum_{i=2}^{3}deS_{+1i}+\sum_{j=1}^{n}diS_{1j}+deS_{+21}+deS_{+23}+\sum_{j=1}^{n}diS_{2j}+\sum_{j=1}^{n}diS_{3j}$，即由上述三个子系统在物质、能量转化过程所产生的负熵流的绝对值大于每个子系统因外部干扰而产生的熵增和自身熵产生之和时，则地球系统因总熵减少而趋于稳定。显而易见，上式左端第一项要求人类应充分运用生物技术、工程措施和社会机制等有效地加速自然力的转化；第二项则提示我们不仅要充分开发、利用环境能量和生物资源，而且要加强人类社会自身的反馈调节功能；第三项意味着需要通过保护生物和环境系统，提高其分解、降解、消纳污染物的能力，同时利用人工力量来治理、改善环境，促进自然界有序地演化。而右端则需要人类在充分认识自然规律的基础上，能够有序地调整生物种群、群落结构，产业和产品结构，生活消费结构，以及控制人口和物质生产的适度增长，和谐人类社会内部的相依关系与利益冲突，旨在提高资源利用率和物质生活水平的同时减少环境污染，增强防灾抗灾能力，从而不断协调人类社会、生物系统和环境系统三者之间的物质能量供需及演化关系。三个子系统的稳定演化是地球系统有序演变的基础，而人类社会的有序发展则是地球和生物、环境系统稳态演化的动力源泉。

值得指出的是，地球系统的稳态演化需要人类、生物和环境三个子系统的各自相对稳定和协同演变，而这一切又表现为在国家或较低层次地理空间上的综合协同，以及自下而上的递阶调控。因此，上述概念开发同样适于国家、地区或较低一级区域人与自然和谐准则与策略的探讨。另则，用熵参量来研究系统稳定发展的基础是能量的有序转化。因此，我们总可以借助能量（能值）这一综合指标及相关的动力学模型来分析研究实际系统的发展问题。

5.3　三种生产须协调发展

追求人与自然的和谐，需要协调不同时空域人口、经济和环境三种生产之间物质、能量的有效转化和供需均衡。也就是说，不同时空域的物质生活消费的需求与物质资料生产的供给和自然资源的保障，以及人类对环境享受的需求和环境质量的供给之间应保持一种相对均衡态，以便在促使地球系统稳态有序演化的基础上，既能满足当代人的发展需要，又能保障未来人口的幸福生存。

5.3.1　物质资料供需均衡

特定时空域物质资料的供需均衡是指在围绕最佳均衡点的某一邻域里的供需等价，即有生活消费需求 $D(P, C, \sigma, t)\cup$ 物质资料生产 $S(L, K, R_1, R_2, t)\cup$ 自然资源保障 $R_S(R_1, R_2, \omega, \lambda, t)\in[M, N]$，或 $M\leqslant D\cup S\cup R_S\leqslant N$，使 $D\cong S\cong R_S$。在这一状态范围内物质资料的总供需之间虽有一定差异，但不破坏供给“源”和需求“宿”及其在供需过程中系统的协调与自组织机制。同时，由于均衡域存在的适度势差，往往会使物质供需在其运行过程中得以有序调整和有机协同。

假定我们令生活消费剩余为零，即 $S-D=S-\sigma S-CP=(1-)S-CP=0$，于是，$S=CP/(1-\sigma)$。式中，$P$ 代表对象系统 t 时刻的人口总量，C 代表人均物质消费水平，σ 为积累系数。另则，若令物质资料生产与自然资源保障供需均衡，即 $S-R_S=S-\omega S-\lambda R=(1-\omega)S-\lambda R=0$，于是，$S=\lambda R/(1-\omega)$。式中，$\omega$ 代表物质资料生产的废品率，R 代表自然资源的可利用总量，λ 是自然资源的生产转化率。故有 $\frac{CP}{(1-\sigma)}=\frac{\lambda R}{(1-\omega)}$，进而得到人口与自然资源之间的

关系式为 $P=\frac{(1-\sigma)\lambda}{(1-\omega)C}\cdot R$。该式表明，在人们物质生活水平不降低和适度积累前提下，要协同人口与自然资源之间的物质供需均衡，一方面需要控制人口的自然增长和开发、节约、保护自然资源，另一方面则需要积极借助科技进步和社会经济机制，通过调整产业、产品结构，以及技术创新和资产重组，充分提高自然资源的转换效率和效益。

5.3.2 人口、经济和资源的耦合协同

实现物质资料的供需均衡，则需要协调人口、经济和资源三者之间的相依关系。人口的生存和物质消费水平的提高依赖于经济的发展，而经济的发展又以自然资源的开发利用为基础，特别是以能源、土地和水为支柱的自然资源既是现代经济发展的命脉，也是制约未来人口幸福生存的瓶颈。因此，从人类社会的可持续发展需要出发，必须立足于自然资源的可持续利用类型和供给程度来确立经济的发展和控制人口的增长。正是基于此认知，我们推导出人口、经济和资源耦合协同的一组关联模型如下。

人口规模控制模型：

$$P(t)=P(t-1)+\delta P(t-1)\left(1-\frac{P(t)}{D(t)/C(t)}\right) \tag{5-6}$$

式中：δ 为人口自然增长率，$C(t)$ 为人均消费水平。由于人均消费水平总是伴随人类社会的发展而递增，故有 $C(t)=C(t-1)(1+r)^t$。

物质资料生产模型：

$$S(t)=A_0 e^{-\varepsilon t} L^{\alpha 1} K^{\alpha 2} R_1^{\alpha 3} R_2^{\alpha 4} \tag{5-7}$$

式中：K、L、R_1、R_2 分别代表资本、劳力、可再生资源和不可再生资源存量。

可再生资源利用模型：

$$R_1(t)=\eta_1\times\eta_2\times S_e\times L_d \tag{5-8}$$

式中：η_1、η_2 分别代表单位面积太阳能的生物转化率和人类利用率，S_e 为单位面积年度可辐射的太阳能量，L_d 代表土地面积。由于这类资源以生物资源为主，故与太阳能和土地面积密切关联。

不可再生资源利用模型：

$$R_2(t)=(1-a)(1+b)R_2(t-1) \tag{5-9}$$

式中：a、b 分别代表不可再生资源的消耗系数和新增系数。需要指出的

是，不可再生资源的新增系数既包括新开采的矿物、化石资源，也涵盖其一些替代资源和回收利用的资源。其推导过程如下：令基期不可再生资源量值为 $R_2(t-1)$，预期 t 年的实际不可再生资源存量为 $R_2^r(t)$，且有 $R_2^r(t)=R_2(t-1)-aR_2(t-1)=(1-a)R_2(t-1)$；又设 $R_2(t)=R_2^r(t)\times(1+b)$，于是，$R_2(t)=(1-a)(1+b)R_2(t-1)$。

对于区域可持续发展的设计来说，借助上述模型关联模拟，我们总可以得到不同阶段人口、经济和资源协调发展的决策方案。然后，将其决策方案同现实状态相比较，从中寻找、抉择相应较佳的发展模式、路径和实施措施，以保障区域社会经济系统有序发展。

5.3.3　环境改善和质量提高

危及全球和我国未来可持续发展的关键桎梏除了资源供给日益短缺外，环境问题也将变得愈来愈突出。其根源在于，一是伴随人类物质生活水平的不断提高，清洁、优美环境的享受日益成为人们的消费追求；二则因人口和物质消费膨胀压力，以及局域利益和短期效应追求，且在全面工业化浪潮、市场机制和科学技术的有偏诱导、激励、强化下，三废污染日趋加剧，环境自调机能不断退化，水患、沙化、尘暴、震灾和干旱等自然危机，不仅威胁到当代人的幸福生存与发展，亦严重地滞胀着未来社会的有序发展。因此，改善环境恶化状态，提高环境内在质量，既是和谐人与自然关系的基础，又是区域、国家乃至地球系统有序演化的保障。

改善环境恶化状态，提高环境内在质量，旨在通过减少污染排放和提高净化能力，使环境污染浓度的变化率接近零度增长。即有

$$\frac{dE}{dt}=\nu_1(1-E)-\nu_2W(t) \tag{5-10}$$

其中，由于 $W(t)=\mu_1CP(t)+\mu_2K(t)+\mu_3S(t)-\mu_4W(t)$，则

$$W(t)=\frac{1}{(1+\mu_4)}\times[\mu_1CP(t)+\mu_2K(t)+\mu_3S(t)] \tag{5-11}$$

式中：E 为环境质量，此处定义为无污染的环境浓度；$W(t)$ 为排放到环境中的废物总量，分别来自人口总量 $P(t)$ 和人均消费水平 C 的乘积 $CP(t)$，资本 $K(t)$ 的折旧与社会总产品 $S(t)$ 的生产损耗（包括生产过程中的资源废弃和废品物）；μ_1、μ_2、μ_3 分别为上述三部分废物排放系数，而 μ_4 则为废物回

收利用系数；ν_1、ν_2 分别为环境消纳的自净系数和废物污染浓度系数。

令环境质量的变化率为零，即$\frac{dE}{dt}=0$，则有 $\nu_1(1-E)=\nu_2 W(t)$。这表明，要保障环境无污染则必须使环境消纳、分解、降解、自净的能力大于或至少等于废物排放的污染浓度。尽管无人类涉足、干扰的自然生态系统和完全无污染的区域环境已日趋不复存在，但只要通过综合调控使环境质量的变化率介于某一合理范围，即 $\frac{dE}{dt}\in[\zeta_1,\zeta_2]$，则可在保障人们物质消费水平和环境享受效用不减情况下，使人类社会得以可持续发展。

对上式积分，且令废物的排放量为常数（$W=W_0$），故有 $E=E(0)e^{-\nu_1 t}+\left(1-\frac{\nu_2}{\nu_1}W_0\right)(1-e^{-\nu_1 t})$。由式中不难发现，虽然环境离开无污染的原始态后质量呈递减趋势，但只要排污量不再增加和/或自净能力大于污染系数，那么在一个较长时期内环境质量可逼近于一个稳定态$\left[1-\frac{\nu_2}{\nu_1}W_0\right]$。当 $W=0$ 时，则该稳定态便以无污染浓度 1 为环境质量的上限。环境质量稳定即环境系统稳定，它既需要以生物系统和人类社会系统的双重稳定为条件，又可以其良性循环的稳定态支撑这两个系统协调、有序地演化[2]。

改善环境恶化状态，提高环境内在质量，一方面，需要减少废弃物的排放，即通过调整产业、产品结构，研制和运用先进的科学技术，降低物耗和提高资源利用效率，以及通过调控人口的增长、分布和消费方式，减少对自然的超度索取和对环境的肆意破坏、污染；另一方面，则需要增强环境的消纳、自净能力，即通过完善法律法规与市场机制来保护生态环境，利用生物遗传工程和先进的种植养殖技术，在保障物种多样性的基础上促进生物能量的有效蓄积、转化和生物群落的稳定发展，依靠治水、治沙、治碱、植树造林、退耕还林还牧还湖等水利水土保持工程措施，以及合理轮作、适度捕猎、生物防治、投资税收政策等经济措施和合理城乡人口格局类社会措施，来保障生态环境的自调机制和促进其良性循环。

5.4 福利效用累加持续递增

和谐人与自然关系的实质，是为了不断满足当代和未来人口日益增长的物质、服务、文化和环境享受的需要。于是，不同时空域人口福利效用水平的持续提高，无疑成为人与自然和谐的基本准则之一。但在自然资源存量、社会生产力水平和环境消纳能力有限情况下，只有遵循综合效益原则，才能保障代际、代内人口福利效用的增长和对社会经济财富、资源环境的公平占有与分享。

在人类摆脱饿殍的困扰之后，伴随物质生活水平的日益提高，人们对服务、文化消费和环境享受的要求愈益增强。这不仅由于全球性的工业化、现代化为人类提供了极大的物质财富，也因为未来财富的创造对人口的身体和文化技术素质提出了更高的要求。同时，在当代全球性的环境日趋恶化情况下，人们对环境清洁和回归自然的欲望也更加强烈。于是，以物质、服务、文化和环境消费需求为变元的福利效用累加递增成为一种社会总体偏好和人类文明的标志。

由于物质、服务和文化消费与人均社会总产品直接关联，故有人均社会产品和环境质量消费的二次连续可微的瞬时效用函数为 $U(F)=U(S/P, E)$。从人类社会的可持续发展需要出发，该效用函数须遵循以下两个基本准则：

准则Ⅰ：人均生活水平边际递增，即有 $\dfrac{\partial U(F)}{\partial F}=\left[\dfrac{\partial U}{\partial(S/P)}, \dfrac{\partial U}{\partial E}\right]^{\tau}>0$。这表明，人们对物质、服务、文化和环境的消费需求是日益递增的。特别是当物质生活达到一定水平之后，人们对服务、文化消费和环境享受的需求则显著增加。

准则Ⅱ：消费有够和适度，即有 $\dfrac{\partial^2 U(F)}{\partial F^2}=\begin{bmatrix}\dfrac{\partial^2 U}{\partial(S/P)^2} & \dfrac{\partial^2 U}{\partial(S/P)\partial E}\\ \dfrac{\partial^2 U}{\partial E\partial(S/P)} & \dfrac{\partial^2 U}{\partial E^2}\end{bmatrix}<0$。该准则表明，人均消费瞬时效用函数又是一个凹函数，其二阶导数矩阵必然是一个负定对称矩阵。其根源在于：一则人们在基本生活条件得到足够保障之后，对物质的消费需求呈递减趋势，故而追求消费的多元化；二则资源的供给、社会经济的支撑和环境的承载能力在不同时空域均是有限的，且生产力水平达到一定程度后其增长速度必然趋缓，均迫使人均生活水平应适度增长，于是对服务、文化和环境的消费需求在达到一定程度后则也呈递减态势；其三，当代人必须为后代人口留下较充裕的生存空间、可供利用的自然资源和社会财富，以及适宜的生态环境，因此也需要降低消费效用的递增速度，减少资源的消耗和环境的污染。

基于上述认知，为了保障不同代际人口的生活水平和对自然、社会财富的公平分享，我们选取人均福利效用累加递增或至少不减为基本准则，即有 $W(t)=\int_0^T U(S/P, E)e^{-rt}\mathrm{d}t\geqslant U_0$。式中，$U(S/P, E)$ 如上准则Ⅰ所述是一个增函数，但给予贴现后必然会降低其递增的幅度。尽管在某一时段里，人均消费效用可能递增缓慢甚或递减，但在一个相当长的时期里不同代际之间的累加福利效用仍呈递增趋势。

由此可见，人们生活水平的提高不能仅限于对物质享受的贪婪，而需要在其基本满足后及时转向对服务、文化和环境消费的需求，这样既能充分发挥人力资本的丰富潜能，推动科学技术和文教卫事业的发展，吸纳剩余劳动力就业，满足人们的精神需要；同时又能缓解自然资源的供给压力，减少废弃物的排放，且在需求压力下使环境得以逐步改善。此外，在福利累加效用不减原则下，通过调整贴现率可保障代际之间的利益均衡和享用公平，从而有助于人与自然关系的持续和谐。这里值得指出的是，就某一区域系统人与自然关系的和谐而言，通过确立相应的福利函数模型，然后与 5.3.2 和 5.3.3 两节中的方程进行组合模拟，从中可得到对象系统相应的可持续发展方案与实施策略。

5.5 小 结

和谐人与自然之间的相依关系是可持续发展的基础，为此需要研究、制定相应的准则以便于指导实践和用于评判。本章利用现代系统科学理论和借助模型推导，从地球系统演化、三种生产协同和福利效用递增方面进行了开创性研究，提出了系列新概念和量化的理论准则，以及区域可持续发展的评判、对策模拟模型，很值有兴趣的学仁研究参考和深入探索。

本章参考文献：

[1] 李如生．非平衡态热力学和耗散结构［M］．北京：清华大学出版社，1986.

[2] Karl-Goran Maler. Environmental Economics——A Theoretical Inquiry，Resources for Future，U. S. A.，1974.

[3] 毛志锋．区域可持续发展的机理探析［J］．人口与经济，1997（6）．

[4] 张金水．确定性动态系统经济控制论［M］．北京：清华大学出版社，1989.

[5] 牛文元，毛志锋．可持续发展理论的系统解析［M］．武汉：湖北科技出版社，1998.

[6] ［荷］盖叶尔·佐文著．黎鸣等译．社会控制论［M］．北京：华夏出版社，1989.

[7] 马世骏．现代生态学透视［M］．北京：科技出版社，1990．

[8] 毛志锋．人与自然的和谐［J］．地域研究与开发，2000（2）：1—6.

第6章 可持续发展要求下的人与人公平

6.1 引 言

实现人类社会的可持续发展，不仅需要和谐人与自然的相依关系，而且需要协同人与人之间的利益机制。前者旨在通过社会生产力的有效发展和生态环境的积极保护，以保障当代和未来人口幸福生存与有序发展所需的物质能量的持续供给和环境质量的不断改善；后者则需要遵循公平的行为准则和改善调控策略，来协同代际与代内人口对有限资源和社会财富的合理分享，对环境保护和社会文明所应肩负的共同职责与义务。因此，和谐人与自然的关系是人类社会可持续发展的基础，而坚持公平的社会行为准则则是协调人与自然和人与人关系，及至保障人类社会可持续发展的根本手段。

6.2 公平的伦理原则

行为伦理学认为，每个人的行为唯有为己利他与损人利己才可能是恒久的，才可能超过其他全部行为之一半，而其余一半都只能是偶尔发生的。且认为道德的目的是他律的而不是自律的，不是为了道德和品德自身，而是为了道德和品德之外的功利、幸福——为了保障社会的存在、发展，以满足每个人的需要。就是说，人的行为是否增进功利而不是道义，是否有利于社会的存在发展和每个人非道德需要的满足而非行为者的品德完善，便是评价人的一切行为是否道德的最终标准。也即增加还是减少全社会或每个人的利益总量，是评判人的一切行为是否道德的终极准则。

由此看来，衡量人的行为的道德原则就是功利原则。然而，在资源和社会财富有限，人们的利益发生冲突情况下，无论增加还是减少“全社会或每个人利益的总量”均不可能。于是，这时的道德标准便具体化为“增加利益总量”原则或“最大多数人最大利益”原则，即为了多数人的较大利益而牺牲少数人的较小利益，以及为了他人的最大利益而牺牲自我的较小利益。唯此才能接近符合道德的最终标准，也才能在法规之外实现社会利益分享的公平。

社会既是具有不同个性人的行为的关系集合，也是人们对相互利益合作与分享的功利场。协调人与人之间的关系除了上述个人道德原则之外，需要公平地分享既得利益和潜在利益。既得利益的分享，需要遵循特定时空域的社会公则，如按劳分配，按需供给等。而对潜在利益的现实转换和保护则需要各施其责，分工合作，以创造更多的物质、精神财富和推动社会的发展。利益的分享意味着一种对社会财富占有的权利，而这种权利的获得是与义务奉献和潜在的职责紧密相连的。因为社会财富是通过人们的劳动换来的，没有义务奉献也就无权获得相应的利益分享。尽管自然资源是“天赐”之物，但需要人类的劳动转化或通过积极的措施予以保护。值得注意的是，在社会场中，义务奉献与利益分享并非发生在同一时空间或完全等价，因而潜在的职责和基本受益的权利需要得以保护。

在伦理学看来，权利是必须从社会中得到的利益，是义务主体必须付给权利主体的利益；而责任则是必须付出的利益，是责任主体必须付给权利主体的利益。义务包含着责任，是必须且应该付给权利主体的利益。在这里，责任强调“必须”，强调法规性，具有明显的奖罚手段，因而多与人们的具体职务、地位有关，是人人有别的；而义务则侧重于“应该”，强调道德性，不具有明确的制裁特性，是人人一样的。生活在社会中的人享有什么权利，履行何种义务或职责均是由社会的法规和道德规定、赋予的。一个人没有权利，也就不应该有义务；没有义务，也就不应该有权利。显然，权利与义务相等便是公平，即与义务相等的权利是公平的权利，与权利相等的义务是公平的义务。反之，权利与义务不相等便是不公平。由此看来，“公平”是社会场中权利与义务的平等交换，是激励人们依靠奉献换取收益的手段，同时也是协同人与人关系均衡发展的一种评判的标度。于是，权利与义务的等价便是社会公平的根本原则。

社会公平是指社会对于每个人的权利与义务的等价分配，也即按照每个人给予社会和他人的利益（贡献）来分配其应享有的利益权利，按照社会和他人必须施于一个人的基本利益来匹配其应尽的义务或职责。换言之，按贡献分配权利，按权利匹配义务或职责是奠定社会公平的根本原则，也成为可持续发展实践的基本准则之一。作为社会的一员，只有履行与自己权利相等的义务，争取与自己义务等价的权利，便是个人公平的基本原则。否则，若以较少的奉献索取较大的权利，或借用不平等的竞争手段贪图更多的利益享受，则是个人道德行为的扭曲和不公平，进而影响到社会的不公平分配。

综上所述，在资源和财富有限情况下，个人或群体的贡献、权利和交换等价是组成“社会公平”的三个基本要素。贡献是人为谋求生存和发展的权利所施的行为在创造物质、精神财富过程中的回报。一个人的贡献取决于他的才能和品德，才能愈大和品德愈高，则贡献愈大，反之亦然。所以，按贡献分配权利就是按才能和品德分配权利，不过才能和品德是分配权利的潜在标准，而贡献是其实在的标准。权利是利益的获取、贡献的回报，是人们生存和发展的保障。而等价交换则是一种社会运作的规则，是维系社会均衡发展，且被实践证明是必要而充分的机制手段。

由于社会是个人的集合，没有独立个人的聚集就不存在社会，不存在等价交换的场所。此外，每个人对自然物的分享是平等的，加之才能的实现存在时空差，因此无论个人贡献如何都应完全享有基本物质消费和其他利益要求的生存权。这意味着社会存在无先决条件下的绝对公平原则，即要求有劳动能力的人有义务抚养老幼和失去创造社会财富的人，要求强者或富裕的社会集团、阶层必须给弱者或贫困人口以补偿，以便保障人类的延续和社会的可持续发展。

由于人们才能、智慧和需求上的差异，由于社会条件和文化氛围及其赋予个人奉献机会的异同，由于自然禀赋和环境保障的不同，也由于社会道德、法规准则和交换形式、等价标准的千姿百态或难于数量衡量，因此又客观地存在着社会的相对公平原则。即承认社会差异，允诺权利与义务的分离和交换的不等价。在保障人们基本权利的基础上，鼓励能者多劳，强者多有，奉献多于权利，义务超越利益，掌握机会同样可以获益，这既是社会的客观存在，又是推动社会发展的动力源泉。就是说，没有差异就没有发展，没有相对公平原则的存在和推波助澜，就不可能有更多的物质和精神财富来保障绝对公平的实现。相对公平是围绕等价交换原则的弹性背离，这表明社会既存在着权利与义务的非等同差异，又需要借助社会机制使强者给予弱者一定的补偿，使权利和义务背离控制在某一可接受的范围，才能保障社会的稳定发展。

6.3 公平的实践原则

和谐人与人之间的相依关系依靠社会公平原则来保障，依赖相应的机制措施予以促进，这需要人类社会在可持续发展实践过程中正确处理贫困与失业、贫富差异与社会稳定、区域均衡与发展协同和代际公平与人类有序进化诸矛盾的对立统一关系。

自工业革命以来，人类的物质生产有了长足的发展，全球绝大多数人口已经摆脱了生存的饿殍危机。然而由于人口规模的加速膨胀和资源短缺、生态失衡及自然灾害和战乱的频频侵袭，在发展中国家依然有大量的人口处在绝对贫困的饥饿线上挣扎。与此同时，发展过程中的相对贫困人口伴随人口浪潮、失业危机和贫富差距加大而增多。随之而起的不仅是贫困、失业的交互恶化效应，而且导致社会的动荡、失衡和引发生态退化问题。因此，消除贫困、最大可能地保障就业，既是社会绝对公平原则的体现，又是可持续发展实践必须解决的棘手问题之一。

由于人们潜在才能和智慧、社会机遇和才能实现时空的不同，因而由于贡献和等价交换标准的相异获取的权利、利益的不同而引发的贫富差异，既推动社会生产力的发展，又带来社会的不稳定，特别在社会财富还不足够充裕情况下，利益分配差异的超度更易引起社会的失衡。因此，运用社会的相对公平原则有效地解决贫富差异和社会稳定问题，是可持续发展实践欲待持续探索的命题。

社会生产力的发展除了自然禀赋之外，人的才能和贡献则是核心要素。由于自然力的转化和社会财富的创造、积累依仗于人们的劳动，特别是具有创新智慧、技能和奉献精神的高素质人口的劳动，而其才能的生成除了社会支出外需要个人和家庭的投资且蒙受机会成本的损失，因此按价值交换原则自然需要得到较多的利益回报。只有遵循以等价交换为核心的社会相对公平原则，才能依靠人力资本的培育和奉献创造更多的物质财富；也只有承认人的能力差异和机会的非均等，才能利用利益分配上的一定势差促进社会生产力的较快发展。值得注意的是，贫富差异过大易引发社会动乱，往往又阻碍着社会生产力的发展。解决这种二律背反的困惑，需要依赖于利益机制、政策调控和社会保障体系的完善，但应遵循下列原则：一是必须保障人们生活的基本需求和发展权益的基本满足；二是必须通过发展和有利于发展的措施来创造更多的物质和精神财富，以提高绝大多数人口的生活质量；三是在资源日渐短缺和社会财富有限约束下，需要借助各种调控措施适度缩小利益分配差异，使社会能够在稳定中有序发展。

为此，对于一个具有综合调控功能的区域社会经济系统而言，须满足下列定义与实践准则，才能在相对公平原则要求下保障其可持续发展：

6.3.1 自然资源的可持续开发利用

对于可再生资源，定义其某一时期或 t 代人可利用的资源存量为 $R_s=R_s(r_1, r_2, \cdots r_n)$，相应的自然增长率为 $\frac{\frac{dR_S}{dt}}{R_S}$；且定义同期资源利用量为 $U=U(u_1, u_2, \cdots u_n)$，其增长率为 $dU/dt/U$。故有可再生自然资源的利用准则为

$$\frac{\frac{dU}{dt}}{U} \leqslant \frac{\frac{dR_S}{dt}}{R_S} \tag{6-1}$$

即当可再生资源的利用增长率不大于其再生增长率时，才能保障不同代际人对自然资源分享的公平。

对于稀缺的不可再生资源 $R_i(i=1, 2\cdots n)$，则应使其减少率小于可替代资源 $R_j(j=1, 2\cdots n)$ 的增长率，即

$$\left|\frac{\frac{dR_i}{dt}}{R_i}\right| \leqslant \frac{\frac{dR_j}{dt}}{R_j} \tag{6-2}$$

6.3.2 生活质量的不断提高

伴随社会经济的发展，人们的物质生活水平（bm）不仅日益提高，而且对服务（sv）、文化教育（ce）、环境享受（ev）也有了日趋强烈的追求。[2] 然而只有遵循下列准则，才能保障当代和未来人口生存与发展的公平。

① 对于区域经济的发展和社会的分配，应首先保障人们的基本物质生活水平得以满足，即有

$$C(bm, sv, ce, ev) \geqslant C(bm) \tag{6-3}$$

② 没有经济的持续增长，就不可能有效地改善人口素质、控制人口增长、解决就业矛盾和社会发展过程中消费追求与供给不足等影响社会稳定发展诸问

题，也不能保障环境问题的根本解决。因此有

$$\frac{d\left(\frac{GDP}{P}\right)}{dt}\bigg/\frac{GDP}{P}=\frac{d\left(\ln\frac{GDP}{P}\right)}{dt}=\frac{d(\ln GDP-\ln P)}{dt}$$

$$=\frac{1}{GDP}\frac{dGDP}{dt}-\frac{1}{P}\frac{dP}{dt}=\frac{GDP'}{GDP}-\frac{P'}{P}>0 \tag{6-4}$$

即$\frac{GDP'}{GDP}>\frac{P'}{P}$。就是说，人均GDP的增长速度必须大于零，或当经济增长的速度大于人口（P）增长的速度时，才能不断地改善人们的生活水平，满足后代人对服务、文化教育和环境享受诸生活质量不断提高的追求。

③ 区域环境质量的变化与地域面积（L）的大小、人口密度$\left(\frac{GDP}{P}\right)$、人均经济增长$\frac{GDP}{P}$和单位GDP的污染程度$\left(\frac{E}{GDP}\right)$具有下列函数关系，即

$$\frac{E}{L}=\varphi\left(\frac{P}{L},\frac{GDP}{P},\frac{E}{GDP}\right)=\frac{P}{L}\times\frac{GDP}{P}\times\frac{E}{GDP}$$

对上式两边取对数求导，且将（6-4）式代入，则有

$$\frac{\left(\frac{E}{L}\right)'}{\frac{E}{L}}=\frac{\left(\frac{P}{L}\right)'}{\frac{P}{L}}+\frac{\left(\frac{GDP}{P}\right)'}{\frac{GDP}{P}}+\frac{\left(\frac{E}{GDP}\right)'}{\frac{E}{GDP}}$$

$$=\frac{\left(\frac{P}{L}\right)'}{\frac{P}{L}}+\frac{GDP'}{P}-\frac{P'}{P}+\frac{\left(\frac{E}{GDP}\right)'}{\frac{E}{GDP}} \tag{6-5}$$

显然，区域空间环境的污染变化率与人口密度增加、经济增长速度、单位国内生产总值的污染变化率成正比，与人口增长率成反比。假定人口增长率为常数，或递减至零增长态，相应的人口密度亦呈同态变化，那么要使环境污染变化率呈良性演化，则需要在经济保持适度增长的情况下，借助科学技术、社会利益机制和增强环境消纳能力，使单位产值的污染变化率递减为负值，足以克服因经济增长而产生的生产、生活污染。

6.3.3 社会物质利益分配的相对公平

为了反映社会收入分配的公平程度，通常采用洛伦兹曲线和基尼系数进行直观揭示，如图6-1。洛伦兹曲线原理认为，若收入分配是绝对均等或绝对平

均的，则洛伦兹曲线为直线 OB，即该线任一点的坐标所对应的收入百分比与人口百分比相等。如中点 D 正好对应收入的 50%和人口的 50%。洛伦兹曲线与完全均等直线相距愈远，表示不平等程度愈大。基尼则用可计算的指数进而描述这种曲线图所反映的不公平程度，即 $G=\dfrac{Of_iB\ 面积}{\triangle ABC}$。

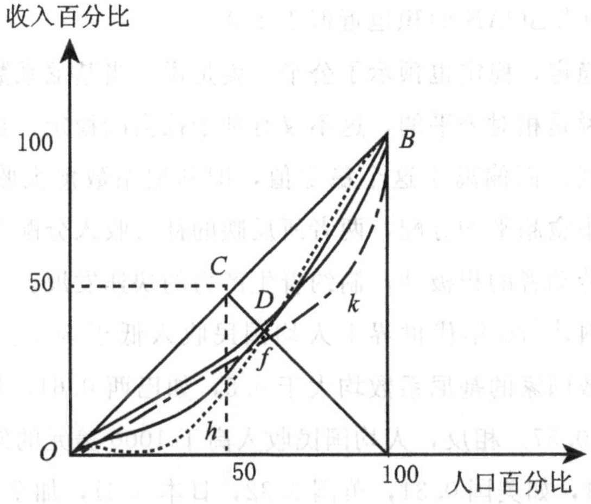

图 6-1　收入不平等的洛伦兹曲线

需要深入探讨的是，在此图中尽管洛伦兹曲线依据不同时空域的收入分配可以形成多条，但可划分为 fi、hi 和 ki 三类曲线。其中 fi 类曲线为旋链线，呈同密度正态分布，即不公平程度分布比较均匀，可用旋链线方程 $y=\frac{a}{2}(e^{\frac{x}{a}}+e^{-\frac{x}{a}})$ 经坐标变换后表示，并通过积分求出 Of_iB 的面积，然后再除以 ΔOAB 的面积，便可得到基尼系数。而对于 h_i 和 k_i 类曲线，假定与 OB 所围成的面积与 Of_iB 相等，则 h_i 曲线表明穷者更穷，富者更富；k_i 曲线意味着收入分配在高低收入群体之间更趋合理些。上述两种曲线可用幂函数、指数函数或二次曲线函数函数拟合逼近。

社会收入分配的绝对公平是不存在的，社会财富按人口比例平均占有也不是公平原则的最佳体现。由于社会财富是劳动创造的，按劳分配应是公平的，但同样的劳动由于市场供需效应等影响往往又不能获得等价的财富。此外，消费人口既是劳动大军的储备，又是实现劳动价值的载体。因此，综合地按人口比例占有社会财富，客观上存在一个较佳的比例。达到这一比例，社会财富的分配无疑是相对公平的，既可被大多数人口普遍接受，又能促进社会经济的有效发展。

社会财富按人口比例平均分配，这是一种不公平的公平伦理判据，而相对公平的较佳比例应当接近这一判据。在上述平面图中，ΔOAB是一个等腰三角形，其重心应在从顶点A引向斜边OB的1/3的D点处。由三角形定律知，由ODB组成的三角形面积恰好是ΔOAB的1/3，相应地由f_1曲线与OB直线围成的Of_iB面积占ΔOAB面积也近似于1/3。

重心意味着稳定，稳定也预示了公平。就是说，当基尼系数为1/3时，社会收入分配可以说是相对公平的，这不仅有利于社会的稳定，也更能促进社会生产力的协调发展。而偏离于这个稳定值，即基尼系数愈大收入分配愈不平等，基尼系数愈小愈趋平均分配，两者所反映的社会收入分配状态均是不公平的，无疑会影响劳动者的积极性，制约着生产力的快速发展。

根据有关资料，[3]70年代世界上人均国民收入低于300美元的欠发达国家，其中绝大多数国家的基尼系数均大于0.5，如巴西0.61，厄瓜多尔0.66，加蓬0.65，秘鲁0.57。相反，人均国民收入高于1000美元的发达国家，基尼系数大多小于0.4，如美国0.31，英国0.32，日本0.31，加拿大0.32。显然，愈是贫穷的国家，收入分配愈不公平；愈是富裕的国家，收入分配却愈近公平。诚然，这里排除了社会制度的不同所施加的调控作用的相异。如奉行计划经济的社会主义国家，常采取行政手段克服收入分配中的不公平程度。尽管其经济不发达，但基尼系数有可能低于0.5而近于相对公平水平。这样，虽然有助于社会稳定，但却抑制着生产力要素的优化组合和潜能的充分发挥，进而难以满足人们对生活质量提高的追求。

6.3.4 区域与代际的公平

人类社会的可持续发展既因时代不同而存在质的差异，又因空间分割具有鲜明的地域特征，因而社会公平可划分为代际公平和区域公平。就区域公平而言，由于自然资源和生态环境不同，经济基础和民族、文化、生活习俗及社会制度迥异，因而经济发展的水平、社会文明的程度，以及权利与贡献交换的等价标准也截然不同。然而，无论是一个国家或世界均是一个相对完整的社会经济系统，空间发展的均衡与协同是保障系统可持续发展的基础，于是区域间的物质、能量和人力资本的交换自然需要遵循一定的公平原则。

区域公平除了市场机制下的商品等价交换原则外，依靠资源和区位优势，以及先发展的有利条件和非公平的经济、技术、人才竞争与垄断而发达的国家或地区，有义务和责任扶持贫困落后地区的发展与社会进步，这不仅是人类道义上的公平，也是社会功利上的公平。因为发达国家或地区的发展除了利用自己辖域的资源和人力资本外，往往依靠资本输出、资源输入和不等价交换手段更多地占有了落后地区的资源财富和发展的机遇，以及直接或间接地损害了这些地区的自然环境和公平的竞争基础。此外，没有落后地区的资源支持、市场支撑和其他方面的利益互补及社会的稳定，发达地区的持续高速、高效和稳定发展也将难以为继。因此，发达国家或地区通过物质、人才、技术和资金的支援、利益转让与补偿，以及取弃某些封锁、垄断行为和主动承担责任与义务，协助和促进落后地区的发展与进步，既有益于他人又利于自己，从而在区域的协同发展中有助保障人类社会的可持续发展。[4]

代际公平是指社会公平原则在时间上的体现。作为一个家庭，父母除了依靠自身的劳动维持和保障自己生命力的健康发展外，还需要创造更多的物质财富为后代的繁育营造一个舒适的生存与发展的环境，这既是一种道义和不可推卸的职责与义务，又是一种养老和精神幸福的权利交换。作为一个社会，当代人除了满足自身幸福生存与发展之外，同样有义务和责任为后代人积累更多的财富，以利种的繁衍和社会的延续。

一个家庭的生存和发展可以不顾及当地自然资源存量的多寡和未来环境质量的优劣，父母可以不生育子女，不积累财富，或无需计较与子女在权利和义务方面的等价交换，因为通过异地迁徙和社会保障可以较好地生存与发展。然而，对于一个地区、国家乃至全球的人类社会来说，当代人在满足自身需要的同时必须考虑后代人生存与发展所需的资源存储、环境保障和财富的积累，特别在自然资源日趋紧缺、生态环境加剧恶化和人们生活水平逐步提高情况下，代际公平问题显得愈益重要。

解决区域公平和代际公平问题自然是当代人的责任。只有在公平的伦理原则指导下，按上述实践准则，即从资源可持续利用，生活质量不断改善和社会收入分配相对公平三个方面，有序地调控社会的运行机制，协同人于自然、人与人之间的友好发展，才能最终实现人类社会的可持续发展。

6.4 小 结

本章首先运用伦理学原理探讨了人与人公平的内涵，以及个人公平和社会公平的基本原则，且提出和论述了绝对公平与相对公平的基本概念及原则。然后从实践角度，提出了可持续发展要求下的人与人公平的基本数量准则。特别是利用洛伦兹曲线和基尼系数原理，以及三角形重心定律，推导出了社会收益分配相对公平的最佳系数；且利用发展中国家和发达国家的基尼系数论证了这一最佳系数的合理存在和相对公平的判别准则，从而拓展了洛伦兹曲线和基尼系数原理，且为衡量可持续发展要求下的人与人公平提供了新的社会财富分配计算公式和分析思路。

本章参考文献：

[1] 王海明，孙英．寻求新道德［M］．北京：华夏出版社，1994.

[2] 毛志锋，叶文虎．论可持续发展要求下的人类文明［J］．人口与经济，1999（5）：1—6.

[3] 李卫武．跋涉世纪的大峡谷［M］．武汉：湖北人民出版社，1997.

[4] 毛志锋．人与自然和谐的系统解析［J］．区域开发与研究，2000（2）：1—6.

[5]［美］B. B. 曼德布罗特著．陈守吉，凌复华译．大自然的分形几何学［M］．上海：上海远东出版社，1998.

[6] 张顺江．元论经济学［M］．北京：社会科学文献出版社，1994.

[7] 毛志锋．论可持续发展要求下的人与人公平［J］．人口与经济，2000（3）：1—7.

第7章　社会稳定与可持续发展

7.1　引　言

追求人类社会的可持续发展，旨在和谐人与自然、人与人相互依存、时空耦合的内在关系和物质能量的供需均衡，其最为突出的表征是社会的稳定。社会稳定是指区域社会关系结构的相对恒定、社会运动秩序的有条不紊、社会运作规则的相对适宜、人们的物质和精神需求的相对满足，而这一切又须建立在物质能量的供需均衡、物质利益的分配公平、人们心理素质和认知理念的相对成熟，以及社会法规和保障体系相对健全的基础上。

社会稳定是相对于社会发展而存在的，没有发展就不可能稳定；同样，没有稳定也就不可能实现有效的发展。但传统的发展理念和模式实践表明其并不能保障社会的稳定，也使发展难以为继。因此，社会稳定既是可持续发展的基础，又是可持续发展的标志。也只有建立在可持续发展理念的基础上，才能保障人类社会的稳定性发展。

由此看来，揭示区域社会发展的规律，探讨稳定与发展之间的相依关系，寻求两者之间的协同途径，这对于促进我国现代化建设和可持续发展实践无疑具有重要的理论价值和现实意义。

7.2　区域空间发展的非平衡演化

对于一个多要素共生的复合系统来说，由于系统内存在不同物质的子系统，因而既具有不同层次或等级系统上的包含或嵌套，又有同一层次缀块或子系统间的兼容或依存。由不同级次子系统或缀块整合而成的区域复合系统在时序演变上具有非平衡性，而在空间上看来，它又有不同子系统或缀块之间的相对稳定性，即在某一时段上系统呈现出多平衡态特征。正是由于系统内存在子系统的多平衡态的相对稳定性与动态转移中的非平衡性，从而在与外界物质、能量的交换过程中，系统通过能量耗散和非线性自组织机制，可使系统形成远离平衡态的有序稳定结构。

系统的能量耗散即催化循环会使系统发生“扰动”而产生涨落。随机的小的涨落将会因各子系统或缀块的叠加效应而被放大，使系统处于临界状态，在放大或“巨涨落”的作用下，使系统原有稳态失衡，而产生新的稳定的有序结构，这就是耗散结构理论中的“通过涨落生序的新成序原理”。但在协同性看来，这种新的有序结构的形成是当与外部的物质、能量输入输出达到一定程度时，系统内主要素或空域间的相互作用愈来愈强，需要在自组织机制下使其参加集体的协调运转，于是原先的低序结构被破坏而失衡，在进一步发展中便会形成一种新的更高层次的有序结构，即“通过协同生序”使系统得以进化[1]。

一个国家或区域社会经济系统，是一个借助与外部物质、能量的交换，依靠自组织机制进行结构重组和多部门、多地域有机协同的非平衡系统。人类社会从原始混沌的部落社会，历经涨落、革命、不稳定到新的稳定有序状态，进而发展到当今具有很强的地域、部门和生产力要素分工与合作协同的现代社会，正是这一非平衡系统演化机理的写照。

未来区域社会的可持续发展仍然离不开对生态环境的依赖而从中摄取愈来愈多的物质、能量，也更需要在转化物质和能量的过程中，一方面须认识和遵循自然规律，在向自然索取过程中有机地补偿和维护地域生态系统的稳定演化；在富国满足自身对资源利用和环境享受的同时，也能够协助发展中国家对自然资源的有效利用和对环境的积极保护。另一方面须遵循社会经济规律，在有序控制人口自身再生产和物质生产行为的过程中，通过有机地调整社会、经济和产业结构，实现资源的优化配置和有效利用；通过调整社会利益机制实现当代人公平参与社会发展和分享经济报偿；通过对话与合作，促进国家、区域之间发展的和谐。因此，只有使自然生态环境和社会经济两大系统在地域空间发展有序和其间和谐互利，才能使区域社会稳定，也才能最终保障人类社会的可持续发展。

7.3　区域社会稳定与发展的理论辨析

7.3.1　稳定与发展的辩证

一个开放性系统之所以成为系统，就要具有一定的稳定性。而开放系统的发展之所以是可能和必要的，就在于这个系统存在失稳的因素和为了生存而须同外部环境进行物质能量的交换。稳定意味着系统结构的相对恒定和状态变化的有序，以及系统内部功能的协同和同外部物质能量供需的均衡。任何开放系统的稳定均是动态中的稳定，也只有在与环境交换中引入负熵流，才能保持系统内部物质能量的有效蓄积和有序催化循环，也才能依靠自组织机制协调各子系统或要素之间的均衡发展，从而保障系统整体功能最优，抗干扰能力最强。

发展即系统结构的涨落和关系的重组，意味着系统因结构失衡、状态失稳而产生功能的变迁，通过涨落达到新的有序结构，也标志着系统迈向一个更高层次的稳定。通过涨落达到有序，就体现了系统中微小涨落被放大从而成为系统发展的建设因素，也是一个系统通过失稳而重新建立稳定的发展过程。涨落是稳定系统中的不稳定因素，它总是使得系统失稳，但只有在一定条件下尤其是系统处于临界状态时，微小的涨落就可能得到系统的响应而产生巨涨落，系统的失稳就被推向极端，使原有的系统结构、秩序在整体上被破坏，进而产生新的稳定结构和形成新的秩序。因此，发展不仅仅是与失稳相联系，也与稳定相联系。系统具有一定的稳定性也是系统发展的必要条件。正如恩格斯所指出的："物体相对静止的可能性，暂时的平衡状态的可能性，是物质分化的根本条件，因而也是生命的根本条件。"[2] 显然，开放系统在动态之中保持稳定，是生命有机体的根本奥妙所在。

就社会发展而言，客观上存在诸如贫富不均、社会地位高低等差异，表明个体性状态和趋势的存在，故产生竞争，使系统失稳和产生创造性。而系统原本固有的整体性，则要求各社会阶层或区域空间须保持一种利益共同体上的协同，以求系统的稳定和获得整体化效应。发展的手段是竞争，而稳定的措施是协同。没有协同就不可能保障系统的稳定，没有稳定系统也就不可能进行有序的发展。同时，没有竞争，没有发展，也就不可能使系统呈现出更高层次的稳定。

值得指出的是，竞争和协同不仅相互依赖，而且在一定条件下可以互相转化。就是说，通过涨落放大，原有的发展竞争和创造性便转化为新的稳定协同目的态；其后新的稳定协同目的态在发展之中又会出现新的竞争涨落，出现新的创造性因素。亦即竞争之中有合作，创造之中有目的，反之亦然。竞争、创造以协同、目的为基础，协同、目的也以竞争、创造为前提。于是，竞争和合作、创造和目的的相互转化与促协，既决定了系统的稳定，又推动了系统的有序发展。稳定是发展的基础，基础不稳，发展则无序，创新也不复存在。发展是稳定的主导，主导不能创新、竞争和施展个性的张力，则稳定不复存在，也无协同可言。

自第二次世界大战结束以来持续掀起的现代化经济建设，不仅使西方资本主义国家和一些战后新兴国进入发达世界，而且也加速了第三世界国家为摆脱贫困和缩小差距所进行的改革浪潮。由于现代化意味着对传统社会稳定状态、结构和发展模式的否定，是加速的发展和巨型的结构涨落，因而现代化进程常常伴随着社会失衡和动乱。因此，美国学者 Samuel P. Huntington 在《变化社会中的政治秩序》一书中，提出并用西方国家的历史经验给予旁证的命题："现代化孕育着稳定，而现代化过程却滋生着动乱。"[3]就是说，要使社会稳定，就需要通过经济的较快发展来解决诸如发展欲望与发展不足、贫困与贫富差距矛盾等类使社会失衡、失稳问题。但伴随经济的增长，人们的物质、精神生活和社会地位追求等更呈现出超前的加速增长。当社会难以满足时，就会出现各种怨愤；当经济发展过快，不仅引起经济结构失衡、资源供给欠缺和生态环境危机，而且因改革失度或不力，导致社会分配不公、贫富差距过大、失业严重、政治腐化、违法犯罪，以及文化观念扭曲、心理承受力差和民族问题等，易于使社会产生较大的动乱，乃至政权的变更。因此在这位学者看来，不仅社会经济的现代化会产生动乱，而且动乱程度与现代化进程的速度有关，即发展的速度越快，社会动乱越严重。尽管这一理论揭示了西方发达国家实现现代化过程的曲折经历和动荡教训，其命题所指出的二律背反的结论值得我国借鉴。但却忽视了发展中国家的"后发优势效应"，以及由于各国现代化模式不同，其结果也将显著不同这种现实，因而存在一定的局限性。

此外，社会失衡和动乱不仅与发展的速度有关，也与发展的周期相联系。由于经济发展具有周期性，也决定了社会发展和稳定的周期性演化。如经济发展处在萧条时，社会易于产生失衡和动乱；经济的复苏，也往往伴随着社会的稳定。经济发展的周期性源于经济系统内部矛盾的对立统一和协调与非协调的规律性演化，但其周期的长短和涨落的幅度却与社会的稳定息息相关。同样，社会发展的周期性不仅源于社会系统内部的矛盾转换，也更与经济的发展密切相关。因此，社会稳定能够保证和促进经济的发展，经济的发展反过来又带动了社会的发展和更高层次的稳定。

7.3.2　总量供需与社会稳定

一个国家或区域系统内物质、能量和人力资源的总量供需均衡既反映着人们的基本生活和发展要求是否得到满足，主要资源的储备和环境消纳污染的能力能否保障生产和生活的持续发展需要，也进而标志着社会的稳定，映象着发展的潜力和人们对未来的预期。由于上述总量的供需是社会发展的基本矛盾所在，是社会经济结构稳定与否和环境支撑能力的功能表现，因此，调节其供需均衡不仅是保障区域社会稳定的基础，也是促进其社会经济可持续发展的基本需要。

诚然，特定时空域物质、能量的供需均衡是指在围绕最佳均衡点的某一邻域里的供需等价，即有 S(供给) $\cup$ D(需求)$\varepsilon\{N, M\}$ 或 $N \leqslant S \cup D \leqslant M$，使 $S \subseteqq D$ 。在这一状态范围内，物质、能量的总供需之间虽有一定差异，但不破坏供给“源”和需求“宿”及其在供需过程的系统协同和自组织机制。同时，由于均衡域存在的适度势差往往会使诸总供需在其过程中得以充分认知、有序调整和有机协同。

满足人们的基本生活和日益增长的物质需要是社会稳定的基础。就是说，伴随人口（P）的增加和消费水平（C）的提高，既要使当年的物质生活资料的供给（F）不低于当年的消费总需求，也要考虑到下一年度的生产保障而需要一定的积累（a 为积累系数），故使两者的差（α_1）控制在某一可接受的邻域内，于是有

$$CP-(1-a)F \leqslant \alpha_1 \tag{7-1}$$

社会财富的创造既与人力、财力和技术进步有关，更取决于再生资源（R_1）和非再生资源（R_2）的支撑。也就是说，社会总产品（Y）对自然资源的依赖不能超过这两种资源在维持生态平衡前提下的可能供给，即有

$$\theta Y-c_1R_1-(1-c_1)R_2 \leqslant \alpha_2 \tag{7-2}$$

式中：θ 为资源转换率，c_1 为再生资源的利用系数，α_2 为可利用资源剩余。

伴随现代化过程中科技贡献的日趋凸现和资本有机构成的加速提高，以及人口的膨胀所引发的人力资源的失业问题，不仅困惑着发展中国家的发展决策和易导致社会的不稳定，也使人口较少的发达国家常感棘手。它不仅制约着经济结构的调整和现代化的进程，且也加剧了贫富差异和因“无事生非”而带来更多的社会不稳定。因此，追求人力资源的供需均衡成为各个国家保障社会稳定和促进经济持续发展的关键决策议题之一。值得指出的是，保留适度的失业率有助于通过竞争调动劳动者的生产和工作积极性，从而推动经济和社会的有效发展。于是，我们可得到下列人力资源（L）供需均衡式：

$$L-\omega Y\leqslant\alpha_3 \tag{7-3}$$

式中：ω 为单位社会总产品或产值所需劳动力系数，α_3 为适度人力资源剩余。

环境是人类社会延续的自然基础，而发展则是人类社会协调人与自然、人与人关系的能动表现。如果发展不能立足于可持续性，那么这样的发展势必胁迫环境的自然无序演化，亦将危及人类自身的生存与发展。因此，保护人类生存的自然基础，改善环境质量以满足人们日益增长的生活水平提高的需要，既是人类社会可持续发展的需要，也是保障社会稳定的基础。环境质量的改善，既取决于环境自身净化能力的提高，又与减少人类生产和生活排放的废弃物及其治理有关。要保障环境质量即使环境的污染限制在某一可接受的邻域（α_4），则必须使环境消纳、自净的能力大于或至少等于废物排放的污染浓度。为此，我们有

$$\upsilon_1(1-E)-\upsilon_2 W\leqslant\alpha_4 \tag{7-4}$$

式中：υ_1 为环境自净系数，υ_2 为废物污染浓度系数，E 为环境质量，此处定义为无污染的环境浓度；W 为排放到环境中的废物总量，分别来自人口消费、资本折旧与社会总产品的生产损耗和废弃物。

如果能够解决上述四个方面的总量供需均衡，或者使其保持在一个可接受的范围内，那么就可以基本保障区域社会的稳定和可持续发展。

7.3.3 结构均衡与社会稳定

结构是指一个系统内部主要元素的状态及其之间的相依关系，它支撑着系统，决定着系统的存在和运动方式。结构不同，系统的输出功能和表现形式也截然不同，它不仅决定着系统的输出总量，也因与外部环境的能量、信息交换，而决定着系统的稳定和发展。保障上述总量均衡的基础是社会内在结构的

均衡与协调，这需要合理或优化产业结构、利益分配结构和区域发展结构内部及其之间的相依关系，以便促进经济的有序发展和社会的稳定。

产业结构是指决定区域物质生产、社会运行和满足人们精神生活需要的一、二、三产业及其内部部门的构成，通常以产值或劳动力配置比例来反映一个国家或地区产业结构的形态，进而反映经济的发展和人们的生活水平。产业结构具有相对稳定性，也就是说各产业之间应保持一定合理的物质能量供需比例，以便在适应和自适应中满足各方的需求，促进各自和系统的有序协调发展。然而，伴随人们物质和精神生活的发展需要，以及资源供需紧张和外部干扰，产业结构在慢变中也会产生大的涨落，从而导致产业结构、总量供需的失衡，引起行业、职业的分化和重组，引起社会地位、生活方式、贫富差异、文化水平、消费结构等系列变化；进而既使经济发生质的变迁，也必然引起其他社会结构和生态结构及其状态的变异，最终造成社会的失衡乃至质的变更。因此，产业结构的稳定与否，往往通过经济和就业总量的供需影响着社会结构的变化和稳定。

在某一时空域的社会财富相对恒定情况下，社会各阶层之间的利益分配问题便成为矛盾的焦点，也直接决定着区域社会的稳定。历史发展表明，越是贫穷，区域社会的稳定程度越与利益分配的公平程度呈线性相关乃至指数效应。就是说，在人们的劳动剩余不足于满足自身和家庭人口的生存与基本发展需要时，人们对集体财富的公平分享就特别关注，也因此易于引起激烈的矛盾纷争和动乱。相反，在社会财富丰裕足以满足基本需要情况下，人们对不公平分享的忍耐度就较大，且社会进步也使财富的分配日益公平。有道是，经济愈发达，社会愈稳定。

就我国而言，长期以来存在的利益分配结构问题主要表现为：城乡收入剪刀差、贫富差异扩大化和脑体劳动收益倒挂。我国的工业化和城市化是依靠农业的发展支持和农村剩余劳动力的转移而实现的，在这一过程中必不可少地存在着工农业产品的价格剪刀差，以及由此而引起的农村和城市人均收入差异扩大化。与此同时，由于计划经济条件下的“平均”分配原则，导致“搞原子弹的不如卖茶叶蛋的”的脑体倒挂现象造成我国科教事业发展上的落后，也从根本上制约着经济的发展和现代化建设。伴随改革开放，上述两种差异在持续增大之后已开始缩小，特别是脑体倒挂现象正在发生明显的转变。然而，由于“权钱交易”而滋生的贪污腐化，由于向市场经济转轨和机制、法规不健全而出现的暴富，由于行业发展不平衡或失业而产生的同劳不同酬及贫困，且因此而造成的贫富差异近年来有所加剧，已成为影响我国社会稳定的主要因素。据估测，我国现阶段个人银行存款的80%隶属于不足20%的富裕阶层，因而尽管国家反复通过降息以求刺激消费来带动经济的发展，其结果却收效甚微。另则，我国迄今还有4000万人口未能解决温饱，以及因减员增效而导致的较多下岗人口和低收入问题，亦均加大了社会的不稳定程度。

区域发展结构的失衡也是导致社会不稳定的元凶之一。与反映社会阶层或集团之间的局部利益分配结构不同，区域发展结构则表现为地理空间上的整体利益差异。它既因自然环境和发展条件不同而产生经济发展上的离差，也会因民族和文化氛围不同而出现社会发展方面的明显差异，因而具有综合性和地域上的独立性。这种区域发展结构上的非均衡，既易于引起人口、资本的无序流动，也易于引起同一民族利益和文化的地域固守，从而在加剧地域非均衡发展的同时易于导致一个国家的分裂。值得指出的是，当今占世界人口20%的发达国家却拥有80%的全球财富，因贫富差异悬殊和大量贫困人口的存在而使世界难以安宁。

7.3.4 精神文明与社会稳定

伴随人类社会的发展和物质生活的日益丰富，人们对精神生活的追求亦愈来愈强烈，因而精神文明问题往往成为区域社会稳定的主导因素。

精神文明是指社会在意识形态方面的进步，它反映着人们的精神寄托、思想追求、信仰和思维方式是否有助于社会的稳定和发展。精神文明虽然与物质文明密切相关，但由于它是人们对客观世界认识的映像和对未来一切预期的理念与追求，因而它又超越物质文明，超越人们对物质运动规律的认识和社会发展的把握，会出现一些虚无漂渺的唯心史观和非理性意识及其邪恶行为。如果人们丧失对客观世界发展的正确认识和科学理念，如果把宗教信仰或非理性的意识作用于政治，强加于他人，那么就会产生社会的不稳定现象。当其在社会中引起一定的误导和盲目响应时，则会使区域社会产生振荡，乃至动乱。譬如近年国内出现的求神消灾、财运膜拜、"神功"治病等千奇百怪的伪科学意识、封建迷信和秘密结社等黑社会行为，乃至映及全国或境外的"法轮功"事件，不但对我国社会的稳定和现代化建设造成了严重危害，而且对人们的身心健康带来无法弥补的损失，亦使认识观、信仰自由、精神追求等意识形态领域产生了极大的混乱。

精神文明与人们健康的心理素质和文化行为息息相关。如果一个人的心理素质和文化水平较高，对社会的丑恶现象认识就比较清楚，对其污染的抵抗也就坚决；对不合理、不公平和危及自身利益的行为既敢于反抗，也会产生一定程度的理性容忍，从而有助于缓解社会矛盾和保障社会秩序的稳定。反之，若其心理素质较差和文化水平较低，除了对社会发展趋势和主流意识模糊不清，是非混淆，易于受邪恶观念诱惑外，对于可能遇到的不公平或挫折往往会产生过激行为，易于置法规和社会道德不顾而聚众犯罪或参与动乱，导致区域社会失稳。

7.3.5　外部环境影响与社会稳定

尽管一个国家或区域社会系统的稳定取决于其内部主要矛盾体之间的和谐度，然而社会经济的开放性又决定了既需依靠同外部物质、能量和信息的交换来促进自身的有序发展，又不可避免地承受着外部不良因素的随机干扰，乃至遭受严重的破坏而引起系统的剧烈振荡和结构涨落。如果区域社会经济系统自身结构稳定和发展有序，那么抵抗外部干扰的能力便较强，或者对遭受侵袭破坏后的系统修复具有很强的自救能力。但当区域社会经济系统处于变革、急速发展和失衡状态时，外部的随机干扰即使强度较小，也会像导火索一样易于引发系统的急剧涨落乃至质的突变。

影响区域社会稳定的外部因素主要来自自然灾害的侵袭和区（国）外经济、政治、军事等方面的诱导或冲击。自然灾害是生态系统失衡的表现，它往往源于人类的过度开发和利用，反过来又危及人类社会的安全，引发区域社会失衡和动乱，迫使人类反省和和谐与自然的共存。至于区域系统外部的经济、政治和军事干扰等因素，往往与资源掠夺、经济利益和意识形态密切关联。诚然，一个国家的发展离不开同外部交换物质能量和科技、信息，以拉动和促进自身的经济发展及使社会更加稳定，但外部资本、文化和价值观的输入也会破坏系统的原有经济结构、文化氛围和价值理念。倘若不能较快地虑波、溶解或适应、转化，则易使区域系统的经济、社会产生振荡和失衡。因此，如何正确地发展同外部的经济、文化和科技、信息交流，如何有效地抵御外部的干扰和破坏，以实现经济的发展和社会的稳定，则是一个需要不断实践和探索的问题。

7.4 社会稳定的调控途径与机制

社会稳定既是经济发展的基础，也是社会进步和可持续发展的基础。保障社会稳定，首先需要树立可持续发展的世界观，以便克服急功近利和局域获益的失衡性发展。同时也要纠正唯稳定论，以免使社会和经济在徘徊中漫步爬行。由于可持续发展的基本准则是持续和谐人与自然、人与人之间的相依关系和物质能量的供需均衡，于是要求社会必须在稳定中得以发展，在发展中求得更高层次的稳定。如果我们的认识观还停留在传统的依靠征服自然、破坏环境、占有他人劳动、追求物质享受的发展模式和价值观理念上，便不可能保障人类社会沿着稳定的“时间之箭”而有序地演化。

适度加快经济结构的调整和发展的速度，以保障供需均衡和提高就业率；均衡不同社会阶层、不同地域空间的物质利益关系，以保障社会安定；有步骤地控制人口的增长和空间分布，以及提高人口素质，以减少未来就业和消费需求的长期压力；依靠科技进步，有效地开发利用自然资源，改善和保护生态环境，以及加强政治民主化、社会法治化和精神文明化，均是保障区域社会稳定和实现其可持续发展的关键。

对于像我国这样人口众多、地域辽阔、民族多元、经济基础较差、物质生产和社会福利保障还不能较充分地满足人们的需要的发展中国家，在加速现代化建设中必须坚持“发展是硬道理”的原则，因为诸上问题只有在发展中才能予以有效地解决，社会的稳定也只有在发展才能得到保障；必须均衡利益分配，即在首先满足人们的基本物质生活前提下，尽可能达到公平的分配和缩小贫富差距；应当尽力拓展就业领域和健全社会保障体系，以利社会的稳定发展；需要根据各地域的特点合理布局生产力，并采用一定的特殊政策加强边疆民族地区的社会稳定和同内地经济的协调发展；积极引导社会组织和广大民众树立科学的世界观和按法规、公共道德约束自身的行为，克服和杜绝歪理邪说的社会污染，弱化社会矛盾冲突和减少犯罪危害；尽可能积极地创造一个周边和全球和平与安全的国际环境，才能保障社会的稳定和促进我国的可持续发展。

解决上述问题必须依靠政策、法规和市场机制的综合调控，而建立一个从中央到地方强有力的廉洁高效的政府和加强中央政府的主导及宏观控制则极为重要。我国经过20余年的改革开放，虽然已成功地驶入了向市场经济转轨的快车道，但在一个较短的时间里实现发达国家需要 200 年才完成的现代化建设目标，会面临诸多具有共性和特殊国情，以及加入世贸组织后受到外部强烈冲击而引发的社会经济失衡问题。在市场机制有待深化、健全情况下，我们必须依靠中央政府，通过制定正确的政策来加强宏观总量供需、结构协同、利益分配和区域发展均衡的调控；利用市场机制，调节行业的发展和企业的经营；依靠完善法规，来规范民众的职业和社会行为；建立健全社会保障体系，以便消解人们的生活和安全的后顾之忧；加强精神文明建设，以便树立正气，克服歪理邪气的侵扰。因此，建立一套能使政府的决策科学化、施政廉洁和民主化、管理高效和法治化的调控机制与运行规则，则是我们需要急迫解决也需长期探索的问题。

总之，只有坚持改革开放，有序地加速现代化的经济建设，加强法治、精神文明和社会保障体系的建设，才能实现我国社会发展的稳定和可持续发展。

7.5 小　结

本章以新的认识视野，论述了区域空间的非均衡演化机理，探讨了社会稳定与可持续发展之间的内在联系和机制规律。通过剖析影响社会稳定的主要元素，提出了保障社会稳定应遵循的总量供需准则和结构均衡机理。并针对我国的实际国情，提出了加强中央政府控制、促进精神文明建设和创造外部有利环境等调控途径与机制对策。通过这一章的研究，旨在抛砖引玉以推动有关社会稳定的理论探索，且能有助于促进我国新时期的社会稳定和可持续发展实践。

本章参考文献：

[1] 曾国屏．自组织的自然观［M］．北京：北京大学出版社，1996：179—181.

[2] 恩格斯．自然辩证法［M］．北京：人民出版社，1971：224.

[3]［美］塞缪尔·P. 亨廷顿著．王冠华等译．变化社会中的政治秩序［M］．北京：生活·读书·新知三联书店，1989：38.

[4] 李培林．处于社会转型期的中国［J］．国际社会科学杂志，1993（3）.

[5] 程超泽．论转型期中国社会不稳定性［J］．转型期的中国社会经济问题学术研讨会论文集［C］．香港珠海书院亚洲研究中心，1997.

[6] 毛志锋．论社会稳定与可持续发展［J］．北京大学学报，2000（3）：19—27.

第8章　适度人口与可持续发展

8.1　引　言

人类的社会存在，客观上决定了人们既要生产物质资料，又要进行人口自身生命和生命力的再生产。物质资料的生产既受控于资源的供给和环境的保障，又要求人口自身再生产须保持适度的人口数量、质量、结构和空间分布，以便既同自然资源的开发利用和社会财富的供给相平衡，又能满足不同时空域社会生产力的发展和生态平衡的需要。适度人口之目标追求是人类谐和社会、经济和生态环境有序发展的能动之举。因此，适度人口与控制之研究，历来在社会科学领域占有重要的一席之地。但鉴于历史发展的种种因缘，真正将这一科学命题上升到人类社会可持续发展的高度来认识、解析的研究迄今仍然较少。

当代遍布全球的人口膨胀、失业危机、贫困蔓延、资源短缺和环境污染加剧，导致了人类社会不可持续发展的严重征兆。而在这诸多滞障人类社会可持续发展的根源中，人口问题无疑是“病魔”之首。地球承载能力的有限性、资源供给的日渐短缺和环境消纳废弃物能力的退化，迫使人类必须按适度人口目标调整龄级结构，控制自身种的繁衍，并能改进自己的消费习俗和社会生产方式，以协同与自然的和谐依附和良性进化，从而保障人类社会代际公平要求下的持续发展；世界失业和贫困人口的增多，以及贫富差异的加大，引起区域摩擦、民族不和、政局动荡，要求人类社会务须通过国际交流与合作，在调整产业、消费和分配结构的同时，积极改善劳动力人口素质和促进人口的国际或区域合理流动，以和谐人与人之间的关系而保障人类社会代内公平要求下的持续发展。因此，将适度人口的目标追求视为人类社会可持续发展的基本调节规律之一，则是本章探讨的核心。

8.2 适度人口学说的演绎与评价

适度人口的思想古已有之，它几乎伴随着经济学和人口伦理的产生而存在。因为经济生产需要一定数量的劳动力同生产资料结合，物质财富也只能供养一定数量的人口消费；为了避免不足的社会生产力压迫过剩的劳动力，为了满足特定资源环境和物质供给条件下的当代及未来人口生存与发展需要，故而要求人口的社会存在须适度。

原始人的杀婴弃幼，不断迁徙，实质上就是追求与可采猎的生活资料相适应的适度人口。古希腊时代的柏拉图，在其《国家论》中提出了“理想国”的设想，认为5040人是对国家最有利的适量人口；亚里士多德认为“最完美最美丽的国家，就是能够维持人口数目使之不超过一定限度的国家”，主张一个国家的人口规模应当与领土相适应。且认为人口与土地之间的比例关系应既有利于人口本身的发展，又有利于生产的发展，有利于奴隶主国家的统治。[1] 显然，他们是基于当时异常低下的社会生产力水平和人口较多所产生的城邦混乱现状而论断的。尽管所设想的理想国是小规模的、和平和和谐的，也是从来不能对付一种无法控制的人口和不可能实现的“太平天国”，但主张人口规模应适度的思想，无疑对人类社会持续发展要求下的人口控制史起了积极的伦理导向作用。

与古希腊思想家的主张不同，16至18世纪出现于欧洲的重商主义者并不担心人口的过剩，曾连篇累牍地称颂人口众多和不断增加的好处。他们认为人口愈多，就能制造出更多的工业产品，就能产生国际收支的余欲，使国力增强；认为人口众多是一国实力的象征，只有人口众多才能在对外扩张中取胜。因而，成为古罗马推行追求政治统治和军事侵略上的实力适度人口的政策法令的理论追随者。

在18世纪后半叶，诞生于法国的重农主义则认为，人口既不是国富的源泉，也不是国力的象征，只有农业纯生产物才是它的根本因缘。嗣后，欧洲古典学派的杰出代表马尔萨斯继承重农主义这一支柱理论，以土地报酬递减定律为前提，提出了建立在人的自然属性之上的两个公理：“第一，食物为人类生存所必需。第二，两性间的情欲是必然的，且几乎会保持现状。”并由此引出了两个级数：“人口，在无妨碍时，以几何级数率增加。生活资料，只以算术级数率增加。”他认为“人类有一种比粮食增加更快的趋势”。因此，马尔萨斯提出了“妨碍”人口增长的手段或力量的两个抑制：积极抑制和道德抑制。所谓积极抑制，是“人口开始增加后才予以抑压的妨碍”，其途径包括“普通疾病和传染病，战争、瘟疫和饥荒”，以便使人口不至于超过“生活资料的极限”。而道德抑制，是“人口开始增加前的予以压抑的妨碍”，即通过各种主观努力，如“在各种预防的抑制中，不带来不正当性生活后果的那种对结婚的克制”，在道德上限制生殖的本能。马尔萨斯认为：“由于获取食物的困难，一个对人口的有力抑制是时常运行着的。”这种困难是由于“土地肥力递减律”在起作用，因此人口增长必须有一个限度[2]。

马尔萨斯由两个公理得出两个级数学说，通过两个抑制，在“土地肥力递减律”约束下保持人口适度的思想，既奠定了“适度人口”的理论基础，又对当今世界人口的控制不无借鉴和参考价值。尽管马尔萨斯的“适度人口论”主要集中于人口的数量增长同生活资料的供给必须平衡或相适应，而并未涉及劳动力的供给同生产发展需要相平衡，人口生产同生态环境相适应，以及保持适度的人口空间分布等问题；尽管他亦未曾涉及科技进步的作用和人类社会的持续发展问题，而仅仅局限于土地报酬递减律来片面地论述人口的控制，但在当时能从人口与食物消费的平衡上为“适度人口”思想立论，本身就是一大进步。

19世纪中叶，为适度人口学说的形成奠定重要理论基础的是英国经济学家坎南。他在《财富论》一书中指出，人口应围绕某一极大报酬点——适度人口而变化，这个极大报酬点不是指以土地生产为核心的农业的人口承载，而是指各个产业及其基础上的社会综合生产能力的最优人口状态。他认为“这个点的位置是随着知识进步和其他各种变化而不断变化着的”，因此“我们与其将关于人口的理想或适度规定为在一定的时点上，不如当作人口的正确运动，即增加或减少来加以处理。所谓正确运动就是把所有世代的人们的利害考虑进去，从长期对产业提供最大的报酬的运动”。[1]可见坎南的适度人口学说不仅具有随科技进步和社会生产力发展的动态观点特征，而且隐喻着适度人口的实现可视为一种运动的规律，有助于调节、促进物质生产的产业发展和社会的持续发展。

人类的社会存在既决定了人们维持生存需要劳动，需要进行物质生产，也决定了在一定生产能力基础上所能创造的物质财富仅能满足一定人口的生存所需。因此，从生产需要劳动力和生活资料所能抚养的人口方面，探讨最有利或尽可能合适的最优人口数量，是每个社会形态都不能回避的现实问题。

马克思曾指出，古代的希腊、罗马“这两个国家的整个制度是建立在一定人口限度上的，超过这个限度，古代文明就有毁灭的危险”。[3] 在这里，马克思所论述的适度人口思想虽是针对古代私有制社会的，但是关于一个国家的人口应该有一个适当限度的思想确具有普遍意义。恩格斯曾指出：“历史中的决定性因数，归根结底是直接生活的生产和再生产。但是，生产本身又有两种。一方面是生活资料即食物、衣服、住房以及为此所必需的工具的生产；另一方面是人类自身的生产，即种的繁衍。一定历史时代和一定地区内的人们生活于其下的社会制度，受着两种生产的制约。”[4] 马克思、恩格斯不仅承认一定社会经济条件下客观上存在着一个人口再生产的限度，而且所揭示的人类自身生产必须与物质资料生产相适应的规律，本身就是适度人口思想的高屋建瓴。特别是马克思关于相对剩余人口学说和生产力压迫人口而引起人口迁移的有关论述，本身就体现了适度人口的思想，因为人口过剩是相对于客观上存在的“适度人口”而言的。相对过剩人口概念的提出更使我们认识到，人口再生产不仅应与生活资料供给、物质生产需求相适应，同自然环境相协调，而且由于社会生产方式决定着人口再生产，因此，适度人口不能脱离社会生产方式，不能脱离生产关系制约下的物质财富分配、交换而独立存在。

适度人口的学说、理论产生于社会实践，她像一个幽灵伴随着人类对社会可持续发展的追求，从古到今历来受到人口学家、经济学家和社会学家的关注与青睐。20 世纪 50 年代初，法国著名人口学家阿弗雷德·索维在总结先哲成就的基础上，更为系统地论述了适度人口的概念和理论。认为“适度人口就是一个以令人满意的方式，达到某项特定的目标的人口”。并认为目标有多少个，“适度”也相应地有多少个，包括经济上的适度、政治上的适度、文化上的适度乃至美学上的适度等。[5] 因此，他利用边际分析法不仅深化了前人的经济适度人口学说，而且提出和简析了社会实力适度人口问题，从而推动了适度人口理论的研究。

嗣后，美国社会学家赫茨勒提出了人口压力理论。[6] 他认为当代世界人口爆炸已形成一股强大的人口压力，即人口增长超过生活资料增长的压力。这是因为“地质资本”是一种一去不复返的资源，地球的“流转资金”，即自然界可以失而复现的资源，在一定时间之内也绝非无限。在赫茨勒看来，不论任何地区或是全世界，收益递减规律是永恒的，总要经常发生作用，这不仅体现在一定技术进步下的农业，也反映在一定技术进步下的工业上。因此随着人口增长，不仅给土地带来巨大压力，也给居住空间、工商业发展空间、交通设施空间等造成日益加剧的压力。他认为发展中地区的人口压力使经济努力集中到消费方面，而不是生产方面，使有限的资金积累用于消费，而生产投资则处于饥饿之中。由于人口剧增，人们不得不更加紧张地开发和利用资源，乃至达到滥采滥用的地步。亦因劳动力多而价格低廉，导致生产中人排挤机器设备，结果未来的进步就牺牲在眼前的权宜之中了。因此，赫茨勒的人口压力理论不仅主张用“适度人口”来评价人口与经济、资源和环境之间的相互适应关系，而且对于我们今天从“适度人口”角度研究可持续发展问题无疑有更多的启示。

中国历来是一个人口大国，其古代人口思想史亦闪烁着“适度人口”理论的火花。战国末期的思想家韩非曾曰：“不事力而养足，人民少而财有余，故民不争。”“人民众而货财寡，事力劳而供养薄，故民争。”即认为人口过多、财富不足、生活困难是社会不安的根源。秦国丞相商鞅也曾言道：“民过地，则国功寡而兵力少；地过民，则山泽财物不为用。”就是说，人口太多，超过了土地的负载量，农业生产就无法向社会提供必要的生活用品，从而造成国弱兵危。相反，人口太少，土地得不到开发，自然资源不能充分利用，同样不利于富国强兵。我国清朝的汪士铎也曾明确地提出了“民不可过少，亦万不容过多”的命题[7]。

到了20世纪50年代，由于我国人口的迅速增长，适度人口问题又引起仁人志士的关注。著名社会学和经济学家马寅初、孙本文教授等提出了我国必须适度控制人口增长，以便同国民经济发展相协调的卓见，然而却被当作“马尔萨斯主义的幽灵”遭到严厉的批判。在禁锢了20余年之后，随着我国人口问题的日益突出，对适度人口问题的讨论与研究又重新为人们所关注。人口学家田雪原对适度人口的实现和社会主义社会的人口规律进行了富有卓见的探讨，宋健和于景元从控制论角度为适度人口的研究奠定了方法论基础，胡宝生和王浣尘等明确提出了我国的适度人口规模应在7亿～10亿之间。本书作者曾从经济适度人口、生态适度人口和社会适度人口及其相互关联的角度，比较深入地研究了人口与经济、资源和环境协调发展的理论和方法体系，既发展了适度人口理论及其研究的方法，也为从适度人口角度研究可持续发展的理论与实践问题进行了新的探索[7]。

显而易见，适度人口问题在人类历史的长河中不断引起中外学者的青睐，其根源在于它是能够正确处理人与自然、人与人关系的枢纽，是保障人类社会可否持续发展的基础。作为能动的人类只有依据生态环境的承载力和物质生产的吸纳与支撑力，遵循自然法则和社会运动规律，主动地按照适度人口目标，控制好人口的数量增长，不断改善人口的素质和合理人口的空间分布，才能保障人口代际之间对自然奉献的公平占有，也为同一时代不同地域民族、民众对自然和社会财富的合理享用奠定了基础。

尽管人口的增长推动了人类社会的历史进程，但不适度的人口膨胀和低素质人口的增多将阻碍着人类社会的持续发展。因此，围绕适度人口目标来调控人类自身的生产和再生产自然是每一时代社会应关注的议题。然而，由于人类认识自身的历史局限性，适度人口之研究虽自古以来持续不断，但历尽艰难，迄今上升到持续发展方面来的认识论和方法论甚为薄弱。在实践方面，人口压力常常迫使社会和家庭按适度人口的客观表象调整生命和生命力的再生产，但追求适度人口以保障人类社会持续发展始终未成为统治者的纲领得以有效实施，从而导致当代人满为患。全球性的人口消费和就业压力不仅威胁到现代社会的有序发展，也将波及未来人口的安生。因此，重新认识适度人口与可持续发展的相依关系与内在运动规律，将有助于有效地控制人口，以促进人类社会的持续发展。

8.3　可持续发展与人口控制

人类作为生态系统中的高级动物成员，在人类社会发展的历史长河中并没有按照生物繁衍的几何级数生育规律无止境地增延，其阻力不仅来自自然生态环境平衡律的约束，而且更重要的是受到自身所能创造的物质财富的限制。但人类并没有如同一般动物一样简单地适应自然，自生自灭，而是在认识自然、改造自然的同时，人类也能够认识自己，控制自身“种的繁衍”，以适应生态的平衡和促进社会生产的持续发展。

人类的社会存在，客观上决定了人们既要生产物质资料，又要进行“自己生命生产”和“他人生命生产”的人类自身再生产。物质资料生产是人类依靠自身的聪明智慧和强健体力，通过认识自然，开发自动起作用的自然力，而不断创造出满足人类需求的物质财富。人类自身再生产要依赖特有的自然界所能提供的可用资源和环境与已创造的物质财富再生产出新的生命和生命力。社会生产客观上要求物质资料生产与人口生产在一定时空域保持一定的协调比例，要求人口再生产适应于物质生产发展的需要。作为物的生产和种的繁衍之间的这种协调比例或适应程度的本质上的联系与矛盾运动过程，即为任何社会形态所共有的普遍人口规律，也是人类社会能够持续发展的根源所在。

实质上就人口再生产而言，物质生产要求人口再生产保持适度的人口数量和消费规模，以便同生活资料生产和自然资源可利用相统一；要求保持适度的人口年龄结构，以便提供长期的生产发展需要的劳动力和使近远期人口抚养不至于超负荷；要求具有适度的人口素质和人口空间分布，以符合区域社会生产的持续发展和生态平衡的需要。因此，从人口生产与物质资料生产和环境生产的本质联系及其内在机制方面看，似乎也存在“一只看不见的手”调节着人口再生产，使之适应人类社会和区域可持续发展的需要。这只看不见的手就是适度人口规律，即以人类社会的可持续发展为准则，以适度人口为目标的人口再生产的调节与控制。

适度人口是指符合社会、经济持续发展和自然环境条件有序改善要求的满意目标人口。目标因社会生产方式、自然环境条件和社会集团利益追求各异，因而适度人口在时空表象上具有多目标性，但它必须符合人类社会持续发展要求下的两个准则——代际公平和代内公平，是一个相对的综合指标集和具有伸缩弹性的合理空间。由于人口再生产与特定时空域的经济、社会和生态环境密切关联，因而其内容包括适度的人口数量、质量、年龄结构和空间分布。人口数量是特定时空域具有一定素质和年龄结构人口群体规模的集中体现。在特定环境条件约束下，提高人口体能和智能素质，需要控制人口总量的增加；追求较优的人口年龄结构，需要调节人口的年度出生率和机械性变动；为了平衡社会经济发展和自然环境的有效人口承载，亦需要合理人口的地域分布。

总之，上述四个方面的适度人口内容是一个有机联系的整体，构成了以人口数量为主体的人口再生产适度空间。由于它受控于特定时空域社会生产方式与自然环境条件的抉择，因而在表现形式上，可区分为经济适度人口、生态适度人口和社会适度人口，但它们都综合协同于人类社会可持续发展和特定时空域要求的适度人口空间。

适度人口空间的变化同人类社会产业的发展过程基本一致。在人类摆脱依靠采集和捕猎谋生时代进入农业社会之后，适度人口空间随之跃升，人口再生产也由生物性控制转入适应社会生产发展需求的社会利益机制。当农业发展到一定水平，其生产规模报酬递减至负值时，农业生产需求的劳动力和农业生产资料所能抚养的人口数量相对过剩。嗣后，由于农业生产力持续压迫人口，加之农业发展需要其他产业的支持，于是又产生了社会大分工，在原手工业发展的基础上第二产业开始独立于农业而发展。在这一转化初期，劳动力和消费人口超过适度人口数量仍显过剩。只有当第二产业充分发展后，适度人口数量区间递增，一方面劳动力供给逐渐相对不足，另一方面社会生产创造的消费资料可供养较多的人口，人口年龄结构由传统型向发展型转移，人口空间分布也由分散的农村向工业区域或城市集中。但当科技进步呈现相对恒定状态时，第二产业以至社会生产的边际生产力递减出现负值，因劳动力投入增多规模生产效益相对下降。于是，在人口增长过剩和产业扩张需求双重压力下，社会再度出现大的分工，第三产业独立于第一、二产业而初步得到发展。这时适度人口数量要求还较低，劳动力供给仍过剩，只有当第三产业充分发展后，适度人口空间才得以向高层位移。这缘于一方面第三产业发展促进了第一、二产业的勃兴，另一方面社会分工愈益细化，就业门类增多，社会财富亦迅速增长，因而既需要更多的劳动力，又可提供更多的消费资料，在提高人均消费水平的同时，还可抚养较多的人口。同时要求人口素质迅速提高，人口再生产类型向低出生、低死亡和低人口增长方面发展，并要求人口年龄结构和空间分布渐趋合理。

随着社会生产力的发展，当人口压迫生产力，即因消费人口超过生产力增长可能提供的财富与环境空间的承载力，和当生产力压迫人口，即要求减少劳动力数量的供给与提高人口质量时，这一矛盾对立运动过程不仅要求某一时空域保持相对稳定的适度人口，而且伴随人类生存空间的相对狭小和资源供给的日益短缺，要求全球须积极控制人口规模的膨胀，并通过新的产业革命以保障人类社会的持续发展。

因此，从历史上社会分工和产业革命的变化进程中可以看出，与社会生产力发展相适应的适度人口处于螺旋形发展，且随着产业革命的发展在转移。即往往在相邻两次产业转变之机，适度人口保持相对稳定；当新的产业得到充分发展和迅速增长时，适度人口空间随之位移，呈现递增趋势。但人口数量的递增辐度逐渐减少，且滞后于社会生产力的发展，人口分布渐趋于相对均衡；人口质量要求愈来愈高，需要超前于社会生产力的发展而发展；人口再生产类型亦向合理化方面转移，人口控制逐步由生物性控制、社会利益机制，向以适度人口规律为要求的自觉控制方面发展。这种发展趋势不仅来自科技进步的推力和生态环境的压力，而且也是人类社会可持续发展目标要求下适度人口调节规律作用的结果。

由于地球负荷有限，某一时期的自然资源可开发潜力和人类开发能力有限，决定了不同时空域社会生产力所需劳动力和所能承载的人口总量亦有限，因而客观上总存在一个适度人口数量区间。这个适度人口数量区间，总是伴随着社会经济发展和消费水平的波动而波动。在特定时空域，假定人口消费水平的递增为一常数，科技进步相对不变，那么这个适度人口数量区间则出现于社会边际生产力递减至零值这一范围内。这时劳动力就业充分，人们生活水平提高，社会生产及其他事业蓬勃发展，生态环境的内在能量循环也相对均衡。在达到此适度区间之前，社会边际生产力持续递增，人口的数量和质量供给相对不足，或因人口年龄结构与空间分布不能满足生产力的发展需要，而使两种生产未能达到最佳配置状态；当社会边际生产力递减出现负值之后，反映在劳动力总量上供过于求；或因素质不高加剧了劳动力过剩，进而亦呈现出人口的相对过剩，消费不足；或因空间分布不合理，而使生态环境超负荷。伴随科技进步和社会生产力的发展，以及人口再生产状态调整的惯性滞后影响，又会出现适度人口与现实人口的等价时期。

总之，历史上现实人口的不足或过剩，都是围绕社会生产力发展和支撑所要求的适度人口规模在波动。这犹如商品经济社会中，商品的价格围绕价值波动，价值规律通过商品的价格调节商品的生产和供需一样，消费人口和劳动力的供需总量，以及人口素质和空间分布也围绕着社会生产力所要求的适度人口在变动。适度人口规律通过就业矛盾和人们生活水平变化，来调节人口的生命再生产和生命力的再培育，使之适应社会生产力的发展；通过控制人口的出生率，使现实人口趋近于适度人口的总量要求，以与社会所能提供的生活资料和自然环境的保障相适应；通过欲达适度的人口年龄结构，提供适量和高素质的劳动力，以与近、远期自然资源的合理开发和物质资料的生产相适应；通过实现适度的人口空间分布，以平衡生态系统的承载力和促进社会生产力的地域协调开发需要。但在不同资源环境约束、不同社会生产方式和不同社会制度的国家或区域，适度人口的目标不同，其规律的表现形式和调节作用，以及围绕适度人口所应采用的控制策略和措施亦不尽相同。

在人类社会发展的历史进程中，虽然适度人口目标之追求在调节人口再生产与物质资料再生产的协同中发挥了积极的作用，但由于人类可利用的自然资源和可开拓的地理空间在 20 世纪中叶以前一直相对较充欲，加之以人为中心的偏倚思潮和避孕技术落后的束缚，因而伴随生活资料的丰富和就业机会的开拓吸纳，使得适度人口目标不断攀高。于是，人口数量增长的控制仅仅依托于社会供需失衡后的战争、瘟疫、疾病、饥饿和局部家庭或社区的自我调节，而没有变成人类社会和历代各国政府的行为准则与行动纲领。从而既引起世界史上人口规模的大起大落，也因人口持续膨胀导致了当代全球的人满为患之灾，使人类社会处处面临着不可持续发展的危机。

上述这些危机主要体现在：一是世界人口增长翻番的周期迅速缩短，生活消费水平的提高又显著加快，在可供人类开辟新的生存空间已十分有限、资源供给日渐短缺和环境污染加剧情况下，人与自然之间的矛盾冲突愈益尖锐。这不仅威胁到未来人口的生存与发展，亦制约着当代人口的生活幸福；其二，由于劳动力人口太多和资本有机构成迅速提高，故而导致了大量显性或隐性失业人口，引起贫困人口增加和贫富差距加大，遂使社会极显不安定；其三，在发达与欠发达国家之间，既因发展基础显著不同，也因人口逆向发展的差距增大，加之全球范围内的能源等非再生资源日益紧缺，因而国家利益冲突、民族矛盾不和，致使世界难以安宁。

由于上述危机是当代全球性危机，因而我们不能仅仅立足于一个国家或地区，按其社会生产力发展和支撑要求下的适度人口目标来调控人口再生产。而是应着眼于全球的未来，按人类社会的可持续发展要求来研究和确立不同时空域的适度人口目标，然后依据这一目标逐步调控人口的数量增长、素质改善、年龄结构和空间分布，无疑是全球特别是人口众多的发展中国家应十分关注的议题。此外，调整生活消费方式，避免畸形高消费和适度减缓消费水平的增长速度，不仅是着力改善人民生活水平的发展中国家应采用的可持续发展策略，更是高度生活消费的发达国家所须遵循的准则。这样，一则可节约大量的自然资源和社会财富，二则有助于减少环境消纳压力和污染，以保障当代和未来人口的生存与发展。

为了促进当代人之间的和睦相处和公平享有自然资源与社会财富，解决社会就业和贫困问题是国际社会应着力持续探索的核心。在当代社会、经济全球化的进程中，需要通过加强国际经济贸易、技术交流、人口合理流动，以及发达国家对欠发达国家的经济技术援助与国际合作，来调整世界与区域的产业、消费和分配结构。同时在国际组织和各国政府的努力下，加强社会保障体系建设，持续开展扶贫工程和积极推行人口的计划生育与素质改善事业亦尤为重要。

总而言之，没有人类的生育文明，就不可能实现全球的物质文明和环境文明，也不可能保障人类社会的持续发展。因此，从适度人口目标追求角度探讨人口与经济、生态环境和社会发展之间的协同，以促进人类社会的可持续发展，无疑是一条重要的途径。

8.4 人口—经济发展的协同

8.4.1 人口—产业结构关联配置的优化

人口与经济发展间的相依关系，可以用人均 GNP 来综合映示。这一综合指标的外在相对度量同经济发展总水平成正比，与人口总量成反比，但归根结底受制于人口系统与经济系统内部的结构制约和转化。由于人既是生产者，又是消费者，某一特定时空域经济发展的规模和速度，一方面取决于经济活动人口的规模、结构和劳动生产率，另一方面取决于技术进步影响下的产业结构的合理配置与调整。人口结构通过就业结构和消费结构影响经济的发展，而产业结构的演进不仅是经济发展的后果，而且产业结构的变化又是经济发展的条件。

发达国家人均 GNP 高于发展中国家，其主要因素之一是由于适龄劳动力人口在总人口中所占份额较高所致。因为社会经济财富的创造，除了自然资源、资本资源和技术进步的物化贡献之外，则主要依赖于人力资源投入的数量和劳动者的文化技术素质。而适龄劳动力占总人口的比率，既决定人力资源的数量供给，亦决定了国民经济空间人口的社会抚养。诺贝尔经济学奖获得者西蒙·库兹涅茨（S. S. Kuznets）曾利用劳均产值从低收入到高收入国家增长的倍数推断，劳动力对总人口比率的不同这个因素对人均产值高低的贡献大约是四分之一。这意味着某一国人口年龄结构中，适龄劳动力所占比重大较之比重小的人口状态构成对经济发展的贡献较大。

就业结构和产值结构是反映产业结构状态的两个主要指标，其变化趋势大体协同。但由于劳动者文化技术素质和技术装备水平作用下的劳动生产率不断提高，因而随着经济的发展，劳动力转移速度加快，三次产业部门中就业结构的变化比产值结构的变化幅度较大。正如西蒙·库兹涅茨在归纳了 59 个国家的情况后所指出的："如果我们从按人口平均产值低的国家向人口平均产值高的国家移动，我们就可以发现劳动力的 A 部门（指第一产业—引者注）份额的下降和产值的 A 部门的下降是一样显著。前者的绝对下降为 63 个百分比点，当然大于后者的约为 37 个百分比点；而以下降率来说，则两者的差异还会大些……就 I 部门（指包括交通邮电在内的第二产业—引者注）来说，劳动力的部门份额变动高于产值的部门份额变动甚至更为显著（由按人口平均产值较低初始水平移动到较高水平时，劳动力的部门份额上升了 36 个百分比点，而产值的部门份额却只上升 28 点）。但是，最显著的差异是两者在 S 部门（指不包括交通邮电在内的第三产业—引者注）的份额。"[8] 因此，研究人口结构与产业结构的相依关联对经济发展的影响，自然应当以就业结构为中枢。

人均国民生产总值是国民生产总值和人口总量的线性函数，即 $y(t)=F(\mathrm{GNP},\ p,\ t)=\mathrm{GNP}(t)/p(t)$。国民生产总值 GNP 取决于各产业劳动力的投入 $L_i(i=1,\ 2,\ 3)$ 和相应劳动生产率 $Yi(t)/L_i(t)(i=1,\ 2,\ 3)$ 的变化，即 $\mathrm{GNP}(t)=\sum_{i=1}^{3}L_i(t)\cdot\frac{Y_i(t)}{L_i(t)}$。式中，$Y_i$ 为第 i 产业的国民生产总值。令 t 年的经济活动人口为 $L(t)$，则劳均国民生产总值为 $\mathrm{GNP}(t)/L(t)\sum_{i=1}^{3}L_i(t)/I(t)\cdot Y_i(t)/L_i(t)$。变换方程左边为 $\mathrm{GNP}(t)/L(t)=(\mathrm{GNP}(t)/P(t))/(L(t)/P(t))$，故有

$$\frac{\mathrm{GNP}(t)}{P(t)}=\frac{L(t)}{P(t)}\cdot\sum_{i=1}^{3}\frac{L_i(t)}{L(t)}\cdot\frac{y_i(t)}{L_i(t)} \tag{8-1}$$

由于，$L(t)=(1-\theta_1)LS(t)=(1-\theta_1)(\omega_1P_u(t)+\omega_4P_o(t)+SHL(t))$，式中：$LS(t)$ 为 t 年有劳动能力的人力资源总量，θ_1 系在业人口占人力资源总量的比例参数，$SHL(t)$ 为 t 年适龄劳动力人口，$P_u(t)$、$P_o(t)$ 分别为未成年（15 岁以下）人口和老年（64 岁以上）人口，ω_1、ω_4 是未成年和老年人口中实际参与社会就业的控制参数，代入上式有

$$\frac{\mathrm{GNP}(t)}{P(t)}=(1-\theta_1)\left(\frac{\omega_1 P_u(t)}{P(t)}+\frac{\omega_4 P_o(t)}{P(t)}+\frac{SHL(t)}{P(t)}\right)\cdot\sum_{i=1}^{3}\frac{L_i(t)}{L(t)}\cdot\frac{Y_i(t)}{L_i(t)} \tag{8-2}$$

在开放经济条件下，产业结构的变化通常取决于人口生活消费需求结构的引力、生产相对成本比较利益机制的推力和国际贸易因素输入输出冲击的综合作用驱动。在这一综合作用驱动中，由于各产业部门人力资源和其他物质资源投入受技术进步影响的速度不等同，因而在产业部门间出现了“生产率上升率不均等增长”的现象。正是这种生产率上升率的差异，推动了产业结构的变动及其高级化。

就业结构伴随物质生产需求和经济发展利益机制转移，同样受制于上述综合要素作用影响而有序地变迁。尽管各个国家就业结构转移的速度不等同，转移趋势中间或出现某些振荡，但从长期发展过程看，必然呈现某种随时间延拓的规律。由于三次产业的就业结构变化趋势具有下列函数形态[7]

$$\frac{L_1(t)}{L(t)}=Ae^{-at},\ \frac{L_2(t)}{L(t)}=b_1t+b_2t^2-b_3t^3,\ \frac{L_3(t)}{L(t)}=\frac{1}{c_1+c_2e^{-t}}$$

代入（8-2）式则有

$$\frac{\mathrm{GNP}(t)}{P(t)}=(1-\theta_1)\left(\frac{\omega_1 P_u(t)}{P(t)}+\frac{\omega_4 P_o(t)}{P(t)}+\frac{SHL(t)}{P(t)}\right)\cdot\left[Ae^{-at}\cdot\frac{Y_1(t)}{L_1(t)}+(b_1t+b_2t^2-b_3t^3)\cdot\frac{Y_2(t)}{L_2(t)}+\frac{1}{c_1+c_2e^{-t}}\cdot\frac{Y_3(t)}{L_3(t)}\right] \tag{8-3}$$

令 $Z1=P_u(t)/P(t)$，$Z_2=P_o(t)/P(t)$，$Z_3=SHL(t)/P(t)$，依次代表未成年、老年和适龄劳动力（15～64 岁）人口占总人口的比例系数；且 $X_1=Y_1(t)/L_1(t)$，$X_2=Y_2(t)/L_2(t)$，$X_3=Y_3(t)/L_3(t)$，分别代表第一、二和三产业的劳动生产率。因为 $GNP(t)/p(t)=y(t)$，故有

$$y(t)=(1-\theta_1)(\omega_1Z_1+\omega_4Z_2+Z_3)\cdot\left[Ae^{-at}X_1+(b_1t+b_2t^2-b_3t^3)X_2+\frac{1}{c_1+c_2e^{-t}}\cdot X_3\right] \tag{8-4}$$

其中 Ae^{-at}，$b_1t+b_2t^2-b_3t^3$ 和 $1/(c_1+c_2e^{-t})$ 为定常数，即事先确立了的不同时期的就业结构系数。该函数式揭示了人均国民生产总值同人口年龄结构、就业结构、各产业劳动生产率变化和非在业人口比重之间的相依关系。

假定 t 年的人口总数已定，人口年龄结构、各产业的劳动生产率，以及非

在业人口占人力资源总量的比例参数为何值时，人均国民生产总值最大呢？

我们令人均国民生产总值为目标变量，故有如下非线性优化模型：

$$\mathrm{Max}\cdot y(t)=(1-\theta_1)(\omega_1 Z_1+\omega_4 Z_2+Z_3)\cdot\left[Ae^{-at}X_1+(b_1t+b_2t^2-b_3t^3)X_2+\frac{1}{c_1+c_2e^{-t}}\cdot X_3\right]$$

$$s.t\quad 0<\theta_1<1$$

$$X_1\leqslant r_1\qquad r_1\in(0,0.5)$$

$$X_2\leqslant r_2\qquad r_2\in(0,0.3)$$

$$Z_1+Z_2+Z_3=1$$

$$X_1-X_2\leqslant 0$$

$$X_2-X_3\leqslant 0$$

$$X_i>0\qquad i=1.2.3$$

$$Z_i>0\qquad i=1.2.3$$

由于模型约束条件中存在不等式约束，我们总可以借助 Kuhn-Tucker 乘子将不等式约束转化成等式约束，然后借助拉格朗日函数将上述有约束问题转化为无约束极值问题求得各变量之解。从而在就业结构按国民经济空间发展趋势配置要求下，得到较适的人口年龄结构和各产业的劳动生产率，以及潜在的剩余劳动力资源。

8.4.2　人口增长与经济发展的协同机制

经济是人口存在和发展的基础。经济发展以其产业结构的配置状态和劳动生产率提高的速度制约着人口再生产的规模、增长速度和内在结构等的转变。人口作为经济活动的主体，以其劳动力的数量、质量投入及消费需求动力，促进或延缓着社会经济的发展。因此人口与经济生产的相互影响和协同机制，要求人口再生产的数量增长、结构配置等须同产业结构的调整、劳动生产率的提高，以及就业人口的吸收和增长保持一定的状态适度，从而不断满足人们的生活消费增长需求和推动人类社会发展之文明。

从静态角度看，人口总量、人口再生产的内部结构同经济生产的总量和产业结构存在一定的函数关系。那么从动态方面看，人口的总量增长、内部结构变化同经济总量增长和产业结构的调整之间又应当呈现何种合理机制呢？

由公式（8-1）知，

$$y(t)=\frac{\mathrm{GNP}(t)}{P(t)}=\frac{L(t)}{P(t)}\cdot\sum_{i=1}^{3}\frac{L_i(t)}{L(t)}\cdot\frac{Y_i(t)}{L_i(t)}$$
$$=\frac{L(t)}{P(t)}\cdot\sum_{i=1}^{3}\frac{L_i(t)}{L(t)}\cdot X_i(t)$$

方程两边取对数，求导得

$$\frac{\dot{\gamma}(t)}{\gamma(t)}=\left(\frac{L(t)}{P(t)}\right)'\bigg/\left(\frac{L(t)}{P(t)}\right)+\left(\sum_{i=1}^{3}\frac{L_i(t)}{L(t)}\cdot\dot{X}_i\right)\bigg/\left(\sum_{i=1}^{3}\frac{L_i(t)}{L(t)}\cdot X_i\right)$$

由于 $\sum_{i=1}^{3}L_i(t)\cdot X_i(t)=\mathrm{GNP}(t)=Y(t)$，经变换整理简记为

$$\frac{\dot{\gamma}}{\gamma}=\left(\frac{L}{P}\right)'\bigg/\left(\frac{L}{P}\right)+\frac{Y_1}{Y}\cdot\frac{\dot{X}_1}{X_1}+\frac{Y_2}{Y}\cdot\frac{\dot{X}_2}{X_2}+\frac{Y_3}{Y}\cdot\frac{\dot{X}_3}{X_3}\tag{8-6}$$

式中：$Y_i(i=1.2.3)$ 为 i 产业的国民生产总值，Y_i/Y 是 i 产业的产值结构系数，$\dot{X}_I/X_i$ 为 i 产业的劳动生产增长率。于是，在三次产业产值结构配置一定条件下，上式揭示了人均 GNP 增长率同总人口、就业增长率、各产业劳动生产增长率之间的相依关系。

由于 $\frac{\dot{\gamma}}{\gamma}=\frac{\dot{Y}}{Y}-\frac{\dot{P}}{P}$，代入（8-6）式左端，经整理得：

$$\frac{\dot{\gamma}}{\gamma}=\frac{\dot{P}}{P}+\left(\frac{L}{P}\right)'\bigg/\left(\frac{L}{P}\right)+\frac{Y_1}{Y}\cdot\frac{\dot{X}_1}{X_1}+\frac{Y_2}{Y}\cdot\frac{\dot{X}_2}{X_2}+\frac{Y_3}{Y}\cdot\frac{\dot{X}_3}{X_3}\tag{8-7}$$

由于劳动生产率增长速度与劳均固定资产增长速度 $\dot{k}/k$ 和技术进步增长速度 $\dot{A}/A$ 有关，即 $\dot{X}_i/X_i=\dot{A}_i/A_i+\dot{k}_i/k_i\cdot E_{k_i}$ 其中 $E_{k_i}=\dot{f}(k_i)/[f(k_i)/k_i]$ 为同固定资产装备增长有关的劳动生产率增长弹性。于是，

$$\frac{\dot{Y}}{Y}=\frac{\dot{P}}{P}\cdot\left(\frac{L}{P}\right)'\bigg/\left(\frac{L}{P}\right)+\sum_{i=1}^{3}\frac{Y_i}{Y}\cdot\left(\frac{\dot{A}_i}{A_i}+E_{k_i}\cdot\frac{\dot{k}_i}{k_i}\right)\tag{8-8}$$

就是说，在产值结构一定条件下，经济增长率同人口增长率、总人口就业增长率和三次产业的劳动生产增长率之间保持着线性关系。这个结论正好迎合了美国学者勃斯鲁普（Boserup）在 20 世纪 60 年代中期提出的“人口推力”（Population-Push）假说和“发明拉力”（Invention-Pull）假说。“人口推力”假说是指，在原始时代，人类社会随着人口增长，推动了农业生产方法的改进；而农业生产方法的改进，每每使单位土地面积上的用工量增加，劳动强度加大，粮食生产增加，经济获得发展；经济发展后，反过来又促进了人口增长。如果我们令（8-7）式中的

$$\left(\frac{Y_2}{Y}\cdot\frac{\dot{X}_2}{X_2}+\frac{Y_3}{Y}\cdot\frac{\dot{X}_3}{X_3}\right)\rightarrow 0$$

或（8-8）式中的

$$\left(\frac{\dot{A}_2}{A_2}+E_{k2}\cdot\frac{\dot{k}_2}{k_2}+\frac{\dot{A}_3}{A_3}+E_{k3}\cdot\frac{\dot{k}_3}{k_3}\right)\rightarrow 0$$

恰好复现了勃斯鲁普“人口推力”假说的内涵，即在人口密度较小，第二、三产业并未完全独立时，人口和劳动力增长对社会、经济发展的推动作用。进入古代农业阶段后，勃斯鲁普认为，“发明拉力”变成了推动人口增长，从而推动经济发展的动力。按照“发明拉力”假说的论述，人们在劳动实践中突然的、第一次的发明和发现愈益增多，而由于这类发明节省劳动力，往往被立即采用到生产中，其后果则是促进人口增长。

实质上，因人类多次不断发明创造所形成的社会科技进步，一方面加速人类社会分工，在不断创造和产生新型产业门类的同时，使产业的产值和就业结构的份额由第一产业为主逐步转向第二、三产业称雄，且产业结构愈是向高级形态转移，其对经济发展的贡献愈大于人口增长的贡献；另一方面，在促使劳动生产率不断提高的基础上，要求就业人口增加和具有较高文化技术素质的人口适度增长，从而在拉动经济增长的同时，既提高了人们的生活消费水平，又扩大了国民经济空间的人口承载容量。正如西蒙·库兹涅茨所提出的有名论断：近现代经济增长的特点，是人口高速增长同人均产值高速增长相结合。他从历史资料的分析中发现，较早进入现代化的国家，都是人口高速增长带了头。如在 1750—1950 年长达 200 年的发展过程中，欧洲人口增长率高达 433%，且先后已进入经济发达国家行列。而世界其他地区的人口增长率还不到它的一半，大多数国家的社会经济发展甚为落后。美国 1839—1960 年间人口平均递增 2.2%，国民生产总值年均增长率高达 4.3%，而意大利 1861—1962 年间人口平均递增 0.7%，国民生产总值年均仅递增 2.0%。可见，在上述历史时期人口增长与经济发展成正比关系[8]。

20 世纪下半叶以来，世界人口激增的浪潮席卷全球。从 20 世纪 50 年代到 70 年代的 20 多年里，世界人口始终以年均 2%的速度递增，一些发展中国家截至 80 年代中期仍高达 3%～4%。在这一人口浪潮冲击下，一方面新技术革命推动现代经济和社会事业突飞猛进，另一方面超载的人口压力造成了粮缺和耕地荒，在贫困人口剧增的同时，生态环境和自然资源亦遇到了前所未有的危机；过剩人口的失业压力使人类社会处于动荡不安之中，从而在科技进步和经济发展的人类文明光环中投下了灾难的阴影。因此，控制人口的增长已成为世人众矢之的，协调人口与经济的增长，以使人类免遭“塔坦罗斯之罪”早已成为世界各国，特别是发展中国家政府的首要策略。

在现代社会经济发展背景条件下，人口增长与经济发展的协同无疑受制于各自内部构成变动的有机联系之中。假定三次产业的产值结构已定，我们由(8-6)式得

$$\frac{\dot{\gamma}}{\gamma}=\frac{\dot{L}}{L}-\frac{\dot{P}}{P}+\frac{Y_1}{Y}\cdot\frac{\dot{X}_1}{X_1}+\frac{Y_2}{Y}\cdot\frac{\dot{X}_2}{X_2}+\frac{Y_3}{Y}\cdot\frac{\dot{X}_3}{X_3} \tag{8-9}$$

即在特定国民经济空间中，人均国民生产总值的增长取决于：①就业人口的增长速度；②人口自然增长率的降低；③三次产业产值结构的合理配置和劳动生产率的提高状况。变换上式有

$$\frac{\dot{\gamma}}{\gamma}=\frac{\dot{L}}{L}-\frac{\dot{P}}{P}+\sum_{i=1}^{3}\left[\frac{L_I}{L}\cdot\left(\frac{Y_i}{L_i}\Big/\frac{Y}{L}\right)\cdot\frac{\dot{X}_i}{X_i}\right] \tag{8-10}$$

令 $gi=L_i/L(i=1, 2, 3)$，为就业结构系数，$h_i=(Y_i/L_i)/(Y/L)(i=1, 2, 3)$，为比较劳动生产率，或相对国民生产总值 $[h_i=(Y_i/Y)/(L_i/L)]$。于是有

$$\frac{\dot{\gamma}}{\gamma}=\frac{\dot{L}}{L}-\frac{\dot{P}}{P}+g_1h_1\cdot\frac{\dot{X}_1}{X_1}+g_2h_2\cdot\frac{\dot{X}_2}{X_2}+g_3h_3\cdot\frac{\dot{X}_3}{X_3} \tag{8-11}$$

该式揭示了人均国民生产总值增长率同就业增长率、人口自然增长率和产业就业结构配置，以及各产业劳动生产率变化之间的关联依存。假定人口自然增长率一定，要提高人均国民生产总值的增长率，一方面取决于就业人口的增加，另一方面依赖于第二、三产业的发展。但归根结底取决于后者，即只有第二、三产业，特别是第三产业的发展，既能吸收更多的人力资源就业，又能通过技术进步装备第一和第二产业，从而较大幅度地提高劳动生产率。因为，随着人们生活消费水平的提高和社会经济发展对人力资源文化技术素质的进一步要求，受恩格尔定律作用或需求收入弹性（指收入与需求之间的比例关系）影响，生活消费对农产品需求的收入弹性趋于下降，人们对工业产品，特别是对“服务”和受教育的需求显著增加。因而相对于生活消费和文化技术素养需求而言，三次产业的收入需求弹性（$DE(i)\mid i=1, 2, 3$）具有如下变化趋势：$DE(1)<DE(2)<DE(3)$，即农业的收入需求弹性逐步降至最低，第三产业的

收入需求弹性日渐达到最高。产业之间收入需求弹性上的差异是影响产业产值增长速度的一个重要因素。技术发展增加了生产的潜在能力，但收入需求的高低则决定着这种潜在生产能力能否被释放出来。市场占有的扩大和消费需求比例的增加，意味着生产的拓展和就业的增长，从而使收入需求弹性高的产业的产值、投资、就业和劳动生产率增长速度超过收入需求弹性低的产业，从而引起产业结构由第一产业为主体的低级形态向以第三产业为主导的高级状态转移。

产业结构向高层次位移有助于提高就业增长率。根据统计资料分析，发展中国家非农业部门生产每增加 1%，就业率仅增加 0.25～0.33%。就是说，要提高就业增长率，亦必须提高产业结构的配置状态[9]。比较劳动生产率或相对国民生产总值（亦或国民收入）的变化，迫使劳动力从相对收入低的产业部门向相对收入高的产业部门转移，从而亦使产业的就业结构发生相应的变迁。根据西蒙·库兹涅茨的分析，在大多数国家，第一产业的相对国民收入都低于 1，而第二和第三产业的相对收入则大于 1。相对国民生产总值的变化也具有同样的特征。这意味着，第一产业的相对 GNP 的下降速度要快于其劳动力相对比重下降的速度。换句话说，第一产业就业人口的人均收入或劳动生产率增长速度要比其他两个产业的相应增长速度慢，且其间的差距有不断扩大的趋势。另则，随着社会经济的发展，人们生活消费水平提高对服务和文化技术素质提高对教育的要求，以及第一、二产业发展对商业、运输、信息传播和科学技术的需求，均迫使第三产业需要尽快发展，因而第三产业相应的人均收入或劳动生产率亦逐步必然高于第二产业，否则不会形成第三产业吸收就业人口的加速增长趋势。

尽管在某一特定时空域，因国民经济协调发展需要，或就业压力迫使，国家采用一定的政策导向或创造某些有利的就业转移条件，亦或社会和个人就业发展偏好，在第三产业的劳动生产率或相对人均收入不高于第二甚或第一产业情况下，呈现第三产业的就业比重或者增长趋势高于其产值份额或增长态势，但就业结构的转移最终仍受到比较综合利益或比较劳动生产率的支配。

假定国民收入中能够用于服务类支出的分配率为 Is，物质资料生产部门（主要指第一、二产业）和第三产业的劳动生产率与就业人口分别为 $R_w = (X_1L_1 + X_2L_2)/(L_1 + L_2)$，$X_3 = Y_3/L_3$；$L_w = L_1 + L_2$ 和 L_3时，则有

$$L_3 = \frac{I_s}{(1-I_S)} \cdot \frac{R_w}{X_3} \cdot L_w \tag{8-12}$$

即第三产业所能吸收的就业人口容量取决于国民收入的分配构成、物质生

产部门与第三产业的劳动生产率比值和物质生产部门就业人口的变动。同样，我们还可以得到第三产业的就业比重，即

$$\frac{L_3}{L}=\frac{I_s}{(1-i_s)}\cdot\frac{R_w}{X_3}\cdot\frac{L_w}{L} \tag{8-13}$$

以及第三产业的就业人口增长率，即

$$\frac{\dot{L}_3}{L_3}=\frac{\dot{I}_s}{I_s}+\frac{\dot{I}_s}{(1-I_s)}+\frac{\dot{R}_w}{R_w}-\frac{\dot{X}_3}{X_3}+\frac{\dot{L}_w}{L_w} \tag{8-14}$$

同理，第一、三产业的发展和人们生活水平提高对工业产品的消费需求，需要第二产业的发展支持。于是，从国民收入的分配和比较劳动生产率角度，我们便可得到第二产业的劳力吸收、就业构成份额及其就业增长率分别为

$$L_2=\frac{I_s}{(1-I_g)}\cdot\frac{R_v}{X_2}\cdot L_v \tag{8-15}$$

其中

$$L_v=L_1+L_3,\ R_v=\frac{X_1L_1+X_3L_3}{L_1+L_3},\ \frac{L_2}{L}=\frac{I_g}{(1-I_g)}\cdot\frac{R_2}{X_2}\cdot\frac{L_v}{L} \tag{8-16}$$

以及

$$\frac{\dot{L}_2}{L_2}=\frac{\dot{I}_g}{I_g}+\frac{\dot{I}}{(1-I_g)}+\frac{\dot{R}_v}{R_v}-\frac{\dot{X}_2}{X_2}+\frac{\dot{L}_v}{L_v} \tag{8-17}$$

式中，I_g 为国民收入中用于第二产业的投资份额。

诚然，从国民收入分配和比较劳动生产率角度，我们还可以求得第一产业的劳力资源投入 $L_1=L-L_1-L_2$，结构系数 $L_1/L=1-L_2/L-L_3/L$ 和就业增长率$\frac{\dot{L}_1}{L_1}=(\dot{L}-\dot{L}_2-\dot{L}_3)L_1$。事实上，第一产业的就业增长率还取决于消费人口和人力资源的增加状况。就是说，实际消费人口超过适度消费人口的规模，在第一产业技术装备较低状态下，社会为保障人们的基本生活消费需求（如粮食），则必然依赖人力资源的投入增加来转化自然力，以增加粮食等农产品的总量供给。另一方面，第二、三产业可吸收的人力资源十分有限，因而伴随人口增加而增加的潜在过剩人力资源大多滞留在农村，投入第一产业的生产，从而降低第一产业的劳动生产率而缓解社会的就业压力。目前世界上大多数低收入国家恰似这种状况。

综上所述，社会经济的发展必然使产业结构由低级形态向高级形态转移。在这一转移过程中，相对国民收入最低的农业部门，通常就业人口的相对和绝

对量都在不断减少；相对收入高的第三产业，就业人口的相对和绝对量在持续增加；第二产业就业人口的绝对量亦有所增加，但在达到某一极点后，其绝对数量趋于稳定，相对数量缓慢递减。因为第二产业可吸收的就业人口，受到投资扩大和技术进步影响下的资本有机构成提高的双向制约。若投资规模不变，则由于技术进步影响，第二产业所能吸纳的就业人口必然减少。如我国的鞍钢 20 年前有职工 22 万人，而当时新建的宝钢同其规模相当，但仅能安置 5 万人就业。

就业结构的变动，既以劳动生产率的提高为必要条件，特别是农业劳动生产率的提高，从而在满足一定人口基本生活消费需求基础上，释放出较多人力资源供第二、三产业吸收利用；亦取决于人口总量的增长速度和人口内部的年龄构成，以及国民收入的产业投资分配和比较利益机制的诱导。就是说，人口过多，增长速度不适度，生产与被抚养人口结构不合理，往往使社会生产集中于消费方面，而不是发展和加速增长基点上，从而延滞就业结构的转移和人们生活水平的提高，以及社会、经济事业的发展。国民收入分配不尽适度，产业结构调整不力，技术进步转化效益不佳，劳动者文化技术素质不高，从而制约产业结构的输出功能和劳动生产率的提高，进而影响经济的发展。

因此，要提高人均 GNP 的占有量和增长速度，旨在控制人口的增长速度，适当增加积累，发展第二、特别是第三产业；通过技术进步和政策导向拉力以提高劳动生产率和调整就业结构向较高一级形态转移，在协同人口增长与产业结构适度超前变化的基础上，推动社会经济的发展。这大概是发展中国家在实施可持续发展战略过程中务必采取的主要策略和途径。

特定国民经济空间的人口年龄结构，既影响人口总量的增长和控制，亦制约着产业结构的调整和人均社会经济贡献，以及人们生活消费水平的提高。

由于 $L=(1-\theta_1)LS=(1-\theta_1)(\omega_1P_u+\omega_4P_o+SHL)$，则

$$\dot{L}=[(1-\theta_1)LS]'=\dot{L}S-(LS\cdot\dot{\theta}_1+\dot{\theta}_1\cdot\dot{L}S)$$

$$=(1-\theta_1)\dot{L}S-LS\cdot\dot{\theta}_1$$

$$\frac{\dot{L}}{L}=\frac{(1-\theta)\dot{LS}-LS\cdot\dot{\theta}_1}{(1-\theta_1)LS}$$

$$=\frac{\dot{LS}}{LS}+\frac{1}{1-\frac{1}{\theta_1}}\cdot\frac{\dot{\theta}_1}{\theta_1}=\frac{\dot{LS}}{LS}+\frac{1}{1-\frac{LS}{LS-L}}\cdot\frac{\dot{\theta}_1}{\theta_1}$$

$$=\frac{\dot{LS}}{LS}+\left(1-\frac{LS}{L}\right)\cdot\frac{\dot{\theta}_1}{\theta_1}$$

$$=\frac{\omega_1\dot{P}_u+\omega_4\dot{P}_o+\dot{SHL}}{LS}+\left(1-\frac{LS}{L}\right)\cdot\frac{\dot{\theta}_1}{\theta_1}$$

$$=\frac{\omega_1 P_u}{LS}\cdot\frac{\dot{P}_u}{P_u}+\frac{\omega_4\dot{P}_o}{LS}\cdot\frac{\dot{P}_o}{P_o}+\frac{SHL}{SL}\cdot\frac{\dot{SHL}}{SHL}+\left(1-\frac{LS}{L}\right)\cdot\frac{\dot{\theta}_1}{\theta_1}$$

分别代入（8-9）和（8-11）得

$$\frac{\dot{\gamma}}{\gamma}=\left(1-\frac{LS}{L}\right)\cdot\frac{\dot{\theta}_1}{\theta_1}+\frac{\omega_1 P_u}{LS}\cdot\frac{\dot{P}_u}{P_o}+\frac{\omega_4 P_o}{P_o}\cdot\frac{\dot{P}_o}{P_o}+\frac{SHL}{LS}\cdot\frac{\dot{SHL}}{SHL}-\frac{\dot{P}}{P}+\sum_{i=1}^{3}\frac{Y_i}{Y}\cdot\frac{\dot{X}_i}{X_i} \tag{8-18}$$

$$\frac{\dot{\gamma}}{\gamma}=\left(1-\frac{LS}{L}\right)\cdot\frac{\dot{\theta}_1}{\theta_1}+\frac{\omega_1 P_u}{LS}\cdot\frac{\dot{P}_u}{P_o}+\frac{\omega_4 P_o}{P_o}\cdot\frac{\dot{P}_o}{P_o}+\frac{SHL}{LS}\cdot\frac{\dot{SHL}}{SHL}-\frac{\dot{P}}{P}+\sum_{i=1}^{3}g_ih_i\cdot\frac{\dot{X}_i}{X_i} \tag{8-19}$$

前者反映了人均 GNP 增长率同人口增长率、人口年龄结构变化、就业率和产值结构与各产业劳动生产率变化之间共栖相长的关联；后者揭示了人均 GNP 增长率同人口增长率、人口年龄结构变化、就业率和就业结构、比较劳动生产率及各产业劳动生产率变化之间此长彼短的依存。就是说，要提高人均 GNP 的增长速度，除了调整、合理产业的产值或就业结构，不断提高各产业的劳动生产率外，旨在减少人口的就业压力，增加适龄劳动人口的就业比重和增长率。减少人口就业压力，即尽可能使人力资源充分就业，一方面需要控制人口的出生率，以免后备产业人口的增加超过经济发展的劳动力需求；另一方面应大力发展经济，调整就业结构，以创造更多的就业机会；其三，发展教育事业，使更多的未成年人口和适龄劳动人口中部分青年入学受教育，从而不断提高其文化技术素质，为未来社会经济的可持续发展发展储备和输送更多高素质的人力资源，以促进各产业劳动生产率显著提高。

当前世界发达国家，人口的年龄结构大多呈现老年型，适龄劳动人口比均在 60%以上；人口自然增长率低，一般均在 1%以下，个别国家如原西德 1976 年和 1985 年的自然增长率分别出现－2%和－1.5%的负增长；人均国民生产总值高达 10000 美元以上，年均增长速度大多在 2%以上，日本 20 世纪 70 年代高达 7.9%；产业结构均处发达型，第一产业的就业比低于 10%，而第三产业高达 55%以上，且以高新技术和资金密集型为其产业门类发展的主要特征，劳动生产率高；由于老年人口多，因而从事经济活动的老龄人口大约占 10%左右。这些国家人口的低速增长，经济的快速发展，一方面因劳力供给尚嫌不足，即采取各种手段吸引、滞留发展中国家的高技术人才和低层次的服务业人口；另一方面失业压力又不时滋扰着社会生活的安定。这除了资本主义国家所固有的社会矛盾之外，亦与人口和产业发展的结构性失衡有关。

就发展中国家而言，人口龄级构成普遍年轻，15 岁以下幼年人口比重一般均在 40%以上，个别国家如肯尼亚，1981 年 15 岁以下人口比重高达 50%；人口自然增长率高，且仍在递增或下降缓慢；人均 GNP 占有和增长率较低，产业的就业结构大多处在低、中级发展状态，即第一产业的就业人口比重大多介于 40%以上；少年儿童实际从事经济活动的较多。据联合国劳工组织统计，20 世纪 80 年代初全世界有 5200 多万童工，绝大多数在发展中国家，而印度就有 1700 万，在非洲适龄儿童入学率仅有 55%左右；由于老年人口构成比低，从事经济活动的一般达 5%左右；科技教育事业不发达，人口文化技术素质低，自然亦制约着劳动生产率的提高。

因此，发展中国家，特别是一些低收入国家，人口与经济发展的内部结构状态陷入不良的循环。要摆脱这种困境，必须控制人口出生率，使人口的龄级结构逐步由年轻型转向成年型，从而逐步提高适龄劳动人口的结构份额，以降低扶养指数，减小消费压力，提高人们的生活水平。并通过发展教育事业，尽可能使更多的青少年提高文化技术素质，为社会经济发展造就、输送较高素质的劳动力。

控制人口出生率，实现人口数量的适度增长和人口年龄结构与素质构成的优化，一方面需要借助计划生育政策实施政府宏观调控；另一方面需要积极调整产业结构，在发展劳动密集型产业，扩大劳务输出，缓解就业压力的同时，积极引进实用先进的技术成果，逐步发展技术密集型产业，强化就业人口的技术培训，熟练技术操作能力，以适应新技术产业的发展需求和避免产业结构调整过程中结构性失业压力，且进而提高劳动生产率，加速社会经济发展。

由（8-18）和（8-19）式我们可得到，人口增长与人均 GNP、人口年龄、就业、产业结构及劳动生产率变化的微分方程式如下

$$\frac{\dot{P}}{P}=-\frac{\dot{\gamma}}{\gamma}+\left(1-\frac{LS}{L}\right)\cdot\frac{\dot{\theta}_1}{\theta_1}+\frac{\omega_1 P_u}{LS}\cdot\frac{\dot{P}_u}{P_u}+\frac{\omega_4 P_o}{P_o}\cdot\frac{\dot{P}_o}{P_o}$$

$$+\frac{SHL}{LS}\cdot\frac{\dot{SHL}}{SHL}+\sum_{i=1}^{3}\frac{Y_i}{Y}\cdot\frac{\dot{X}_i}{X_i} \tag{8-20}$$

$$\frac{\dot{P}}{P}=-\frac{\dot{\gamma}}{\gamma}+\left(1-\frac{LS}{L}\right)\cdot\frac{\dot{\theta}_1}{\theta_1}+\frac{\omega_1 P_u}{LS}\cdot\frac{\dot{P}_u}{P_u}+\frac{\omega_4 P_o}{LS}\cdot\frac{\dot{P}_o}{P_o}$$

$$+\frac{SHL}{LS}\cdot\frac{\dot{SHL}}{SHL}+\sum_{i=1}^{3}g_i h_i\cdot\frac{\dot{X}_i}{X_i} \tag{8-21}$$

由于上述方程式中的各变元随年度 t 变化，我们不妨取基年为样 t_0，目标年份为 t_1，且令 $m_1=\omega_1 P_u/LS$，$m_2=\omega_4 P_o/LS$，$m_3=SHL/LS$，$D_i=Y_i/Y(i=1,2,3)$ 为待定参数。

对（8-20）两边取积分，则有

$$\int_{t_0}^{t_1}\frac{\dot{P}}{P}\mathrm{d}t=\int_{t_0}^{t_1}\left[-\frac{\dot{\gamma}}{\gamma}+\left(1-\frac{LS}{L}\right)\cdot\frac{\dot{\theta}_1}{\theta_1}+m_1\cdot\frac{\dot{P}_u}{p_u}\right.$$

$$\left.+m_2\cdot\frac{\dot{P}_o}{P_o}+m_3\cdot\frac{\dot{SHL}}{SHL}+\sum_{i=1}^{3}D_i\cdot\frac{\dot{X}_i}{X_i}\right]\mathrm{d}t \tag{8-22}$$

求解整理得

$$① P(t_1)=P(t_0)\cdot\left[\frac{\gamma(t_1)}{\gamma(t_0)}\right]^{-1}\cdot\left[\frac{P_u(t_1)}{P_u(t_0)}\right]^{m_1}\cdot\left[\frac{P_o(t_1)}{P_o(t_0)}\right]^{m_2}\cdot\left[\frac{SHL(t_1)}{SHL(t_0)}\right]^{m_3}$$

$$\cdot\left[\frac{\theta_1(t_1)}{\theta_1(t_0)}\right]^{(1-\frac{LS}{L})}\cdot\prod_{i=1}^{3}\left[\frac{X_i(t_1)}{X_i(t_0)}\right]^{D_i} \tag{8-23}$$

$$② P(t_1)=P(t_0)\cdot\left[\frac{\gamma(t_1)}{\gamma(t_0)}\right]^{-1}\cdot\left[\frac{P_u(t_1)}{P_u(t_0)}\right]^{m_1}\cdot\left[\frac{P_u(t_1)}{P(t_0)}\right]^{-m_1}\cdot\left[\frac{P_o(t_1)}{P(t_1)}\right]^{m_2}$$

$$\cdot\left[\frac{P_o(t_0)}{P(t_0)}\right]^{-m_2}\cdot\left[\frac{SHL(t_1)}{P(t_1)}\right]^{m_3}\cdot\left[\frac{SHL(t_0)}{P(t_0)}\right]^{-m_3}\cdot\left[\frac{P(t_1)}{P(t_0)}\right]^{m_1+m_2+m_3}$$

$$\cdot\left[\frac{\theta_1(t_1)}{\theta_1(t_0)}\right]^{(1-\frac{LS}{L})}\cdot\prod_{i=1}^{3}\left[\frac{X_i(t_1)}{X_i(t_0)}\right]^{D_i} \tag{8-24}$$

由于 $m_1+m_2+m_3=1$，则

$$P(t_1)=P(t_0)\cdot\left[\frac{\gamma(t_1)}{\gamma(t_0)}\right]^{-1}\cdot\frac{P(t_1)}{P(t_0)}\cdot\left[\frac{P_u(t_1)}{P(t_1)}\right]^{m_1}$$

$$\cdot\left[\frac{P_u(t_0)}{P(t_0)}\right]^{-m_1}\cdot\left[\frac{P_o(t_1)}{P(t_1)}\right]^{m_2}$$

$$\cdot\left[\frac{P_o(t_0)}{P(t_0)}\right]^{-m_2}\cdot\left[\frac{SHL(t_1)}{P(t_1)}\right]^{m_3}\cdot\left[\frac{SHL(t_0)}{P(t_0)}\right]^{-m_3}$$

$$\cdot\left[\frac{\theta_1(t_1)}{\theta_1(t_0)}\right]^{(1-\frac{LS}{L})}\cdot\prod_{i=1}^{3}\left[\frac{X_i(t_1)}{X_i(t_0)}\right]^{D_i}$$

$$③\ P(t_1)=P(t_0)\cdot\left[\frac{\gamma(t_1)}{\gamma(t_0)}\right]^{-1}\cdot\frac{P(t_1)}{P(t_0)}+\left[\left(\frac{P_u(t_1)}{P(t_1)}\right)\Big/\left(\frac{P_u(t_0)}{P(t_0)}\right)\right]^{m_1}$$

$$\cdot\left[\left(\frac{P_u(t_1)}{P(t_1)}\right)\Big/\left(\frac{P_o(t_0)}{P(t_0)}\right)\right]^{m_2}\cdot\left[\left(\frac{SHL(t_1)}{P(t_1)}\right)\Big/\left(\frac{SHL(t_0)}{P(t_0)}\right)\right]^{m_3}$$

$$\cdot\left[\frac{\theta_1(t_1)}{\theta_1(t_0)}\right]^{\left(1-\frac{LS}{L}\right)}\cdot\prod_{i=1}^{3}\left[\frac{X_i(t_1)}{X_i(t_0)}\right]^{D_i}\qquad(8\text{-}25)$$

就是说，由上述三个方程式中的任何一个，均可以求得在人口年龄结构和劳动生产率及产业结构等参变量变化下的未来目标年份的人口总量。就（2）或（3）式而言，$P_u(t_1)/P(t_1)$，$P_o(t_1)/P(t_1)$ 和 $SHL(t_1)/P(t_1)$ 分别为目标年未成年、老年、适龄劳动力人口占总人口的可能份额，$X_i(t_1)/X_i(t_0)$ 为 $i(i=1,2,3)$ 产业劳动生产率的预期增长倍数，$y(t_1)/y(t_0)$ 是目标年较基年相比人均 GNP 预计增长的倍数，LS/L 为目标年就业人口占人力资源供给的份额的倒数。另则，伴随社会经济发展，未成年从业人口比重 $\omega_1\to 0$；产业的产值结构系数 $D_i(i=1,2,3)$ 的变化趋势必然是，第一产业日趋缩小，第三产业符合逻辑斯蒂曲线增长，第二产业在达到一定比重峰值后相对缓慢递减。

于是，在预测确定了上述结构系数和参变量之后，我们便可以得到未来目标年份的预计总量人口。假定该目标人口估算是以可持续发展要求下的理想人口年龄结构追求、产业结构合理配置、劳动生产率适度增长、人均 GNP 不断提高、失业率相对降低及以基期人口总量和年龄结构为控制基础，因而可视其为与经济发展保持协同增长的经济适度人口。这样，我们可以得到 $n=t_1-t_0$ 年间的平均人口自然增长速度为 $V=(P(t_1)/P(t_0))^{1/n}-1$ 。在人口死亡率相对稳定和迁移率近似于零态情况下，按此自然增长速度要求控制人口出生率，使区域系统的人口总量尽可能在目标年进入经济适度人口区间，从而实现人口增长与经济发展的协同和不断提高人们的物质、文化生活消费水平之需求，以保障其可持续发展。

同理，由（8-22）可以得到目标年人口年龄结构、产业就业结构、劳动生产率，以及人均 GNP 等变元和参数预期可控实现条件下的适度人口总量方程式为：

$$①\quad P(t_1)=P(t_0)\cdot\left[\frac{\gamma(t_1)}{\gamma(t_0)}\right]^{-1}\cdot\left[\frac{P_u(t_1)}{P_u(t_0)}\right]^{m_1}\cdot\left[\frac{P_o(t_1)}{P_o(t_0)}\right]^{m_2}$$

$$\cdot\left[\frac{SHL(t_1)}{SHL(t_0)}\right]^{m_3}\cdot\left[\frac{\theta_1(t_1)}{\theta_1(t_0)}\right]^{\left(1-\frac{LS}{L}\right)}\prod_{i=1}^{3}\left[\frac{X_i(t_1)}{X_i(t_0)}\right]^{D_i}\qquad(8\text{-}26)$$

$$②\quad P(t_1)=P(t_0)\cdot\left[\frac{\gamma(t_1)}{\gamma(t_0)}\right]^{-1}\cdot\frac{P(t_1)}{P(t_0)}\cdot\left[\frac{P_u(t_1)}{P(t_1)}\right]^{m_1}$$

$$\cdot\left[\frac{P_u(t_0)}{P(t_0)}\right]^{-m_1}\cdot\left[\frac{P_o(t_1)}{P(t_1)}\right]^{m_2}$$

$$\cdot\left[\frac{P_o(t_0)}{P(t_0)}\right]^{-m_2}\cdot\left[\frac{SHL(t_1)}{P(t_1)}\right]^{m_3}\cdot\left[\frac{SHL(t_0)}{P(t_0)}\right]^{-m_3}$$

$$\cdot\left[\frac{\theta_1(t_1)}{\theta_1(t_0)}\right]^{\left(1-\frac{LS}{L}\right)}\cdot\prod_{i=1}^{3}\left[\frac{X_i(t_1)}{X_i(t_0)}\right]^{g_i h_i} \tag{8-27}$$

③ $$P(t_1)=P(t_0)\cdot\left[\frac{\gamma(t_1)}{\gamma(t_0)}\right]^{-1}\cdot\frac{P(t_1)}{P(t_0)}\cdot\left[\left(\frac{P_u(t_1)}{P(t_1)}\right)\Big/\left(\frac{P_u(t_0)}{P(t_0)}\right)\right]^{m_3}$$

$$\cdot\left[\frac{P_o(t_1)}{P(t_1)}\right]\Big/\left[\frac{P_o(t_0)}{P(t_0)}\right]^{m_2}\cdot\left[\frac{SHL(t_1)}{P(t_1)}\right]\Big/\left[\frac{SHL(t_0)}{P(t_0)}\right]^{m_3}$$

$$\cdot\left[\frac{\theta_1(t_1)}{\theta_1(t_0)}\right]^{\left(1-\frac{LS}{L}\right)}\cdot\prod_{i=1}^{3}\left[\frac{X_i(t_1)}{X_i(t_0)}\right]^{g_i h_i} \tag{8-28}$$

这里，g_i 为 i 产业的就业结构系数，既可以由各次产业就业趋势模型预测而得，亦可以从国民收入分配角度由各产业的劳动力吸收模式（8-13）、（8-16）及 $g_1=L_1/L=1-L_2/L-L_3/L=1-g_2-g_3$ 预算得到；还可以由生产函数模型求出，亦或依据国民经济空间的发展趋势，采用经验估计，且给予适当的超前目标要求进行调节而确立[7]。

8.5 生态适度人口容量与控制

8.5.1 人口容量估算的困惑与意义

在有限的地球空间中，虽然资源种类繁多而无限，但可供人类在不同时空域能够开发利用的资源必定存在一个阈值。这不仅是一则由于各生物群体为了生存而相互利用异样资源，竞争挤占有限的地球空间，在为人类生产有用物质能量的同时，亦胁迫人类对自然资源的开发利用只能处在某一适度水平上；二则可供人类利用的非再生无机资源亦毕竟是有限的，尽管人类可在有机界寻找无机资源的代用品，但这种可代用品的数量及寻找能力亦是有界的；再则，限于人类对自然规律认识和开发利用自然力上的局限性，以及人类在生产、生活消费中对资源的浪费和破坏，因此，客观上决定了人口的生存，既在一定终极，又在不同时空应间的约束下发展。

人类追求幸福生存目标的日趋提高，不同时空域民族消费结构变化对资源和环境需求的日渐苛刻，以及不同社会分配制度和国家、社会阶层对资源、财富的非均衡垄断，客观上要求某一时空域的人口自身再生产只能囿于某一合理或适度的容量空间。那么，地球上或某一时空域内究竟能合理地维持或承载多少人口，才能保障人类社会的可持续发展呢？自古以来，这一人口容量问题不仅引起社会学家、人类学家、生态学家和政治家的质疑与探讨，亦不时引起生存于“地球村”的村民的顾虑和惊呼。尽管科学技术促进社会生产力迅速发展，所创造的物质财富可以承载愈益增多的人口，但生态环境毕竟是人们生存和发展的基础。因此，从自然资源的提供、生态平衡和环境质量方面估算全球或区域空间的人口合理承载尤为重要。

以罗马俱乐部、极端生态保护主义和西方绿色和平运动中的政治家、学者为代表的悲观论者认为，当代人口爆炸与个人消费需求爆炸是人类未来历史发展中无比悲惨和不幸的源泉。由于人类开发利用自然资源时空域的局限和资源财富垄断与分配的社会不平衡，不仅使当今世界上数以亿计的人口陷入饥饿、贫困的危机；而且由于人口生存压力使农地、牧场、森林、渔业开发过度，导致生态循环失去平衡，灾害频繁出现；因工业发展、城市扩张所造成的空气污染、环境破坏，使成千上万的物种日趋灭绝，致生物圈的原生质受到严重的骚扰和退化；缘人口持续增长，人均消费量不断扩大，使非再生的矿物燃料等类资源加速枯竭。因此，他们从偏激的技术预测和生物保护角度，既呼唤人口不能再增长，又吁请经济发展应当停滞。且言曰：从长期发展的观点看，发展中国家的工业化努力，可能是不明智的，因为资源有限，全球的工业化污染更加速了自然环境的破坏。否则，在 2100 年到来之前，人类势必被污染或饥饿所毁灭。亦因此认为，全球的人口承载不应超过 10 亿，英国应当将现有的 5600 万人减至 3000 万人[10]。

而以美国人口经济学家朱利安·L. 西蒙为代表的世界乐观派，首先抨击了罗马俱乐部“世界末日”观点产生的研究方法，认为历史和现实都表明，用技术分析的方法预测未来，往往与历史的实际进程相差甚远，提出只有用历史外推的方法才是最切合实际的方法。他们借助历史资料外推和经济规律分析法，得出人类资源没有尽头，人类的生态环境日益转好，恶化只是工业化过程中的暂时现象，粮食在未来将不成其为问题，人口承载和个人消费水平伴随工业化和经济发展而均显著增加，并将在未来自然达到平衡的结论；认为地球能够维持的人口要比 21 世纪初将在地球上生存的人口数高出很多。个别人还断言，地球上可以养活的人口高达500亿，即使那样，人口仍能享有“公园的树荫和圣诞节的烧鹅”的生活水平。[11]其依据旨在：现有耕地只占陆地面积的10%左右，供养人口食物需求的平面垦殖扩展和单产提高还具极大的开发潜力；蕴藏丰富资源的海洋，人类的开发利用仅仅处于起步阶段；非再生资源的勘探、采掘利用伴随科技进步总是在增加，即便稀缺资源亦依附价值规律在调节利用和寻找代用资源，而不至于使其枯竭；高度发达的经济条件和新技术的发明使用，有足够的力量制止环境退化，防止和治理环境污染与破坏；人类既有综合利用自然资源的能力，以不断提高地球人口的承载力，亦因社会文明而能够自觉地控制自身的发展。

显而易见，他们不承认自然资源对经济发展和人口承载的极限约束。正如西蒙在《最后的资源》一书中，引用能源预测家塞尔登·兰伯特的“不知道坛子能有多大就想猜测里面有多少豆子……只有上帝才知道坛子的大小，甚至连他都未必真的知道”比喻时说：“我们可以得到的自然资源的数量，以及更为重要的这种资源可能向我们提供的效用，是永远不可知的，这跟一英寸线内的点是不可数的道理一样。即使坛子的大小是固定的，也许会倒出更多的豆子。因此，不论从哪种意义上来说，资源也不是‘有限’的。”[11]他阐述自己的重要发现道：“技术进步在很大程度上是人口增长的一种函数……生产率变化是总产量的函数，而总产量显然又是人口规模的函数。”且据历史资料分析得出“历史上当人口达到或接近高峰时，一般总是最繁荣的时期”的论断。[12]诚然西蒙不是鼓励人口的增长，而旨在从技术进步和规模经济方面阐述人口增长的积极作用和嘲讽悲观主义者对自然界承载人口的“杞人忧天倾”。

悲观派和乐观派分别集各自学识智慧，运用不同的研究方法和资料，从不同的角度分析探讨了人与自然和经济的发展关系，展示了未来地球容载人口之可能潜力，无疑对自然界的保护和人类自身再生产与经济再生产的控制提出了许多有益的灼见。但是，悲观派过度局限于短期状况，低估了科技进步的作用，看不到人类的主观能动性和对既成发展界限的突破性，以及人类自身的自控效应。而乐观派则以为仅凭借技术进步和经济利益调节机制就能解决人与自然的矛盾冲突，没有看到任何既成的自然和社会的发展存在均含有她的不同时域的承受与作为的极限。而要突破这种极限，作为高智动物的人类，不仅要持续探索认识自然规律和社会发展规律，而且要控制自身，在改造利用自然进程中，适应自然，协调人与自然的相依存在与发展。

上述人口容量估值的大相径庭不禁使我们领悟到，人与自然相依关系的分析探讨和实践中矛盾对立统一规律之认识与析解，迄今为止仍然潜藏着无限的奥秘，亦是未来人类历史长河中一项浩大的系统工程。不同历史时期的人口增长，预示着人类对自然规律认识和适应上的胜利，但因人口增加和对自然资源的盲目或过度、不合理的开发利用，亦导致了因生态规律破坏而引起的断续失衡涨落威胁人口的生存和发展。生态平衡规律、人口数量增加和消费需求提高与人类开发利用自然的能力之间的矛盾冲突，迫切要求人口容量须介于某一适度范围。但兹因诸下原因，我们尚且还无法全面地进行量化揭示：

① 似称永恒的地球上的生物得以繁衍生息的物质能量源泉主要来自太阳的光照，但人类还不能全面确切地知道，不同生物群落对太阳能的转化利用潜力究竟有多大。生长发育中的生物群落所生成的净第一性生产力可供人类利用或作物及畜禽培育的产出能力的数量界定为何阈值，这既有供给者时空域上的不确定性，亦有利用者时空域上的开发利用能力和消费需求方面测度上的模糊性。自然界物质能量输入输出转换的基本规律是生态平衡，但影响生物繁衍生息的物质能量场——不妨称为生态场，又总是沿时空域介于一定涨落的非平衡态演替中实现某种程度上的相对均衡。人类和其他生物种群既可破坏这种相对均衡，亦可能遏止自身的行为，或通过人类的能动作用，而调节和实现这种动态的生态平衡。但不同时空域生态平衡的客观标准、涨落的尺度范围，以及新平衡产生的条件和机制是什么，迄今人类尚无法给予全面、认可的规律性揭示和数量化描述；

② 非再生资源的贮量究竟有多大，可供人类开发利用，或所能支持不同时空域人口需求的潜力是多少，至今仍然难已做出确切、公认的科学回答。因为当代科学技术的发展水平还不足于既能探明所有的矿藏种类和贮量，亦能充分地综合利用已知的非再生资源。加之人类经济利益机制和社会集团对资源的垄断，在投资开采、加工转化富有经济价值和急需的资源的同时，亦无形地破坏和浪费着尔后又可能重新利用的资源。另则，稀缺资源的代用品源泉和人类能够合理循环利用资源的潜力究竟有多大，仍然是一个未知的函数；

③ 不同时域空间，不同社会阶层和不同民族的消费习惯、消费结构变化和消费水平追求，既难同等测度其消费的总量水平，亦不易确定其对自然资源和环境及社会财富中不同品种的需求。

诸上不确定性，着实令我们从自然资源的可能开发利用，从生态平衡角度探讨、确定可持续发展要求下的人口合理容量感到莫大的困惑和束手无策。然而，回顾人类发展史，亦正是在这困惑中发展前进的。人类对自然界的认识，对自身行为的把握和控制，总是从混沌到有序，从模糊到清晰，从无知到有知，从盲目适应到自觉控制，从感知感觉到理性顿悟，在这矛盾对立统一、失败与成功交织、否定之否定的坎坷征途中前进和发展的。没有困惑也就不可能有所觉醒，没有失败、失误的痛苦与教训，亦难挂成功或前进之笑容。我们不能苛求前人和其他学科领域提供给我们丰富、翔实、可靠、确切的资料和模式。我们亦无法自信地说，我们的任何研究进展和结论就无懈可击。

尽管生态等科学的方法理论和诸上参数的不确定性，对于能够全面量化揭示人与自然间协同发展的规律和确立不同时空域的合理人口容量存在着极大，甚或不可超越的难度。但是，前人和其他学科领域已集结的智慧和资料财富，无疑给我们进一步认识人与自然间的相依关系，或从某一侧面大体估算不同时空域的人口容量奠定了某些可借鉴的基础。此外，人口与自然间的矛盾冲突，人口消费需求与经济产出供给方面的不协同，经济发展对自然环境的破坏和压力，客观上要求量化生态系统对人口的适度承载。因为，引起局部生态失衡危机，导致全球自然环境恶化，因失业而滋生社会的不安定，因资源、财富的社会集团利益垄断而萌发区域冲突或战争的主要根源，则是人口数量的增加和消费需求的膨胀。因此，控制人口增长，提高人口文化技术素质，合理人口内部结构和空间分布成为当今世界的共同呼唤。亦只有确立不同时空域生态环境和资源供给的可能人口承载的适度区间，才能有计划地控制人口的增长，并能充分教育人民自觉地执行和实现控制目标；只有通过分析自然资源的可能开发利用潜力、农田生态系统产出的支持能力，以及人口消费水平提高、结构变化和总量消费需求，才能比较科学地制定人口、经济与资源环境协调发展的中远期规划，有机地调整产业、产品结构，有效地指导消费和保护治理生态环境；只有预测不同时空域的人口容量和分析人口增加的压力，才能根据各地域自然资源和环境特点，合理人口分布和经济布局，协调人与自然的相依关系。

生存与发展是人类社会的永恒主题。人类既是自然的儿子，受赐、适应于自然；同时又是自然的主人，在逐步认识自然规律的基础上，能够超越自然，驾驭自然。人与自然的正常关系是既从属又超越，既驾驶又受制，天人合一，和平共处，不啻为人类社会可持续发展的唯一选择。因此，认识自然规律，不断开发利用自然资源，以满足人口的生存需求；认识人类自身的发展规律，调节自身的生产行为，在利用自然、改善环境中，适应于自然，以保障供之于人类生存的物质基础和环境条件永续牢固与优良。而这一切又迫切需要我们，不仅将人口容量或适度人口的探索视为研究人类社会或区域可持续发展战略的重要途径，而且从不同的角度或侧面能够量化揭示人口的合理容量，以便有效地控制人口增长和使人类摆脱贫困等纠缠的羁绊。

8.5.2 生态人口容量的估算

人与自然的相依关系，不仅表现在人作为生产者借助自身的智慧和劳动开发利用自然力，将自然资源逐级转化为社会财富，以满足人类的生存和发展需求。作为消费者通过消费需求提高自身的体能、文化和技术素质，在刺激生产的同时提高社会生产力；而且人类的物质生产和自身生产又必须受制于自然资源和生态平衡律及社会物质财富生产的约束，并为满足子孙后代的生存需要，亦须有节制合理地开发利用资源和保护生态环境。因此，生态人口容量应以自然资源为物质基础，追求最适的生态效益，保持最优的自然环境和自然资源的永续利用。但是，人类生产上的能动性和消费方面的选择性，决定了人类不同于其他动物在适应自然准则下，按自然物质的营养级或食物链来发展，而是通过认识利用自然规律，在不断打破旧的自然平衡的基础上，重建和维护新的人与自然的生态平衡。于是，生态人口容量的估算应是以人类对自然资源开发利用的物质为基础，既估计到自然资源的可能开发潜力和生态环境的良性循环，又须考虑不同时空域人类所能创造的物质财富与生态平衡的要求。从这个意义上说，生态人口容量既是一个静态的概念，又是一个动态范畴。现有资源和环境条件不是决定生态人口容量的唯一因素。人类的科技进步可以不断改变资源内容与数量的界定范围和提高利用效率，产业政策和管理进步等社会因素会影响资源的合理配置和开发速度，然而这些因素又都随着时空之间的变化而变化。

自然生态系统具有自我调节的能力，在长期演进过程中，其结构和功能沿着营养级或食物链朝着各种生态因子相互适应和协调的方向发展。尽管各种资源因素都会对生物的环境容量产生一定的制约作用，但最终仍集结在食物链的物质能量供需循环上。而人类或社会生态系统是根据人口的生活需求和生产行为而形成发展的，其时空域的结构和功能不仅各具特征，而且带有涨落的非均衡性。因此，影响生态人口容量的因素繁多且易变，要想准确地建立一个计算生态人口容量的指标体系是很困难的。但决定某一时空域生态人口容量的众多因素无非可归结为：潜在资源和开发利用方面的供给与生活消费和其社会分配方面的需求两大集合。即有生态人口容量 $BP(\Omega,t)=f\{$供给 $SLTS(\Omega,t)$，需求 $LSD(\Omega,t)\}$。

就供给而言，决定生态人口容量的是与人类基本生存因素——食物资源的生产和影响生态平衡的物质条件基础相关的紧缺资源，目前公认的为土地（L）、水（W）和能源（E）三大主要资源，即 $\{L(\Omega,t), W(\Omega,t), E(\Omega,t)\}\in SLTS(\Omega,t)$。土地资源不仅是人类和其他生物赖以生栖的空间载体，而且亦是生态系统物质能量交换的平面场所。某一国家或地区土地资源特别是耕面积数量的多寡，质量的好坏，第一性生产物种群落的配置结构，首先决定了该国或地区在不同时期人口与其他动物生存的食物资源的供给，亦影响着生态环境能否良性循环。土地资源是有限的，某一特定时空域社会生态系统中可耕地的数量只能介于某一合理范围。假定我们令特定时空域的可耕地面积为 $FL(\Omega, t)$，则有：

$$\begin{aligned} FL(\Omega,t) &= TLD(\Omega) - C_1(\Omega,t)\cdot TLD(\Omega) - C_2(\Omega,t) \\ &\quad \cdot TLD(\Omega) - C_3(\Omega,t)\cdot TLD(\Omega) - C_4(\Omega,t) \\ &\quad \cdot TLD(\Omega) - C_5(\Omega,t)\cdot TLD(\Omega) \\ &= [1-\sum_{I=1}^{5} C_i(\Omega,t)]\cdot TLD(\Omega) \end{aligned} \tag{8-29}$$

式中：$TLD(\Omega)$ 为特定空间 Ω 的土地资源面积，$C_i(\Omega,t)(i=1,2,3,4,5)$ 依次分别为林地覆盖、草地植被、水域占有、城乡居住和工矿用地，以及不可开发利用的沙漠、荒原等面积的比例系数。它们分别受控于生态平衡和社会经济发展之需求，且随时间而变化。譬如，据有关研究结论知，在社会生态空间域中，森林覆盖率达 30%以上，且分布比较合理，就可避免旱涝灾害和虫灾的危害，亦利于净化空气和防止环境污染与水土流失。

在某一时空域可耕地面积一定情况下，粮食总产量 $TQ(\Omega,t)$ 取决于耕地资源的质量、技术投入和谷物种植面积。影响耕地质量的自然因素和社会经济条件主要包括：土壤肥力、降雨与灌溉、光照、气温和劳务。随着耕地的长期种植，自然肥力日趋被人工的有机肥和无机肥所取代，而有机肥和无机肥又分别来自生物能源与矿物能源。因此，尽管相对稀缺而又必需的淡水资源和能源还通过日常生活需用、工业和交通运输业发展及其他事业与环境条件改善，直接或间接地影响到特定时空域生态人口的容量，但淡水资源和能源的蕴藏量与开发利用程度又更直接或间接地影响粮食的生产水平，而制约着人口的承载。

显然，粮食生产不仅与土地资源的多少和利用结构息息相关，而且亦是淡水资源和能源供给的函数。淡水资源是一种再生性的动态资源，其蕴藏量和可利用率随季节、地域分布而异，既受生态环境影响，亦随经济条件而变，因而较难确定。矿物能源本身是非再生的有限资源，但伴随科技进步却呈现易变和可替代性特征。生物等能源开发利用潜力较大，而这又同土地资源的第一性生产力和自然环境有关。有鉴于此，我们不妨围绕食物资源的供给，从土地资源的开发利用角度，探讨和估算特定时空域生态人口容量则比较可靠，且符合可持续发展的人地协同原则。

耕地质量不同，粮食的亩产水平亦不相同。耕地质量因其制约因素多而分类多样，但在同等经济技术投入下，水田（含水浇地）与旱地的产出差异较大。因此，我们将粮食耕地面积分为水田（*WFL*）和旱地（*DFL*）两部分。影响粮食作物亩产水平的因素较多，既有自然因素中的光能、温度和水分（降雨），又有主导土壤肥力的人工施肥、灌溉、劳务和凝结技术进步的优良品种与耕作措施等。因而，耕地生产潜力估算的途径和模式多样，不管是利用时序资料进行趋势外推预估，还是立足因果关系进行回归预测，均试图展示未来时空域的耕地生产水平，于是所得结果往往存在较大差异，难一等同。

粮食是人类认识自然、利用自然力的劳动结晶，是人类通过自身的劳动和技术进步将太阳能转化为生物能的最终输出。因此，人类的经济投入和技术进步都必须首先依附于自然规律。作为决定第一性生产力大小的最主要能源((光照，尽管在各空间地域不同，但相对于作物生产而言却十分充足。目前作物的光能利用率一般均低于 1%，尽管人类不遗余力通过培育新的作物良种，改造耕作制和水利设施，增加劳务和肥料等经济投入，以便提高光能利用率，但不同地域空间的粮食作物生产仍然因温度和降水量的分布差异制约光能利用，进而影响复种指数和单产水平。就是说，温度和水分依然是众多影响粮食生产的关键或最小量因子。譬如，我国东南各省的太阳总辐射量和光照时数普遍低于西北地区，但年均气温和降水量则显著高于干旱少雨、气温较低的西北，因而长期以来我国耕地的粮食亩生产水平分布总趋势是从东南向西北递减。其次，人类在粮食生产的经济技术投入上还须遵循效益规律与社会进步进程。因为，一则有限的社会财富，人们需要合理分配投入；二则科学技术和社会文明的发展水平，亦制约着资源潜力的转化利用。

基于上述认知，依照“最小量因子控制着生产力水平”的李比希（Liebig）定律，我们取年均气温和降水量分别作为估算不同时空域水田和旱地的主导因子或外生变量。粮食的生成是其作物通过光合作用对光能资源的生物转化。由于不同时空域气温、水分、经济投入和技术进步等综合要素的差异配置不可能实现对光能资源的充分有效利用，因而在特定时空域客观上存在一个以光照为参变量的粮食亩产量可能达到的极值。气温、水分和其他要素的变化与配置，使水田和旱地粮食亩产水平分别呈现以此极值为约束的逻辑斯蒂曲线和指数变化趋势。由于在其他要素一定情况下，这一极值同光照时间——$S(\Omega,t)$——具有线性关系，于是我们令水田和旱地的亩产极值分别为：$KW(\Omega,t)=f_1(S,\Omega,t)=a_1+b_1S(\Omega,t)$，$K_D(\Omega,t)=f_2(S,\Omega,t)=a_2+b_2S(\Omega,t)$。可得到粮食亩产水平的方程式依次为：

$$WFLQ(\Omega,t)=\frac{K_W(\Omega,t)}{1+e^{\varepsilon-r_1x_1(\Omega,t)}}=\frac{a_1+b_1S(\Omega,t)}{1+e^{\varepsilon-r_1x_1(\Omega,t)}} \tag{8-30}$$

$$\begin{aligned}DFLQ(\Omega,t)&=K_D(\Omega,t)\cdot(1-e^{\varepsilon-r_2x_2(\Omega,t)})\\&=(a_2+b_2S(\Omega,t))\cdot(1-e^{\varepsilon-r_2x_2(\Omega,t)})\end{aligned} \tag{8-31}$$

式中：$X_i(\Omega,t)(i=1,2)$ 分别代表不同时空域的年均气温和降水，a_i、b_i、$r_i(i=1,2)$ 和 ε 均为参数，取值受土壤肥力、灌溉、劳务、作物品种、耕作制等要素综合影响。根据特定时空域的横截面资料，我们便可以分别求出上述诸参数值，然后得到水田和旱地的粮食年亩产水平。

在特定时空域中，依据水利工程设施和客水（河流径流量）、地下水资源状况，水田占有一定耕地比重（b）。此外，由于人类生活消费的多样性和工业原料、生活环境装饰等需求，往往需要占用一定份额（$1-\psi_i$）的耕地用于经济作物和花卉园林的发展，其值在满足人口基本粮需求后，受制于消费需要和经济投入的约束。于是，用于粮食作物的水田和旱地的耕地面积分别为：$WFL(\Omega,t)=\psi_i b$，$FL(\Omega,t)$，$DFL(\Omega,t)=\psi_2(1-b)\cdot FL(\Omega,t)$。这样，我们可以得到某一年度粮食总产的预测方程式为

$$\begin{aligned}TQ(\Omega,t)&=WFLQ(\Omega,t)\cdot\psi_i b\cdot FL(\Omega,t)\\&\quad+DFLQ(\Omega,t)\cdot\psi_2(1-b)\cdot FL(\Omega,t)\\&=\frac{a_1+b_1S(\Omega,t)}{1+e^{\varepsilon-r_1x_1(\Omega,t)}}\cdot\psi_1 b\Big[1-\sum_{i=1}^{5}C_i(\Omega,t)\Big]\cdot TLD(\Omega)\\&\quad+(a_2+b_2S(\Omega,t))\cdot(1-e^{r_2x_2(\Omega,t)})\cdot\psi_2(1-b)\\&\quad\cdot\Big[1-\sum_{i=1}^{5}C_i(\Omega,t)\Big]\cdot TLD(\Omega)\end{aligned} \tag{8-32}$$

营养学告诉我们，人体需要的物质供给多达 50 余种，但最基本的营养物质是蛋白质、脂肪、糖类、维生素和矿物质五大类，而尤以蛋白质、脂肪和糖类构成生命营养基和热量需求的主体。上述三大营养要素物质主要来自于谷物、部分经济作物和动物的能量转化。除了人类通过采猎和捕捞部分自然动植物辅助营养物质的供给外，仍以粮食的直接消费和间接消费（人工饲养的畜禽、鱼类和工业食品）的摄取为主元。因此，人均粮食占有是衡量食物消费水平的主要指标。

尽管随着人均生活水平的不断提高，食物消费的恩格尔系数逐步降低，但它并不排除我们从人均粮食占有侧面估算人口承载量的重要价值。人均粮食的直接和间接消费总量往往因时空不同生活水平、不同民族和不同龄级人口的生活物质基础与消费习惯而不同。就特定时空域而言，城市与农村居民的粮食消费同生活总水平一样，往往具有显著的差异，特别是发展中国家或落后地区更具代表性。尽管城镇居民的人均粮食直接消费稍低于农村，但肉蛋奶及工业食品消费水平普遍高于农村，而这些食品又主要是以粮食高投入的生物能转化。因此，在众多人均粮食消费层次分类中，我们选取城乡人均粮食占有的分类加权之和作为特定时空域人均消费需求水准，故有 $PVL(\Omega,t)=\sum_{i=1}^{2}\alpha_i PL_i(\Omega,t)$。式中：$\alpha_1$ 和 α_2 分别为城乡人口比重，$PL_1(\Omega,t)$ 和 $PL_2(\Omega,t)$ 分别为城乡人均粮食需求。于是，特定时空域生态人口容量的估算模型为

$$
\begin{aligned}
BP(\Omega,t) &= TQ(\Omega,t)/PVL(\Omega,t) \\
&= \Big[\frac{a_1+b_1(\Omega,t)}{1+e^{\varepsilon-r_1x_1(\Omega,t)}}\cdot\psi_1 b(a_2+b_2S(\Omega,t)) \\
&\quad \cdot(1-e^{\varepsilon-r_2x_2(\Omega,t)}\cdot\psi_2(1-b)\Big]\cdot\left(1-\sum_{i=1}^{5}C_i(\Omega,t)\right) \\
&\quad \cdot TLD(\Omega)\Big/\sum_{i=1}^{2}\alpha_i PL_i(\Omega,t)
\end{aligned}
\tag{8-33}
$$

综上而知，特定时空域生态人口容量与辖域年度的粮食供给成正比，而与人均消费水平成反比。但由于自然因素的变化规律往往在某些年度区间可能存在某种周期性，以及人类对自然利用的局限和经济投入与技术进步年际间的差异，如我国粮食生产就有“三年丰，四年平，三年欠”之说。因此，单就某一年度粮食生产供给潜力来测算人口承载量未免不甚可靠。此外，不同地域空间的自然资源和环境条件差异，亦客观上影响着粮食生产的供给。但经济的发展、交通条件的改善和技术进步与人类文明，使得辖域空间通过信息网络和相

互贸易，既可补偿某些投入要素之不足，又可输入输出一定量的粮食，满足自身的发展需求。由于全球可耕地有限，伴随人口增加粮食愈益呈现严重的危机，特别像我国这样的人口大国不可能依靠粮食进口来养活自身的人口。因此，粮食的必要输入输出只能控制在某一较小的范围。

鉴于上述原因，为了使生态人口容量的估算更能切合实际且估值适度，对于影响粮食生产的光照、气温、降水诸变元，依据特定地域的自然规律，选择几个年度的均值作为变元的赋值进行估算。并在粮食供给部分增设一项输入输出变量 $LIO(\Omega,t)$，城乡人均粮食消费取适度水平，故有修正模型为

$$\begin{aligned}\overline{BP}(\Omega,t) = \Big\{\Big[&\frac{a_1 + b_1\bar{s}(\Omega,t)}{1+\mathrm{e}^{\varepsilon - r_1\bar{x}_1(\Omega,t)}}\cdot\psi_1 b \\ &+ (a_2 + b_2\bar{s}(\Omega,t))\cdot(1-\mathrm{e}^{-r_2\bar{x}_2(\Omega,t)}) \\ &\cdot\psi_2(1-b)\Big]\cdot\Big(1-\sum_{i=1}^{5}C_i(\Omega,t)\Big)\cdot TLD(\Omega,t) \\ &+ LIO(\Omega,t)\Big\}\Big/\sum_{i=1}^{2}\alpha_i\,\overline{PL}_i(\Omega,t)\end{aligned} \tag{8-34}$$

倘若模型中的参变量 $\overline{S}(\Omega,t)$、$\bar{x}_i(\Omega,t)$、$\overline{PL}_i(\Omega,t)(i=1,2)$ 和 $LIO(\Omega,t)$ 取最大可能供给潜力与最低消费需求水平，我们则可以得到特定时空域生态人口的最大可能容量为 Max $BP(\Omega,t)$；如果上述供给变元取最低值，$LIO(\Omega,t)$ 为必需的输出负值，消费取最高水准，于是又可得到最小生态人口容量 Min $BP(\Omega,t)$。这时，特定时空域的生态人口容量区间为 Max $BP(\Omega,t)>\overline{BP}(\Omega,t)>$Min $BP(\Omega,t)$，亦即［Max $BP(\Omega,t)$，Min $BP(\Omega,t)$］。

8.5.3 生态适度人口容量的控制

从古至今，人口过剩的危机阴影几乎始终笼罩着漫长的人类历史进程。从柏拉图“理想国”的假设，马尔萨斯“两个级数”命题的提出，到当代围绕“增长的极限”的论争和“可持续发展”的忧患，无不从一个侧面映射出人与自然的矛盾对立统一，而这又聚焦于“生态人口容量”的困惑。

如果说，在18世纪中叶工业革命之前，人类“逐水草丰肥处而居”，自然造物主为人类的生存提供了丰富的食物和其他财富资源，而人口容量的增加主要取决于人类对自然规律的认识和开发利用自然的能力，在被动适应和主动同自然环境做斗争过程中，以满足基本的生活需求而曲折发展。因而人类的生产

和生存能力每前进一步，似乎生态人口容量空间就会产生一个飞跃台阶；那么，自工业革命后，由于科学技术的进步和人类生产能力的不断提高，人类在适应和同自然界的斗争中基本掌握了主动，虽然还不能躲避或避免某些自然灾害，但人类已经成了自然界的主人。于是，由于人口过速增长的压力，人类便利用自己的权威，对自然界开始了长达 100 多年之久的加速开发利用和肆无忌惮的疯狂掠夺与破坏，其结果，一方面提高了人类的物质文化水准，改变了生存生活环境，扩大了生态环境的人口承载容量，陶醉于"征服自然界的胜利"。但另一方面，人口的剧增、消费水平的不断追求压力，淡水的欠缺、耕地的减少、某些非再生资源濒临的枯竭之虞，水土流失、沙化紧逼、环境污染、垃圾成灾的威胁，以及由此而起的饿殍、贫困和生存环境恶化的侵袭，使人类已尝到庆功酒中的深度苦涩。这一切驱使人类深刻认识到，地球是有限的，可供人类在不同时空域开发利用的自然资源受到生态平衡规律的界定制约，加之人口对生活水平与生存环境的追求，因而迫切需要人类以生态人口容量为基准控制人口的增长，才能保障人类社会的可持续发展。

在当代人口膨胀为患情况下，为了保障生态环境在一定限度涨落内趋于良性循环和使自然资源能够得到持久性开发利用，以满足人口能够幸福生存之需求。因此，一方面在生态循环容许范围内，适当开发利用土地资源，增加或避免耕地的减少；另一方面充分利用技术进步和增加经济投入，促使耕地高产和调整生产结构，以保障粮食的消费供给；三则积极控制人口的增长和合理人口的空间分布；四则充分利用草场资源和海洋资源，发展畜牧渔业，增加人体所需营养物质和食品供给，以减少粮食需求的压力。但控制人口增长，合理人口分布，以减少生态系统的严重负荷仍是诸上策略的核心和亟待解决的重点。

就某一国家而言，由于地域广阔，自然资源、环境条件和社会经济基础各异，因此，不同地域空间生态系统所能承载的人口容量不等同。假定我们已分别求得该国 n 个地域某一时限的生态人口合理容量为$\overline{BP}(\omega_i, t)$，相应的实际人口为 $P(\omega_i, t)$，可耕地面积为 $FL(\omega_i, t)$，则有

生态人口密度（承载力）
$$BD(\omega_i,t) = \frac{\overline{BP}(\omega_i,t)}{FL(\omega_i,t)} \tag{8-35}$$

可耕地实际人口密度
$$PD(\omega_i,t) = \frac{P(\omega_i,t)}{FL(\omega_i,t)} \tag{8-36}$$

生态人口压强

$$BF(\omega_i,t)=\frac{P(\omega_i,t)-\overline{BP}(\omega_i,t)}{\overline{BP}(\omega_i,t)}=\frac{P(\omega_i,t)}{\overline{BP}(\omega_i,t)}-1$$

$$=\frac{PD(\omega_i,t)}{BD(\omega_i,t)}-1 \tag{8-37}$$

$$\mathrm{BF}(\omega_i,\ t)=\begin{cases}>0 & \text{控制强度}\\ = & \text{均衡}\\ < & \text{容载潜力}\end{cases}$$

假定某一国家或地区的生态人口平均压强为：

$$BF(\Omega,t)=\frac{1}{n}\sum_{i=1}^{n}BF(\Omega,t) \tag{8-38}$$

若 $BF(\omega_i,t)$ 与 $BF(\Omega,t)$ 同时为正值或负值，则 i 疆域人口的迁移强度为：

$$OBF(\omega_i,t)=BF(\omega_i,t)-\overline{BF}(\Omega,t)=\begin{cases}>0 & \text{迁出}\\ <0 & \text{迁入}\end{cases}$$

若 $BF(\omega_i,t)$ 与 $\overline{BF}(\Omega\,t)$ 为异号，当 $|BF(\omega_i,t)|>|\overline{BF}(\Omega,t)|$ 时，则 i 疆域人口的迁移强度为

$$OBF(\omega_i,t)=BF(\omega_i,t)+\overline{BF}(\Omega,t)=\begin{cases}>0 & \text{迁出}\\ <0 & \text{迁入}\end{cases}$$

当 $|BF(\omega_i,t)|<|\overline{BF}(\Omega,t)|$ 时，则 i 疆域人口的迁移强度为：

$$OBF(\omega_i,t)=BF(\omega_i,t)+\overline{BF}(\Omega,t)=\begin{cases}>0 & \text{迁出}\\ <0 & \text{迁入}\end{cases}$$

且有可能迁移量 $OBFQ(\omega_i,t)=\overline{BP}(\omega_i,t)\cdot OBF(\omega_i,t)$。

若 $P(\omega_i,t)>\overline{BP}(\omega_i,t)$，即实际人口大于生态合理容量时，则有 $ZC(\omega_i,t)=P(\omega_i,t)-\overline{BP}(\omega_i,t)-|OBFQ(\omega_i,t)|$，即生态超载人口扣除可能迁出的部分人口之后，需要 i 疆域通过控制人口增长和发展粮食生产，在提高生态人口容量的同时，有计划地降低人口出生率，以协调人与自然的关系。

若 $P(\omega_i,t)<\overline{BP}(\omega_i,t)$，即当实际人口小于生态合理容量时，则有 $ZQ(\omega_i,t)=P(\omega_i,t)-\overline{BP}(\omega_i,t)-|OBFQ(\omega_i,t)|$，即指由于生态容量潜力较大，在吸纳其他疆域部分人口之后，尚富余的生态容量。但不能因此而鼓励人口的多生。因为人口长周期的增长惯性与生态人口容量短时期潜势发展上的时间差异，往往因人口控制不力和生态环境变化而产生承载后患。因此，有计划地控制人口增长和积极改善生态环境条件，创造更多的物质财富与美好的生存环境，不啻为人类社会或区域系统可持续发展的目标准则。

8.6　社会适度人口的理论分析与估算

历史唯物主义认为，人类的历史归根到底是物质生活资料生产或生产力的发展史，即物的自然力的转化和人的社会生产力的发挥与继承。社会需要既是生产力发展的前提，又是生产力作用的结果和新生产力形成的起点。物质生产本身并不是目的和动力，生产出消费的对象，满足人们的需要才是动力和目的。由此看来，物的生产和消费作为主线贯穿于人类的历史长河。在人类不懈努力创造物质文明的同时，亦在进行着精神产品的生产和创造精神文明，以便既有利于物的生产，又服从于人类对精神生活的追求。因此，直接从事物的生产和间接服务于生产力发展的经济生产人力资源的投入居支配地位，起主导作用。然而，私有制的产生和发展，阶级的形成和对抗，国家或民族间利益上的战争冲突，又不可避免地干扰着生产力的发展，影响到物质生产和消费资料分配过程中人们合理分工协作、各尽所能、按劳分配。因此，不但一部分现有人力资源须投入到非经济生产活动，而且还需要将部分生活资料用以供养这部分非经济活动现有、后备及退役人员的生存所需，以及将部分生产资料投入军备等项建设。

在 8.4 节中，我们曾定义区域系统 t 年经济活动人口需求为 $L_d(t) = \sum_{i=1}^{3} L_i(t) \in LS(t)$。另定义非经济生产就业人口需求为 $NEL(t) = f($政治权力 PW，社会福利 $SW) \in LS(t)$。$NEL(t)$ 是政治权力和社会福利目标的函数，即当社会处在阶级对抗、民族纷争、战患不断、社会极不安定的发展阶段，统治阶级以政治权力为目标，自然需要较多数量和较高素质的人力资源投入军事和政治活动为其服务；当社会生产力高度发展，阶级斗争、民族矛盾日渐淡化，冷战结束，社会趋于较长期的安定，于是国家或地区转向人民生存福利改善、提高为宗旨，相应投入非经济生产的人力资源减少。社会投入军警、政治活动的就业人口 $NEL(t)$ 的装备与生活消费需要占用实际经济生产就业人口 $LJ(t)$ 的部分剩余劳动，亦即需要一部分经济活动人口 ${}_aL_d(t)$ 投入非经济生产需求的财富创造。于是，实际投入军警、政治活动的人力资源为

$$\begin{aligned} TNEL(t) &= NEL(t) + {}_aL_d(t) \\ &= f(PW, SW) + af(PW, SW) \end{aligned}$$

$$= (1+a)f(PW, SW) \tag{8-39}$$

且有

$$TNEL(t) \triangleq \begin{cases} L_d(t) < TNEL(t) < LS(t) & \text{全民战争时期} \\ 0 < TNEL(t) < LJ(t) & \text{非战争时期} \\ TNEL(t) = \varphi(t) & \text{社会福利追求时期} \end{cases}$$

就是说，当国家或地区面临民族战争时期，不仅从军参战人员大量增加，而且后方的经济生产以军备和前方生活所需为主导，因而所投人力资源接近于全部具有生产能力的人力资源 $LS(t)$；而在非战争时期，国家或地区仍然需要投入一定的军警人员和军备及其所需生活资料的生产，以便形成军事实力对峙，免使领土不受侵犯，或为争夺世界、地区霸权而进行军备竞争，此外，亦为维持国内或地区的政局或社会秩序稳定所需要。但需投入的人力资源必然小于经济生产的人力投入。经济财力投入亦具有同样变化趋势。如美国自第二次世界大战后，国防支出显著下降，在越战和美苏冷战期间略有回升，但支出比重明显低于非国防性支出[7]。

除了军备国防性开支外，人均收入较高的国家和实行集权控制的计划经济国家，似乎都有一个较大的政府部门充冗着较高素质的人力投入和政府支出，适应其统治和社会管理需要。如荷兰政府 1980 年的支出占到国民收入的 53.7%，而其中国防支出比率高达 32%余。

另据《瞭望》海外版 1992 年第 35 期报道，我国 20 世纪 90 年代初县级以上党政机关常设机构超限总数高达三万多个，全国省级机构多达二千一百之余，按国务院机构设置省均超编 15 个，全国靠财政预算支付工资的人员就有 3400 万人。1991 年全国行政事业费开支已达 1400 亿元以上，占整个财政收入的 40%，这还未包括因社会化程度低，各个企事业类同一个小社会中所隐匿的大量社会冗员，以及县级及其以下党政机关的超编人员所需的费用支出。如此众多的“皇粮家族”，食之者多，而产之者寡，不仅加重了国民经济的承载力，而且膨胀的党政机关和充塞的冗员，致使政府工作效率极低，政出多门，互相扯皮，官僚主义、宗派主义、纪律松弛现象，以及以权谋私、贪污腐败等恶习也应运而生，严重阻碍着经济的发展和影响社会秩序之稳定。

生产者与非生产者的分工，经济生产人口与非经济生产人口的存在，是一切社会形态共有的现象。社会分工和不同消费人口发展的物质基础，是物质生产者提供的剩余劳动，因而物质生产的剩余劳动是决定着人力资源的产业、部门转移和非经济活动与总消费人口的容载。阶级社会非经济生产劳动和非经济生产人口的扩大，主要体现在国家机器和意识形态阶层的发展。中央集权的国家政权及其遍布各地的非经济生产人口——常备军、警察、官僚、僧侣和法官等，虽然是起源于君主专制时代，但只是在资本主义社会才完全建立和不断完备。在垄断资本主义时代，帝国主义列强对落后国家的侵略，超级大国为争夺霸权或势力范围之间的军事摩擦和对峙，加之在国内逐渐采取国家直接干预经济生活的经济政策，都使国家机器进一步膨胀发展，从而产生了一大批军人、警察、行政官员和政府部门办事人员的就职。

当代世界政体中，不同国家的社会制度和运行机制对社会人力冗员的负载方式不尽相同。东方国家虽然社会失业率低，但充冗隐性失业于生产单位、政府和政党组织的人力资源，使生产和工作效率大为降低。西方国家虽具较高的生产和工作效率，然大量的显性社会失业人口，也给社会的稳定发展造成了很大威胁。不管是军备扩张和社会安全保障及政务活动方面投入较多的非经济生产人口，还是隐性或显性的社会失业人口，均不利于人类社会的优化发展和人民的福利提高与幸福生存，因而客观上造成社会人口的不适度。但它又是特定社会历史发展阶段中的产物，也是人类社会发展进程中必须废除的弊端。

诚然，只有当世界实现永久性和平，社会文明迫使军队和政治及其他“反生产”性活动的存在成为多余，社会权力目标追求转向人民生活福利提高为中心后，非经济生产活动的人力资源投入才能维持在某一较小值 $\phi(t)$ 水平上，用以维护社会正常的生产、生活秩序和人民内部矛盾事务的调节处理。这时以经济发展为中心，以生态平衡为约束限的社会生产实力人口及其所要求的后备新生人口与赡养人口保持较佳的替补、扶养比人口，才称得上是真正的社会适度规模人口。这固然是人类社会不懈追求的最高目标，然而在不同历史发展阶段和不同社会制度国家或地区中，受外部社会氛围背景条件和内部合理运行机制影响，总存在一个相对适度的社会可容人口——社会相对适度规模人口。这个相对适度规模人口应以经济生产活动所需适度的人力当量投入为中心，根据特定社会系统内外保卫职能和政治活动事务需要确定最适社会生产实力人口，然后确立较佳的人口扶养比，从而得到相对适度的社会目标人口。现实人口与适度社会目标人口之间的差值便是调整和实施人口增长控制的政策切入依据。

基于上述认识，社会相对适度规模人口 $\overline{SXP}(T)=\{$经济生产需求人口 $\overline{LJ}(t)$，社会公共需要部门人口 $\overline{L}_{33}$，合理待业人口 $\overline{L}_{da}(t)$，后备适度人力资源 $L_b(t)$，需扶养的老年人口 $FOP(t)$，社会残疾人口 $NCL(t)$，无业闲杂人口 $CF(t)\}$。

现代社会的经济生产，既离不开从事第一、二产业物质生产领域的人力资源投入，亦离不开第三产业流通领域和间接服务于物质生产的人力资源投入的支持。流通领域的人类活动是物质生产的继续，因而通常将从事交通运输、邮电通讯、商业饮食业及物资供应和仓储业的人力资源归属于物质生产活动范畴。就服务而言，假定按功能类型区分为：(1) 为物质生产和居民生活服务的部门通常包括金融、房地产、保险、地质普查业、公用事业、居民生活服务业、旅游、咨询、信息和各类技术服务业；(2) 为提高人力资源和全民科学、文化水平与技术素质服务的部门，通常有教育、文化、广播、电视业、科学研究及社会福利事业；(3) 为社会公共需要服务的部门，诸如国家机关、政党机关、社会团体、军队和警察。前两类服务部门人力资源的当量投入直接有助于任何社会发展阶段和不同社会经济体制运作下的经济生产，且伴随生产力水平提高，人力资源的数量投入规模日趋增大，质量要求更高，因而所投人力隶属于经济生产人口。

国家机器和党政与社会团体伴随阶级的产生而建立发展，依附阶级的消灭而消亡。其功能不仅为阶级、阶层利益服务，而且亦有助于国家或地区经济内外环境秩序的保障和经济生产的有效运行。但它毕竟属于上层建筑，并不直接创造物质和精神财富，既有推动社会经济发展的正向效应，亦有阻碍或滞障社会经济发展的负作用。因此，为社会公共需要服务诸类部门的人力资源投入应另当别论。

经济生产人口相对适度数量需求，受到各次产业资产装备、技术进步和发展规模，以及劳动生产率变化等因素的综合影响。于是，我们可得[7]

$$\overline{LJ}(t)=\frac{\sum_{i=1}^{3} iRTL_d(t)}{\sum_{i=1}^{N} LQ_i}=\frac{1}{\sum_{i=1}^{N} LQ_i}\cdot\left[\left(\frac{Y_1(t)}{C_1 e_1^{r_1(t)} K_s^{\alpha_{22}}(t) N_s^{\alpha_3}(t)}\right)^{\frac{1}{\alpha_{11}}}+\left(\frac{Y_2(t)}{C_2 e_2^{r_2(t)}{}_2 K_s^{\alpha_{22}}(t)}\right)^{\frac{1}{\alpha_{12}}}+\left(\frac{Y_3(t)}{C_3 e_3^{r_3(t)}{}_3 K_s^{\alpha_{23}}(t) D_s^{\alpha_4}(t)}^{\frac{1}{\alpha_{13}}}\right)\right] \tag{8-40}$$

式中：$iRTL_d$ 分别为三次产业的劳动力存量总需求，其详细表达式由扩展型的生产函数变换而得；Y_i 为各产业的国民生产总值，${}_iK_s(i=1, 2, 3)$、N_s、D_s 依次为不同产业包含技术进步因素的固定资产或投资总额、土地有效使用面积和社会资本；α_{1i}、α_{2i}、α_3 和 α_4 依次为 L_i、K_i、N 和 D 变量的弹性系数；LQ_i 为相应产业劳动力资源的质量系数。该模型的推导过程参阅《适度人口与控制》（毛志锋著）。

根据社会公共需要服务部门的功能属性，我们将其人力资源的数量投入区分为国防 $NAL(t)$ 和政务 $NGP(t)$ 两个部分。就国防军事人力投入而言，尽管人类社会发展趋向于国家、民族和平共处，世界大战发生几率日趋缩小，但由于国际政治、军事局势变化多端，扑朔迷离，以及周边国家或地区间的冲突摩擦时有发生。因此，立足国家内外安全的防御性国防预算支出与国民经济可能支持度，以及由军队装备的可能现代化水平而推算出的军事人力数量投入势必成为当代大多数国家的适度选择。

美国国防经济学家怀内斯曾认为，从当代世界各国情况看，经济发展水平与国防部门的相对规模之间存在着正的相关关系。他曾收集了 1977 年世界上 83 个国家的样本（其中 30 个发达国家、53 个发展中国家）资料，每个样本数据包括：军费绝对额、人口、人均收入、军费占 GNP 的比重，年人均收入增长率、年军费增长率六个主要指标，进行相关分析，得出如下结果，见表 8-1。

表 8-1　军费与国民生产总值（GNP）的关系

变　量	全部样本	发达国家样本	发展中国家样本
军费和 GNP	0.899	0.831	0.461
军费负担和人均 GNP	−0.149	−0.430	0.240

不难看出，一则一个国家军费的多寡与其经济发展水平密切相关；二则，在发达国家中，军费负担（军费/GNP）和人均 GNP 为负相关关系，即人均收入越高，军费负担越轻。其原因不仅在于华约、北约集团中，一些国家依赖美国和苏联的军事对峙威慑力，而未卷入军备竞争享受“免费乘车”的利益；而且伴随经济发展，人均生活水平显著提高，社会进步要求军事投入强度相对递减。然而大多数发展中国家为了免受他国的军事侵略威胁，在经济发展水平较低基础上，自然仍需承担较多的国防负担。

国防人力投入既要受制于国防预算支出，亦取决于人均军事装备程度和生活、培养费用等支出水平。根据上述军费负担和人均 GNP之间的相依关系，

我们不妨设某一时域军费预算支出为 $ALC(t)$，则军费负担与人均 GNP 之间的关系式为

$$\frac{ALC(t)}{\mathrm{GNP}(t)} = a_j + b_j \cdot \frac{\mathrm{GNP}(t)}{POP(t)}$$

变换得

$$NAL(t) = \frac{ALC(t)}{PALC(t)} = a_j + b_j\gamma(t) \cdot \frac{\mathrm{GNP}(t)}{PALC(t)} \qquad (8\text{-}41)$$

式中：a_j、b_j 均为参数，$\gamma(t) = GNP(t)/POP(t)$，$PALC(t)$ 为人均军事装备费用。于是，国防人力数量 $NAL(t)$ 的适度投入，取决于国家在不同年度或时期的经济发展支持能力，立足于防御性考虑的安全需要和现代科技影响下的人员装备水平。伴随人类社会的发展文明，国防人力资源投入依据国防预算支出费用的相对减少和人员装备程度提高而趋减少。

国家或地区政府机关、政党和社会团体，及内务保安系统的就业人口需求，受制于政治、经济体制和生产力发展水平对社会化服务的需求。此外，客观上存在的社会政治统治权和精神指导权，以及通常高于其他职业的利益享受，诱使较高素质的人力资源竞相投入，不可避免地加大了上层建筑机构臃肿，人满为患，给社会经济发展的有序运转平添了制约负效应。这种状况在实施集权制的历史时期或国家尤为严重。

就某一特定时空域而言，投入政务部门的人力资源多少为宜呢？自阶级产生以来，确系难解之谜。由于这部分人力投入的功能旨在为国家、为政党、为不同社会阶层的利益需要和事务处理而服务。因而多变的社会需要和内务管理，既使人力需求计算异常复杂，又随时间变化差异较大。例如，1800 年美国国务院仅有 14 人，行政费不超过 600 万美元。到了 19 世纪末，其文职官员已达 30 万之众，1918 年政府行政费用逾 127 亿美元。日本战后在美国占领军的监督下，对政府文官系统进行分类定编，233 个工作人员历时 4 年零 3 个月，才完成了 48 万个职位的分类定员[13]。

中国共产党自延安整风运动时期，接受党外人士建议，实行精兵简政。然而历时五十载，党政机关的膨胀、政务冗员的充塞，一直视为党和人民大众向来关注评责的中心议题。这一现象本身亦预示了，随着社会发展需要，投入上层建筑的政务官员客观上应当保持一个适度规模。而这种适度规模取决于：(1) 生产力的发展水平对社会化公共服务的要求；(2) 社会物质生产部门的剩余劳动或物质财富对政务人员的可能承载；(3) 国家的政治、经济体制通过机

构设立影响政务人员的吸附；(4) 人口分布密度、民族构成、宗教信仰、社会民主化程度和社会秩序状况的需要；(5) 政务工作人员的工作效率和装备等。诚然，影响因素甚多，既有空间上的相异，又有历史规范中的继承和改良，但可归结为主要受制于人均社会财富的拥有，即政务人员的数量投入伴随人均 GNP 的增加具有逻辑曲线的半对数方程特性。就是说，随着人均 GNP 的增多和工作效率的提高，政务人员投入呈现较平缓的递增趋势，在达到某一规模之后，则为递减状。但政务系统机构和人员在某一时期的相对稳定性，致使其变化并非很平稳，而往往会随时间滞后和空间人口密度产生一定的跳跃。于是，我们便可假定政务人力资源数量的适度规模服从如下关系方程：

$$\mathrm{NGP}(t) = f(\gamma, T, F, GPC, u, t) = \frac{a_g + \ln\gamma(t) + \ln\gamma(t)^2 + \sum \delta_i T_i + \varepsilon F(t)}{GPC(t)} + \gamma u(t) \tag{8-42}$$

式中：T_i 为时间滞后变量，即机构改革、政务人员调整引起行政支出在某一时段（如五年或十年）里产生相应的滞后变化，通常取值为 0，1，2，3……，即初期、第一时段、第二时段等；$F(t)$ 为国际收支差额，$GPC(t)$ 为政务人员的工资、福利支出和办公装备费，$u(t)$ 为人口密度，a_g、δ_i、ε 和 γ 为待定参数。于是，社会公共需要部门的人力资源适度规模为：

$$\overline{L_{33}}(t) = NAL(t) + \mathrm{NGP}(t) = \left[a_j + b_j\gamma(t)\frac{GNP(t)}{PALC(t)} + \frac{1}{GPC(t)}\right] \cdot \left[a_g + \ln\gamma(t) + \ln\gamma(t)^2 + \sum \delta_i T_i + \varepsilon F(t)\right] + \gamma u(t) \tag{8-43}$$

人尽其用，是人类社会发展和福利追求的主要目标之一。但当代不同政治经济体制国家程度不同地存在着显性或隐性的社会失业。其根源，一则是劳动力资源的供给超过生产力发展的需求水平，迫使一部分人力资源靠社会剩余财富救济生存；二则即使劳动总供给等于总需求，仍然可能存在结构性失业和摩擦性失业。前者的产生是由于技术进步引起产业结构调整和资本有机构成变化，而导致劳动力供求的地区或职业间的失衡。而摩擦性失业则是由于劳动市场的动态属性和信息传导上的不完善所致。这两种形式的失业是任何国家所无法避免的，它的一定程度失业率的存在有助于合理就业竞争而促进劳动生产率的提高，故不妨称之为合理性待业或失业人口；其三资本主义国家追求剩余价值的本质，必然迫使部分人力资源流散街头，这是社会制度属性所决定。我们探讨社会适度人口的容载量自然不能超脱某一特定国家的社会性质和现实劳动力的供需状况，因而应考虑合理待业人口的适度选择。

假定人力资源的供给超过就业需求，这时合理待业人口的容纳度应不致社会秩序失稳为限，即各国社会实践中存在一个失业警戒线，而合理失业人口应控制在这一警戒线之下。美国著名经济学家罗纳德·伊兰伯格和罗伯特·史密斯指出：在西方国家既定的劳动市场条件下，60 年代中期，4%的总失业率对于政策决定者来说是一个合理的就业目标，而在 80 年代中期，这个指标应高于 5%或 6%。[14]于是，我们令：

$$\overline{L_{da}}(t) = \gamma_{da} \cdot (\overline{LJ}(t) + \overline{L}_{33}(t)) \tag{8-44}$$

其中，γ_{da} 为适度待业率。

任何一个国家或地区，在不同的发展时期总存在一些因病、因工伤或战争导致不能从事社会就业的残疾人口和一些好逸恶劳的社会闲杂人口。尽管这两部分人口在和平时期较少，且伴随生产力发展、社会保障、治安措施不断完善，残病和社会无业闲杂人口份额相对降低，但总是一个无法消除的社会负担。影响这两部分人口存在的社会、经济原因较多，我们总可以根据特定时空域的发展经验，确立一个合适的比例系数（$V_{ci}(i=1, 2)$）进行估量。于是，可以假定特定时空域的残病和闲杂人口分别为：

$$NLC(t) = V_{c1} \cdot (\overline{LJ}(t) + \overline{L}_{33}(t)) \tag{8-45}$$

$$CF(t) = V_{c2} \cdot (\overline{LJ}(t) + \overline{L}_{33}(t)) \tag{8-46}$$

社会发展不但需要适度规模的人力资源，亦需要有合理的人口龄级结构，力求使老少扶养比例稳定在某一适度水平上。我们令未成年和老年人口的适度扶养系数分别为 P_y，P_d，则后备适度人力资源和老年适度人口规模分别为：

$$L_b(t) = P_y(\overline{LJ}(t) + \overline{L}_{33}(t) + \overline{L}_{da}(t)) \tag{8-47}$$

$$FOP(t) = P_d(\overline{LJ}(t) + \overline{L}_{33}(t) + \overline{L}_{da}(t)) \tag{8-48}$$

令 $\pi = P_y + P_d$ 为老少人口扶养比。从世界各国的人口龄级结构看，通常有 $0.3 < \pi < 0.6$。显然，人口增长率快的国家，青少年人口较多，亦因为人口增长快而多贫穷；人口增长慢的国家，有较多的老年人口，且通常比较富足，预期寿命亦高。于是，可以认为人口扶养比与人口增长率和人均 GNP 存在如下线性关系：

$$\pi = \alpha_{\pi 0} + \alpha_{\pi 1} x_{p1} + \alpha_{\pi 2} x_{p2} + \varepsilon\varepsilon \tag{8-49}$$

式中：$\alpha_{\pi i}(i=0, 1, 2,)$ 为参数，x_{p1} 代表人口自然增长率，x_{p2} 指人均 GNP，$\varepsilon\varepsilon$ 为误差项。

西方著名学者斯通（Stone）曾根据 95 个国家 60 年代中期的数据，[15]证明了参数的合理变动范围为：$\alpha_{\pi 0}=0.518\pm 0.032$，$\alpha_{\pi 1}=0.319\pm 0.011$，$\alpha_{\pi 2}=0.000037\pm 0.000014$。显然，就现在各国人口的龄级结构看，Stone 所计算的扶养比有些偏高，但无疑采用这一模式从时序或空间横截面资料研究一个国家或地区老少人口扶养比同人口自然增长率和人均 GNP 之间的相依关系，然后根据未来目标年可能实现的人均 GNP 与人口自然增长率，便可得到适度的老少人口扶养比。

于是，若令 εε=0，则特定时空域老少人口的适度规模为：

$$
\begin{aligned}
L_b(t)+FOP(t) &= (P_y+P_d)(\overline{LJ}(t)+\overline{L}_{33}(t)+\overline{L}_{da}(t)) \\
&= (\alpha_{\pi 0}+\alpha_{\pi 1}X_{P1}+\alpha_{\pi 2}X_{P2}) \\
&\quad \cdot(\overline{LJ}(t)+\overline{L}_{(33)}(t)+\overline{L}_{da}(t))
\end{aligned} \tag{8-50}
$$

综上所述，由社会各阶层人口的合理存在规模，我们便可得到特定时空域社会相对适度人口规模的计算模式是：

$$
\begin{aligned}
\overline{SXP}(t) &= \overline{LJ}(t)+\overline{L}_{33}(t)+\overline{L}_{da}(t)+L_b(t)+FOP(t)+NCL(t)+CF(t) \\
&= \overline{LJ}(t)+\overline{L}_{33}(t)+\gamma_{da}(t)\cdot(\overline{LJ}(t)+\overline{L}_{33}(t)+V_{c1} \\
&\quad \cdot(\overline{LJ}(t)+L_{33}(t))+V_{c2}\cdot(\overline{LJ}(t)+\overline{L}_{33}(t)) \\
&\quad +(\alpha_{\pi 0}+\alpha_{\pi 1}x_{p1}+\alpha_{\pi 2}x_{p2})(\overline{LJ}(t)+L_{33}(t)+\overline{L}_{da}(t) \\
&= (1+\gamma_{da}+V_{c1}+V_{c2}+\alpha_{\pi 0}+\sum_{i=1}^{2}\alpha_{\pi i}x_{pi})\,\overline{LJ}(t) \\
&\quad +\overline{L}_{33}(t))+\alpha_{\pi 0}+\sum_{i=1}^{2}\alpha_{\pi i}x_{pi}L_{da}(t) \\
&= \Big[1+\gamma_{da}+\sum_{i=1}^{2}V_{ci}+\alpha_{\pi 0}+\sum_{i=1}^{2}\alpha_{\pi i}x_{pi} \\
&\quad +\gamma_{da}\Big(\alpha_{\pi 0}+\sum_{i=1}^{2}\alpha_{\pi i}x_{pi}\Big)\Big](\overline{LJ}(t)+L_{33}(t)) \\
&= \Big[1+\gamma_{da}+\sum_{i=1}^{2}V_{ci}+(1+\gamma_{da})\Big(\alpha_{\pi 0}+\sum_{i=1}^{2}\alpha_{\pi i}x_{pi}\Big]\cdot(\overline{LJ}(t)+L_{33}(t)\Big)
\end{aligned} \tag{8-51}
$$

社会适度人口之探讨，由于内在因素的错综复杂和同经济发展密切联系的混同性，以及政治因素影响和数量化研究的困扰，因而历来几乎被视为一个研究的禁区。本节着重剖析了社会相对适度规模人口的构成机理，并在此基础上提出了系列理论估算模型，旨在能裨益于从可持续发展方面探索人口的社会控制。

8.7 区域适度人口规模的关联抉择与控制

8.7.1 社会、经济与生态适度人口规模的相依关系

唯物辩证法告诉我们，任何事物客观上都受关联限制因素的制约，且对任何种类的压力都存在一种忍受的极限阈值。构成事物能量、信息交换运动着的系统都具有一定的负载能力，超过系统的承受极限或负载能力，事物就会产生质的变化。自然环境的承受量虽然很大，但它也有一个时空极限，包括量的供给与承受，质的满足与负荷。作为具有能动作用的人类，在进行各种生存需求活动时，对自然环境施加的压力不能超出它所能承受的极限约束。为了人类社会的可持续发展，必须维护自然资源的再生增殖能力和我们赖以生存的自然环境的再生功能。

尽管人口数量的增加和消费水平的提高，首先受制于劳动投入的经济增长，但最终又依赖和受制于自然资源与环境条件的约束。人口过多，因消费负担加剧而影响经济增长，增加环境的负荷与压力，从而降低人均生活水平与其他需求。因为自然生产力是社会生产力的基础，人类劳动的物质财富创造无一不是利用自然环境的生产力。自然环境系统的能量流、物质流是经济系统能量和物质流的源泉，自然生产力是社会劳动生产率和价值增长率的物质基础。环境系统再生产的数量特征是必须保持物质和能量的输入等于或大于输出，从而才能为经济系统源源不断地提供物质和能量，使经济增长成为可能，以确保人类的生活水平能够得以稳固地提高。因此，人口的增长，经济的发展，必须以自然环境的可能开发利用能量和生态系统的平衡运转需求为基础。尽管特定时空域人口客观上存在一个较大的生态容量，但亦必须以自然资源的可开发利用能力和生态经济效益为前提。

人类的社会存在，在打破了自然的生态平衡之后，往往首先追求的不是自然资源和环境的保护以及新的生态平衡的再建立，而着眼于经济的发展、物质财富的创造与分配，以及由此而引起的国家和社会阶层的资源争夺、财富垄断、阶级统治、权力之争与社会化公共服务等方面的超度需求。因此，在人类社会出现剩余价值的生产、摆脱了蒙昧的原始社会之后，人口增长不再以自然

束缚为主导，而是在不断突破自然约束的劳动创造进程中，按经济生产和统治阶级的利益需要而发展了。社会的初次、再次大分工，工业革命的勃兴和浪潮冲击，加速了人口的增长和容量的扩大。适度人口容量不再以自然生态机制为核心，而是沿着人工生态环境中的经济适度人口容量脉络，按社会阶层利益需要在增殖发展。

伴随经济的发展、人口数量的剧增、社会各民族、阶层利益的矛盾冲突，以及人类开发利用自然力的盲目、贪欲性和生活水平提高的机制需求，人类在欣赏对自然征服的喜悦之中，亦吞下了自然环境惨遭破坏而施行报复的苦果；在庆幸人类进步、经济增长、各民族、社会团体富强的欢歌笑语中，亦深感地球可容生存空间的日趋缩小和面临不可持续发展的危机。滚滚而来的人口增长消费压力，迫使人类、迫使各国、各民族、各区域社会团体及其家庭居民不得不尊重自然的规律，使经济和社会的发展建立在自然资源的可供开发利用、生态环境的良性平衡运转基础上；不得不以生态环境的适度人口容量为基准，协调经济和社会适度人口容量的合理选择，且逐步使现实的人口规模调整到生态、经济和社会适度人口容量的共性合理区间，使人口质量、结构和分布，依据适度人口规模和生态环境改善、经济发展和社会进步所求，以及人类自身利益的需要和自身再生产的规律与可能条件进行适度的调节。

8.7.2　社会、经济和生态适度人口规模关联的理论分析

“福利这个标准比别的标准有更多的人赞成，因为它是人类向往的东西当中最普通、最经济、最积极追求的一种。”[5]尽管人类所追求的福利的内容界定和标准程度因时空域而有所不同，但它毕竟是人类生活水平提高和幸福生存的主要目标，是人类劳动的物质财富和精神产品的综合象征。

在商品经济时代，特定时空域的社会福利自然以国民总收入为其源泉和标志，个人福利取决于人均国民收入的总量和分配。假定价格因素影响不变，国民总收入则是人类劳动投入对自然力的转化和社会财富创造的结晶。人口的承载容量和生活水平的保障与提高，国力的强盛与经济的不断增长，生态环境的有效改善与保护，均取决于国民总收入的总量和消费与积累的分配。

在特定空间域，国民收入受资本、人力、人口消费需求、自然资源的生态转化效益和技术进步综合影响，而诸要素又与人口总量的供给与需求息息相

关，于是有，国民收入 I=f（总人口 *POP*）。在国民经济空间的某一发展时期里，通常 *I* 呈现出 *S* 形曲线变化态势，从而亦相应地决定了这一特定时空域生态、经济和社会适度人口容量的合理选择与匹配，如 8-1 图所示。

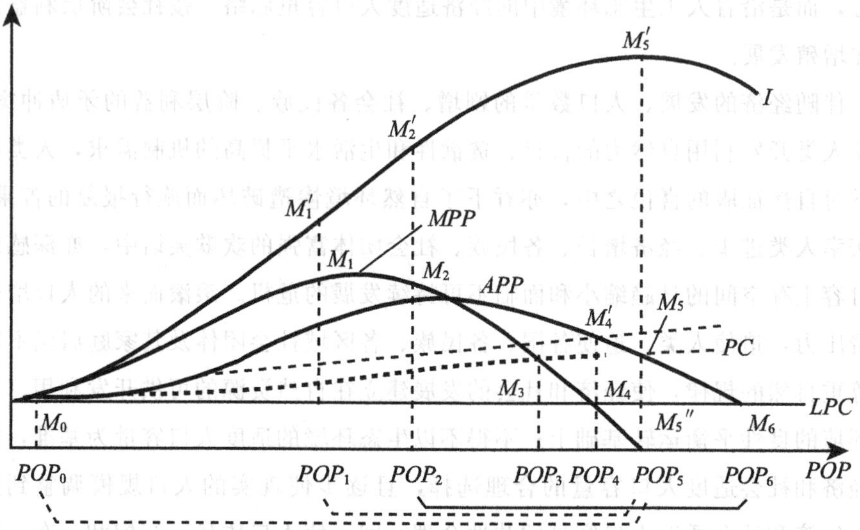

图 8-1　适度人口规模的关联抉择

图 8-1 中，曲线 I 为国民收入变化趋势，即在技术进步相对稳定条件下，资本、劳力的有效投入和人口消费需求总量的影响，使生态—经济效益的转化呈现边际递增、递减和其总量达到最大值后处于递减态势。于是，我们可以得到其产出效益变化的边际生产力收益曲线 $MPP=dI/dPOP$，平均生产力收益曲线 $APP=I/POP$。

直线 *LPC* 为人口生存水准或生存最低限，即人均国民收入分配低于此线以下，人将无法生存下去。于是，与 *LPC* 相交的两点 M_0、M_6 所对应的人口 POP_0 和 POP_6 分别为最小、最大人口规模。当边际收益达到最大时（M_1）所对应的人口容量为 POP_1，作者称此为最佳生态适度人口规模，亦即因人口增加供需效应引起的追加生产，能以最高速度增加获取的生态（经济收益时的总量人口。当平均生产力收益曲线 *APP* 为最大值时，$MPP=APP$，两曲线相交于 M_2 时所对应的人口规模 POP_2，作者称其为最佳的经济适度人口。因为，尽管边际生态经济收益有所下降，但是受人口增加综合效应影响，在人财物投入下，国民收入仍能得到显著提高。这时的人均收益为最大，除了基本生活消费外，人均有最多的剩余用于发展生产，改善环境，增强国力，促进各项社会公益事业得到繁荣。

伴随人财物的经济投入持续增加和社会对财富实力的最大需求，国民收入曲线在 M_5 处达到总量增长的极限，此时边际生态—经济收益递增为零，所对应的人口容量为 POP_5，作者称此为社会最大国力人口。若人均消费为生存水准，则还有 M''_5M_5 人均收益剩余用于发展经济，增强国力；若人均消费为 PC，则不可能有剩余积累用于发展经济和满足社会公共的需要。

国民收入超过极值点 M'_5 之后，开始下降，即边际收益变为负值。当人均消费维持生存水准时，POP_6 为最大人口容量。但它不一定等价于自然环境的最大容量，而仅仅是在技术进步没有重大突破，新的资源或替代资源未能得到开发利用，人类生产与消费需求对生态环境的破坏没有给予有效修复情况下，而伴随人口消费总量增加所施加的人财物投入换取的生态—经济收益，仅仅能维持人口的生存需要。相应地，这时的人工生态系统已遭到严重破坏而失调，任何经济、社会投入既不能换取有效的生态经济产出，反而因人口的超载加重了生态环境的失衡。所以这时的最大人口容量应视作特定时空域人工生态系统的极限容量，即可供人类开发利用的资源转化为经济财富，以满足人口最低生存消费需要时的极值人口规模。

从上述分析可知，不同目标要求的适度人口规模区间分别为：

$$APP = LPC \triangleq POP_0 \leqslant \text{生态适度人口规模}\overline{BP} \leqslant \mathrm{Max}I' = POP_5$$

$$\mathrm{Max}\,MPP = POP_1 \leqslant \text{经济适度人口规模}\overline{EP} \leqslant \mathrm{Max}I' = POP_5$$

$$\mathrm{Max}\,APP = POP_2 \leqslant \text{社会适度人口规模}\overline{SXP} \leqslant APP = LPC \triangleq POP_6$$

$$\text{且有 } POP_1 < POP_2 < POP_5 < M(\text{自然生态最大可能承载量})$$

$$(POP_0 \leqslant \overline{BP} \leqslant POP_5) \wedge (POP_1 \leqslant \overline{EP} \leqslant POP_5)$$

$$\wedge (POP_2 \leqslant \overline{SXP} \leqslant POP_6) = [POP_2, POP_5]$$

即生态最佳容载人口规模<经济最佳人口规模<社会最大国力人口规模，生态、经济和社会适度人口规模合理区间的交集或共性域为 $[POP_2, POP_5]$。

就是说，倘若我们追求“生态型的可持续发展模式”，即着眼于生态环境的保护、资源的不断累积储备和永续利用与生态—经济边际产出效益最佳为目标，自然希望特定时空域的人口规模保持在较低的水平 POP_1 基点上；若追求“经济型的可持续发展模式”，即依赖科技进步有效地利用资源和改善生态环境，以获取人均经济收益最大、福利最佳为目标，则人口规模 POP_2 大于生态最佳人口容量 POP_1，且不至于破坏生态环境的平衡运转。

此外，在阶级未被消灭、国家未能消亡、社会党派团体依然存在条件下，任何国家或地区的社会适度容载人口 POP_5 一般总是大于生态、经济最佳规模人口。因而，如何利用社会资本和调控机制，实现人口、经济和生态环境协同下的可持续发展，势必是各国或区域的战略选择。

上述三个目标人口规模既各自有一个合理弹性区间，亦存在一个共性的人口容量范围 $[POP_2, POP_5]$，人口规模控制在这一共同认可的范围内，既不至于使生态环境遭受较大的损害，人类能够依靠经济能量补偿，使其跃入新的平衡和良性循环，亦能够满足社会的需要和促进经济的发展。在这一相互兼顾的合理人口规模区间内，由于人类对生活水平和福利追求的趋同性，因而在无战争硝烟和强权政治干扰下，最佳的适度人口规模应介于人均生活水平曲线分别与边际收益曲线 MPP 和平均收益曲线 APP 相交点 M_3、M_4 所对应的人口规模区间 $[POP_3, POP_4]$，即 $\mathrm{d}I/\mathrm{d}POP=PC\leqslant$ 最佳适度人口规模 $(OP)\leqslant \mathrm{d}I/\mathrm{d}POP=LPC$。

伴随生产力的日益发展，人类社会文明的不断进步，以军事实力和政治强权为主体特征的社会国力人口日趋转向人民生活质量的提高和福利最大化。于是，最佳适度人口规模区间逐步左移接近于最佳经济适度人口。但由于国家躯壳存在条件下一定的军务、政治等需要，以及部分不可消除的福利救济或扶养人口的存在，因而不可能等同于最佳经济适度人口规模。

如果我们取 8.4 节中的（8-18）式为经济适度人口规模的变化方程，令 y 为人均国民收入，即 $y=\dfrac{I}{POP}$，且 $Y=I$，Y_i 分别为各产业的净产值，X_i 为各产业的劳均国民收入，$\dfrac{\dot{POP}}{POP}=\dfrac{\dot{P}}{P}$，故有

$$\left(\frac{I}{POP}\right)'=\frac{I}{POP}\left[-\frac{\dot{POP}}{POP}+\left(1-\frac{LS}{L}\right)\frac{\dot{\theta}_1}{\theta_1}+\frac{\omega_1 P_u}{LS}\cdot\frac{\dot{P}_u}{P_u}+\frac{\omega_4 P_o}{LS}\cdot\frac{\dot{P}_o}{P_o}+\frac{SHL}{LS}\cdot\frac{\dot{SHL}}{SHL}+\sum_{i=1}^{3}\frac{I_i}{I}\cdot\frac{\dot{X}_i}{X_i}\right] \tag{8-52}$$

由上图知，在点 M_3 处，$\left(\dfrac{I}{POP_3}\right)'=PC$，即

$$\frac{I}{POP_3}=\left[-\frac{\dot{POP}}{POP}+\left(1-\frac{LS}{L}\right)\frac{\dot{\theta}_1}{\theta_1}+\frac{\omega_1 P_u}{LS}\cdot\frac{\dot{P}_u}{P_u}\cdot\frac{\dot{P}_o}{P_o}+\frac{\dot{SHL}}{LS}\cdot\frac{SHL}{SHL}+\sum_{i=1}^{3}\frac{I_i}{I}\cdot\frac{\dot{X}_i}{X_i}\right]=PC \tag{8-53}$$

$$POP_3 = \frac{I}{PC}\Big[-\frac{\dot{POP}}{POP} + \Big(1-\frac{LS}{L}\Big)\frac{\dot{\theta}_1}{\theta_1} + \frac{\omega_1 P_u}{LS}\cdot\frac{\dot{P}_u}{P_u}$$

$$+\frac{\omega_4 P_o}{LS}\cdot\frac{\dot{P}_o}{P_o} + \frac{SHL}{LS}\cdot\frac{\dot{SHL}}{SHL} + \sum_{i=1}^{3}\frac{I_i}{I}\cdot\frac{\dot{X}_i}{X_i}\Big] \tag{8-54}$$

且在点 M_3 处，$\Big(\frac{I}{POP_3}\Big)' < \frac{I}{POP}$，故有

$$0 < -\frac{\dot{POP}}{POP} + \Big(1-\frac{LS}{L}\Big)\frac{\dot{\theta}_1}{\theta_1} + \frac{\omega_1 P_u}{LS}\cdot\frac{\dot{P}_u}{P_u} + \frac{\omega_4 P_o}{LS}\cdot\frac{\dot{P}_o}{P_o}$$

$$+\frac{SHL}{LS}\cdot\frac{\dot{SHL}}{SHL} + \sum_{i=1}^{3}\frac{I_i}{I}\frac{\dot{X}_i}{X_i} < 1 \tag{8-55}$$

在点 M'_4 处，$\frac{I}{POP_4}=PC$，亦即 $POP_4=\frac{I}{PC}$。

人均消费水平 PC 既因时空域不同，亦随以物质为主体的第一性消费和以精神为主导的第二性消费的需求趋势而变。作者曾在博士论文中，运用恩格尔系数原理提出和探讨了第一性与第二性消费的概念及模型，在此基础上推导出了人均消费水平的预测模型[7]。

于是，当特定空间 t 年的国民收入、人均消费水平、人力资源和三大产业结构系数、人口自然增长率、失业率、不同年龄段人口集合和各产业劳均国民收入的变化率已知时，我们便可以得到最佳适度人口规模的弹性区间，即 $POP_3 \leqslant OP \leqslant POP_4$。

在前三节中，我们分别从经济、生态和社会诸方面探讨了人口规模、结构、消费需求同经济发展、生态环境和资源开发利用，以及社会客体运作之间的相依关系，并提出了与之相适应的适度人口规模估算理论模型。尽管估算角度不同，变量选择相异，但所得到的 $\overline{EP}(t)$、$\overline{BP}(t)$、$\overline{SXP}(t)$ 应当介于适度人口规模合理区间 $[POP_3, POP_4]$。因为，就经济适度人口规模而言，由（8-23）式得到的经济适度人口规模是对 $P(t_1)(\equiv \overline{EP}(T))$(8-20) 式积分的结果。

倘若对（8-20）式进行变换，得

$$\dot{y} = \frac{\text{GNP}}{POP}\Big[-\frac{\dot{POP}}{POP} + \Big(1-\frac{LS}{L}\Big)\frac{\dot{\theta}_1}{\theta_1} + \frac{\omega_1 P_u}{LS}\cdot\frac{\dot{P}_u}{P_u} + \frac{\omega_4 P_o}{LS}\cdot\frac{\dot{P}_o}{P_o}$$

$$+\frac{SHL}{LS}\cdot\frac{\dot{SHL}}{SHL} + \sum_{i=1}^{3}\frac{I_i}{I}\cdot\frac{\dot{X}_i}{X_i}\Big] \tag{8-56}$$

令 $\dot{y}=PC$，故有

$$\frac{\text{GNP}}{POP}=\Big[-\frac{P\dot{O}P}{POP}+\Big(1-\frac{LS}{L}\Big)\frac{\dot{\theta}_1}{\theta_1}+\frac{\omega_1 P_u}{LS}\cdot\frac{\dot{P}_u}{P_u}$$

$$+\frac{\omega_4 P_o}{LS}\cdot\frac{\dot{P}_o}{P_o}+\frac{SHL}{LS}\cdot\frac{S\dot{H}L}{SHL}+\sum_{i=1}^{3}\frac{Y_i}{Y}\cdot\frac{\dot{X}_i}{X_i}\Big]=PC \tag{8-57}$$

$$POP=\frac{\text{GNP}}{PC}\Big[-\frac{P\dot{O}P}{POP}+\Big(1-\frac{LS}{L}\Big)\frac{\dot{\theta}_1}{\theta_1}+\frac{\omega_1 P_u}{LS}\cdot\frac{\dot{P}_u}{P_u}$$

$$+\frac{\omega_4 P_o}{LS}\cdot\frac{\dot{P}_o}{P_o}+\frac{SHL}{LS}\cdot\frac{S\dot{H}L}{SHL}+\sum_{i=1}^{3}\frac{Y_i}{Y}\cdot\frac{\dot{X}_i}{X_i}\Big] \tag{8-58}$$

同（8-53）式相比较，由于 $\frac{\text{GNP}}{POP}>\frac{I}{POP}$ 和条件式（8-55），于是 $POP_3<POP<POP_4$，表明经济适度人口规模介于最佳适度人口区间［POP_3，POP_4］。

由第 8.5 节知，社会相对适度人口规模 $\overline{SXP}$ 通常大于经济适度人口规模 $\overline{EP}$，即 $\overline{SXP}>\overline{EP}$。由于任何国家或地区社会实力发展的需求，以及扩大再生产和创造社会财富的积累需要，不可能将国民收入全部用于满足人口的消费需求。因此，$\overline{SXP}<\frac{I}{PC}=POP_4$，即社会适度人口规模依然落入最佳适度人口规模区间［POP_3，POP_4］。

在第 8.4 节里，我们从粮食生产与消费需求角度探讨了生态环境的适度人口容量。尽管具有一定的片面性，但由于粮食产出的多寡，除了自然条件的约束限制外，毕竟是人类对自然规律的认识，对自然资源的开发利用，从而将自然力转化为经济产出的人类劳动结晶。因此，特定时空域有限的土地、耕地资源和水温条件等给人口的生存承载，客观上施加了一个符合生态均衡规律的极限约束。

不同时空域人类依靠科技进步和经济、人力投入，以及进出口贸易所获取的食物供给，总可以满足一定生活水平要求下的人口总量消费需求。如果我们取最低粮食消费水平所能承载的人口大于 POP_4，那么，取适度粮食消费水平所得到的人口容量则自然落在区间［POP_3，POP_4］内。如果最低人均粮食消费占有条件下所能容载的人口规模小于 POP_3，可以通过国际或区间贸易，弥补粮食短缺，以满足适度人口规模的基本粮食需求。倘若无法补偿，则自然会影响到经济的发展和人均生活水平提高前提下的适度人口规模。于是最佳适度人口规模区间会降低，从而使经济、社会和生态环境所要求下的适度人口规模在一定弹性区间内达到某种协同。

8.7.3 人口质量与人口适度规模

社会生产力的持续发展和科技革命浪潮的荡漾澎湃，要求人口、特别是劳动力人口素质不断提高。尽管人口素质提高的追求是无限的，但是促使人口素质提高的物质基础和需求动力主要来源经济发展的支持与需求。就是说，一定的社会生产力水平只能要求与之相适应的一定素质人口的就业与能量发挥；有限的国民收入，在保障经济稳固增长和满足一定数量人口基本生活消费前提下，其剩余才能用之人口文化技术素质的培养和精神文明之教育，即人口的生活享受与自身素质发展只能建立在剩余价值和社会财富的合理分配基础上。而这一切又与产业结构配置及其劳动生产率提高、人口数量多寡与人口龄级结构的组成，以及生活水平的提高有关。

人口素质过低，产业结构配置呈现以农业生产为主导的发展状态，相应地人口生育率高，未成年人口扶养指数大，劳动生产率在低水平上徘徊。人口素质要求过高，剩余价值和社会财富既不可能给予支持，产业结构制约下的职业匹配和相对较低的生产力发展水平，亦难以容纳过剩的高素质人力资源择业和有效地发挥利用其聪明才智，往往造成人才的外流或浪费。

因此，作为特定时空域的人口素质提高，应当适应于社会生产力的发展和产业结构的演替需求；作为促进人口文化技术素质改善、培养的各级学校教育，应当具有合理的层次、专业结构和适度超前的发展规模；作为保障人口体质健康和精神文明的卫生医疗、饮食服务与社会经济制度及政治、文化宣传教育，应当不断改革、发展和完善。这些促进人口素质转化的硬件和软环境须仰仗物质条件、自然环境和有限消费资料的分配支持。于是，只有发展经济，才能产生人口素质提高的需求拉力效应；只有控制人口数量的增加，才能使有限的物质资源和社会财富更多地投入人口素质提高的培养序列之中，从而使适度规模要求下的人口增长体现为具有适度质量追求上的人口发展。

在现代社会化大生产和以信息网络为枢纽的科技革命时代，人口素质主要体现为文化技术的拥有水平。而衡量人口文化技术水平的指标，着眼于人力资源受教育等级或年限的实际度量（(质量系数 $Q(i)$。假定文盲劳动者的质量系数为1，则小学、中学和大学（大专以上）毕业的人力资源素质依受教育年限而递增，故有 $Q(i)=(1+r)^t$；或者假定已知文盲和不同受教育者人年可能创造的价值（人均 GNP 或人均国民收入）为 $VL(i)$，则有 $Q(i)=\frac{VL(i)}{(1+r)^t}$。这里，$r$ 为人力资源素质提高所需投资的贴现率或收益率，i 为不同受教育级别，t 为受教育的年限。于是，特定时空域人力资源当量为

$$PQ(t)=\sum n(i)\cdot Q(i) \tag{8-59}$$

式中，$n(i)$ 为 i 级受教育的人力资源数量。

不同的经济发展水平和产业结构形成，需要不同素质的人力资源与之相适应。同样，不同的社会经济条件和物质财富能够抚育出不同文化技术素质的人口群体。例如，我国 20 年前是一个以农业发展为主体、经济基础薄弱、生产力发展水平低、人口众多的发展中国家，1982 年25 岁以上人口受教育年限，全国平均为 5 年，上海亦仅有 7.5 年，而日本、美国 1978 年的人均受教育年限分别已达 11.1 年和 12.4 年；在 25 岁以上人口中，具有大学文化程度者，1982 年我国仅占 1%，上海是 4.5%，而韩国（1981 年）、日本（1973 年）、美国（1987 年）分别已达 8.9%、14.3%和 29.8%。不难而知，人口文化技术素质的状态与经济发展水平息息相关。对于一个经济发展落后的发展中国家来说，人口文化技术素质处在较低层次上而与落后的经济发展水平相适应。当发展中国家急欲摆脱落后状态，欲使经济得以迅速增长时，低层次的人口文化技术素质便同经济发展的需求发生了错位，必然会抑制着社会经济增长的步伐。

人口素质，特别是人力资源的文化技术素质提高，取决于国民收入水平、产业结构的转移拉力、消费人口总量及其内部结构和增长率。在国民收入一定情况下，为适应产业结构转移和劳动生产率提高，以及人口结构趋于合理之要求，而须适度超前提高人口的消费水平，特别是用于文化技术培养方面的消费支出。于是，客观上要求人口数量的适度规模与增长须相应降低。且从（8-54）式知，随着人口素质的提高，人口自然增长率 $\frac{\dot{POP}}{POP}\rightarrow 0$，未成年人口参与经济活动的比例系数 $\omega_1\rightarrow 0$，产业结构向高层次位移，劳动生产率日趋提高，相应地失业率降低。因此，在国民收入一定情况下，适度人口规模自然亦应降低，才能满足人口素质提高对消费的需要。

随着劳动生产率的持续提高，产业结构向高序位转移中就业门路扩展，国民收入增多，在人均消费水平不变或低于剩余价值增长率情况下，特定空间可

容的适度人口规模又必然增大。然而，在可持续发展迫使下，对人口素质要求愈来愈高，于是人口消费和追求幸福的贪婪，以及未成年和老年人口参与生产活动的可能日趋减小，又驱动适度人口规模在增长中递减。

正是在适度人口规模上述螺旋上升和下降的矛盾对立统一运动中，人口素质显著提高，既推动了社会生产力稳步较快地发展，同时受生态平衡律和自然资源的可能开采能力与替代资源新生的影响，又致使人口龄级结构逐步转向合理，人口数量增加趋向零态，以保障人类社会或区域社会经济系统的可持续发展。

人口质量的提高对适度人口规模的影响，尽管与（8-55）式中各因素变化有关，但主要来源于人口消费水平的变化需求与国民收入供给的可能支持。假定文盲人口的消费水平为 $PCN(t)$，伴随就业素质需求提高和物质生活丰富，其消费变化模式为：

$$PCN(t) = PCN(t_0) \cdot \left[\frac{\Delta M_{n1}}{\Delta PCN} \cdot \frac{(1+\Delta M_{n1})^t}{E_{n1}} + \frac{\Delta M_{n2}}{\Delta PCN} \cdot \frac{(1+\Delta M_{n2})^t}{E_{n2}}\right] \tag{8-60}$$

式中：$\Delta M_{ni}(i=1, 2)$ 分别为文盲人口人均物质生活消费（第一性消费）和文化教育等劳务性消费（第二性消费）水平提高的增量，$E_{ni}(i=1, 2)$ 为第一性和第二性消费的弹性系数。

由（8-59）得人口当量系数

$$PQP(t) = \frac{\sum n(i) \cdot Q(i)}{POP(t)} \tag{8-61}$$

于是，在国民收入一定和人口素质通过消费水平提高影响优先发展，且不考虑人口素质提高过程对（8-54）式诸因素关联作用下，受人口素质提高需求影响下的适度人口规模应为

$$\widehat{POP}_3 = \frac{I}{PCN} \div PQP \cdot \left[-\frac{\dot{POP}}{POP} + \left(1-\frac{LS}{L}\right)\frac{\dot{\theta}_1}{\theta_1} + \frac{\omega_1 P_u}{LS} \cdot \frac{\dot{P}_u}{P_u} + \omega_4 \frac{P_o}{LS} \cdot \frac{\dot{P}_o}{P_o} + \frac{SHL}{LS} \cdot \frac{\dot{SHL}}{SHL} + \sum_{i=1}^{3} \frac{I_i}{I} \cdot \frac{\dot{X}_i}{X_i}\right] \tag{8-62}$$

8.7.4　人口规模的适度控制

人口是一个具有多重规定和关系的丰富的总体。人口作为一个生物群体，

具有生命过程的全部机能，实现生命与生命力的再生产是人口存在和发展的自然前提。但人口的社会属性，不仅要求特定时空域人口的龄级构成、数量规模和素质结构符合社会生产力的发展需要，而且亦须按社会秩序的稳定、人口对幸福生存的追求、社会生活资料的供给和自然资源的有限保障及生态环境的良性循环，适度地控制人口数量的增长，规范人口生育的自然行为，调节人口的龄级与素质结构，从而保障人口与经济发展、社会繁荣和生态环境改善间的最大协同。

由于人口发展过程和生态环境秩序变迁的长期慢变滞后效应，以及经济与社会系统相对快变、波动的周期性需求，因此，现实系统的人口规模及其龄级、素质构成往往同社会经济发展要求和自然环境的容许承载产生一定的背离。而人口生命与生命力再生产的适度演替规律，则要求按可持续发展的较适目标调节现实人口的规模及其构成。

由前述讨论知，假定特定时空域的适度人口规模为 $\widehat{POP}_3(t)$，而现实人口规模为 $P(t)$，则有 $NOP(t)=[P(t)-\widehat{POP}_3(t)]/\widehat{POP}_3(t)$。称 $NOP(t)$ 为人口超载强度，它是$\widehat{POP}$一个依时间流逝、伴随人口自然增长周期慢变和经济发展与生活消费需求短周期快变而交错影响的变量。社会经济发展客观上要求具有与之相应的质量和数量的人力资源投入，同时日益丰富的社会剩余能够负载较多的消费人口。但自然资源的有限可容空间缩小，人类对生活质量的无穷追求，致使适度人口容量只能缓慢增长，而最终须驻足在某一水平上。人口生育失控的历史积淀和滞后惯性影响与生育行为的微观自利追求往往同宏观适度人口的目标要求产生背离，无疑给未来的人口控制和协调同经济发展与自然的关系带来较大的滞障。

人类文明的象征是不断追求幸福地生存，而不是人口的无限增长。尽管伴随物质财富的增多，适度人口容量显著地提高，但只有使现实超载的人口逐步调整到某一适度容载水平上，然后使人口自然增长呈现零态，才能实现人类社会的可持续发展。据有关研究知，对于人口平均寿命在 70～80 岁之间的国家或地区，妇女的极限生育率尚在 2.0 左右，方能使人口发展过程处在生死平衡的稳态场中永续演化。而要使一个人口超载强度较大的国家，实现人口的零态增长，必须使妇女的生育率低于 2.0，从而使人口总量接近于经济发展所能承载的适度人口规模，然后再逐步稳定到零态增长，以满足人口对自然环境条件良好、物质供应充足、社会文明发展而幸福生存的追求。

实现人口生死平衡的稳态发展，将是一个人类充分认识自身，使之符合可持续发展要求的自觉行为。这需要社会生产力的高度发展和物质财富的较充裕供给，需要生育家庭普遍不再以子女的多少作为创造财富、老有所养的依靠，而以优生优育、不断提高自身的全面素质和幸福生存为最终的目标孜孜追求。伴随社会化服务程度的提高，致使人的新生、成长、衰老回归成为社会的财富和赡养、培养、使用的职责，即成为社会的人、社会化的生命与生命力再生产的流水线式服务与需求，而不再是家庭的财富和所应承担扶养的使命。然而在诸目标实现之前，为了缩小现实人口与适度规模目标要求之间的差距，就需要通过国家或区域政府的宏观干预，提高社会化服务水平，健全医疗、保健、文化教育和利益机制体系来控制人口的增长，从而使人口的龄级结构趋向稳态人口过程的发展分布，使人口素质不断提高，以满足社会生产力发展的需要。

任何区域的人口发展过程是一个连续随动的演变系统。人口规模和年龄分布不仅依时序变迁，亦随年龄集成而相异。所以，对象系统人口发展过程是年龄 a 和时间 t 的连续可微双变函数，即 $P = p(a, t)$。故有人口状态方程

$$\frac{\partial p(a,t)}{\partial a}+\frac{\partial p(a,t)}{\partial t}=g(a,t)-\mu(a,t)p(a,t)$$

$$p(a,0)=p_0(a)$$

$$p(0,t)=\varphi(t)=\beta(t)\int_{a_1}^{a_2}k(a,t)h(a,t)p(a,t)\mathrm{d}a \tag{8-63}$$

式中：$g(a, t)$ 为人口扰动变元，$\mu(a, t)$ 为死亡率函数，$\beta(t)$ 为妇女总和生育率，$\varphi(t)$ 是绝对出生率函数，$k(a, t)$ 和 $h(a, t)$ 分别代表女性比例与生育模式，且 $\int_{a_1}^{a_2}h(a,t)\mathrm{d}a=1$。

不同时空域人口控制的目标，旨在通过降低妇女生育率，从而逐步使现实人口总量接近于未来某一时期的适度人口规模；使现实人口龄级结构趋向于适度人口规模所要求的内在构成。于是有连续状态下的二次型优化指标 J，在给定时段（0，T）内达到极小值，即

$$\mathrm{Min}J=\underset{\beta(t)\in\Omega}{\mathrm{Min}}\frac{1}{2}\int_0^T\left\{\int_0^\infty A[p(a,t)-pop_3(a,t)]^2\mathrm{d}a\right.$$

$$\left.+B[\beta(t)-\beta^*(t)]^2\right\}\mathrm{d}t \tag{8-64}$$

式中：Ω 为妇女平均生育率 $\beta(t)$ 的可容控制集合；A、B 为权重因子，可以因人口年龄分布的输出误差和对生育率控制幅值限制的重视程度而有所不

同；$p(a, t)$ 为现实人口的分布密度，即

$$p(a,t)=\varphi(t-a)\mathrm{e}^{-\int_0^a \mu(\zeta,\zeta+t-a)\mathrm{d}\zeta}+p_0(a-t)\mathrm{e}^{-\int_{a-t}^a \mu(\zeta,\zeta+t-a)\mathrm{d}\zeta}$$

若 $\mu(a, t)$ 不依赖于 t 而只随 a 变化，故有

$$p(a,t)=\begin{cases} p_0(a-t)\mathrm{e}^{-\int_{a-t}^a \mu(\zeta)\mathrm{d}\zeta} & 0\leqslant t\leqslant a \\ \varphi(t-a)\mathrm{e}^{-\int_0^a \mu(\zeta)\mathrm{d}\zeta} & a\leqslant t \end{cases}$$

上式中，$\varphi(\cdot)$ 为出生率函数，$pop_3(a, t)$ 为适度稳态人口的分布密度，即有

$$pop_3(a,t)=\frac{\widehat{POP}_3(t)}{S_0(t)}\mathrm{e}^{-\int_0^a \mu(\zeta)\mathrm{d}\zeta}$$

式中：$S_0(t)$ 为适度稳态人口出生时的平均期望寿命，$\beta^*(t)$ 为适度稳态人口场中的妇女平均生育率，且

$$\beta^*(t)=\frac{\widehat{POP}_3(t)}{S_0(t)}\left[\int_{a_1}^{a_2} k(a,t)h(a,t)pop_3(a,t)\mathrm{d}a\right]$$

从而可得到特定空间域的人口控制模型为

$$\begin{cases} \mathrm{Min}J=\underset{\beta(t)\in\Omega}{\mathrm{Min}}\dfrac{1}{2}\displaystyle\int_0^T\left\{\int_0^\infty A[p(a,t)-pop_3(a,t)]^2\mathrm{d}a\right. \\ \qquad\qquad\left.+B[\beta(t)-\beta^*(t)]^2\right\}\mathrm{d}t \\ s.t\begin{cases} \dfrac{\partial p(a,t)}{\partial a}+\dfrac{\partial p(a,t)}{\partial t}+\mu(a,t)p(a,t)=g(a,t) \\ p(a,0)=p_0(a) \\ p(0,t)=\beta(t)\displaystyle\int_{a_1}^{a_2} k(a,t)h(a,t)p(a,t)\mathrm{d}a \end{cases} \end{cases} \tag{8-65}$$

为了求解上述优化问题，需要引入拉格朗日乘子 $\lambda(a, t)$，$\lambda(0, t)$，$\lambda(a, 0)$，且对这些乘子和 $p(a, t)$，$\beta(t)$ 作变分处理，得到最优控制的必要条件。然后，采用迭代收敛法求解上述含有两点边值问题偏微分的完全方程组，便可以得到最优人口控制策略。其详细求解过程参阅参考文献[7]。

为了计算上的方便，且能从可持续发展需求角度寻求合理的人口龄级结构的最优控制，我们还可以建立如下二次型离散最优人口控制模型。

$$\underset{\beta(t)\in\Omega}{\mathrm{Min}J}=\underset{\beta(t)\in\Omega}{\mathrm{Min}}\sum_{i=0}^{T}\left\{\left[\sum_{i=0}^{m}X_i(t)-P_u^*(t)\right]^{\tau}A_1\left[\sum_{i=0}^{m}X_i(t)-P_u^*(t)\right]\right.$$

$$+\left[\sum_{i=M+1}^{m} X_i(t) - SHL^*(t)\right]^{\tau} A_2 \left[\sum_{i=M+1}^{M} X_i(t) - SHL^*(t)\right]$$

$$+\left[\sum_{i=M+1}^{N} X_i(t) - P_o^*(t)\right]^{\tau} A_3 \left[\sum_{i=M+1}^{N} X_i(t) - P_o^*(t)\right]$$

$$+\left[\beta(t) - \beta^*(t)\right]^{\tau} W \left[\beta(t) - \beta^*(t)\right]\Big\}$$

$$s.t\begin{cases} X(t+1) = H(t)X(t) + \beta(t)B(t)X(t) + g(t) \\ X(t_0) = X_0 \end{cases} \tag{8-66}$$

式中：$A_i(i=1,2,3)$ 为状态变量的 n_i 阶非负定对角权矩阵，W 为控制变量的 r 阶正定对角权矩阵，且 $n_i=r+1=T+1$；各对角权矩阵中的元素依据年度间人口状态与控制变量同目标变量的偏差精度而有所不同。特殊情形下，亦可令 $A_1=A_2=A_3=W\equiv I$。此时，目标函数为

$$\underset{\beta(t)\in\Omega}{\mathrm{Min}} J = \underset{\beta(t)\in\Omega}{\mathrm{Min}} \sum_{i=0}^{T} \Big\{ \left[\sum_{i=0}^{m} X_i(t) - P_u^*(t)\right]^2$$

$$+\left[\sum_{i=M+1}^{M} X_i(t) - SHL^*(t)\right]^2$$

$$+\left[\sum_{i=M+1}^{N} X_i(t) - P_o^*(t)\right]^2 + \left[\beta(t) - \beta^*(t)\right]^2 \Big\}$$

$P_u^*(t) = \int_0^m pop_3(a,t)\mathrm{d}a = \int_0^m \dfrac{\widehat{POP}_3(t)}{S_0(t)} \mathrm{e}^{-\int_0^a \mu(\zeta)\mathrm{d}\zeta}\mathrm{d}a$，为未成年（0～14 岁）人口的适度规模；

$SHL^*(t) = \int_{m+1}^N pop_3(a,t)\mathrm{d}a = \int_{m+1}^M \dfrac{\widehat{POP}_3(t)}{S_0(t)} \mathrm{e}^{-\int_0^a \mu(\zeta)\mathrm{d}\zeta}\mathrm{d}a$，为适龄（15～64 岁）劳动力人口的适度规模；

$P_o^*(t) = \int_{M+1}^N pop_3(a,t)\mathrm{d}a = \int_{M+1}^M \dfrac{\widehat{POP}_3(t)}{S_0(t)} \mathrm{e}^{-\int_0^a \mu(\zeta)\mathrm{d}\zeta}\mathrm{d}a$，为老龄（64 岁以上）人口的适度规模；

$$H(t)\begin{bmatrix} 0 & & 0\cdots & 0 & \cdots 0 \\ 1-\mu_1(t) & 0 & 0\cdots & 0 & \cdots 0 \\ 0 & 1-\mu_2(t) & 0\cdots & 0 & \cdots 0 \\ \vdots & \vdots & \vdots & \vdots & \vdots \\ 0 & 0 & 0\cdots & 1-\mu_N(t) & \cdots 0 \end{bmatrix}$$

$$X(t)=\begin{bmatrix}x_1(t)\\ \cdot\\ \cdot\\ \cdot\\ x_N(t)\end{bmatrix},\ B(t)=\begin{bmatrix}0\cdots 0 & b_{a1}(t)\cdots b_{a1}(t) & 0\cdots 0\\ & 0 & \end{bmatrix}$$

$$g(t)=\begin{bmatrix}g_0(t)\\ \cdot\\ \cdot\\ \cdot\\ g_{N-1}(t)\end{bmatrix}$$

模型的寻优求解，可以采用动态规划法或约束梯度法等。无论借用哪种解法，旨在使已知人口系统的初始状态服从动态演变方程条件。通过寻找适度的育龄妇女平均生育率 $\beta^0(t)$，且逐步接近于 $\beta^*(t)$，从而得到满足适度人口规模目标与适度龄级结构要求下的不同龄段人口规模，以便使人口的再生产过程符合社会经济的发展和生态环境的适度容载。

人口规模与龄级结构的优化控制，不仅仅集中在妇女生育率的有效调节，还应当根据不同时段的目标要求，通过国际和国内区域间的人口合理迁移流动来优化人口状态的构成；通过利用外部的技术、资金、劳力和契机，有效地发展域内的经济、开发自然资源和保护生态环境，以便提高适度人口规模容载，避免人口增长控制不力所形成的超载，或人口出生率显著降低过程的滞后影响所造成的人口老化，进而影响未来人口龄级结构与规模的再度失衡和与社会经济发展、生态环境改善的不协同。因此，人口区域的迁移和分布势必成为我们探索适度人口与控制不可忽视的研究范畴。

8.8 小　结

保障人类社会或区域系统的可持续发展，关键在于能否正确处理人口再生产与物质资料和环境再生产之间的相依关系。而人口规模的控制和质量的提高，对于发展中国家或地区来说尤为重要。

本章视适度人口目标之追求为可持续发展的基本调节规律，在析评适度人口学说演绎的基础上，着重探讨了适度人口与人类社会可持续发展的内在机理和运动规律。且分别从经济适度人口、生态适度人口和社会适度人口，及其关联方面研究创立了相应的系列结构模型和估算方法；提出了适度人口规模的合理区间和施加控制调节的理论模型，以及人口的同度量概念和换算方法。旨在为综合而系统地解析人口同经济、社会和生态环境之间的相依关系，以及探讨可持续发展要求下的人口适度规模控制奠定方法、理论基础。

本章参考文献：

[1] 南亮三郎. 人口论史 [M]. 北京：中国人民大学出版社，1984.

[2] 王声多. 马尔萨斯人口论述评 [M]. 北京：中国财政经济出版社，1986.

[3] 马克思，恩格斯. 马克思恩格斯全集（第 8 卷）[M]. 北京：人民出版社，1972：619.

[4] 马克思，恩格斯. 马克思恩格斯选集（第 4 卷）[M]. 北京：人民出版社，1972：2.

[5] 阿尔弗雷・索维. 人口通论 [M]. 北京：商务印书馆，1982.

[6] [美] J. O. 赫茨勒. 世界人口危机 [M]. 内布拉斯加大学出版社，1956.

[7] 毛志锋. 适度人口与控制 [M]. 西安：陕西人民出版社，1995.

[8] [美] S. S. 库兹涅茨 . 各国的经济增长 [M]. 北京：北京经济学院出版社，1989.

[9] 陶文达. 发展经济学 [M]. 北京：中国财政经济出版社，1988.

[10] 潘纪一. 人口生态学 [M]. 上海：复旦大学出版社，1988.

[11] [美] J. L. 西蒙著. 江南，嘉明，秦星编译 . 没有极限的增长 [M]. 成都：四川人民出版社，1985.

[12] J. L. Simon，The Economics of Population Growth. Princeton University Press，1977.

[13] 杨百揆. 西方文官系统 [M]. 成都：四川人民出版社，1985.

[14] [美] L. 伊兰伯格 . 现代劳动经济学：理论与公共政策 [M]. 北京：中国劳动出版社，1991.

[15] 许成钢译. 社会和人口统计体系 [M]. 北京：中国财政经济出版社，1985.

[16] 毛志锋. 人口自身再生产与生态环境的拓朴探析 [J]. 人文地理. 1997（4）.

[17] 毛志锋，叶文虎. 论适度人口与可持续发展 [J]. 中国人口科学. 1998（3）.

[18] 毛志锋 . 论人口增量与资源环境 [J] . 中国人口、资源与环境，1995（1）.

第9章　SD要求下的生产均衡与科技进步

9.1　引　言

伴随人口规模的膨胀和消费水平的加速提高，支撑人类社会或区域系统可持续发展的自然资源必然有限，生态环境相对容量日趋缩小。在人类须积极控制自身生命生产和生活消费无度膨胀的同时，只有依靠科技进步和使生产均衡性发展，以便有效地利用自然资源、改善和保护好生态环境，方能避免或弱化自然危机，延续人类的生存和发展。

9.2　生产均衡发展的理论基础

传统经济理论认为，决定人类社会进步的基本因素是社会生产力的发展，而决定社会生产力发展的基本要素则是劳动力、资本（生产资料）和科技进步。这三个基本要素对社会经济发展的作用具有下列不同的组合表现形式：①在科技进步水平保持不变情况下，单纯依靠增加劳动力和资本的投入，可以成比例地增加生产产出并能取得相应的规模收益；②在科技进步水平、劳动力和资本投入保持不变条件下，通过资源重组、制度创新和产业结构调整，同样能增加产出，推动经济增长；③在劳动力和资本投入不变，以及经济结构优化余地逐渐缩小情况下，间接或直接的科技进步则是提高社会生产率，促进社会经济发展的力量源泉。

然而，伴随当代世界人口剧增压力和社会生产力的快速发展，资源供给日益短缺，且其开发利用难度显著增加；环境污染愈趋加剧，生态失衡后的自然灾害则频繁滋生。于是，既因生产成本提高和资源生产力退化制约着经济生产的有效增长，从而危害着当代人的生存与发展；亦因资源的日渐枯竭和环境消纳功能的退化，而威胁到未来人口的幸福生活。因此，虽然保障社会可持续发展（SD—Sustainable Development）的基本动力依然是社会生产力的发展，但是决定社会生产力均衡发展的因素已不仅仅是资本、劳动力和科学技术，而应包括自然资源和环境。因为人类史本质上是人认识自然、适应自然、利用和改善自然的历史，社会的财富归根结底是自然力的转化和凝聚。也就是说，占有和享用自然的人类通过自身的劳动改变着自然物体的存在形式与环境，把自然环境中的物质能量永续地转换成能满足自己需要的物质财富。因此，社会的经济生产过程就是依靠人类自身的劳动和智慧开发、转化自然力的过程，而构成社会生产力的因素不仅仅是包含以人的社会创造为本征的劳动力、资本和科学技术，即狭义上的社会生产力，还应有自然生产力—资源、环境的生产和再生产。

资源、环境既是社会生产力内在恒定的物质基础，又是社会生产力存在的外部前提和可变条件。资源蕴藏的多寡，其再生能力的强弱决定着社会生产力潜在的发展规模，决定着劳动力和科技进步转换效益的好坏；环境状态是否优良，不仅以其气候、温度、光照、水等通过参与生产过程的能量转化，左右着社会生产力能否持续发展，而且其消纳废弃物功能的强弱，也直接影响到时空域的生产效益、生态效益和社会效益。生态环境不佳，人类不仅需要投入更多的资本、劳动力和科技用于改善、保护环境，而且它的恶性循环和破坏对当代和未来人口的生存来说，往往都是灾难、毁灭性的。环境是一切生物之母，既孕育着动植物，也保护着人类，是促进社会生产力发展和保障人类社会可持续发展的重要基础。

在传统经济理论中，资源和环境未被视为社会生产力决定因素的根源在于：其一，在狭义社会生产力的概念界定中，认为自然资源和环境是不含人类劳动的自然之物，因而在社会生产过程中像其他生产资料一样只转移使用价值，而本身不具有价值，自然也不能带来剩余价值。于是，在投入产出的价值度量中，不包含人类劳动的自然资源消耗和生产对环境的危害、破损，以及为此所需支付的改善、保护、救灾费用等不能直接计入生产成本，因而社会总产品的价值形态仅仅是劳动、资本的价值而不包括自然资源和环境的价值；其二，认为自然资源是自然力的凝聚，自然力永不消失，自然资源亦无限。即使一种资源消失，人们总可以发现新的替代资源，因而不会因某些资源的蕴藏量减少和暂时稀缺而影响社会生产力的发展；其三，认为环境既具有耗之不竭，用之不尽的物质能量，又有无偿的永久性消纳分解废弃物的自然功能，它不直接参与社会生产过程，不能产生新的使用价值和价值。

正是基于上述认知和衡量标准，人们在社会生产过程中，特别是工业革命时期，为了经济的发展和满足日益增长的人口的消费需要，可以肆无忌惮地消耗自然资源和危害生态环境，故而导致了今日社会发展诸多不可持续的征兆与危机。

在人类社会面临不可持续发展危机的当代，我们有必要重新认识和界定商品的价值观。广义而言，商品产生于市场经济，是人们用于满足生产和生活消费的物质与非物质产品。在现代市场经济氛围中，一切物质和非物质生产过程均具有商品生产属性，一切消费过程亦均是商品化的消费。就是说，我们不能仅仅以交换附加人类的劳动为界定商品的标准，而应当立足于人类社会的生存和发展需要，从广义的社会生产力和全方位的市场机制方面，以生产和生活消费的持续供需为准则来阐述商品的概念。即凡是具有使用价值，且可被人类利用的物质和非物质产品均是商品。于是便有：

(1) 用作市场交换的产品和用于自产自销的产品均是商品意义上的产品。就自消费品而言，其生产成本包含着来源于交换的中间商品，即使全属于自己的劳动所得，但却包含着失去从事其他商品生产的机会成本；

(2) 附加人类劳动的社会生产过程中的产品和非人类劳动的自然生产过程中的产品，亦均是商品意义上的产品。就后者而言，由自然力凝聚和作用的资源与环境，对人类的生存和发展具有显性和潜在使用价值。虽然它们不曾包含人类的劳动，但却因其利用难易度、丰裕、稀缺性和地理位置使经济生产呈现出级差收益，对人类社会的发展构成约束和威胁。如果人类从自然界中摄取过度或对其危害严重，则会导致其再生和调节能力退化。为了恢复其再生机制和改善、保护资源环境，人类将付出巨大的劳动代价。因此，凡是人类可利用的自然资源和环境虽未附加人类劳动的绝对价值，但对社会可持续发展却具有相对价值或贴现价值。

于是，商品则是人的劳动和消费与自然物质不同形式的结合，即本质上是为人和社会所用的一种有形的能量和无形的信息。人的劳动是商品，人对自然物的加工生产物是商品，自然资源和环境的人的直接或间接消耗及其潜在可利用的部分同样是商品。

凡是商品均具有使用价值和价值，两者是统一和不可分离的。即相对于消费需求而言具有使用价值，相对于供给来说则具有价值，凡是人们发现具有使用价值的亦必然具有价值。价格是价值的货币表现，其度量不仅取决于包含人类无差异（抽象）劳动—社会必要劳动时间的价值，也包含着资源、环境因其使用价值、级差收益与有限性所具有的价值，以及其治理、改善与保护所需的费用。

上述商品观的泛化和价值统一论是现代商品化生产社会的客观映象，是能够充分有效利用资源和保护环境，以促进人类社会可持续发展的理论基础。在计划经济时期，我们仅仅承认劳动创造价值，而否认不包含劳动的资源供给和环境元素投入与其所遭受的损失具有补偿性价值，则是导致资源浪费、环境破坏悲剧的根源。在全面实施市场经济的当代社会化生产中，只有将资源和环境同劳动力、资本和科学技术视为具有价值和价格的重要生产因素，我们才能立足于从人类社会可持续发展要求的角度，来探讨和促进社会生产均衡协同发展与经济投入要素之间的优化配置，才能依据市场机制和价值规律有效地利用资源和保护环境。

9.3　生产均衡发展的条件与准则

社会财富的生产过程是多种多样的，无论何种生产过程都可以视为是在一定社会、经济、技术和自然条件下，一组投入要素协同转化为产出的过程。生产函数则是在一定前提假设下描述这一过程的数学模型。

生产函数作为一种技术手段，旨在通过描述投入与产出之间的数量关系，揭示其内在的协同机制规律，然后通过生产要素的合理配置和其他调控措施欲求保障生产过程得以持续最佳产出，即使生产均衡发展。为了揭示投入要素与产出之间的优化配置关系，通常选用含有两个投入要素——资本和劳动力的生产函数：$Y = F(K,L,t)$ 。为了反映科技进步在投入产出中的作用，在 Hicks 中性技术进步或 Harrod 中性技术进步假定条件下，有 $Y = F(K,L,t) = A(t)f(K,L)$ 。即若生产要素产出之比为定常数，如 $Y/K = a$ ，则其投入所得占总产出之比亦为一不变的常数，即 $\frac{\partial Y}{\partial K} \cdot \frac{K}{Y} = C$。也就是说，中性技术进步是指各生产要素的边际替代率不变，生产规模报酬除了随各生产要素投入比例的变化而同比例变化之外，引起产出的盈余来自以技术进步为主体的综合要素 $A(t)$ 的贡献。为了能够具体地描述技术进步随时间变化对产出的贡献，故有 Cobb-Douglass 生产函数：$Y=A(t)f(K,L)=A(t)K^{\alpha}L^{\beta}$。由此函数可以解析资本、劳动力和科技进步对产出的贡献状况。

值得指出的是，在传统经济发展理论中，认为影响经济增长的两个主要因素是资本和劳动力，因而总是运用包含这两个投入要素的生产函数来研究对象系统投入—产出之间的相依关系。此外，在生产函数的分析中做出中性技术进步的简化假设。就是说，可以不单独考虑技术进步前后所投入的生产资料和劳动力的质量变化，而把这些归入包含技术进步、经营管理、制度创新、信息效应等随时间变化的综合要素 $A(t)$ 中，这样有助于分析资本、劳动力和科技进步诸要素分别对经济发展的贡献。显然，这里包含着资源供给的充裕和同质，隐含着对环境可随意污染与破坏的假定。另则，在规模报酬不变的前提下，将产出的盈余均归功于科技进步，无疑因漠视资源和环境的贡献而导致了对其的恣意滥用与破坏。

从人类社会的可持续发展角度看，经济发展或一切生产增长必须考虑到资源的支撑能力和能否被持续利用，以及环境消纳废弃物的功能是否能够得到改善和增强。因此，研究经济持续发展或生产均衡增长，需要研究资本、劳动力、资源和环境，以及科技进步与产出之间的相依关系，故有 SD—生产函数：

$$Y=F(K,L,R,E,t)=A(t)K^{\alpha}L^{\beta}R^{\gamma}E^{\theta} \tag{9-1}$$

式中：K、L、R 分别代表资本（主要是固定资产和原料的存量）、劳动力和资源（即以能值为计量单位投入生产的全部自然资源。在测算农业发展时，可以土地面积表示）的投入；由于环境通常包括资源生产和废弃物消纳，这里的 E 是指生产活动因资源摄取和废弃物排放而造成环境生产、消纳功能退化，故用投入环境治理、改善及保护的费用来表示的环境的生产投入。此外，由于我们已将资源和环境投入对产出的贡献分离出来，故这里的综合要素 $A(t)$ 更能确切地反映科技进步，以及经营管理对产出的影响。

在传统经济理论中，生产函数作为一种技术关系被用来表明资本和劳动力投入的数量配合所可能获取的最大产出。而在现代社会的可持续发展要求下，我们需要在资本、人力、资源供给和环境状态良好保障的配合下，尽可能获取适度的经济增长或较佳的投入产出。为了寻求多种生产要素的最适组合准则—生产均衡条件，我们先简化探讨两种生产要素的配合问题。

假定生产函数 $Y=F(K,L,t)$ 受限于完全市场竞争的条件要求，且两种生产要素具有可替代性，于是在总投入成本（m）和生产要素价格（P_k，P_l）

一定条件下，两种生产要素可以不同的组合方式得到某一等产出线（或等产量线）。该条等产出线的斜率若恰好等于两种生产要素的边际代替率，即$\frac{L}{K}=\frac{\partial Y}{\partial K}$；同时有 $P_kY_k+P_lY_l=m$，即为两种生产要素最适组合的等成本线，式中 Y_k、Y_l 分别为资本和劳动力的最适投入量。这时，等成本线与等产出线有唯一交点（图 9-1）。在该点处，等产出线的斜率等于等成本线的斜率，即$\frac{\partial Y}{\partial L}\Big/\frac{\partial Y}{\partial K}=\frac{P_l}{P_k}$。变换上式有$\frac{\partial Y}{\partial L}\Big/P_l=\frac{\partial Y}{\partial K}\Big/\frac{P_l}{P_k}$，意即在两种生产要素的边际产出与其价格之比相等时，这两种生产要素配合的产出成本最低。但它还不能表明在此处其产出的利润最佳。经济学理论告诉我们，获取最大利润的生产均衡条件是边际成本（MC）等于边际收益（MR），即 $MC=MR$。

由上式知，

$$MC=P_l\frac{\partial Y}{\partial L}=P_l\frac{\partial Y}{\partial K} \tag{9-2}$$

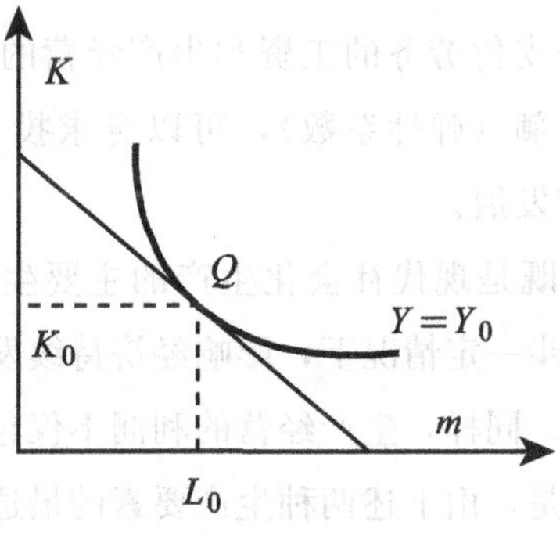

图　9-1

在市场产品价格 P_y 一定情况下，每增加单位产品所增加的收益只能是这既定的市场价格，故有 $MR=P_y$。于是，由 $MC=MR$ 得

$$P_l=P_y\cdot\frac{\partial Y}{\partial L},\ P_k=P_y\cdot\frac{\partial Y}{\partial K} \tag{9-3}$$

即生产要素的价格＝生产要素的边际收益。亦或

$$\frac{\partial Y}{\partial L}\Big/P_l=\frac{\partial Y}{\partial K}\Big/P_k=MR \tag{9-4}$$

即各生产要素的边际产出与价格之比相等，或每单位货币用于购买任何生产要素都能得到相等的边际产出。只有在这种均衡条件下，生产要素 K 和 L 才能

得到充分利用，于是生产者不再购买超额的生产要素，便可获取最佳的生产收益。因此，生产要素最适组合的限制条件和生产均衡准则应是

$$\begin{cases} P_kY_k + P_lY_l = m \\ P_l = P_y \cdot \dfrac{\partial Y}{\partial L} \end{cases} \quad P_k = P_y \cdot \frac{\partial Y}{\partial K}，或\frac{\partial Y}{\partial L}\Big/P_l = \frac{\partial Y}{\partial K}\Big/P_k = MR \quad (9\text{-}5)$$

对于稔知的 Cobb-Douglass 生产函数 $Y=A(t)K^{\alpha}L^{\beta}$ 来说，通过求偏导有 $\alpha=\frac{\partial Y}{\partial K}\cdot\frac{K}{Y}$，$\beta=\frac{\partial Y}{\partial L}\cdot\frac{L}{Y}$。这里的弹性系数 α 和 β 分别表示资本和劳动力所得在总产出中所占的份额。若取 Y 为国民收入，在上述最大利润条件下，对（9-3）式进行变化分别有

$$\frac{P_l\times L}{P_y\times Y}=\frac{\partial Y}{\partial L}\cdot\frac{L}{Y}，\quad \frac{P_k\times K}{P_y\times Y}=\frac{\partial Y}{\partial K}\cdot\frac{K}{Y} \quad (9\text{-}6)$$

于是，$\alpha=\frac{P_k\times K}{P_y\times Y}=\frac{利润}{国民收入}$，$\beta=\frac{P_l\times L}{P_y\times Y}=\frac{工资}{国民收入}$

这表明，在科技进步一定和生产规模报酬不变情况下，由于 $\alpha+\beta=1$，则国民收入＝劳动工资＋资本利润。就是说，在生产要素最适组合下总产出或总收益分为两部分，即用于支付劳务的工资和生产经营的净收益（利润）。这样，我们通过调整预计收益份额（弹性系数），可以寻求投入要素与产出之间新的较适组合，以利生产均衡发展。

自然资源和生态环境既是现代社会化生产的主要生产要素，又是其主要制约因素。因此，在科技进步一定情况下，影响经济持续发展的因素除了资本和劳动力外，还有资源和环境。同样，生产经营的利润不仅包括资本的收益，亦应含有资源和环境的贡献。于是，由上述两种生产要素的最适组合准则，我们自然可以推得社会可持续发展要求下的生产要素最适组合的条件与生产均衡准则为：

$$\begin{cases} P_kY_k + P_lY_l + P_rY_r + P_eY_e = M \\ \dfrac{\partial Y}{\partial K}\Big/P_k = \dfrac{\partial Y}{\partial L}\Big/P_l = \dfrac{\partial Y}{\partial R}\Big/P_r = \dfrac{\partial Y}{\partial E}\Big/P_e = MR \end{cases} \quad (9\text{-}7)$$

或 $P_i = P_y\cdot\frac{\partial Y}{\partial i}(i=k,l,r,e)$ 即在生产总成本和生产要素价格既定条件下，应使四种生产要素的边际产量与价格之比相等，或使生产要素的价格＝生产要素的边际收益。

同理，对于具体的 SD—生产函数 $Y=A(t)K^{\alpha}L^{\beta}R^{\gamma}E^{\theta}$，在最大利润要求的生产均衡条件 $MC=MR$ 约束、科技进步一定和生产规模报酬不变假定下，

各生产要素的弹性分别为

$$\alpha = \frac{\partial Y}{\partial K} \cdot \frac{K}{Y} = \frac{P_k \times K}{P_y \times Y} = \frac{\text{利润(1)}}{\text{国民收入}} \tag{9-8}$$

$$\beta = \frac{\partial Y}{\partial L} \cdot \frac{L}{Y} = \frac{P_l \times L}{P_y \times Y} = \frac{\text{工资}}{\text{国民收入}} \tag{9-9}$$

$$\gamma = \frac{\partial Y}{\partial R} \cdot \frac{R}{Y} = \frac{P_r \times R}{P_y \times Y} = \frac{\text{利润(2)}}{\text{国民收入}} \tag{9-10}$$

$$\theta = \frac{\partial Y}{\partial E} \cdot \frac{E}{Y} = \frac{P_e \times E}{P_y \times Y} = \frac{\text{利润(3)}}{\text{国民收入}} \tag{9-11}$$

即生产经营收益不仅是资本、劳动力投入的回报，亦包含着自然资源和环境的无私奉献。这样，根据对象系统的经济发展状态，资本、劳动力和资源的供给多寡，以及科技和环境保障状况，一方面通过调整各变元的弹性系数，在保证经济持续发展情况下寻求较适的投入要素组合；另一方面应将资源与环境贡献的部分份额用之于如何有效地利用资源和改善保护环境，以使再生资源的再生机能和环境的消纳功能得到恢复与增强。

于是，在市场经济条件下，任何经济生产不仅仅是生产经营者和劳动者为了满足自身需要的生产，而应成为既满足自己，又满足社会；既满足当代，又能顾及未来人口的生存和发展需要的均衡生产。

9.4　科技进步与生产均衡发展

人类社会发展史表明，科学技术是人类生存和发展的重要基础，是未来社会可持续发展的重要支柱。历史上科学技术的几次重大突破曾导致了产业革命的勃兴，加速了人类社会发展的历史进程。以计算机信息网络为中枢的现代高科技的快速发展和广泛使用，又不仅显著地促进着社会生产力飞跃，而且引起社会生活、文化和自然生态系统正在经历着质的变更，是人类解决日益加剧的人口、资源、环境、贫困问题的根本手段。显而易见，没有科学技术的支撑和推动作用，人类社会的可持续发展是不可想象的，没有以现代科技为主导的社会生产力的发展，就不可能有效地满足当代和未来人口幸福生存与发展的需要。

科学的发展为人类认识自然，认识社会，揭示其内在演绎规律，不断奠定着哲学和方法论基础，为未来的发展决策能够提供理论依据，亦为新技术的发明创造和广泛应用指明了方向。技术的开发和普及应用不仅装备了劳动手段，改造和扩大了劳动对象，且亦大大地提高了劳动者的工作效率和资源的转化效益。科学技术无疑是一种实实在在的生产力，她以其无形无尽的信息和高效的技能，通过对生产力各要素的强烈渗透和与之有形或无形的结合，不仅对经济的投入要素和生产过程进行根本改造，从而在大幅度提高劳动生产率的基础上显著地丰富着人们的物质生活；且对人类社会文化生活的改善和资源环境的修复、进化，亦在不断地发挥着巨大的影响和作用力。

科学技术对人类社会可持续发展的作用，在人口剧增、资源日益紧缺、生态环境消纳功能退化情况下，则显得愈来愈重要。这不仅表现在经济生产需要依靠科技能以最少投入取得最佳产出，而且提高资源利用率，保护环境，促进人类社会文明同样离不开科技进步。就社会可持续发展要求下的经济发展而言，科技进步对其投入产出的影响主要表征于下述两个方面。一是物化在人力资本——表现为劳动熟练程度的提高和科技人员的创造发明、固定和流动资本——体现为生产工具的不断改良和劳动对象的有效拓展，以及资源和环境——使资源得以有效开发和利用与环境的输出消纳功能有序增强；二是呈现为一种中性或自主性，即在生产因素投入不变或规模收益不变情况下，由于科学决策、制度创新、结构调整、资源合理组配，以及加强和完善各种管理、组织技术措施等，而使产出有较多的盈余。为了能够充分反映这种科技进步的中性盈余和分析各种投入因素对经济产出和生产均衡发展的贡献，故引用上述SD—生产函数作以探讨。

由式（9-1）知，科技进步水平为 $A(t)=Y/F(K,L,R,E,t)$ 。由于 $A(t)$ 是一个随时间 t 变化的量，故它的增长速度为

$$\omega(t)=\frac{\mathrm{d}A(t)}{\mathrm{d}(t)}\cdot\frac{1}{A(t)}=\frac{\dot{A}(t)}{A(t)} \tag{9-12}$$

由于式（9-12）中的增长速度通常与指标的指数变化相一致，故有 $A(t)=A(0)\mathrm{e}^{\omega t}$ ，代入式（9-1）得

$$Y(t)=A(0)\mathrm{e}^{\omega t}K^{\alpha}L^{\beta}R^{\gamma}E^{\theta} \tag{9-13}$$

对式（9-13）两边取对数求导有

$$\frac{\dot{Y}}{Y}=\omega+\alpha\frac{\dot{K}}{K}+\beta\frac{\dot{L}}{L}+\gamma\frac{\dot{R}}{R}+\theta\frac{\dot{E}}{E} \tag{9-14}$$

再经值换可得年科技进步速度为

$$\omega=y-\alpha k-\beta l-\gamma r-\theta e \tag{9-15}$$

于是，科技进步对经济（产值）增长速度的贡献 GA 应等于年科技进步速度与产值年增长速度之比，即 $G_A=\omega/y\times100\%$。类似地，可分别求出资本、劳动力、资源和环境对经济增长速度的贡献，即 $G_K=\beta l/y\times100\%$，$G_R=\gamma r/y\times100\%$，$G_E=\theta e/y\times100\%$。如果我们研究某一时期（如 5 年或 10 年）内科技进步和其他变量对经济增长或产出的贡献时，需要运用几何平均法计算各变量的年均增长速度，然后分别计算其贡献，故有

$$G_A=\frac{\omega}{y}\times100\%=\frac{\left(\dfrac{A_t}{A_0}\right)^{\frac{1}{t}}-1}{\left(\dfrac{Y_t}{Y_0}\right)^{\frac{1}{t}}-1}\times100\% \tag{9-16}$$

$$G_K=\frac{\alpha k}{y}\times100\%=\alpha\times\frac{\left(\dfrac{K_t}{K_0}\right)^{\frac{1}{t}}-1}{\left(\dfrac{Y_t}{Y_0}\right)^{\frac{1}{t}}-1}\times100\% \tag{9-17}$$

$$G_L=\frac{\beta l}{y}\times100\%=\beta\times\frac{\left(\dfrac{L_t}{L_0}\right)^{\frac{1}{t}}-1}{\left(\dfrac{Y_t}{Y_0}\right)^{\frac{1}{t}}-1}\times100\% \tag{9-18}$$

$$G_R=\frac{\gamma r}{y}\times100\%=\gamma\times\frac{\left(\dfrac{R_t}{R_0}\right)^{\frac{1}{t}}-1}{\left(\dfrac{Y_t}{Y_0}\right)^{\frac{1}{t}}-1}\times100\% \tag{9-19}$$

$$G_E=\frac{\theta e}{y}\times100\%=\theta\times\frac{\left(\dfrac{E_t}{E_0}\right)^{\frac{1}{t}}-1}{\left(\dfrac{Y_t}{Y_0}\right)^{\frac{1}{t}}-1}\times100\% \tag{9-20}$$

在这里，如果 $G_A>G_K+G_L>G_R+G_E$，意即科技进步的贡献大于活劳动和资金投入的贡献，且大于资源和环境投入的贡献，则可以认为这是一种科技进步型的生产均衡发展模式，是未来社会可持续发展的必然象征，当代一些发达国家类似这种发展状况。若 $G_K+G_L>G_A>G_R+G_E$，意指活劳动和资本投入的贡献大于科技和资源、环境的贡献。这代表着一种劳动—资金密集型的经济结构发展模式，是发展中国家迈向发达国家，不可持续走向可持续发展的转型形态。假定 $G_R+G_E>G_K+G_L>G_A$，这种状况显然是依靠资源、环境的大量投入而发展的资源型生产非均衡模式。由于其科技水平低，资金欠缺，则资源的利用转化效益亦低。为了满足其人口的基本生存和发展需要，依靠资源和环境

的初级转化来发展只能导致其更多的浪费和带来更大的破坏，亦只能加重不可持续发展的危机。

9.5 小 结

作为生产均衡发展的理论基础，本章拓展了社会生产力的内涵和商品的定义域。然后，提出新的SD—生产函数，用之探讨了可持续发展要求下的生产均衡发展准则和科技进步贡献诸问题。这对于分析、制定区域的可持续发展战略，无疑具有重要的参考价值。

本章参考文献：

[1] Healy，S. H.，Science，Technology and Future Sustainability. Futures，1995. 27（6）.

[2] Farzin，Y. H.，Technological Change and Dynamics of Resource Scarcity Measures. Journal of environmental economics and management. 1995（29）.

[3] Rene Kemp. Technology and the Transition to Environmental Sustainability. Futures. 1994. 26(10）.

[4] 柳欣．资本理论——价值、分配与增长理论［M］．西安：陕西人民出版社，1994.

[5] 史清琪等．技术进步与经济增长［M］．北京：科学技术文献出版社，1985.

[6] 张金水．经济控制论［M］．北京：清华大学出版社，1989.

[7] 牛文元，毛志锋．可持续发展理论的系统解析［M］．武汉：湖北科技出版社，1998.

[8] 毛志锋．论SD要求下的生产均衡与科技进步［J］．科技管理研究，1998（5）.

第10章　人类文明与可持续发展

10.1 引　言

追求人类社会的可持续发展，这是当代人们面对全球性危机，不断反思人类文明的发展历史与人类生存方式的演进过程后所形成的共识。20世纪60年代初，美国生物学家R. Carson的《寂静的春天》，曾在民众陶醉于工业文明的梦寐中爆发了第一声呼唤拯救人类的春雷；70年代罗马俱乐部的诞生及其《增长的极限》的惊世宏言，又率先将科学家和社会有识之士的注意力引向人类社会能否持续发展的探索；90年代初世界环发大会和《里约宣言》，既表明全球政治家的最后觉醒，也标志着各国政府职能目标的历史性转折。近年来国际F-10俱乐部的成立和其“实现能源和资源效率十倍跃进”的Carnoules宣言，又显示了“地球村”里的社会学术团体正沿着可持续发展之路寻求拯救人类社会之方略。

追求人类社会的可持续发展，尽管各国或地区可以各自的地理环境、经济条件和文化背景为基础选择相适宜的发展道路与行动策略，但它毕竟是一个全球性的社会进步过程，因而需要倡导一种文明观，以其纲领理论和共性准则进行指导与评价，才能在协调全球持续发展的进程中，也有利于促进各国或地区的可持续发展。

可持续发展，本质上是指人类社会的可持续发展。因此，作为能动的人类需要倡导以环境文明为基础，物质文明和生育文明并举的人类文明观，通过协调人口生产、物资生产和环境生产之间的相依关系与内在运行机制，来促进人与自然、人与人的和谐，从而不断实现人类社会的可持续发展。

面对世界文明进程的历史性转折，我国作为一个拥有众多人口、在国际政治和经济活动中享有重要地位的发展中国家，如何把握历史契机，采用何种系列策略，在促进人类社会进步、实现现代化强国的建设过程中顺利地步入环境文明的新时代，既是政府和广大民众十分关注的议题，也是我们每一位科技工作者亟待进行理论探索和应用研究的使命。

10.2 人类文明的历史辨析

10.2.1 从采集捕猎到农业文明

历史唯物主义认为，物质资料生产是在一定社会生产方式下进行的人类最基本的生产活动，是人类社会存在和发展的基础。尽管社会生产力和生产关系的矛盾运动是社会生产方式变革的根本原因，但是它并不排斥与物质生产构成人类社会生产系统统一体的人类自身生产仍是社会存在和发展的前提。因为无论是社会生产力还是社会生产关系，都必须依附于人类自身生产才能存在。

没有人类，显然也就没有社会生产力，也就不会有社会的生产关系。但反过来看，只有物质资料的生产劳动，才使人类脱离了动物界，产生了人类自身生产和再生产的运动过程。以物质资料生产为基础的社会生产方式是决定和制约一切社会现象发生、发展和变化的终极因缘，它亦必然决定和制约着人口现象和人口过程的发生、发展与变化。然而，物质资料生产实质上是为满足人类自身的生存和发展需要，通过人的直接或间接劳动来转化自然力的过程。因此，人类文明史首先表现为以物质资料生产为枢纽的自然史和人类史彼此相互适应和促协的社会进步过程，是人类认识自然，利用自然力而促进自身进化与发展的过程。

在人类诞生之初，由于社会生产能力很低，原始人除聚群采集野生植物外，只能用棍棒、石矛猎取禽兽，捕捉鱼类为食料维持生活；人类处在大量未触动的大自然的包围之中，受制于未知的大自然力量的统治，基本遵循生物适者生存规律而进化。因而在这一时期，原始人内部既无阶级和私有制之间的矛盾斗争，也基本不存在同自然界的冲突和对抗，呈现出一种人与自然混沌共生的原始文明。

随着生产知识、经验的增加和生产工具的改进，以及人口数量增加引起消费需求压力的促使，出现了人工栽培植物，从采集经济中产生了原始农业；出现了人工驯养某些动物，于是又从狩猎游牧经济中产生了原始的畜牧业和渔业。因而也就有了人类社会的第一次大分工，在推进社会生产力发展的同时，亦促进了人口繁衍和私有制的产生。随着生产力的发展，产生了金属工具，尤其是铁的冶炼和铁制工具的使用日益广泛，在促进种植业、畜牧业发展的同时，也使手工业从农业中分离出来，成为独立的社会生产部门，于是在原始社会末期出现了第二次社会大分工。当原始社会解体，人类社会进入奴隶制时代之后，又出现了第三次社会大分工，即从事商品交换的一部分人力资源独立于商品生产者，因而作为社会经济不可缺少的商业部门也就出现了。以奴隶主土地所有制为基础的农业替代原始公有制式的农业是一个历史进步。因为大规模的奴隶聚集性劳动，为兴建大型水利工程、开垦荒地等提供了有利条件，从而提高了农业生产水平，增加了更多的剩余农产品，这又为农业和手工业、脑力劳动和体力劳动的更大规模的分工合作提供了可能。

伴随社会分工在广度和深度上的强化，生产力有了快速发展。在以农业的分散经营和自然经济为生产特征的封建社会，由于农民有了部分人身自由和自有经济的生产权力，因而劳动积极性显著提高，通过采用先进的农业技术对土地进行精耕细作，大大地提高了农业的劳动生产率，促进了农业的发展。特别是到了以商品经济和机械化及先进科学技术引用为特征的资本主义农业阶段，社会劳动生产率有了质的飞跃和进步。因此，历史地看，生产工具的改进和生产方式的变更促进了社会物质资料的生产。农业剩余产品的出现和私有制的产生，推动了社会生产的分工合作。而三次社会大分工的出现和强化，以及由此而引起的生产关系的变革和农业商品化、技术化生产的农业革命的勃兴，则是促进社会生产力发展和形成农业文明以至当今社会文明的主要源泉。

人类社会历史上的农业文明，是指以农业劳动生产率的提高、人们生活资料生产日益丰富为物质基础的社会文明。它不仅包含以自然力转化为特征的农业生产工具的发明和改进，以及土地耕作、作物栽培、畜禽繁育技术的创造和完善的物质生产文明；也包含着人口的繁衍，及其体力和智力进化的人类自身发展的文明；同时也包含着与生产力发展相适应的社会生产关系的进步，不同民族文化和科学技术的形成与发展的社会文明。

“一种文明除非它对事物发生的原因做出解释，即使这种解释九份属于神秘不可思议，一份是分析的，否则还不能算是具有活力和有效的。”[1]农业文明产生于人类生存和发展的社会实践，而推动农业文明的力量源泉则与人们对自然界的认识和科学解释密切相关。古代农牧业的生产活动需要观察天象，因而天文学首先发展起来。此后数学、力学和建筑工程学也相继发展起来。哥白尼日心说的提出，麦哲伦等人的地理大发现，伽利略在力学和天文学上的巨大成就，直到牛顿经典力学体系的建立等，既打破了形而上学自然观的束缚，为辩证唯物主义的自然观哲学体系的形成和发展奠定了基础，也为自然科学的观察发现和实验发明产生了强大的推动作用。

凡是农业兴起的地方，社会文明就在那里扎下了根，不仅孕育了物质生产的文明，也更创造了人类文化文明。从亚洲的中国和印度到欧洲的希腊和罗马，各民族文明虽然在形式和内容上有所不同，但都是以土地即农业生产为其经济、生活、文化、家庭结构和政治制度的基础。虽然历尽盛衰，此起彼落，连绵不断的相互冲突而又丰富多彩地彼此融化，从而塑造了农业的物质文明和社会文化文明，既推动了社会生产力的快速发展，又为工业文明和当今的环境文明奠定了雄厚的物质、技术、文化基础。因此，美国的未来学家托夫勒把这一历时数千年的历史现象——农业文明称为第一次浪潮所传播的文明。[1]

10.2.2 工业文明的崛起和发展

农业的兴起是人类社会发展的第一个转折点，而工业革命则是第二次伟大的突破。人类历史上的三次社会大分工铸造了农业文明，而蒸汽机的发明和科学技术的突飞猛进，在继承和光大农业文明的基础上，则以雷霆万钧之势，冲垮了一切旧有制度和生产方式的束缚，改变了千百万人民的生活方式和社会经济结构，显著地促进了生产力的发展，于是创建了一个崭新的工业文明社会。

辩证唯物主义认为，物质资料的生产方式制约着整个社会生活。有什么样的生产方式，基本上就有什么样的社会思潮、公众文化、政治和经济制度，也就有什么样的社会。而社会生产力是生产方式的物质内容，是物质生产中最活跃、最革命的因素，生产力的发展水平决定着社会生产方式的社会形式-生产关系的性质。生产关系又反作用于生产力，促进或阻碍着生产力的发展。

工业革命虽然起源于18世纪蒸汽机的发明和工作机的运用，但由三大社会分工引起的商品经济的发展、欧洲“圈地运动”的资本原始积累，以及资产阶级的政治大革命和技术、产业革命，促使了资本主义生产方式和资本主义社会制度的建立与发展。资本主义的生产方式不仅使以土地为基本生产资料的分散经营、自给自足型农业生产变为专业化、商品化、社会化的工业生产，而且“只有资本主义生产方式第一次使自然科学为直接的生产过程服务”。于是，科学变成了“生产过程的因素”，变成了“直接的生产力”。[2]

工业革命在最先兴起的欧洲不仅使资本主义的农场变为工厂，使农村演变为城市，更重要的是敲响了封建社会和农奴制的丧钟，从而波及人类生活的各个方面，形成了一种丰富多彩的社会制度。遍布世界的工业化进程，不仅由于生产工具的不断更新换代，交通、通讯技术的飞速发展，化学、生物技术的广泛使用等，大大地解放和促进了生产力的发展，创造出与日俱增的物质财富，促使了科学、文化、教育等事业的超速发展；而且由于与生产力相适应的生产关系的变革，使得社会政治愈益民主，思想意识更趋自由，文化生活更为多彩丰富。人类在认识自然、改造自然的斗争中，也在有机地调控自身生命和生命力的再生产，以便服从社会发展的需要和促进工业时代的物质文明。

同农业文明时代相比较，工业社会具有下列显著的文明特征：

农业文明时代的三次社会大分工形成了以农业生产为主体的三次产业结构雏形。其生产力要素是以土地为基本生产资料，以动植物为劳动对象，主要借助人力和畜力进行经济再生产和自然再生产。而在工业社会，产业结构以工业为主导，以化石燃料为主要能源，借助机器、电力和信息管理进行专业化、商品化大生产。伴随工业化在广度和深度上的发展，其资本有机构成显著提高，从而推动了科学技术的突飞猛进，相应地也促进了教育和文化事业的蓬勃发展。反过来，科技教育的发展又加速了产业结构和经济结构的变化，不仅显著地提高了社会劳动生产率，推动了工业、农业的现代化进程，而且促进了第三产业的迅速勃兴，大大推动了社会生产力的发展。

农业文明时代以分散经营、自给自足为其经济特征，而工业文明时代则是资金、人力和生产资料高度聚集基础上的大规模的商品化生产。因而，由农业时代的家庭生产经营逐步演变为农工商一体化的公司经营，其社会化程度显著提高，故而使生产力要素能够在市场经济机制下得以优化组合，充分利用。商贸活动由局部的区域性经营演变为跨地区、跨国、全球一体化经营，这不仅显著地促进了人类社会生产力的发展，而且推动了政治集团的广泛对话、民族的日益和解，增强了各国之间的政治、经济和文化交流。因此，工业革命以它自己富有特色的科学发明、技术运用、社会组织机构创新和信息交流紧密结合，显著地推动了全球经济和政治的文明变革。

工业革命还促进了农村城市化、家庭社会化的进程，这有助于人们在享受现代社会文化生活文明的同时，显著地改变了农业时代的生育观念，有效地遏制了人口数量的迅速膨胀，促进了人口素质的全面发展和提高。

“如果说，在中世纪的黑夜之后，科学以意想不到的力量一下子重新兴起，并且以神奇的速度发展起来，那么，我们要再次把这个奇迹归功于生产。”[3]生产实践既促进了自然科学和辩证唯物主义哲学体系的发展，也促进了技术科学的发明创造。同样，科学技术的发展反作用于生产实践，有力地推动了社会生产力和社会制度的发展。正如马克思所指出的：“火药、指南针、印刷术——这是预告资产阶级社会到来的三大发明。火药把骑士阶层砸得粉碎，指南针打开了世界市场并建立了殖民地，而印刷术则变成新教的工具，总的来说变成科学复兴的手段，变成对精神发展创造必要前提的最强大的杠杆。”[4]蒸汽机和其他工具机的发明、使用，推动了近代的第一次技术革命和产业革命，使“资产阶级在它的不到一百年的阶级统治中所创造的生产力，比过去一切世代创造的全部生产力还要多，还要大”[5]。这充分表明，科学技术是生产力，是一种推动物质生产的革命力量。而生产力的发展归根到底又是推动一切社会变革的最根本原因。

如果说，青铜器和铁器的使用，火药、指南针和造纸技术的发明，哥白尼、伽利略和康德有关天体演化学说促进了自然科学的形成和发展，从而推动了人类由食物搜集者变为食物生产者的农业时代文明；蒸汽机的发明、电磁学理论的产生、化学原子论的建立，细胞学说、能量守恒与转化定律和生物进化论的诞生，以及各种科学技术和管理科学的发展，有力地推动了人类由食物生产者变为物质生活资料的直接生产者和制造者的工业革命，使社会生产由机械化过渡到电气化、化学化，及至专业化、商品化和社会化的工业文明；那么现代由解放人的体力到解放人类脑力的信息科技革命，正使“后工业社会”跃入人类社会发展的新文明时代。

10.2.3 物质文明的危机与环境文明的勃兴

环境与发展，已成为当今世界各国人民共同关心的主题。人类有着改造自然和利用自然的卓越能力，能够为自己的生存和发展创造更加有利的生态环境。然而人类在改造和利用自然的过程中，如果失去对自然再生产和为满足自身消费需求而进行不适度摄取自然界的行为的控制，或者只求眼前、局部的发展，就会造成生态环境的整体破坏，就会受到自然界的无情报复，最终使人类失去必要的生存环境。

发祥于幼发拉底河和底格里斯河流域的古代巴比伦是世界四大文明古国之一。公元前，这里曾经是林木葱郁，沃野千里。然而 2000 年前，漫漫黄沙使这曾具灿烂文明的古国在地球上销声匿迹了。南亚的印度河流域也是人类早期文明的发祥之地。但是，其人口的过度增长和聚集，继之无休止地向大自然索取，导致生态环境的超载和恶化，昔日的沃野良田变成了不毛之地，最终形成了今日 65 万平方公里的塔尔沙漠。我国的黄河流域，古代曾是林木茂密、富庶繁荣，成为中华民族的文明摇篮。然而，现时的黄河泥沙含量冠于世界河流之首，黄土高原流域因水土流失而沟壑万千，现是我国最贫穷的地区之一。

显然，人类的农业文明在促使经济发展的同时，亦促进了人口的自身再生产，但无法承载过度的人口增长和减缓日益膨胀的人口生活消费压力的冲击。人口不适度的增长和盲目的经济开发，使生态环境失去良性循环的平衡，进而使人类自身面临自然界的无情报复。

18 世纪掀起的工业文明，无疑给人类生存带来了幸福之“神”，在人类历史上写下了极其辉煌的一页。然而与此同时，人类同自然生态的关系也在急剧地恶化。资源面临枯竭，污染日趋严重，震惊世界的“公害事件”频频发生，工业文明在造福于人类进步的同时，也使人类的生存环境涂上了浓重的“污黑色”。

20 世纪中叶以来，新技术革命使粮食亩产量成倍地增长，世界各国的经济发展普遍跃上新的台阶，亦给人口控制和环境治理提供了新的技术手段。但有增无减的人口浪潮和日益增长的消费压力，使日趋减少、被污染、蚀化的有限耕地的负载不断加重。自然资源的过度开发，尤其是能源、化工等工业快速发展所造成的黑色污染，不仅使水土流失，土壤退化加重，生物资源减少，生态循环调节功能降低，而且导致大气臭氧层被破坏，“温室效应”不断冲击着人类的生存环境。因此，反思以农业革命和工业革命所引起的以人的需要为中心的物质文明危机，人类亦“需要进行一场环境革命”，需要借助现代科学技术成果，在积极控制人口增长和扶正人们消费行为，以及调整经济发展模式的同时，不断有效地保护和改造自然生态环境，从而开创一个人与自然和谐相处的“环境文明”新时代。[6]

10.3 环境文明与“三种生产”协调发展

10.3.1 通过倡导环境文明，实现人类社会的可持续发展

自然环境是人类赖以存在和发展的前提和基础，它对人类社会生产力的制约作用永恒存在，但又随着社会生产力和自然生产力的发展而变化。社会生产力作为自然人化和人自然化的纽带，又能够对自然环境产生重大影响：合理的开发和利用自然可以为人类造福，不合理的开发和变革自然必然导致环境的污染和衰退，造成严重的社会公害，结果是正效应与负效应并存。

人类社会的农业文明虽然促进了社会经济的发展，但因人口规模不断膨胀和生活消费压力冲击驱使下对自然界的盲目开发和经济扩张，使生态环境自打破自然调节之后一次一次失去人工辅助下良性循环的平衡，进而带来难以遏制的自然危机回报。工业文明既创造了巨大的物质财富和促进了人类社会的快速发展，也使人类的生存环境惨遭前所未有的灾难性破坏，从而宣示了“先发展，后治理”模式的最终失败。因而，谐和人口、经济和资源环境之间物质、能量的有效转化和供需均衡，保障生态环境良性循环；在持续丰富当代人口物质生活和精神享受的同时，倡导满足子孙后代能够幸福生存的环境文明，以促进人类社会持续发展，已成为新世纪全球战略目标追求的主流。

有位贤哲曾经这样说过：“文明的人类几乎总是能够暂时成为他的环境的主人。他的主要苦恼来自误认为他的暂时统治是永久的。他把自己看作是世界的主人，而没有充分了解自然的规律。”（［英］舒马赫：《小的是美好的》，商务印书馆 1985 年版，第 66—67 页）人类社会发展进程中的农业文明和工业文明，均是以不同历史时期人口的生存和发展所需的物质享受为最终目标，通过手工劳动和机器生产来转化环境生产力。由于人的需要和物质生产居于主导地位，加之环境资源的慷慨解囊，因而人类总是以统治者的面目出现，对自然界的征服、摄取多于对其的补偿和保护；衡量社会文明总是以物质资料占有和生活资料享受的多寡为标志，因而亦总是呈现出一种对物质文明的贪婪。当人类的物质占有和生活享受欲同环境的资源存贮和可供给能力产生剧烈矛盾与不均衡时，人类才真正认识到自身将会面临征服者被征服的危机。因此，倡导和追

求环境文明自然成为人类社会可持续发展的明智之举。

环境文明是指人类依托自然环境而生存，通过合理地开发利用自然资源和保护生态环境而发展的人与自然有序进化、人与人同舟共济的社会文明。环境文明不同于农业文明和工业文明的显著区别在于，作为能动者的人类不仅追求满足自身发展或当代人口生存需要的物质、能量，也要考虑到环境的生产力，以及为恢复和增强环境生产能力所需给予的能量补偿与保护，以便保障未来人口的生存和发展需要；不仅追求物质的享受，也需要非物质化的人文精神陶冶和回归自然的情绪感染，以促进自身生命力的健康发展。因而，在环境文明时代，人与自然和人与人之间的关系应是和谐代替对抗，人对自然的依赖亦应是征服与掠夺代之于有序补偿和保护，天人合一，荣辱与共。

10.3.2　通过和谐“三种生产”之间的相依关系，促进环境文明的实现

人与自然共生的复合系统客观上存在着物质资料生产、人口生产和环境生产。[7]人口生产是指人类生存和繁衍的总过程，物质资料生产则是人类通过劳动转化自然力满足自身生存与发展需要的总过程。而环境生产本质上应是自然生态系统中生物有机体与非生物无机体，以及生物系统内部进行物质和能量转化的自然循环过程。但自人类诞生和介入之后，环境生产系统不仅包括人口生产系统所需的生活资料生产和物质生产系统所需的生产资料生产，而且也包含着环境以其自净代谢能力消纳生活废弃物和生产废弃物的生产，因而成为人口再生产和物质再生产的源和宿。

在农业文明和工业文明时代，人类只认识到物质资料生产与人口生产之间的相依关系与机制，而忽略了环境生产环节的存在和其依存关系，其根源在于误认为环境生产系统拥有耗之不竭的自然生产力，是不付成本支出的天然垃圾消化场。当遍布全球的人口、贫困、资源短缺、环境污染问题无法从人口生产和物质生产的循环中找到理想答案时，环境生产及其生产力机能的保护问题才得以引起足够的重视。

实现人类社会的可持续发展需要倡导环境文明，而谐和以环境生产为物质来源基础和矛盾主体的“三大生产”之间的供需关系和机制则是实现环境文明的根本保障。因此，有关建立“三大生产”理论体系和其谐和策略的实践应用研究，务必成为不同学科联袂研究的迫切命题。虽然马克思有关人口生产和物

质生产两大生产相互适应与协同的学说，为我们研究“三大生产”之间的相互依附与机制规律奠定了理论基础，但在理性跨越的基础上，如何继承和光大马克思的经济理论来认识“三大生产”的存在和运动规律；在迎接环境文明时代的序曲中，如何应用“三大生产”的理论学说指导我国可持续发展的社会实践，则必然地成为我们中国当代学者所承负的历史职责。

我国是世界上最大的发展中国家，由于人口问题的沉重背负和资源供给的相对欠缺，在加速现代化建设、尽可能地丰富人民物质生活的过程中，尚需认真汲取工业化国家“先发展，后治理”模式的沉痛教训，将战略目标调整到追求环境文明方面来，才能最终保障我国的可持续发展。也就是说，面对人口持续膨胀和物质消费增长追求的压力，以及资源短缺、环境恶化的胁迫，我们不仅需要有危机感去自觉地控制人口自身的再生产和消费行为，而且要有强烈的使命感来主动地协调“三种生产”之间的相依关系和谐和其内在供需总量及结构的均衡，以保障我国可持续发展的自然基础和社会活力。

10.4 物质文明与资源利用

人类从一出现在地球上，便是在利用自然资源的过程中发展的。人类的物资生产首先是依靠自然界提供的资源，然后经过劳动将自然力转化为物质产品和社会财富，在不断地满足人类物质所需的过程中，推动着人类社会的可持续发展。

然而，由生命有机体和非生命无机体组成的自然生态系统，其物质、能量在一定时空域内的有效供给却总是有限的。这不仅指以矿藏为主体的不可再生资源的供给是有限的，且以生物为主体的再生资源同样在转化无穷无尽的太阳能过程中，所能提供人类享用的盈余物质、能量也客观地存在一个阈值。人类生产活动的索取若超越这些有限界定，则必然破坏自然生态系统中物质的有机转化和能量流动的内在均衡，以及固有的自组织调节功能。为了满足人类社会经济系统的持续发展，若欲望将自然生态系统的物质、能量的有限界定推向无限持续供给，则需要在积极保护生态环境、补偿和调节其生产功能的同时，更需要借助先进的科学技术和社会经济机制，调整产业、产品结构和人类的物质生活消费方式，从而最大限度地节约和有效地利用自然资源。也就是说，作为能动的人类，需要建树新的物质文明观，通过改进生产和生活方式，以便能为子孙后代的幸福生存留下较充裕的自然资源和可拓展的环境空间。

10.4.1 开源与节流并重

任何区域社会经济系统的持续发展，须臾离不开自然资源和社会、经济资本的不断有效开发利用，但自然资源和社会、经济资本在特定时空域的有限供给性决定了节流是必需的人类生产和生活消费活动。

人类自诞生之日起，无不依靠自身的体力和智力向自然界开拓索取物质财富，以满足其生存和发展的需要。人类对自然的能动认识和占有欲，往往使人类的生产活动和消费需求更多地注重对自然的开发、征服和摄取，因而生产的节流和生活的节约常常被忽视、轻视。当区域空间或国家、世界范围内的资源可开采总量面临耗竭威胁，或开源的经济成本超过其经济收益时，人们才真正认识到了节流的重要性和迫切性，于是外延的经济扩张需要收敛，内涵的节流性生产和生活消费节约措施依靠经济政策和市场机制能够得以有效实施。因为节流性生产不仅追求的是要素优化组合基础上的经济效益，也包含着节约社会资本和自然资源的社会效益与生态效益。经济效益则更多的是满足当代人的生活消费与生产者的经营利润之追求，社会效益和生态效益则常常体现为对社会生活与自然环境和后代人生存的考虑。因此，追求人类社会的可持续发展需要遵循开源与节流并重的原则。开源意味着有更多的物质、能量供给，同样，节流也为了满足人类对物质、能量的持续需求。

我国人口增长和生活消费膨胀的巨大压力已使“地大物博”相形见绌，资源供给和环境保障不仅制约着当今社会经济的发展，而且严重地威胁着未来的可持续发展。生产过程中无效的资源消耗和低效经营已触目惊心，生活消费的超度追求和无端浪费，不仅导致了部分产业的畸形发展、中心城市环境恶化和主要水系流域生态的失衡、失控，也造成了水、能源和耕地的严重短缺。因此，生产中的资源节流和生活消费上的节约在我国的可持续发展战略和政策的制定与实施中显得极其重要和迫切。在经济发展和现代化建设中，我们不仅要开源，更重要的是要节流，方能保障我国的社会经济得以持续稳固发展。

10.4.2 消费有够和适度

在人类摆脱了饿殍的困扰之后，伴随全球性工业化和现代化的经济建设，人类的物质生活水平有了显著的提高，且对文化技术素质、环境清洁和回归自然的欲望也日趋强烈。于是，以物质、服务、文化和环境消费需求为变元的福利效用累加递增与内在结构调整，成为人类社会发展的必然趋势和人类文明的主要标志。

人均物质生活消费水平的提高，意味着需要消耗更多的以能源为主体的自然资源；人们对环境享受的日益追求，则要求适度开发利用自然资源、减少生产和生活性废弃物的排放及保护生态环境；加之，人口增长和满足后代需要的压力与环境生产力保障的有限性，因此生活消费有够和适度应成为人类社会所需奉行的行为准则。这意味着，人们在基本生活条件得到一定保障之后，应适度减少物质消费需要和减缓消费水平的递增速度，避免畸形高消费，以降低经济生产压力和保障自然资源的持续开发利用；需要调整生活方式和消费结构，实施“节俭消费”和“清洁消费”的绿色消费模式，进而追求文化、服务等消费方式的多元化和生活质量的提高，以便减少资源浪费和环境污染，且能充分发挥人力资本和社会资本的丰富潜能，促进科教文卫事业的发展和环境的改善。

尽管当前我国人均 GDP 仅及美国的 1/45,[8] 物质生活水平还较低，但已基本实现了温饱和正步入小康社会。面对人口持续膨胀、物质供给和环境保障压力，我们应当减缓对物质消费的“国际接轨”奢望，在满足基本物质生活需求之后，应将人均可支配收入的剩余转入对文化和技术素质，以及服务和环境诸第二性消费的追求。相应地，必然会加快产业结构转向以第三产业的发展为主导和我国城市（镇）化、现代化的建设步伐。这样，既可由减轻物质生产部门的压力而减少对自然资源的消耗和环境的污染，又可吸纳更多的剩余劳动力就业和缩小城乡、贫富差别，以保障社会的稳定发展。

10.4.3 充分依靠科技进步

人类社会实践表明，科技进步既是人类生存和发展的重要基础，也是实现社会可持续发展的根本出路。面对全球性的资源紧缺和环境污染，以及生态循环失衡危机，人类社会或区域系统的发展只有通过科技进步，才能促进经济增长方式从粗放型向集约型转变，以便有效地节约和利用自然资源；只有通过先进科学技术成果的推广运用，才能更好地治理污染和保护生态环境，以便持续地改善人们的生存条件和提高生活的质量；也只有不断地进行科技创新和用于装备生产力要素，才能提高生产、工作效率和推动社会的全面发展与文明。

在区域空间非生物资源存贮和环境生产力的有限界定下，克服资源供给短缺，恢复和增强环境生产力的根本手段只有依靠科技进步，这对于能源和其他物质资源相对紧缺的我国则显得极其重要和迫切。倘若我国的农业科技进步在农作物增产中的贡献率由现在的30%提高到发达国家70%～80%的水平，那么在播种面积不变情况下每年的粮食总产就可增加50%以上。这不仅能够充分保障我国人口增长的消费需要，又可节约大量的耕地、水资源和资金的投入，用于环境的改善和保护。同样，如果我国的矿产资源回采率和工业产值耗能率能够达到发达国家的当前水平，那么就可以节约大量的非再生资源和资金，以促进我国经济的持续较快发展。因此，有必要呼吁各级政府和企业界，不仅应把科学技术作为第一生产力来推动我国外延经济的发展，也需要依靠科技进步大力提高资源利用率和发展环境保护产业，以较少的物质投入、尽可能低的废弃物排放率，在为我们的子孙后代创造出丰富社会财富的同时，也能够留有充足的资源存贮和洁净的生存环境。

10.5 生育文明与人口控制

人类的社会存在，客观上决定了人们既要生产物质资料，又要进行“自己生命生产”和“他人生命生产”的人类自身再生产。环境生产力的有限性，不仅要求这两种生产各自的发展应适度，且要求两者在一定时空域应保持相互促协的发展，要求人口再生产适应于物资生产和环境生产发展的需要而能动地调控自己。作为物的生产和种的繁衍之间的这种促协或适应程度的本质上的联系与矛盾运动过程，即为任何社会发展阶段或社会形态所共有的普遍人口规律，也是人类社会能够持续发展的根源所在。

实质上就一国或区域的人口再生产而言，物资生产要求人口再生产应保持适度的人口数量和消费规模，以便同生活资料生产和自然资源可利用相协调；要求保持适度的人口年龄结构，以便提供长期生产发展需要的劳动力和使近远期人口抚养不至于超负荷；要求具有适度的人口整体素质和人口空间分布，以符合区域社会生产的持续发展和生态平衡的需要。因此，从人口与物质资料生产和环境生产的本质联系及其内在机制方面看，似乎也存在“一只看不见的手”调节着人口再生产，使之适应于人类社会持续发展和区域生态环境良性循环的需要。这只看不见的手就是第 8 章所讨论的适度人口规律，即以人类社会的可持续发展为准则，以适度人口为目标的人口再生产的调节与控制。

人口生产作为一个开放系统，其状态的发生、发展，既取决于内在的生物机制和结构演替，又受制于外部社会经济和生态环境的激励与约束。因此，既需要依据时空社会经济和生态环境的适度容载目标控制潜在人口生育的增长，亦须按社会经济发展和生态环境改善的需求来控制现实人口的发展。前者意指根据外部环境的规模容载、质量要求和内在结构状态、生物繁衍过程，有机地遏制无形人口的有形化；后者蕴涵着按社会财富供给和物资生产与社会发展的要求，尽力促进有形人口的素质改善与就业奉献。因此，倡导生育文明不仅须按可持续发展要求下的适度人口目标控制人口数量的增长，还需要优生优育和不断地改善人口素质，以及合理人口龄级和地域空间的分布，且通过保障就业充分发挥人力资源的潜能。

生育文明是指人类自身生产和再生产行为的社会进步。这意味着人类在认识自然、创造物质和社会财富的过程中，只有不断地调整自身生命体和生命力生产的价值观念和行为准则，才能适应环境而生存，利用自然而发展。同时，也只有按环境容载和经济发展需要，自觉地调控人口的数量增长和质量提高，才能实现人类社会的可持续发展。因此，环境文明和物质文明是人类为满足当代和未来人口生存与发展需要，来调控环境生产和物质生产的外部行为文明；而生育文明则是人类认识自身、调控自己生产和再生产的内在行为文明，是外部行为结果反馈机制下的内在行为的自觉革命。从内因决定外因的基本哲理来说，如果人不能控制自身的生产和再生产行为，那么就不可能从根本上处理好人与自然、人与人之间的和谐关系。如果没有生育文明，也就不可能促进环境文明和物质文明，也无法最终保障人类社会的可持续发展。

我国社会经济发展和资源环境承载的沉重背负，既要求严格控制人口规模的膨胀，又要求积极改善现有人口的素质，以促进百业俱兴，使人力资源充分就业，社会秩序稳定；人民生活水平的提高，既需要社会经济较快发展，生存环境日益改善，亦迫切需要控制潜在生命人口的剧增和促进现实人口生命力的再生产。因此，着力解决好我国的人口问题，不仅是人口控制领域的长期战略，更是实现可持续发展宏伟目标的核心任务。

10.6 依靠政策和法规，实现人口、经济和环境生产的协调发展

人类赖以生栖的地理和环境空间是有界的，每一个国家或地区的经济生产和环境生产对人口的生存和发展客观上存在一个有穷的极限，无论是科技进步还是环境生产条件的改善，都不能把这个极限从有穷变为无穷。作为生物系统的成员，人口的生产是无限的；作为经济生产活动的主体，每一特定时空间人类的开发能力毕竟是有限的。以人类的无限增长对经济、环境生产的有限界定，必然使人类陷入灾难的旋涡。

茫茫宇宙空间为人类的生存和发展提供了理论上富庶的资源，然而奉献人类能够使用享受的却是稀缺，一种真正经济上的稀缺。因此，在我国促进“三大生产”的协调发展过程中，无疑控制人口自身再生产，提高人口素质，扶正人们的生产行为和消费行为，既是各级政府一项长期艰巨的工作使命，又是广大民众主动认识自然、适应环境的自觉革命。就经济生产而言，伴随人们对物质生活的适度满足，应适当超前把产业结构调整到以服务、科技和教育为主，满足人们文化和精神消费需要的非物质中心化经济结构上来，这不仅有助于节约环境生产中的物质资源消费，更有助于充分利用我国丰富的人力资源以替代其他资源的相对不足；应利用政策和市场价格机制适度提高环境资源的成本，以遏制经济外延无序扩张下的资源过度消费与浪费；加强同国际社会的经贸与技术合作，实现资源和技术利用上的互补与融通，以促进我国的现代化和环境文明的建设。此外，还应加强生态县和生态农业的建设，以及废弃物的循环利用和城乡环境的保护，从而促进“三大生产”之间的有序和谐，保障我国未来的持续发展。

在我国人口增长和素质提高已步入较为规范的计划生育和教育发展的进程中，各级政府和企事业单位应通过制定相关的政策和法规，将人们的生产行为和消费方式也能逐步调整到有利于提高资源利用效率，有利于节约资源和改善、保护环境的轨道上来。我们亦殷切期望广大民众能够自觉地调整自己的消费观念和改变一切浪费资源、破坏环境的陋习，以便在丰富自身物质、文化生活，享有良好生存环境的同时，也能为我们的子孙后代留有充裕的资源、社会财富和一片洁净的蓝天。

概而言之，人类必须重新认识地球承载力的有限性，而放弃技术万能、精

神至上和自身生产放任的虚假无限。人类亦必须重新认识自己创造力的有限性，而放弃征服自然、统治异己和对物质财富的无穷贪婪。只有坚持以环境文明为基础，物质文明和生育文明并举的人类文明观及其实践方略，才能促进和保障人类社会的可持续发展。

10.7 小 结

追求人类社会的可持续发展，需要倡导一种文明观。本章在总结人类社会的农业文明和工业文明发展特征的基础上，提出了建立环境文明和生育文明观及其与物质文明协同并举的思想。并论证了这三种文明与可持续发展的相依关系和其理论基础，进而亦探讨了我国应采取的主要方略。

本章参考文献：

[1] Toffler A. The Third Wave. New York：William Morrow and Company，INC，1980.
[2] 马克思．机器、自然力和科学的应用［M］．北京：人民出版社，1978：206.
[3] 恩格斯．自然辩证法［M］．北京：人民出版社，1971：163.
[4] 马克思．机器、自然力和科学的应用［M］．北京：人民出版社，1978：67.
[5] 马克思．马克思选集（第1卷）［M］．北京：人民出版社，1978：256.
[6] 毛志锋．适度人口与控制［M］．西安：陕西人民出版社，1995.
[7] 叶文虎．三种生产论——可持续发展的基本理论［A］．海峡两岸环境保护经验交流研讨会［C］．1997.
[8] 田雪原．大国之难［M］．北京：今日中国出版社，1997：219.
[9] 洪定国．科学前沿集［C］．长沙：湖南科学技术出版社，1998.
[10] 牛文元．自然资源开发原理［M］．郑州：河南大学出版社，1989.
[11] 何希吾，姚建华．中国资源态势与开发方略［M］．武汉：湖北科技出版社，1998.
[12] 国家自然科学基金委员会．全球变化：中国面临的机遇和挑战［M］．北京：高等教育出版社，1998.
[13] 毛志锋，米红．论环境文明与可持续发展［J］．中国经济问题．1998（1）：48—55.
[14] 毛志锋，叶文虎．论可持续发展要求下的人类文明［J］．人口与经济，1999（5）：1—7.

第 11 章　区域可持续发展的运行机理

11.1　引　言

自在的人类在欲求自身幸福生存的同时，亦需要为未来的人口远虑立足之地和开创似锦的前程。因此，坚持可持续发展的长期战略追求，根据国情、区情深入地探讨区域可持续发展的内在机理与准则，有机地调控人与自然、人与人和人口自身繁衍之间的相依关系和物质能量的均衡供需，无疑应是各国政府的行动纲领和科学家与民众的自为方略。

中国既是一个人口大国，又是一个农业大国。日趋膨胀的消费压力在拉动经济较快发展的同时，资源紧缺，环境污染却不断制约着我国现代化建设的进程；农村急剧增加的剩余劳动力在廉价推动城乡经济和基础建设飞跃的同时，就业和贫困危机，资源浪费和环境破坏亦在强烈地滞胀着我国的社会稳定和未来的可持续发展。中国地大物博，但区域间自然条件差异显著，发展离差日趋加大，人均资源拥有不断缩小。因此，坚持以经济建设为主导，正确地引导区域和农村社会经济的有序发展，无疑是我国实施可持续发展方略的核心要旨。

有鉴于此，本章以我国县级区域的发展为重点，运用耗散结构理论和自组织原理，从区域社会、经济与资源环境的和谐发展角度，旨在系统地探讨区域物质循环和能量供需的机理，以及区域可持续发展的内在协同规律和调控策略。

11.2 区域可持续发展的运行机理与准则

11.2.1 能量守恒与耗散结构

辩证唯物主义认为，世界是物质的世界，物质是客观存在的，它既不能创造也不能消灭。运动是物质的运动，物质和运动不可分离，而能量是物质运动的表现和量度。在物质运动过程中，失去一种质的运动的一定量，必定产生另一种质的运动的相当的量，即流入对象系统的能量等于系统贮存的能量加上流出系统的能量，而这部分流出的量是指对象系统中的能量在做功和贮存过程中，以热能消散于环境和转化为另一种形式的物质而输出该系统，这就是著名的能量守恒与转化定律。显然，能量守恒是指开放系统中能量以物质为载体输入输出的守恒。而具有不可逆过程的能量转化也仅仅限于开放系统所具有的特性，不与外部进行物质、能量交换的孤立体系中的能量守恒只不过是一种理论假定或研究特例。同样，不随时间变化的可逆过程也仅限于这种预设的孤立系统[1]。

耗散结构理论认为，一个开放系统其系统自身是处于能源和能宿之间的能量流运动之中。能量流将物质组织成一个有序结构，它能贮存和使用一部分流经系统的能量，结果使系统可以逐步地建立起远离平衡的稳定结构状态。这种稳定态的形成取决于系统内物质在能量流运动中的自身催化循环合成和不同物质之间的交叉催化循环合成，这是由于系统内的不可逆过程和自组织机制所使然。催化循环即自我更新，也即同化与异化的统一。就生物与外界环境之间的关系而言，同化就是吸纳物质和能量，异化就是向环境排放物质和能量。因此，对于一个远离平衡态的开放系统来说，要实现自身的有序化，就必须不断从外部环境摄取负熵流，即与外界交换物质和能量，以促进系统自身的稳定与发展[2]。

对于一个多要素共生的复合系统来说，由于系统内存在不同物质的子系统，因而既具有不同层次或等级系统上的包含或嵌套，又有同一层次缀块或子系统间的兼容与依存。由不同级次子系统或缀块整合而成的复合系统在时序演变上具有非平衡性，而在空间上看来，它又有不同子系统或缀块之间的相对稳定性，即在某一时段上系统呈现出多平衡态特征。正是由于系统内存在子系统的多平衡态的相对稳定性与动态转移中的非平衡性，从而在与外界物质、能量的交换过程中，系统通过能量耗散和非线性自组织机制，可使系统形成远离平衡态的有序稳定结构。

系统的能量耗散即催化循环，会使系统发生“扰动”而产生涨落。随机的小的涨落将会因各子系统或缀块的叠加效应而被放大，使系统处于临界状态。在放大或“巨涨落”的作用下，使系统原有稳态失衡，而产生新的稳定的有序结构，这就是耗散结构理论中的“通过涨落生序的新成序原理”。但在协同学看来，这种新的有序结构的形成是当外部的物质或能量聚集到一定程度时，由于系统内主要素间相互作用愈来愈强，在自组织机制下使其参加集体的协调运转；在进一步的发展、演化中，原先的有序结构被破坏而失衡，形成一种新的更高层次的有序结构，即“通过协同生序”使系统得以进化。对于生态系统来说，这种因物质、能量输入输出和内在自组织机制下的涨落或协同生序，使系统由物质较少、转化功能和抗干扰能力低的低序结构或不成熟状态，演变到一个高序结构或成熟态。即使物种增多，每一物种的能量丰富，物种之间的关系复杂，有机联系密切，具有较高的能效和较强的抗干扰能力的耗散结构[3]。

就社会经济系统而言，同样是一个借助外部物质、能量的输入输出，依靠自组织机制进行催化循环和多部门有机协同，在涨落机制的作用下，从结构简单、功能较弱的低级系统演化到结构复杂、功能较强的高序结构的非平衡系统。人类社会从原始混沌的部落，历经涨落—革命、不稳定到新的稳定有序状态，进而发展到当今具有很强的地域、部门和生产力要素分工与合作、协同的现代社会，正是这一非平衡系统演化机理的写照。

未来社会的可持续发展仍然离不开对生态环境的依赖而从中摄取愈来愈多的物质、能量，也更需要在转化物质和能量的过程中，一方面利用人的能动作用和社会经济机制，在认识和遵循自然规律的基础上，在向自然索取过程中有机地补偿和维护生态系统的稳定演化；在满足当代人对资源利用和环境享受的同时，也能为未来的人口留下较充裕的自然资源和洁净的环境。另一方面须遵循社会经济规律，在有序控制人口自身再生产和物质生产行为的过程中，通过有机地调整社会、经济和产业结构，实现资源的优化配置和有效利用；通过调整社会利益机制实现当代人公平参与社会发展和分享经济报偿；通过对话与合作，促进区域、国家之间发展的和谐。因此，只有使自然生态环境和社会经济两大系统内部的发展有序和其间的和谐与协同，才能最终保障人类社会的可持续发展[4]。

区域社会经济系统本身是一个开放的人与自然相互作用与机制的复合系统。在我国，具有辖域自然环境和社会经济可综合调控特征的县级区域系统，尽管在行政管理和经济计划上受国家、省、地区的宏观领导与制约，但它又是一个相对独立、具有自组织机制的自然、社会、经济复合系统。为了维持自身的有序结构和持续发展，不仅需要从自然环境和其他区域社会经济系统摄取物质和能量，同时也需要维护和促进自然生态系统的有序演化，以及保障上一级或国家社会经济的有序发展，只有这样才能最终满足自身的繁荣和保障未来的可持续发展。

我国的县级区域是一个以农业和农村经济发展，即以自然力的直接转化和自然资源的初级加工利用为主要特征的耗散结构体。为了促进自身的有序化，不仅需要同外部经济系统和生态系统进行物质、能量交换，也存在着系统内部社会、经济和自然生态之间的物质、能量循环，以及自身农村、农业系统内部的物质循环和农田生态能量的微循环。促使县级区域系统的上述四级催化循环的内在动力，在于系统自身的自组织机制。即以不同级次或层面物质和能量的供需均衡为动力，以经济、社会和生态效益追求为目标的资源优化配置和要素、部门发展协同的自我更新机制。像其他远离平衡态的耗散结构体一样，区域系统在不同层次物质、能量循环的协同过程中必然存在着以量为表征的结构涨落，即系统总量供需不均衡、子系统间及其内部要素供需不和谐的随机扰动。这需要发挥人的能动作用，即在认识和利用自然与社会、经济规律过程中遵循诸客观规律，通过有机地调整社会结构、经济结构、产业结构、生产力布局和土地利用结构，促进社会、经济内部和与自然生态环境之间物质、能量催化循环的协同。

调整即改革，也意味着有序涨落。供需不均衡和系统内部各主体要素之间不和谐，意味着系统发展的混乱或低序。调整、改革能够能动地促使系统实现供需均衡和关系和谐，由无序或低序向有序、高序进化。但区域系统的开放性决定了它自然远离平衡态的特征，因而一个有序结构或均衡协同状态的生成意味着区域系统发展的相对稳定。但系统内部及与外部物质、能量交流中的催化循环机能又会使区域系统的供需不均衡结构产生新的涨落与相变，从而又促使系统形成新的有序结构和呈现出一个动态发展的持续链。

需要指出的是，区域系统物质、能量的供需不均衡引起系统发展的涨落应有一个合理的范围，在这个范围内，区域系统能够依赖同外部经济和自然生态系统交换物质、能量和调控自身的自组织机制，使区域在涨落的分叉点处演化到一个更加稳定有序的结构状态。也只有有一个更加有序的耗散结构才能使系统内在输出功能大、抗干扰能力强，从而使区域系统得以持续发展。因此，不适度的人口增长，不适度的消费行为，不适度的经济发展，以及盲目对自然资源的过度开发和对环境的破坏，均会引起系统熵增，即无序度的增加。而由外部引入的负熵流即物质、能量和信息，以及系统内的自组织调控机制不足于克服系统的无序化时，则会因供需涨落导致区域发展的不可持续，或演化到一种“死寂”状态，既难保障当代人的幸福生存，也无法为子孙后代留有一块富庶、洁净的天地。

11.2.2 供给与需求均衡

追求人类社会的可持续发展，旨在谐和不同时空域人口、经济与资源环境之间物质、能量的有效转化和供需均衡，以便既能满足当代人健康发展的需要，又能保障未来人口的幸福生存。

就需求与供给而言，任何时空域的物质生产总供给与物质消费总需求应当保持一种相对均衡态，才能既满足人口的基本生存和日益增长的人均消费的需要，又不至于因超度索取而破坏自然生态系统自组织机制下的动态平衡，也不囿于消费总量需求超度而肢解区域社会经济系统内部的协同运行结构和机制，致使系统演化因破缺产生较大幅度的涨落和能量耗散。诚然，特定时空域物质、能量的供需均衡是指在围绕最佳均衡点的某一邻域里的供需等价，即有 S(供给) $\cup$ D(需求) $\in \{L,M\}$ 或 $L \leqslant S \cup D \leqslant M$，使 $S \cong D$ 。在这一状态范围内，物质、能量的总供需之间虽有一定差异，但不破坏供给“源”和需求“宿”及其在供需过程的系统协同、自组织机制。同时，由于均衡域存在的适度势差往往会使物质供需在其过程中得以充分认知、有序调整和有机协同。

区域社会经济系统的显著特征是开放性和继承性。开放性要求区域的发展目标不仅通过开发系统的自然、经济和社会生产潜力来满足自身的生产、生活消费需求，也需要服从上一级或更高级大系统的发展目标。通过域际物质、能量的交换或输入输出，在吸纳负熵流，补偿亏缺，促进自身有序化的过程中，也要输出自身的盈余以满足外部社会、经济和自然环境系统的需要。也只有不断地与外部系统交换物质、能量，才能保障自身区域系统的内在继承性，即持续性演化或发展。因此，供需均衡总是相对于不同层次的空间发展而言的。就是说，子级区域系统物质、能量的供需均衡需要服从上一级或更高级区域系统的总量供需均衡要求。事实上，它也总是受制于上一级或外部系统的发展调控，也只有在上一级或更大系统物质、能量总供需均衡时，才能最终保障自身系统得以均衡发展。为了保障大系统的均衡协调发展，有时可能会损害次级区域的供需均衡性，但其相变范围应以子系统的恢复能力或借助外部补偿能使其恢复均衡生命力的界限为止。

显然，次级区域系统的供需均衡范围相对于上一级或更大系统的需要而言，则具有较大的弹性。而对于自身的张力和均衡自组织能力来说，则又显得狭小。就时间而言，区域供需均衡具有动态性，其可持续发展的轨迹总是沿着这种均衡态在一定范围内涨落，这是由于系统自身的供需驱动和在外部环境制约下，需要通过自组织机能来促使自己的可持续演化。因此，不同级次区域系统的可持续发展具有层次、嵌套的纵向域的协同性，而在某一对象区域系统内又有自身内部的和谐性。在服从上一级或更高级大系统的发展目标及与其他子系统进行物质、能量的交换过程中，区域系统应根据外部供需张力调控自身的发展，使其在一定时间尺度内的物质、能量供需保持相对均衡[5,6]。

为了保障区域社会经济系统物质、能量的供需均衡，除了依靠科技、教育促使人力资本和自然资源的有效开发，以及持续发展经济以保障物质、能量的供给之外，则需要积极控制人口自身的再生产，调整消费结构和扶正消费模式；在满足当代人消费需求的基础上，着力改善和保护生态环境，以便为子孙后代的幸福生存留有较充裕的经济资源和开拓空间。

11.2.3 发展与保护同步

“发展是硬道理”，这一原则不仅适应于任一发展中的区域社会经济系统，也符合自然生态系统演化的需要。因为客观存在的社会经济系统和自然生态系统本身，均是一个具有生命力的动态机制系统。作为以人的自身再生产和物质再生产为主体的社会经济系统，需要依赖人的智力、体力和社会经济机制，不断开发利用自然力，转化物质、能量来满足当代人口的生存和发展需要。同时，以生物的繁衍生息为特征的自然生态系统同样需要不断适应环境和强化自身的生存、发展机能，在提供人类所需物质和释放能量的过程中，也需要从自然环境和人类社会系统中得到能量补偿与功能调节的负熵流。显然，作为各自独立存在的系统需要发展，需要外部提供负熵流而促进自身的有序化；作为共生存在的复合系统同样需要发展，需要物质、能量和信息的直接或间接补偿与反馈，以便能维持和勃发自身的生命力。

然而，由生命有机体和非生命无机体组成的自然生态系统其物质、能量的供给虽丰富而无尽，但在一定时空域内的有效供给却总是有限的。这不仅指以矿藏资源为主体的不可再生的物质供给是有限的，且以生物为主体的再生资源同样在转化无穷无尽的太阳能过程中，所能提供人类享用的盈余物质、能量也客观地存在一个阈值。人类生产活动的索取若超越这个阈值，则必然破坏自然生态系统物质的有机循环和能量流动的内在均衡，以及固有的自组织机制。为了满足人类社会经济系统的持续发展，若欲望将自然生态系统的物质、能量的有限界定推向无限持续供给，则需要保护自然资源和环境，以利生物有机体的再生和能量的有序循环。

发展与保护既对立又统一。由于这两者的作用对象都是自然生态系统，而行为主体则又是人类自身，因此发展社会经济不可避免地要打破自然生态的固有均衡，在向自然生态系统索取大量物质财富的同时，也向自然界排放废弃物而污染环境。倘若这种摄取总量（索取量＋污损量）等价于自然生态循环的盈余额，则生态系统依旧保持原有均衡机能。假若这一摄取总量虽然大于自然界盈余，但不超越使自然生态系统丧失生命力的那个阈值，则生态系统在打破原有均衡的基础上，通过内生、外援和自组织机制而能够重新建立起新的物质、能量均衡态。因此，人类社会对于自然系统的开拓只能建立在上述两种均衡的基础上。保护自然环境难免要限制人类的拓展空间和扩张力度，且需要提取一定的社会资本用于保护措施的实施和对自然生态的能量补偿，以利自然生态系统保持原有均衡或产生新的物质、能量循环的有序稳定结构。

显然，发展与保护是相互矛盾的对立体。然而，由于发展与保护的目的旨在使物质、能量的供给不断满足人类社会持续发展的需要，因而两者又是统一的。就是说，由于发展和保护两者的目标唯一，因而其对立的内容需要在行为过程中实现统一。为此，则要求作为行为主体的人类在发展过程中，既需要认识、遵循自然规律，也需要认识和调节自身的再生产；在向自然适度索取的同时，也要补偿自然生态的能量亏缺和保护自然界内在的均衡演替，从而实现发展与保护的有机协同[7]。

就任何区域社会经济系统而言，客观上是一个人与自然相互依存与共生的复合生态系统。要使其持续稳固演化，则需要坚持发展与保护同步的原则。尽管不同级次的区域社会经济系统的纵向从属和嵌套、区际之间子系统及缀块的相互融合与依存特征，决定了各自发展和保护的内容、形式及其作用力度不同，但其发展不能没有保护，保护则更有助于长期的持续发展，否则单一的发展只能是短命的、不可持续的。没有社会经济发展的积累，资源和环境的有效保护也只能是无米之炊。亦只有坚持发展与保护同步的原则，才能保障区域系统物质、能量供需的长期均衡和其自身有序稳定的发展。

11.2.4 开源与节流并重

区域社会经济系统的持续发展，离不开自然资源和社会、经济资本的不断有效开发利用，但自然资源和社会、经济资本在特定时空域的有限供给性决定了节流是必需的人类生产和生活消费活动。人类社会自诞生之日起，无不依靠自身的体力和智力向自然界开拓索取物质财富，以满足其生存和发展的需要。原始人的采集、捕猎是直接依赖手工劳动摄取食物。人口的增加和定居需要，迫使人类在相对固定的土地上耕作和养畜，这既界定了人类生产和生活的区域开源范围，又决定了人类通过对区域自然环境的认识和能量补偿所能赐予的保护与改善。工业革命使得人类能够依靠机器向自然界开拓扩张，从而摄取更多的物质、能量以促进人类社会的发展，但同时对自然资源的超度索取和对环境的破坏亦随之加剧。人类对自然的能动认识和占有欲，往往使人类的生产活动和消费需求更多地注重于对自然的开发、征服和摄取，因而生产的节流和生活的节约常常被忽视、轻视。

当区域空间或国家、世界范围内的资源可开采总量面临耗竭威胁，或开源的经济成本超过其经济收益时，人们才真正认识到了节流的重要性和迫切性。于是，外延的经济扩张得以收敛，内涵的节流性生产和生活消费节约措施依靠经济政策和社会机制得以有效实施。因为节流性生产不仅追求的是要素优化组合基础上的经济效益，也包含着节约社会资本和自然资源的社会效益与生态效益的追求。经济效益则更多的是满足当代人的生产与生活消费追求，社会效益和生态效益常常体现为对社会生活与自然环境和后代人生存的考虑。因此，追求人类社会或区域系统的可持续发展，则需要坚持开源与节流并重的原则。开源意味着更多的物质、能量供给，同样，节流也为了保障物质、能量的持续满足。[8,9]

中国虽然拥有辽阔的疆域和较为丰富的多种自然资源，但持续膨胀的人口规模和日益提高的生活消费压力，使其现代化建设步履维艰。耕地资源持续减少，水土流失和沙化、尘暴不断加剧；水资源短缺和水质污染，以及能源供给严重不足，生态环境破坏和自然灾害频繁，不仅威胁工农业生产，也危害着城乡人民生活水平的提高和生存质量的改善。因此，生产中的资源节流和生活消费上的节俭尤为重要，直接影响着中国可持续发展战略的顺利实施。

就区域资源的开源和节流而言，既需要依靠科技进步合理地开发利用辖域的自然资源和社会、经济资源，大幅度地提高资源的利用效率，并通过自有资源的输出和外部资源的输入，实现区域系统内外资源有效利用的优化组合；又需要采用新技术措施和政策机制，通过调整经济结构、产业结构、生产力布局和消费模式，更有效地节约资源，特别是水、土地和稀缺的生物与不可再生的矿产资源，以便为后代人的幸福生存留有较充足的自然资源和社会经济财富[10]。

11.2.5 效益与公平同构

效益是人类活动的终极映象。没有效益则意味着劳而无获和物质财富的丧失，以及能量转化的中断和资源的浪费，从而导致对生态环境的破坏和使人类社会的发展不可持续。公平是指不同代际和代内人口对自然资源和环境，以及社会财富的共同占有与分享。同时也包含着为和谐人与自然的关系，为社会财富的创造与积累，为保护自然资源和环境既负有义不容辞的共同职责，又需各尽所能做出应有的贡献，乃至承担共同的风险或付出必要的牺牲。

和谐人与自然的关系，不仅需要追求经济效益，也要顾及生态效益和社会效益。追求经济效益旨在以较少的劳动和资源消耗获取较多的剩余价值和收益。强调社会效益，则着眼于满足人们的文化、精神等多元需要，保障社会秩序的稳定，以及不同代际和代内人口对社会财富和经济利益分配的公平。顾及生态效益，这不仅意味着人类向自然界的索取应适度，且也要求人类须随时补偿生态循环所需的能量，并通过人类活动来调节其有序演化。显然，生态效益是基础，经济效益乃手段，社会效益为目的。社会效益依赖于经济效益，而经济效益只有建立在生态效益的基础上才具有持久性。

因此，上述三种效益应当是一个相互依存、统筹兼顾的有机整体。它既评判着我们的生产活动是否有效，能否满足当代人生活的全方位需要，又决定着社会可否持续发展，资源能否在不同代际之间公平分配。我们不能仅仅追求局部的经济效益而忽略了当代人在生产投入、利益分配和非物质享受方面的公平竞争、公正占有，也不能漠视未来人口对环境生产力的公平享用。诚然，我们也不能只强求社会和生态效益，而使经济生产得不偿失和缺乏动力机制。因为任何经济生产只有取得效益和积累，才能提供充足的剩余价值供社会分配，才能有丰厚的资本积累用于改善、保护生态环境。因此，只有坚持生产活动的三效益原则，方能保障人类社会的可持续发展和不同代际对自然资源的公平享用；只有正确处理好三个效益之间的协同关系，也才能保障社会经济的有序发展和当代人的幸福生存。[11,12]

就区域的可持续发展来说，追求三大效益乃是任何状态系统发展的根本宗旨，而实现三种效益的最佳结合则取决于社会经济和科学技术的力量。就是说，不仅需要依靠科技进步来装备生产力，通过调整产业结构和技术结构扩大内涵再生产；通过重组资产，调整和完善利益机制，不断实现生产要素的优化组合和资源的充分利用；而且应以三大效益的追求为原则，建立生产经营、发展决策和政策管理的评价与监督反馈体系，以便使生产活动、发展过程实现经济有效，社会公平，环境洁净，从而保障代内代际人口生存的幸福。

11.2.6 因地制宜与综合发展协同

人与自然共生的区域系统，客观上是一个社会、经济、生态交融的复杂巨系统。除了具有一切开放系统的远离平衡态、不可逆过程和非线性机制诸一般共性特征，以及应遵循社会、经济和生态演化规律之外，不同级次的区域系统在自然地理、环境资源、经济基础、人文状态等方面具有相异的个体特征。因此，因地制宜与综合发展协同应是其可持续发展过程中的基本守则。

因地制宜意指须根据区域的自然和社会、经济条件，以及自身的发展状态和未来的区位定势与内在需求，以扬长补短为准则，充分发挥自身的生产潜力。并通过贸易、交流等措施，不断吸纳外部的物质资源、经济资源、人才资源和技术资源而补偿自身的不足或欠缺，从而实现资源在区域系统内部，乃至外部的优化配置，以便人尽其力，物能效用，以较少的投入获取最佳的经济、社会和生态效益。从非平衡理论角度看，只有不断吸纳维持系统自身进化的亏缺物质和能量，并能输出自身的盈余物质和能量，才能保障自己有效的催化循环和自我更新；亦才能在更大区域开放系统的优化组合和机制协同中，使其从低序的发展演化到一个又一个高序的耗散结构。

因地制宜既需要明晰自身的优势和短缺，又需要选择正确的方位和路径，且辅以有效的政策、技术和机制措施来实现自身的优化发展。但它又是一个动态的观念和准则，因为区域系统的非平衡进化特征，决定了物质、能量在运动、组合中的涨落和新秩序在旧结构解体、继承上的有序生成。昔日的资源优势可能是未来的亏空稀缺，今天的高速发展和繁荣，也许会导致资源耗竭、环境惨遭破坏下的不可持续演化。因此，因地制宜不仅是一个空间分异状态下的优化抉择，也是一个随时间演变中的发展准则；不仅需要扬长而谋利当前，也需要在同外部交换物质、能量的过程中补己之短，以促进系统持续发展。

区域社会、经济和生态的复合特征，不仅从当代人的需求和系统内在物质、能量的供给上决定了它的综合发展性，而且从复杂系统的非线性机制和持续稳定发展方面也要求系统内部部门、行业、要素之间能够协同发展。区域的综合发展有利于克服系统单一优势发展的不稳定性和短期行为，有利于调动各方面的积极性和活力，使资源得到合理运用；有利于抗拒外部的干扰，使区域系统在随机涨落中依靠自组织机制能够演化到一个更加有序的稳定结构。

诚然，强调区域的综合发展并非大而全式的发展。它是地理区位分工合作要求、因地制宜充分发挥自身优势为主体的发展；是依据区域自身的自然、经济和社会的特点以及发展状态和潜力，进行最优组合和有序协同运作下的综合发展。尽管在不同时空域，对象系统发展的形式、程度不同，但它必须参与更大区域系统的社会、经济分工合作，实施优势互补；必须正确处理自身经济、社会和生态环境之间的和谐关系，以便能将当代人的需求和子孙后代的生存发展联系起来得以有序进化。因此，它应是因地制宜、供需均衡、追求三大效益，以便能够满足当代人需求和保障区域可持续发展要求下的综合发展。

我国县级区域系统是典型的社会、经济和自然生态复合系统，因地理空间不同而具有明显的区域特征。因此，认识自然规律因地制宜地发展经济生产；遵循社会、经济规律走综合发展之路已成为我国县域可持续发展的共识。

改革开放以来，以开发县域优势资源、抓拳头农产品的生产和初级加工为主体的发展策略，显著地促进了地方经济的发展。但由于技术措施落后，加工转化自然力链短，而导致大量特有自然资源的巨大浪费；低值能量的流失和乡镇企业盲目发展所引起的环境严重污染，已使今后的开发利用不可持续。此外，因过度强化优势资源的开发而形成单一产业结构，既难适应市场需求转向，又使县域内部的人力和其他资源不能得以有效地发挥作用。虽然生态农业县的建设有助于综合利用自然资源和保护环境，且显著地促进了农业生产和农村经济的发展，然而因人口素质普遍较低，技术力量和社会资本欠缺，技术服务体系不健全，大面积推广高效的农业技术成果也是举步维艰。尽管农村人口增长的控制已取得举世瞩目的成就，但人口超生和越穷越生现象依然加剧着社会背负。

因此，应依据不同县域的特点，在充分开发利用优势资源和发展主导产业的同时，走人口、经济和资源环境综合协调发展之路，使其自然、经济和社会资源得到有机结合、充分利用；应特别注重开发丰富而具巨大潜力的人力资源，这需要从外部引进人才、技术流，加大系统内部人力资源的技术培训和全面素质的提高，以便由以农业为主的低级产业结构尽快转入以服务业为主导的高级形态；此外，尚需加大人口数量增长的控制力度和正确引导消费，无疑是保障农村经济繁荣、县域可持续发展的最优路径和调控策略。[13,14]

11.3 小　结

本章运用系统科学的哲理，紧密联系中国国情，从能量守恒与耗散结构等六个方面，比较系统地探讨了区域可持续发展的内在机理与调控策略，提出了一些有创见的理论准则和实践路径，旨在促进我国可持续发展的理论研究和社会实践。

不同区域或区际之间的人口、经济和资源环境能否协调发展，不仅制约着我国的现代化进程，也将影响着未来的可持续发展大业。以县级社会经济系统为综合调控的基本单元的区域可持续发展，是我国实现21世纪议程的关键所在，因而有关她的可持续发展机理和调控策略的研究尚需不断探索。

本章参考文献：

[1] 刘奇，刘学礼，卢建华主编．自然辩证法概论 [M]．北京：人民教育出版社，1982.

[2] 李如生．非平衡态热力学和耗散结构 [M]．北京：清华大学出版社，1986.

[3] Odum，H. T.，Systems Ecology——an Introduction. John Wiley & Sons. 1983.

[4] Barrow，C. J.，Sustainable Development-Concept：Value and Practice. Third World Planning Review. 1995，17（4）.

[5] 钱学森，于景元，戴汝为．一个科学新领域——开放的复杂巨系统及其方法论 [J]．自然杂志，1990，13（1）.

[6] 于景元．从定性到定量综合集成方法及其应用 [J]．中国软科学．1993（5）.

[7] Isard W. On the Linkage of Socio-Economic and Ecological Systems. Papers of the Regional Science Association. 1972（21）.

[8] 毛志锋，蒋正华．适度人口与控制 [M]．西安：陕西人民出版社，1995.

[9] 叶文虎．可持续发展：理论与方法的思考（内部交流论文）．1994.

[10] Healy，S. A.，Science，Technology and Future Sustainability. Futures. 1995. 27（1）.

[11] Selden，T. M.，Song D，Environmental Quality and Development. Journal of Environmental Economics and Management. 1994（27）.

[12] 牛文元．可持续发展导论 [M]．北京：科学出版社，1994.

[13] 毛汉英．县域经济和社会同人口、资源、环境协调发展研究[J]．地理学报．1991，46（4）.

[14] Zhifeng Mao，Webb H. Shu-Eng. On the Sustainable Agriculture and Rural Development in China. USA Arkansas：Winrock International Institute. 1996.

[15] 毛志锋主编．县城经济、科技和社会发展战略与规划 [M]．西安：西北大学出版社，1991.

[16] 毛志锋，蒋正华．论软科学与区域发展 [J]，西北大学学报，1991（2）.

[17] 毛志锋．区域可持续发展的机理探析 [J]．人口与经济．1997（6）.

第12章 区域可持续发展的能值分析与仿真

12.1 引 言

区域可持续发展的内涵是追求人与自然、人与人之间的和谐，而其基础则是能量的供需和其潜在的支持能力。区域社会经济系统的能量是以物质和服务为载体，依据人们的开发能力和消费需要而进行不同类型和状态转化。这不仅表现为人们日常生活需要的物质。服务的转化，也体现在自然资源的生成、物理性转化和环境对“废物”的分解、消纳。因此，从能量角度分析和仿真研究物质、服务的供需转化和保障及环境的承载、消纳，能够克服物质和价值型研究中的扭曲弊端，有助于更好地把握区域自然和社会协同进化的规律，以及评判、制定区域可持续发展的对策措施。

本章着重于介绍能值的基本原理和方法，及其在区域生态环境、社会经济发展或可持续发展研究中的应用案例和前景。

12.2 能值的基本原理

12.2.1 起源与发展

地球由于自组织过程，不断耦合着人类与自然共生的新格局。从人类首次集聚于村庄并利用火开始，在指数般增长的人口和工业化社会持续加剧的冲击下，环境质量的恶化就作为一个严重的问题而存在。空气、水、土壤、食物的环境污染早在 20 世纪已开始威胁着生态系统诸多动植物群落的持续生存；加之自然资源开发的过度，进而又威胁着人类的生存与发展。如果我们为了子孙后代而需要保护自然界的生物学秩序，且希望在城市环境不断恶化的情况下着力改善公众的健康的话，那么环境科学和可持续发展的研究无疑应在设计人类明天的社会和工业化结构上起主导作用。为此，我们也应借助系统科学的思维机理和方法对生态、环境和社会经济系统进行科学的分析，并用于制定环境质量和可持续发展监测、评价的严格准则及有效的对策方略。

没有一个系统能被自身所自觉地认识，只有当系统受到外部约束和内部失衡后，才引起系统的自组织调节。因此，作为能动的人首先更多的是需要分析和理解对象系统的组分、结构和联系，然后运用一定的理论和方法分析、理解其功能和运动规律，以及寻求实现自组织调节的措施。对于日趋复杂的人类社会经济系统和自然生态系统，采用先进的概念模型和数理模型分析其组分、结构和联系，揭示其内在的输出功能和演化规律，则显得极其重要。

科学发展表明，自然系统和社会经济系统往往具有某些相似的结构和演化机理。为了避免在许多领域对相似系统的互不通气的孤立研究造成的人财物的浪费，借助系统学的基本原理和方法，并与其他学科领域的理论和模型方法相结合，用于生态、环境或社会经济系统的分析研究，则往往十分奏效。有道是，它山之石可以攻玉。例如近年诞生的人工生命科学是一类综合性科学，即以人工仿制诸如自繁殖、自激励和自适应等生命形态。我国清华大学利用“蚂蚁路由”理论研制的网络扩容、快速传递成果，对于信息网络的发展具有很大的经济和科学价值。

能量是生态系统和社会经济系统存在与发展的基础，而太阳能则是其基本的能量供给源。一个生态系统或社会经济系统的存在与发展，不仅直接需要太阳能，还需要由太阳能转化而成的其他多种形式的能量的参与。尽管在物理学中早已制定出能量的度量标准，在实际系统的研究中也都依据所确定的度量标准给各种形式的能量以一定的量值；但由于不同形式的能量性质千差万别，在一个系统中发挥的作用和能力也很不一样，因而在系统的能量分析中不宜将各种形式的能量直接相加和比较。不同质的能量不可相加的这种约束使生态或社会经济系统的能量分析复杂化，因此解决同度量化问题十分必要。例如尽管机械能不能与生物能相加，生物能不能同电子能相结合，但近年开发的生物芯片却展现了实现这种结合的诱人前景。

基于上述认知，著名生态学家 H. T. Odum 教授自 20 世纪 60 年代始探索系统论与生态学原理的结合问题。他集生态学、系统学、数学、物理、化学、经济学和计算机技术于一体，提出了能值（Emergy）的概念、换算方法和运动机理，以及特有的概念模型体系，形成了独有的理论和模型方法，从而创立了系统生态学。Odum 教授最早从能学角度探讨了陆地复杂生态系统的功能原理和模拟技术，以后又将其扩展至人类所参与的生态、环境系统乃至社会经济系统，逐步形成了能值、能质、功与能的回路、熵等理论问题和各种系统的模拟技术。Odum 教授著作颇丰，成就显著，于 20 世纪 90 年代曾获得了联合国环境署颁发的环境领域的诺贝尔奖。《Systems Ecology—An Introduction》是他在这一领域的代表作[1]。

12.2.2 基本功能和应用

任何区域的社会经济系统实质上是一个人工生态系统，即以人的消费需要和劳动参与与自然资源的供给和自然生态环境的生产、保障为枢纽的相互利用、制约的耦合系统。人类只有利用自然力，才能保障自身生存与发展的物质基础；只有依靠自然资源的能量输入和生态环境的消纳及屏障，才能稳定地发展和幸福地生存。同时，人类也只有在开发利用自然力的过程中培育其生产的能力和保护好生态环境，才能使自然更好地为人类的持续发展服务。而在这两者的有机结合中，以物质为内容的能量转化和输入输出则是人与自然耦合协同的本质。因此，若从能量角度探讨人与自然和谐演化的规律，研究生产与消费的供需、污染与消纳的均衡、稳定与发展的辩证，就应当从能量的转化与供需均衡角度着手，更能看清事物发展的本质，寻找到合理的方案，制定出恰当的对策。

在以往的研究中，我们总是面临不同度量单位物质系统的分析、比较问题，通常用货币来进行同度量分析，或用另一物质度量单位作为标准（如标煤、羊单位等）进行换算和比较。但货币因供需决定价格和供需引起的失衡而使通货膨胀，加之价格是从人的现实需求方面来衡量、调节社会的发展，而存在着对自然的忽视和掠夺，未能顾及长远的社会需求，因此不能反映人与自然间物质、能量的供需均衡，不能正确地估价生态和环境的价值、负载与需求，也不能权衡当代人与后代人之间对自然拥有的公平。若用另一物质单位作为同度量，也往往不能真实地反映能流在物质系统转换之间的状况，或因换算系数上的困难（如机械做功、信息）而无法进行同度量代表的同质能量的均衡分析。此外，区域环境和可持续发展问题需要综合分析和研究，需要运用模型方法来解析模拟，因而从能流、能质、能值角度，采用系统思维与先进的描述方法和模拟手段开展研究就十分必要和重要。

由此看来，系统生态学的原理和方法不仅仅适于生态问题的研究，它所阐述的能值理论、概念模型、模拟模型和系统思维的方法，也适合于社会经济系统和环境问题的研究。Odum 及他的学生们，多年来运用此理论方法先后探讨了水生生态系统（水系流域、河口、海湾）的第一性生产力、水生生物群落的结构和功能、热带雨林的生产力与能量循环、区域农业生态系统、环境系统，以及国家级和世界级社会经济系统的战略与规划。我国自 1985 年以来，中国林业科学院的蒋有绪院士（中国工程院）、原中山大学的蓝盛芳先生等人先后翻译了 Odum 的著作[2,3]，中国科学院林业土壤研究所的闻大中先生等学者已运用该方法理论开展了农业生态、西藏社会经济发展战略等方面的研究[4]。

尽管系统生态学在模型符号（能流）和模型（多种模型）运用上较系统动力学（以物流和一阶动力学方程为主）更直观、先进、灵活，但由于它涉及生态学、环境学、数学、系统学、计算机技术等领域的知识、理论和方法，因而对使用者的综合知识素养要求较高；由于运用能流来揭示对象系统的物质循环、特别是非物质状态和整体演化态势在理论上还存在一定的局限，因此较物质概念、原理的广为使用就有一些困难；把不同物质换算为同度量的能值，在换算系数上还存在一些问题，特别是对货币、信息、技术的能值换算就有一定的难度；加之对系统进行了能值分析和规划模拟后，还需要将规划变量的能值还原为不同的物质单位，因而较为麻烦。因此，目前能够运用此方法理论开展研究的学者较少，应用成果还不多，有些理论、方法和应用领域或问题尚待探索，这也正是我们所面临的机遇和挑战。

12.3 基本原理

12.3.1 系统的符号、能量和物质流

人类常常先是以“软”的和含混的定性类语言来创造性地描述认识，发展思维，然后才逐步地运用几何图解、逻辑判别、集合推断、数理模型等可测算

的定义，使其能更清楚、精确地进行解释、演绎。在系统科学中，常以各种特有的框图、符号来描述对象系统物质流、能量流和信息流的运动轨迹。这既是一种语言，也称为概念模型。如系统动力学中的 F-图，就是一种直观性强且能演化成数学模型的符号语言。

H. T. Odum 借鉴系统动力学的符号语言，在研究生态系统能量积累与转换的基础上，创造了一种极为形象和逻辑性强的系统生态学符号语言或称能语言。诚然，这种符号语言不仅仅限于描述生态系统的状态和运动规律，它同样可以阐述其他系统物质流、能量流和信息流，及至人流、资金流的变化情况。

这种符号系统和含义如下：[2,3]

能流路线：能流常伴随物质流而流动，具有一定的数量和方向

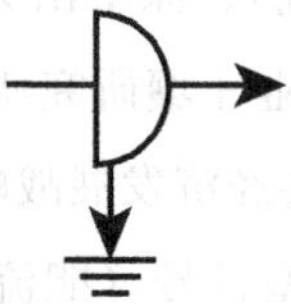

自限的能量接收器：指生产者或消费者依据自身的接收能力和某一恒定的量对输入源进行自动限定。通常，这个符号多与生产者相联。

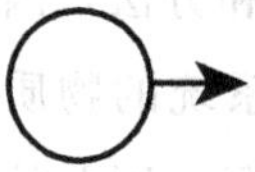

能量来源：表示来自外部的能量源。生态系统利用的每一资源均具能量，诸如太阳、风、雨、海潮、鸟儿和风携带的植物种子，以及其他人工系统的输入，都是能量来源。

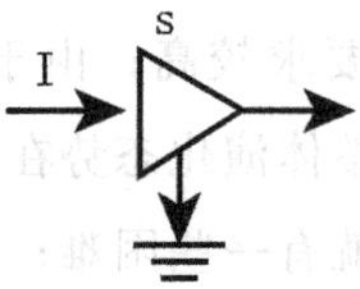

恒定增益放大器：为与输入成正比，进行输出恒定放大的单元。通常，只要能源满足，其输出因一恒定因子而变。

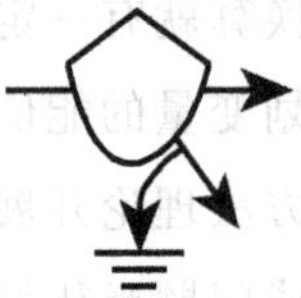

能量储存：即储存能量的场所，诸如森林生物、土壤、有机物质、地下水和海滩丘等资源。

亚系统界域：表示其他亚系统，如森林系统图解中的土壤亚系统、河口系统图解中的渔业生产亚系统等。

热耗散或汇：系消耗散失不能再利用的能量，如植物光全作用过程消散的太阳光能，或动物新陈代谢中耗失的热能。此符号通常与能量贮存、作用键、生产者、消费者、控制键等符号相连。

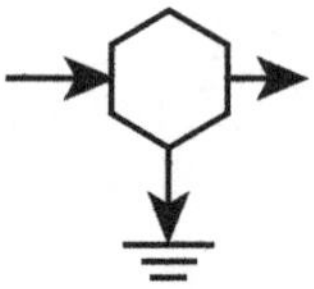

消费者：系利用和消耗生产者供给的产品或能量的单元，如昆虫、牲畜、微生物、人类和城市等。

作用键：表示不同类别能流或物质流的相互作用与结合过程。

交流键：用于表示货币与能量、物质或劳务的交货、交易。

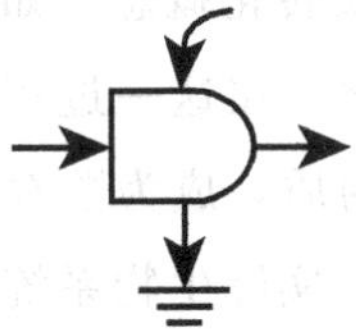

生产者：指利用原料物质或能量制造新产品的单元，如农作物、树林、工厂和人力等。

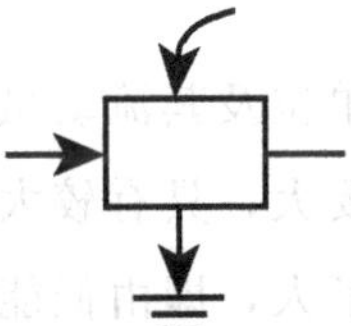

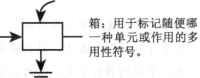

箱：用于标记随便哪一种单元或作用的多用性符号。

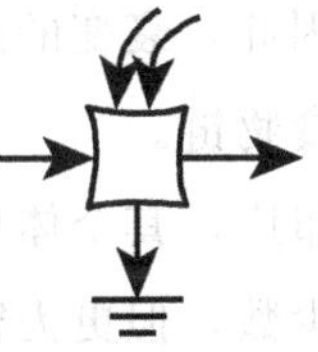

控制键：表示对过程的控制，如生物群落的配置、捕鱼季节的结束、生长率的限定、失业率的控制、供需之间的均衡调节等。

自然界乃至人类社会的所有现象都伴随着能的转化而发展。不同转化过程有不同形式的能，如太阳光的光能、声波的声能、水波的水能、化学作用中的化学能、磁场中的电磁能、自然环境系统中的生物能、风能、潮汐能等。驱使能从一种形式转化为另一种形式的过程的能力称为势能，它所驱动的能转化称为功。来自外部的势能提供了保持系统产生功的手段，而系统内的贮存具有驱动做功过程的势能。当能由其他形式转化为热时，能是由形成热来定义和测定的。所有形式的能都可转化为热，热是能的分子运动。能语言记录势能是由源到贮存，或到功的转化以及最终成为已用过的能的衰退形式离开系统的能流通轨迹。能流伴随势能做功，流向有用的功能流速率则为功率（Power）。

能量定律：

（1）能量守恒定律或能量不灭定律

这是指能量在一系统内既不能创造也不会被消灭，只能从一种形式转变为另一种形式的现象。从能量图上来看，就是流入系统的能量等于系统贮存的能量加上流出的能量。或者是从源输入的能量等于热消耗而做功、贮存及散失于汇的能量。

（2）能量转化定律

任何能量在做功与贮存过程中均有耗散流失的现象，即有一部分能量转化为热能而失去潜在的做功能力。因此，这个定律也称为能量转化的不可逆性。也就是说，伴随能流的不可逆过程，总是发生着由一种利用率较高的能量（如机械能、电能和化学能）转变成利用效率较低的能量（如热）即能量的耗散。需要指出的是，耗散的能量并非废弃的能量，其外流或散失于系统之外乃是生物或其他过程所固有的和必需的一个部分。如人体的呼吸、排汗是人体能的散失，但又是维持生命和调节体温等所必需。

能质和能质比率：典型的生态学食物链阐明了连续性的能质转化概念。如维持浮游植物的能通过浮游动物，继而通过小鱼、大鱼而转化。在这一过程中，许多能都消耗在转化上，仅有少量的能才转化为较高级的质，成为贮存能，即更加密集的能。因此，衰变的能量总是伴随着质的增加；实际生物系统形成的是食物网，而非食物链。

低质能的流多而分布广，其个体单位的形体小；高质能的单位及其流动虽然在总的能流中占有较少数，但更为密集，且每个单位的形体要大，具有较大的活动范围和反馈控制特性。例如牧草喂养了羊，羊转而养育了人，即由低能质向高能质转化，但其控制作用却是逆向反馈。一地域所能容纳的某些生物的数量（容纳量），取决于这些生物在此地域生物链中所处的层次。一般而言，一地域可支持较多低能质的生产者和较少高能质的消费者。

在能量的转化过程中，一类能转化为另一类能的比率称为能量转化率。如农作物对太阳能的转化率不足1%。如果我们要对不同质的能进行比较，则需要用各类能含量乘以太阳能的转化系数即可。生物圈中的各种能流，如太阳、风、雨、河流、潮汐和海浪、养分、燃料、货物及服务、信息等，都是在物质世界网络中具有不同质的能，且依次呈现出质量由低向高的转化。如在食物链中，能量由左向右逐级转化，每转化一次，能质提高一级。现代社会具有较长的食物链，人的劳动具更高能质，能够做更高层次的工作和更多的贡献，特别是高技术人才既具杰出的创新能力也消耗更多的能量。能的最大限度利用，来自于这些不同质的能的相互作用而使它们相互增益。

作为能流的物质循环：系统的一个主要特征是物质的再循环，特别是那些无源流入的系统。森林和水生生物系统再循环磷，人类经济系统再循环钢、粮和废物，大气圈再循环水，矿山系统再循环积淀物等等。如图12-1所示。[1,2]

由于联系于环境的任何物质的集聚都会产生能的贮存，所有可识别的物流都负载着能，因此能可以驱动物质从某一集聚、贮存处流向另一集聚处或向外产生扩散。虽然实际密集的能是小的，而产生密集的行进过程做功所体现的能（体现能）却可能是很大的。如巨大的辐射能所形成的海鸟食物链，进而产生海岛磷的集聚，就其太阳能辐射于海岛的密集是小的，但由生物转化最终形成磷的能量集聚却是巨大的。一般地讲，作为一个限制因子，一个物质越是关键和越重要，则体现其所负载的能越多，其能也越是高质的。

作为能流的信息流：在物质系统的能量转化过程中，则体现能是连续的，

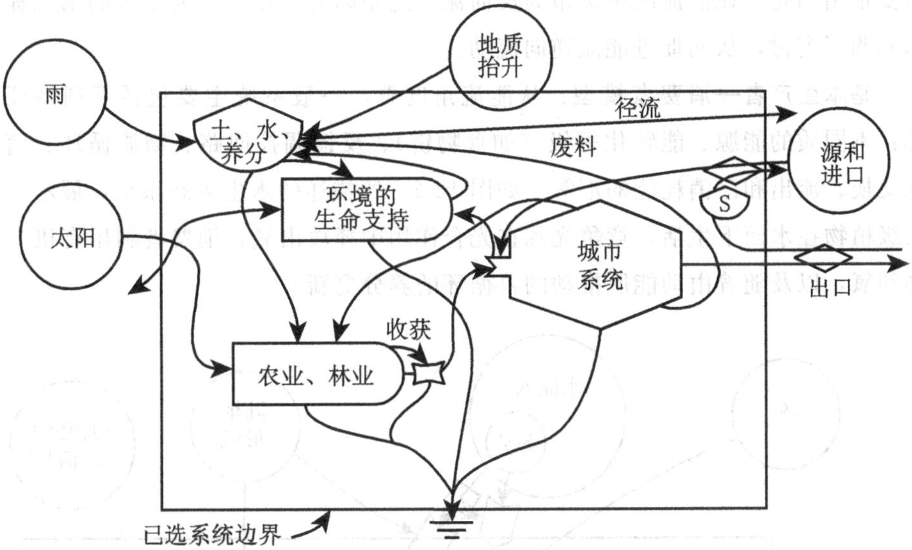

图 12-1　环境系统

且集聚或贮存的能质具有增高的特性。也就是说，在能量的转化过程中，伴随做功大部分的能量已转换成其他形式而耗散掉，只有一小部分的原质量的热卡会保留下来，其能的转化率是很大的。通常人们不把这些保留下来的能看作是能，而称为信息，如书本、电视、通信、计算机程序、人类文化、艺术、政治活动、基因流等。因为这些都负载着做功过程能的消耗、集聚而体现着巨大的能，且信息的每一卡值与太阳能的卡值之比率是很大的，在驱动其他形式贮存消耗时信息也随着下降或损失。就是说，信息是高质的能，而太阳能则是低质的能。如果没有某些物质与环境相联系的能范围的密集，信息就不能贮存。如纸上文字是墨水的凝结，计算机磁盘上的信息记忆是磁场的聚集，生物基因的信息是与环境有关的 DNA 型的贮存。

信息流负载着大部分体现能（Embodied energy），也同时具有最大增益和控制作用。它们以特殊服务方式为系统提供最高级体现能的反馈，特殊反馈为了信息增长而消耗能，且以正作用反馈“补偿”其能流网络。

货币是一种交换媒介和特殊的信息流，它作为物质、信息和其他所用能的反向流而流动。以价格为物质、能量单位价值的货币，具有控制或释放能流的调控作用，因而具有高能值且成为能流的另一种类型。货币也是一种体现能，即体现着它类物质、服务的能或价值。而其自身的能或价值是很低的，如作为硬通货的金币其实际包含的能或使用价值往往低于作为货币使用的能或价值。

需要指出的是，在能流图中货币为反向流，这是因为货币代表需求方的信息提示和购买支付，从而促进能流逆向流动。

基本生产者—消费者模型：从能流角度看，一般系统主要包括下列特征元：不同质的能源、能转化等级（如食物链）、反馈调控回路、物质循环、信息交换、流出和已消耗能的汇等。如图 12-2[2] 所描述的水生生态系统，展示了三级植物在水面下生活，竞争光和在光合作用中释放出氧，消费者利用有机产物和氧，以及随着由动能所推动的再循环的养分更新。

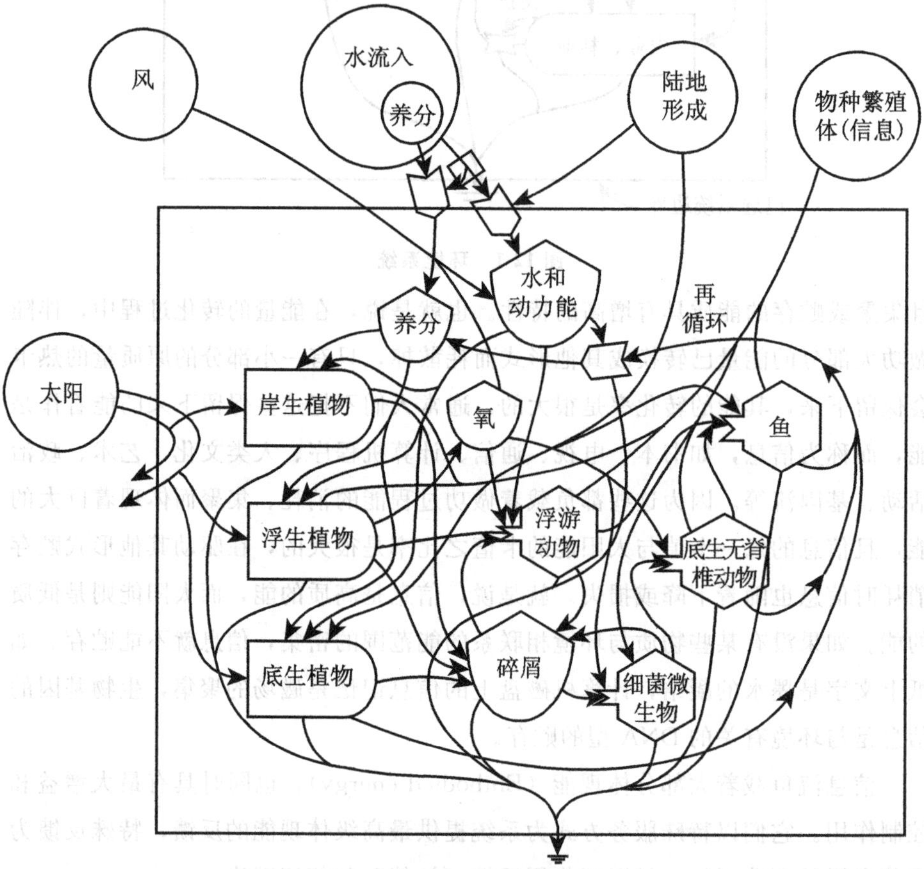

图 12-2　一个水生生态系统的能量

为了更简洁地表述生态系统中的主要元素、关系等级、能量再循环和调控生长与贮存的能源，现利用基本的生产者—消费者模型来阐述其生态学原理和有关概念。

在这个模型中（如图 12-3 所示[2]），P 涉及光合作用的生产，R 则与消费者的呼吸有关。该模型对太阳光开放，但不涉及系统外部其他物质或能量的流入，即对物质是封闭的，如一个密封的水族或整个生物圈。该系统存在两个限制因子：一是外在能的流入由外界供应的速率所限制，因此系统内部只能从输入的能流中吸取利用；二是系统内部内循环的速率受到消费者接收、转化和贮存能力的限制。如生物在开始接收太阳能时，其产量持续增加，然后效果递减，并在最高光量时产量反而下降。因此，经历相互作用过程的系统输出，受限于来自外部或内部再循环过程中参加作用能流的供给率。

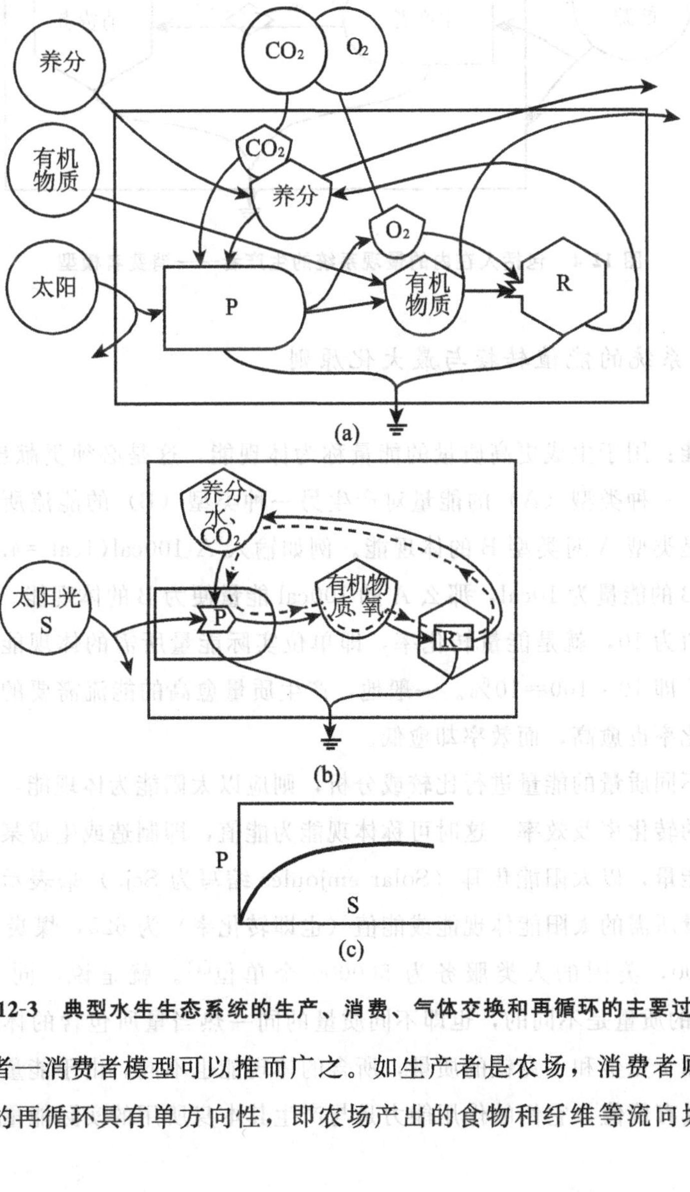

图 12-3　典型水生生态系统的生产、消费、气体交换和再循环的主要过程

生产者—消费者模型可以推而广之。如生产者是农场，消费者则是城市。这种系统的再循环具有单方向性，即农场产出的食物和纤维等流向城市消费，

而城市生产的肥料、机械和生活用商品、服务等反馈给农场。在系统内部的循环中，货币则具有相反的运动方向，即代表需求方的货币以购买支付方式促进物质逆向流动。于是，由于系统存在不同等级的生产和消费需求，从而增加了系统可利用的总体能量。如图 12-4 所示[2]。

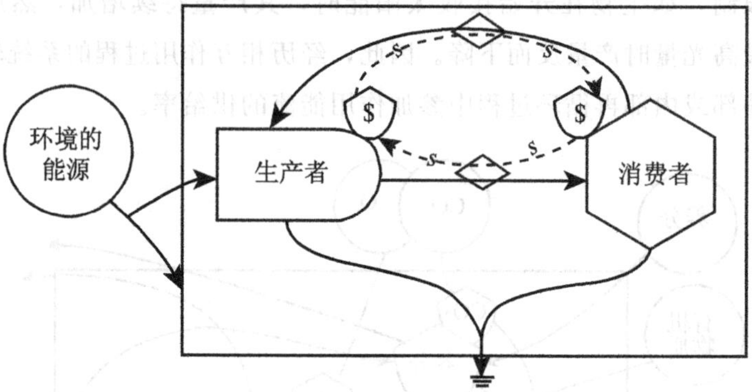

图 12-4 包括人在内的景观系统的生产者——消费者模型

12.3.2 系统的能值转换与最大化原则

体现能：用于生成更高质量的能量称为体现能，这是必须贡献出的能量。也就是说，一种类型（A）的能量对产生另一种类型（B）的能流所需要提供的能，就是类型 A 对类型 B 的体现能。例如输入 A 100cal(1cal＝4.186J) 能量，输出 B 的能量为 10cal，那么 A 的 100cal 能量便为 B 的体现能。而输入与输出的比值为 10，就是能量转化率，即单位实际能量所需的体现能。其倒数则为效率，即 10∶100＝10%。一般地，产生质量愈高的能流需要的体现能愈多，其转化率也愈高，而效率却愈低。

若对不同质量的能量进行比较或分析，则应以太阳能为体现能，可以分别求得相应的转化率及效率。这时可称体现能为能值，即制造或生成某一产品所用的太阳能量，以太阳能焦耳（Solar emjoules 缩写为 Sej.）来表示。例如风的单位能量所需的太阳能体现能或能值（也即转化率）为 625，煤炭为 40000，电为 159000，美国的人类服务为 500000 个单位[1]。就是说，同一热当量（卡）能量的质量是不同的，也即不同质量的同一热当量所包含的体现能是不同的。例如 1 克金和 1 克铁的质量，所含的体现能也不同。由于能量对系统产生作用而具有价值，它们的作用能力是与产生其本身所用的实际能量成一定的比例，于是能量的价值就与系统保留下来的体现能成一定的比例。能量的价值愈高，所包含的体现能则愈多。

能量放大器比率： 能流的效应不是其本身内在的特性，它决定于与其相互作用的其他能流。也就是说，只有借助其他能流的参与合作，才能使能量本身产生放大器效应。而其放大器的比率定义为：输出能流与控制能流之比。

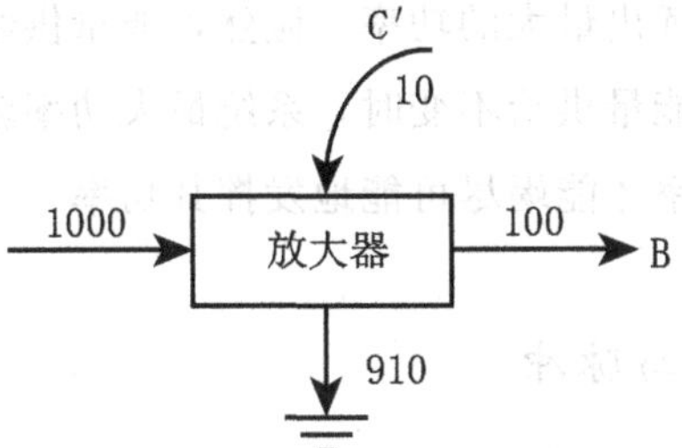

例如，上图中放大器的能量比率为 $B/C=100/10=10$。这表明异质能量之间的相互作用，其中高质能流是对低质能流效用的放大。这种控制流既可来自系统之外，也可以是系统输出的反馈，如经济系统积累基金的再投入。

在生命系统中，其结构的形成都尽可能多地获得了能量放大器的作用，且放大器的作用与体现能是成一定比例的。因为具放大器功能的控制流是高能质的（如人流、资金、技术流等），其形成自然需要一定比例的体现能。在社会经济系统中，资源转化率低的根源是来自控制流的高能质资源匹配太少所致。如在贫困落后地区，其低质的资源很丰富，但缺少人才、资金、信息等高质能资源，而使其不能产生放大器效用，即获得较好的经济效应和加快的发展。这表明，如果把高质能作为对低值能的放大器使用，则是最有效的；且高质能与低质能应有合适的比例，以避免其相互作用受到限制，而使资源潜力难以发挥。人类活动是使资源价值提高的根源，而一个基本的实现途径是使能量密集即经营活动的集约化。此外，稀缺性资源由于其限制性而具有很高的价值，因为它能够增大放大器的作用，产生大的能量输出。

最大功率原则： 具有最大功率的系统，在自然竞争和社会竞争中才能立于不败之地。因此，这个原则能够说明为什么某些系统结构模式能够长期存在，而其他模式则不能；亦可解释具有显著成效的系统为何具有相似的网状结构，以及其设计、存活力经得起时间的考验。

最大功率原则界定为： 一个具有活力的系统，其设计、组织方式必须能够较快地获取能量，并反馈能量以获取更多的能量。也就是说，通过充分认识不同质的能量，且使它们的配置合理，起到放大器的作用以便使功率达到最大。

从自组织作用方面看，系统通常是沿着能量更好匹配方向而进行自组织的。在高质能和低质能以相似的体现能流动的系统中，其高质能和低质能可以合理地匹配，有助于获得最大功率。例如，在森林系统中，每棵树通过增加树叶数量和表面积来索取更多的太阳能。树木又反馈支持森林系统的运动过程，如参与森林土壤的组建，制造稳定的小气候环境，进行养分再循环和为动物提供食物，从而使森林系统发挥出最大的功率。诚然，能量供给充裕时，系统成长或发展最快，功率最大；能量供给不变时，系统最大功率较低，竞争力较差；能量有限时，只有提高效率才能竭尽可能地发挥其功率。

12.3.3 能量分布谱与脉冲

由于能量系统形成具有层次结构的网络，因而大量的低质能流通过转化进入系统，支持着小量较高或高质能流的储存和作用。在系统内，具有不同质的能流为实现功率原则进行一定形式或特性的分布，而将这些分布能够在图上绘制出来，即构成能谱（Energy spectra）。由于能量具有相似性，所以能谱从天体系统到原子系统都是相似的。

描述能量多少及能量密度的能谱图早已有之，如 20 世纪 40 年代国外学者已提出能量金字塔及食物链。如果不同强度能流的量乘以各强度水平的单位能流所做的功，即为系统的功率。因此，有时也把能谱称为功率谱（Power spectra）。在能谱图中，横坐标用能量密集度或与其有关的变量表示，纵坐标则表示该类型能量的多少。通常，用能量转化率表示 X 轴，Y 轴表示每个能质间隔上的总能量，它等于该能质间隔段曲线下的面积。如图 12-5[2] 所示。

能量转化链是对常见的能流网的概括和简化。由于每个能量转化过程都要使用势能和散失势能，于是总能流随着其通过一个个的做功过程而减少了。相反地，每单位实际能量的体现能却沿着链在增加。这就是能量价值悖论，即保持住的实际能量减少，所包含的体现能则增多。

许多能谱大多符合指数函数，如图 12-6[2] 所示。当 Y 减小的百分数等于一个常数与 X 的乘积时，曲线是有界指数函数。由于能量转化是从左到右依次减少，而能质和每单元所包含的能量在增加，因此能链模型就显示出一条指数曲线。如果把每单位所含能量 E 定义为能量转化率的对数，则可以得到一个描述能量等级的综合曲线图。这时指数能谱在半对数坐标系中是一条直线。

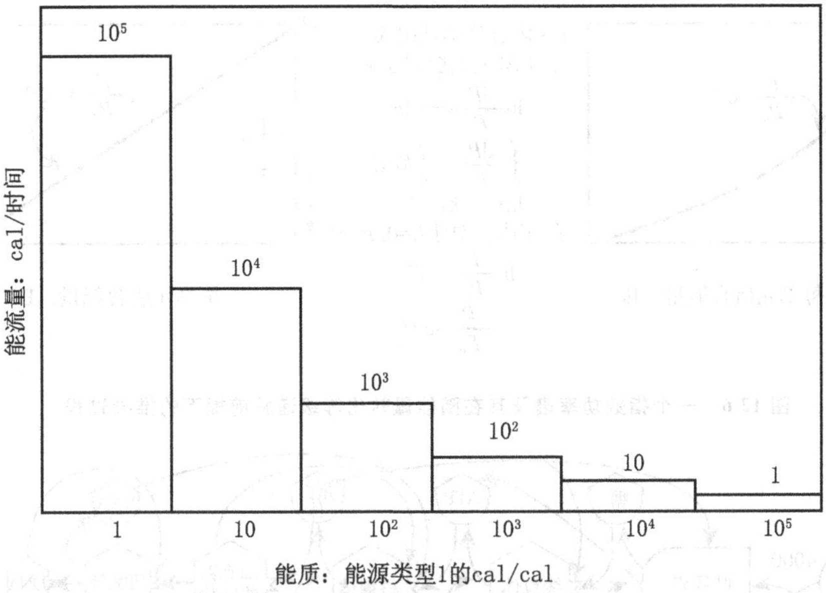

(a) 能流量是能质的函数曲线图

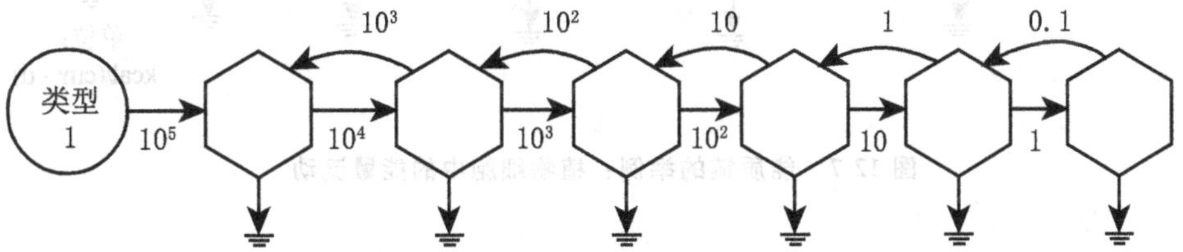

(b) 能量转化链

图 12-5　单能源开放系统的典型能量分布谱

在许多能量等级中，可以用实际能量的密度表示指数能谱模型中的 E。这一替代表明，在实际能量密度与能量转化率的对数之间成一定的比例，两者都随能质的增高而增大。也就是说，能质愈高，能量密度愈大，转化率愈大。

能质链模型对所有长期保持一定能流格局的系统都能适用。能量链中左边的低质能流生成了右边的小量高质能，这种现象广泛分布，如雨点，落地后会聚成细流、小溪、小河，最终汇成大河，就是一种能量的分布。植物细胞中的能量流动是另一种分布，如图 12-7[2] 所示。图中植物细胞先将低能质的太阳能转化为中等能质的三磷酸腺苷或高能化合物（ATP），然后又转化成能质更高的结构和包含遗传密码的脱氧核糖核酸（DNA）。

能量链愈长，能质转化水平愈高，所需总能量也愈多。如现代工业社会具有较长的食物链，人类的劳动具有更高能质，能够做更高层次的工作和更大的

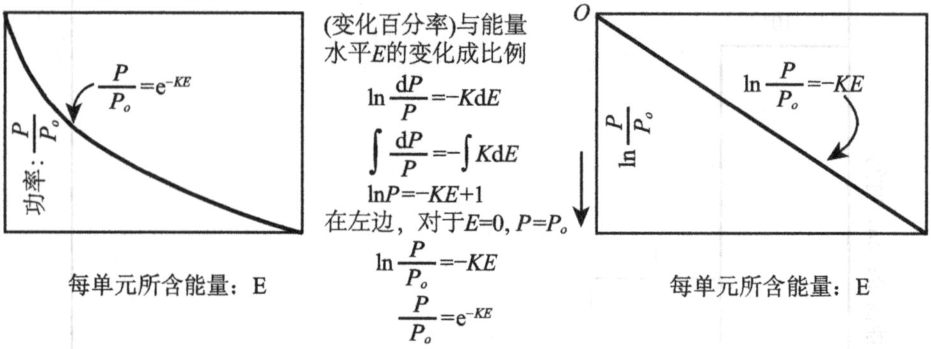

图 12-6　一个指数功率谱及其在随能量转化等级递减前提下的推导过程

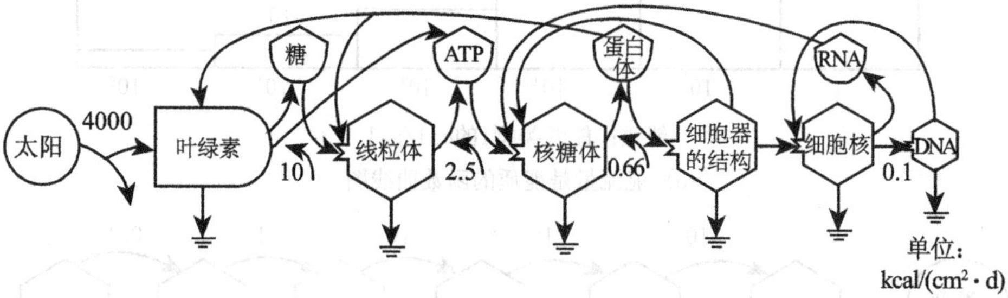

图 12-7　能质链的举例：植物细胞中的能量流动

贡献。这种食物链起源于绿色植物制造有机物质，经过漫长的地质作用转化为煤和石油，然后转化为电和汽油之类的燃料，供给工业和受过教育的人们使用。为了节约自然资源，缩短食物链似乎是一种有效的途径。即人们如果只吃植物性食物而不吃肉的话，便可以节省大量的能量，以保障人类社会的持续发展。然而，能量是通过每一层次的工作聚集起来的，如果我们只吃植物性食物来取得剩余能量，那么人类必须做动物所做的那部分聚集能量的工作。例如牛能消化青草聚集其能量于肉或奶，但人却不能。诚然，就人们的食谱而言，应当吃较多的低能量食物如蔬菜和较少的高能量食物如肉类，既能保障身体健康，也有助于资源的节约。

生物学分布谱：在生物系统中，以太阳能的转化为起点，由植物、食植动物、食肉动物及人类所需营养链为序列，构成了生态能量谱或生态能量的金字塔，伴随的是生物个体（种群）数量的金字塔（即底部低等生物个体多，而位于顶部的高等生物个体少）和生物异质多少的重量金字塔（即低质、个体重量轻、种群多的在底部，而高质、个体重量大、种群少的在顶部）。此外，还有以年龄分布构成的能谱，如人口年龄金字塔。

增长或发展型的生物群体年龄分布，通常是随年龄的增长而个体数量在减少，即呈金字塔状。若为稳定型，即年龄组之间个体数量变化较小，这时分布图为桶或鼓状。另则还有一种倒金字塔型，即年青个体数量少，而中老年个体数量依次增大。这种年龄分布谱对于生物或人口系统来说均是一种退化型。就发展型而言，体现能随着年龄的增长而积累增多，且由低质能到高质能的转化比较顺利、合理，因此系统呈现出较大的活力。对于稳定型的年龄分布，体现能在各年龄段的分布较相似，能量的流转滞缓，因而系统在呈现稳定的同时增长或发展活力有所不足。至于老年型分布系统，由于高质能群体比重大，体现能占有多，反馈控制力又太强，故是一种缺乏活力的系统。

如果生命系统具有的反馈作用与产生这些作用所必需的体现能相一致，则理论上可以把控制能力看成为体现能的函数。系统控制最终取决于能质最高的能量，即体现能愈多，控制力愈强。如果是高质能作用的传递控制着系统，将这些参控能量的传递时间缩短就可以使控制作用增强。控制单元对高质体现能进行积累，到一定程度后突然将反馈控制作用表达出来，这种控制一般优于更替性控制器，至少在产生突然作用的时间内是这样。因此，这恰好解释了系统为何随着参控消费者的作用时间而产生脉冲。通常在系统高质能控制的单元的作用中都可以看到脉冲现象。体现能的积累由于受内部代谢机能和外部环境的影响，而使生物、非生物的演化、生长呈现出脉冲式。如基因作用是脉冲式的，树木的生长和繁殖循环也是脉冲式的，而且地震、肉食动物的兴衰及社会的发展皆是脉冲式的。如果脉冲是由最大功率延伸出的一种高质能控制现象，短暂的显现可以表明，这是一种高能组织形式。

各具特色的能量分布谱与能网和能链中的等级结构有关。能量分布谱除了上述形式之外，还有繁殖能谱即不同形态的种子或繁殖基因所包含的能量不同，且根据体现能的多少服从某一分布。能量分布谱也还可以表示为几种类型的功率谱曲线，包括能质曲线、能量数量曲线，既可是指数的，也可是正态或其他非线性曲线。研究能量分布谱，有助于揭示生物或社会演化的规律及能量结构的优化配置，以便于制定相应的调控策略和促进区域的可持续发展。

12.3.4 能量系统的演化模型

一个系统的变化方式取决于该系统的组织结构和可供利用的能量来源类型。例如热带雨林系统因其生物结构复杂，能量丰富，故生物繁衍快，系统稳定易抗干扰。一个小城镇能否演化为城市，也取决于其组织结构、能量的供给和自组织能力。显然，从能量的来源和转化方面，我们可以研究、认识系统的演化。系统的演化与能量的贮存有关，加之能量是不能和物质相分离，所以利用贮存符号来同时体现物质和能量的模型是适宜的。因而围绕贮存变量对系统建模和分析，则是利用能值原理进行研究的核心。

在能值分析和模拟研究中，贮存量 Q 可能是纯能量如热或光，或者是物质、信息及货币。贮存量为状态变量，当输出为线性变化时，其变化速率则为输入 J 与输出 kQ 的差额，即 $Q'=J-kQ$。但贮存量的变化又是一个能量的累加过程，故有 $Q=Q_0+\int(J-kQ)\mathrm{d}t$。相应的差分方程为 $Q_{t+1}=Q_t+(J-kQ)i$，这里 i 为时间间隔。由上述积分或差分方程所代表的函数，描述的是渐进增长或是由初始条件降低至稳定状态水平的演化状况，类似于 Logistic 曲线，能更好地模拟生态或社会经济系统的持续发展。下列指数和 Logistic 模型皆是依此积分或差分方程的变化为基础的。

模型 1：指数演化

如图 12-8 所示，[3] 该模型表示具有充足能量供给的种群的指数形增长。例如在牧草丰富的草原，羊群的繁殖就可能按 2^x 或其他类型的指数形加速增长。就现实而言，能量的供给和环境的约束往往迫使某一生命系统不可能始终为指数形演化。但在生物群体的增长初期，因其消耗少，能量供给充足，故呈现出指数增长。由上述积分结果可得该指数为 $Q=J/k(1-e^{-kt})+Q_0e^{-kt}$，而其衰减形式为 $Q=Q_0e^{-kt}$。

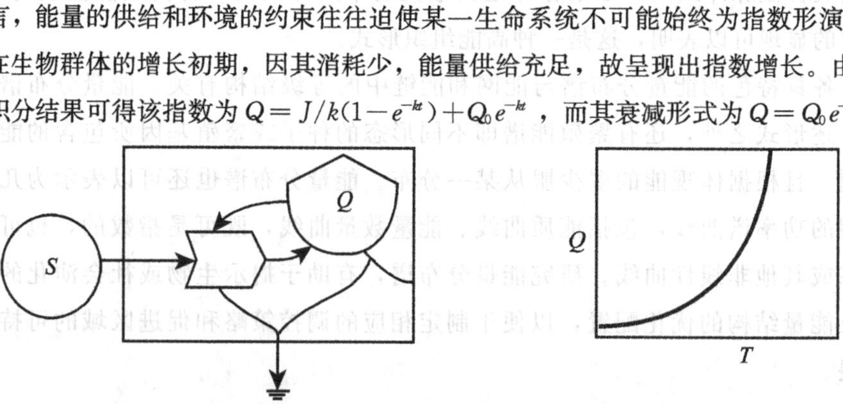

图 12-8 系统呈指数增长，其能源保持持续充足的能量供应

模型 2：Logistic 演化

如图 12-9 所示。[3]该模型是指系统在最初发展时期，由于能量供给充足而发展迅速。其后由于个体增多，群体膨胀，有限能量源的供给逐渐不能满足其对能量的消耗需要；也或因为群体间由于空间、能量占有而产生相互排挤，导致能量散失或外流加快，于是系统的增长或发展趋势趋缓。即系统的增长速度由边际递增变为边际递减，在达到高峰后出现负增长，整个演化态势呈现出"S"形状。例如城市人口的增长、沿河流域城镇因水资源和污染问题而产生的发展，均服从 Logistic 演化规律，其状态变化方程为 $Q'/Q = r(M-Q)/M$。式中：M 为最大容量，$(M-Q)/M$ 为最大容量分数或剩余量的变化比率，r 为内禀增长率。上述方程可变为 $Q' = rQ - r/MQ^2$。如果用 $k_pX - k$ 来代替 r，则有 $Q' = k_pXQ - kQ - (k_pX - k)/MQ^2$。其中 k_pX 是单位生产率，k 是单位损失率。通过积分，Logistic 方程的一般形式为 $Q = MQ_0e^{rt}/(M - Q_0 + Q_0e^{rt})$。

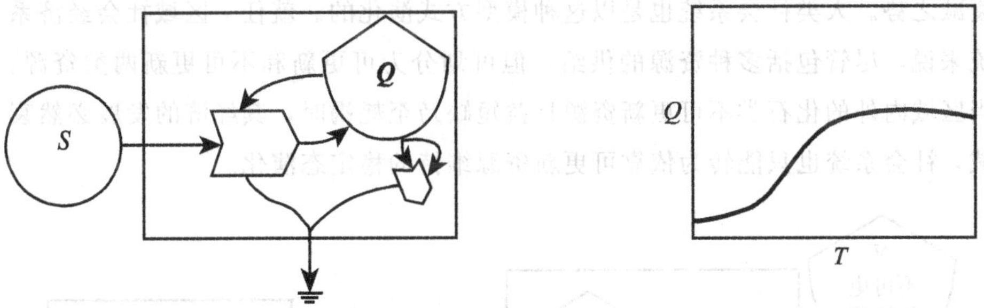

S：持续充足的能源；Q：数量；T：时间

图 12-9　系统的逻辑斯缔成长，具有持续充足的能量来源，自身成员间相互干扰而导致能量外流

模型 3：不可更新能源的系统演化

如图 12-10[3]所示。依靠不可更新资源为能量来源的系统，因能量供给一定和递减而呈现出一种倒 U 状增长或正态演化状。例如生长在木头上的甲壳

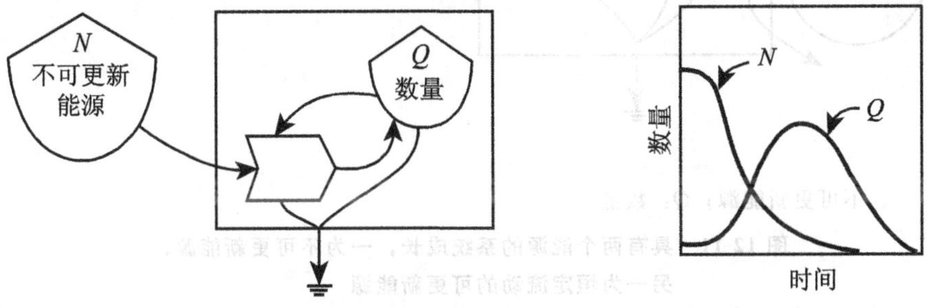

图 12-10　具有不可更新能量来源的系统成长

虫种群，在其数量较少时，木头的能量供给充足，其种群的成长呈现出指数状；木头因能量减少，甲壳虫的数量也愈益减少。又如依靠单一不可再生资源（煤矿）发展的小城镇，以及社会系统因人口、消费规模膨胀，资源短缺而产生的不可持续发展危机，会致使区域人口由递增变为递减，使经济由繁荣变为萧条等现象，均符合这一演化规律。其演化方程为 $Q=Q_0\exp-kx^2$。

模型4：具有两个能源的系统演化

如图 12-11[3] 所示。该模型包括可更新和不可更新两种资源，分别有机地作用于贮存的积累变化并提供反馈调控。这种系统当不可更新资源耗竭时，其成长或演化衰减，只能依赖可更新资源维持达到稳定状态。例如养鱼的池塘有两个能源，一是来自可接收的太阳能产生光合作用，二是投放的不可更新的鱼饲料。塘鱼种群最初增长很快，直至鱼饲料欠缺止；其后因饲料供给中止，这时塘鱼仅能依靠太阳能的光合作用形成的食物链来维持，故池塘内的鱼群呈现衰减之势。人类社会系统也是以这种模型方式演化的。就任一区域社会经济系统来说，尽管包括多种资源的供给，但可划分为可更新和不可更新两类资源。当区域内外的化石类不可更新资源日益短缺乃至耗竭时，其经济的发展必然衰减，社会系统也只能转为依靠可更新资源维持的稳定态演化。

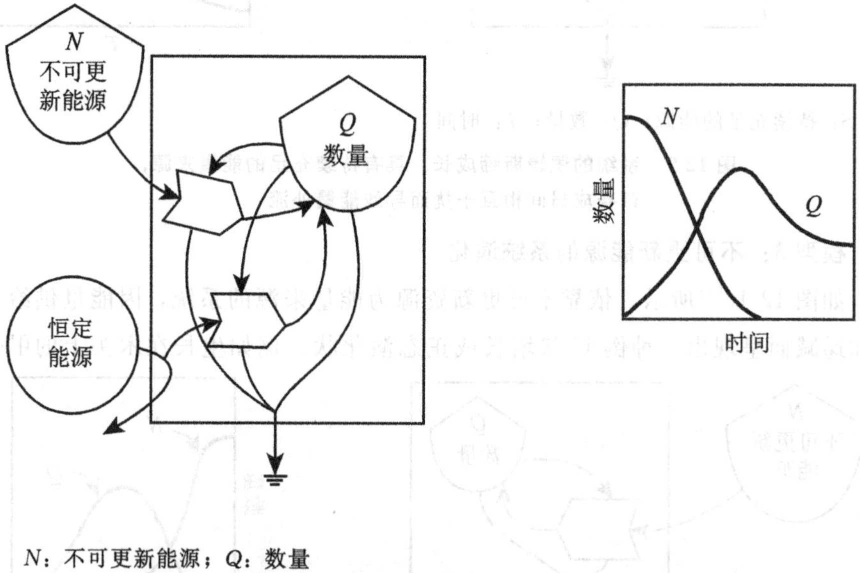

N：不可更新能源；Q：数量

图 12-11 具有两个能源的系统成长，一为不可更新能源，另一为恒定流动的可更新能源

12.3.5 不同类型能量系统图解

(1) 自然生态系统

① 落叶林生态系统。这是一个以落叶林为生产者，供林区动植物进行能量转化的生态系统。通过该简化模型可以了解森林生态系统的能量转化机理和模型描述。如图 12-12 所示。[3]

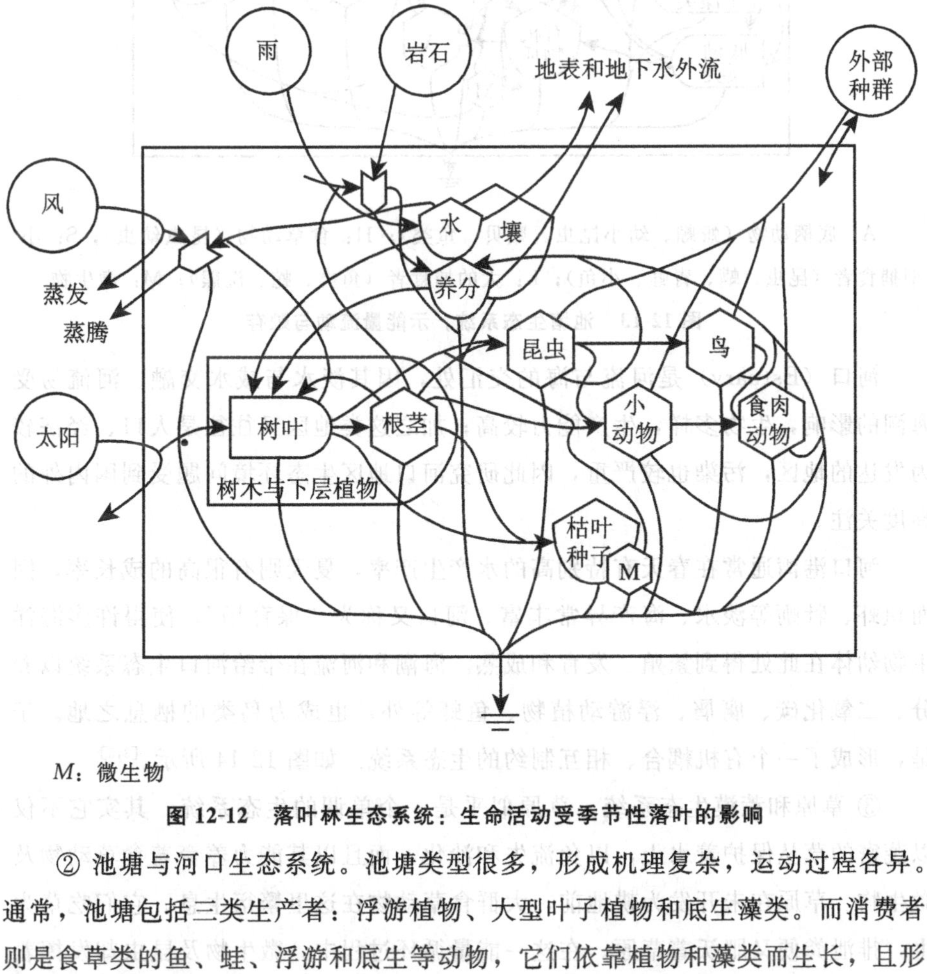

M：微生物

图 12-12 落叶林生态系统：生命活动受季节性落叶的影响

② 池塘与河口生态系统。池塘类型很多，形成机理复杂，运动过程各异。通常，池塘包括三类生产者：浮游植物、大型叶子植物和底生藻类。而消费者则是食草类的鱼、蛙、浮游和底生等动物，它们依靠植物和藻类而生长，且形成相应的食物链。池塘中的水源和水质量与周边环境密切相关，既受到周边环境的影响，又影响着周边的环境。在人类较少介入情况下，其生态系统的能量流动如图 12-13 所示。[3]

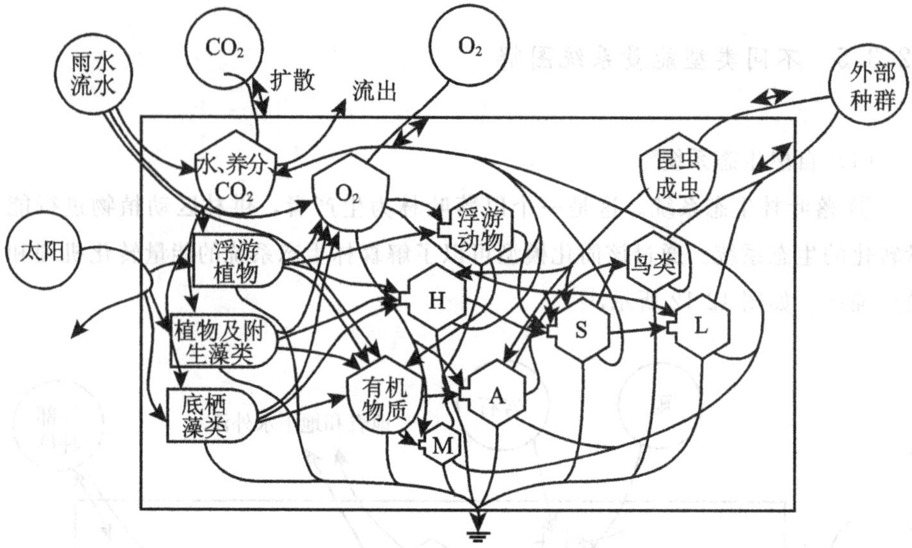

A：底栖动物（蚯蚓、幼小昆虫、贻贝、鱼类）；H：食草动物（昆虫幼虫）；S：小型捕食者（昆虫、螨、青蛙、小鱼）；L：大的捕食者（鱼类、蛇、浣熊）；M：微生物

图 12-13 池塘生态系统，示能量流动与贮存

河口（Estuary）是河流与海的交汇处，因其淡水与咸水交融、河流易受海潮的影响，生物多样，生产能力较高；加之这类地区又往往是人口、经济较为发达的地区，污染也较严重，因此研究河口地区生态环境问题受到国内外的高度关注。

河口港湾通常在春天有特别高的水产生产率，夏天则有很高的成长率，因而鱼虾、牡蛎等淡水、海产异常丰富。河口又称为“保育场”，使得许多海洋生物幼体在此处得到繁殖、发育和成熟。海潮和河流在带给河口生态系统以养分、二氧化碳、腐屑、浮游动植物、鱼虾等外，也成为鸟类的栖息之地。于是，形成了一个有机耦合、相互制约的生态系统。如图 12-14 所示。[3,5]

③ 草原和荒漠生态系统。草原似乎是一个单调的生态系统，其实它不仅以茂密的草丛保护着水土，以免流失和沙化，而且以其能力养育着食草动物及微生物。草原在未开发为耕地前，大群食草动物在这里繁衍生息。它们吃草为生，排泄粪便又肥沃着草原。在这一能量循环过程中，微生物及昆虫却发挥着降解作用。草原生态系统具有自身的生物链，若其遭到破坏，能量循环失衡，便导致草原生态系统的破缺，如沙化、水土流失、荒漠化等。近年来，我国西北省区和内蒙古草原地带因挖掘发菜、牛羊超载而使草原退化，沙化、干旱、

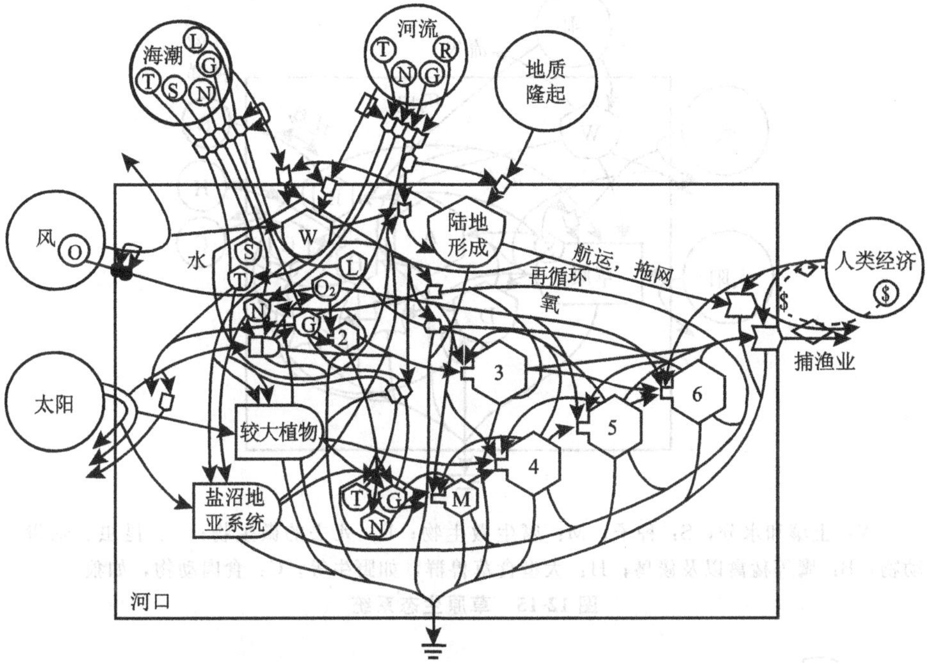

1：浮游植物；2：浮游动物；3：浮游生物；4：底栖生物；5：底层鱼；6：顶层食肉动物；G：水中有机物；L：生物幼体；M：微生物；N：养分及二氧化碳；O：氧气；R：沙砾；S：盐；T：泥粒（无机物）；W：海浪和洋流能量

图 12-14　河口总模型

荒漠，且因风沙、粉尘飞扬导致北京等地区环境污染严重。因此，研究草原生态系统的能量循环、结构优化，荒漠（缺水、盐碱化、生物无法生存）的治理和环境质量的改善问题，愈益受到各国政府和科技界的高度重视。

这里给出草原和荒漠的示例模型如图 12-15[3] 和 12-16 所示，[1,2] 以供参考。

（2）人工生态系统

① 人类社会发展阶段的能量利用模型。人工生态系统是在人类作为自然生态系统的第一个消费者时开始的。人类社会经历了捕猎采集、农业和工业化生产过程，已从生存、发展到了可持续发展阶段。其能量转化沿着上述不同历史过程而演绎，可用下列示例模型予以简单阐述，如图 12-17 所示。

② 农业生态能量模型。农业是人类赖以生存和发展的基础，它不仅为人们提供食物和其他基本生活保障，而且为工业提供原料、资本和剩余劳动力。世界农业的发展经历了传统农业和石油农业发展阶段，现正沿着生态农业的方

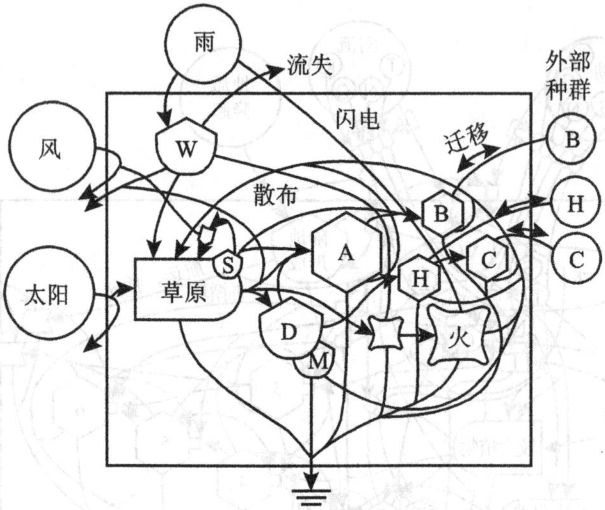

W：土壤和水分；S：种子；M：腐生微生物；D：死去的微生物；A：昆虫、啮齿动物；B：鹰等猛禽以及候鸟；H：大型食草兽群，如野牛等；C：食肉动物，如狼

图 12-15　草原生态系统

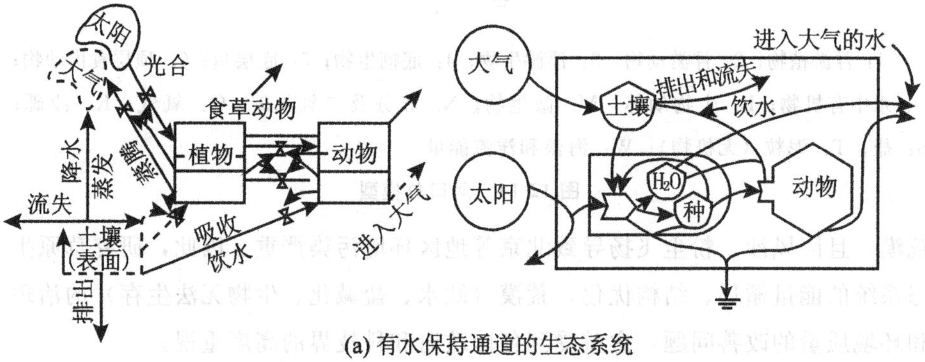

(a) 有水保持通道的生态系统

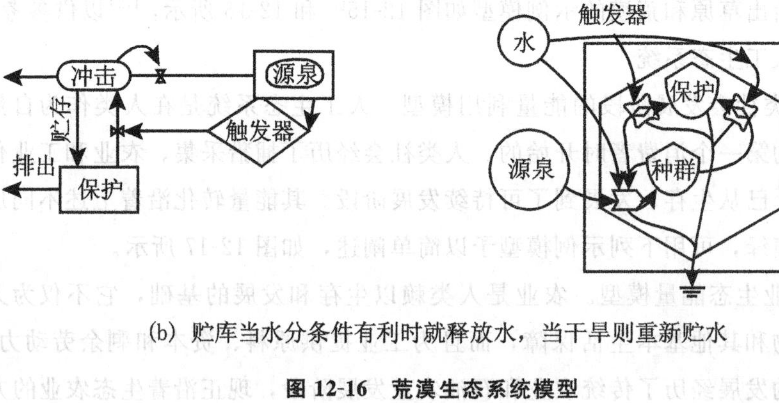

(b) 贮库当水分条件有利时就释放水，当干旱则重新贮水

图 12-16　荒漠生态系统模型

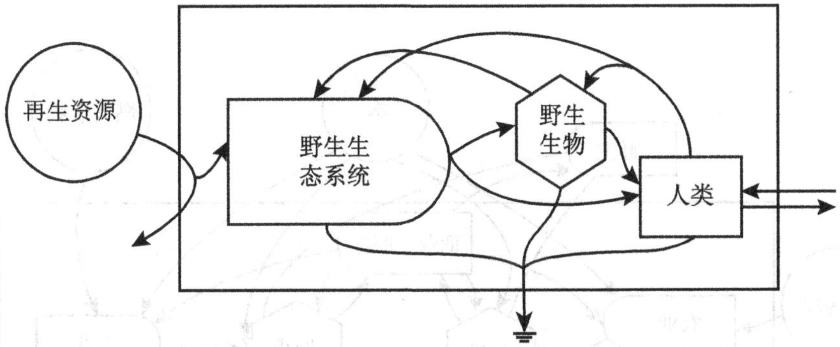

(a) 打猎与采集

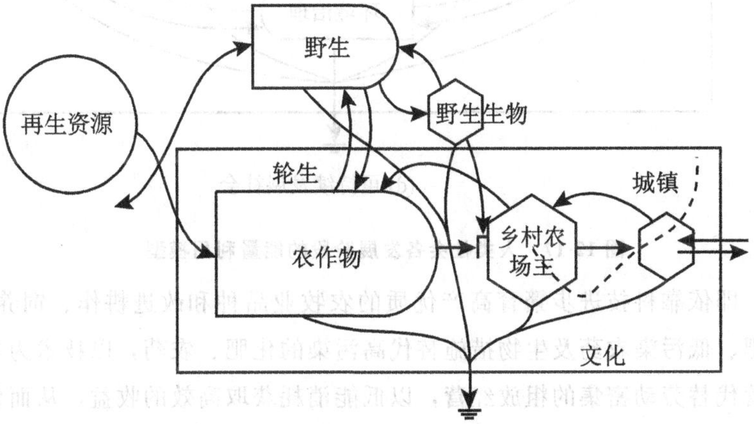

(b) 农业社会

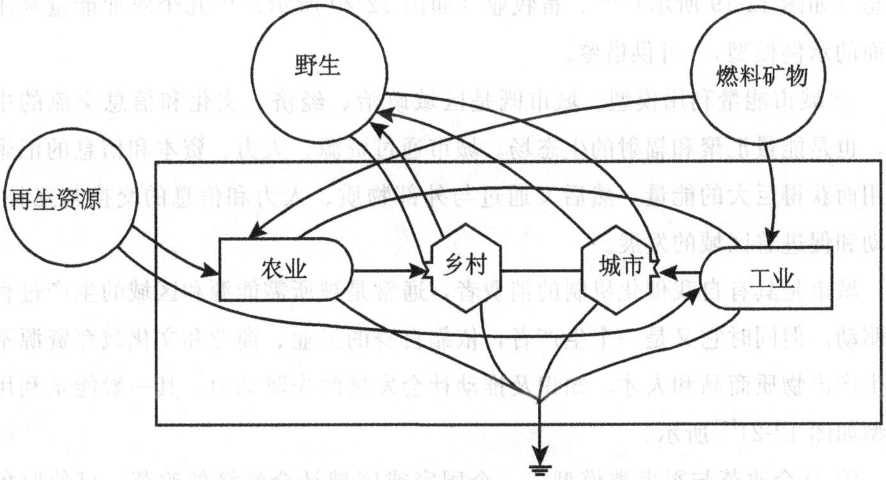

(c) 工业社会

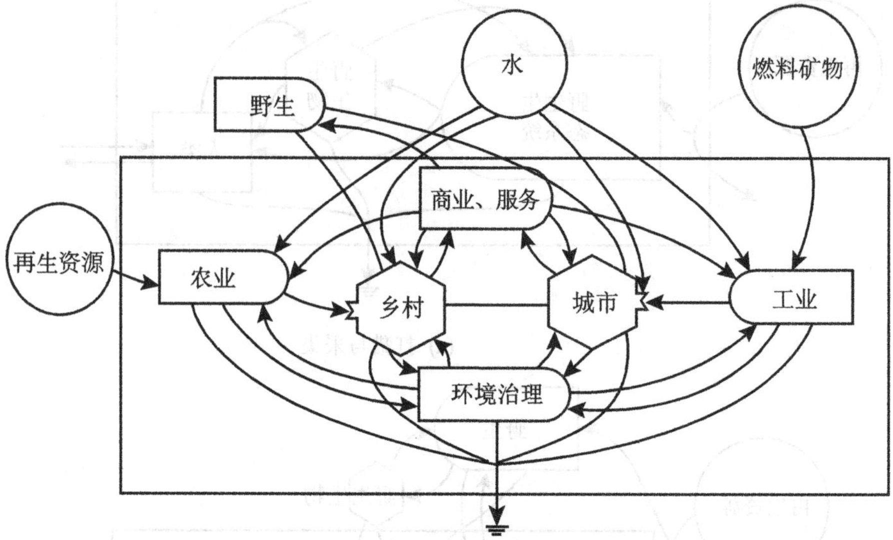

(d) 可持续发展社会

图 12-17 人类社会各发展阶段的能量利用模型

向发展。即依靠科技进步繁育高产优质的农牧业品种和改进耕作、饲养模式，用有机肥、低污染农药及生物措施替代高污染的化肥、农药，以技术为主导的集约经营代替劳动密集的粗放经营，以低能消耗获取高效的收益，从而保障人类社会的可持续发展。下面分别列举的热带农业（如图 12-18 所示）[1,2]、庭院生态（如图 12-19 所示）[1,2]、畜牧业（如图 12-20 所示）[1,2]几个农业能量利用方面的示例模型，[1]可供借鉴。

③ 城市能量利用模型。城市既是区域政治、经济、文化和信息交流的中心，也是能量汇聚和辐射的生态场。城市通过资源、人力、资本和信息的汇聚作用而获得巨大的能量，然后又通过与外部物质、人力和信息的交换与互补，带动和促进着区域的发展。

城市是具有自我催化机制的消费者，通常是被所需能源和区域的生产过程所驱动。但同时它又是一个生产者，依靠自身的工业、商业和文化教育资源不断生产出物质商品和人才、知识及推动社会发展的先驱动力。其一般能量利用模型如图 12-21[2]所示。

④ 社会改革与军事类模型。一个国家或区域社会经济的改革，可使对象系统在理顺关系、优化结构、建立激励机制的基础上得以较快和有效的发展，

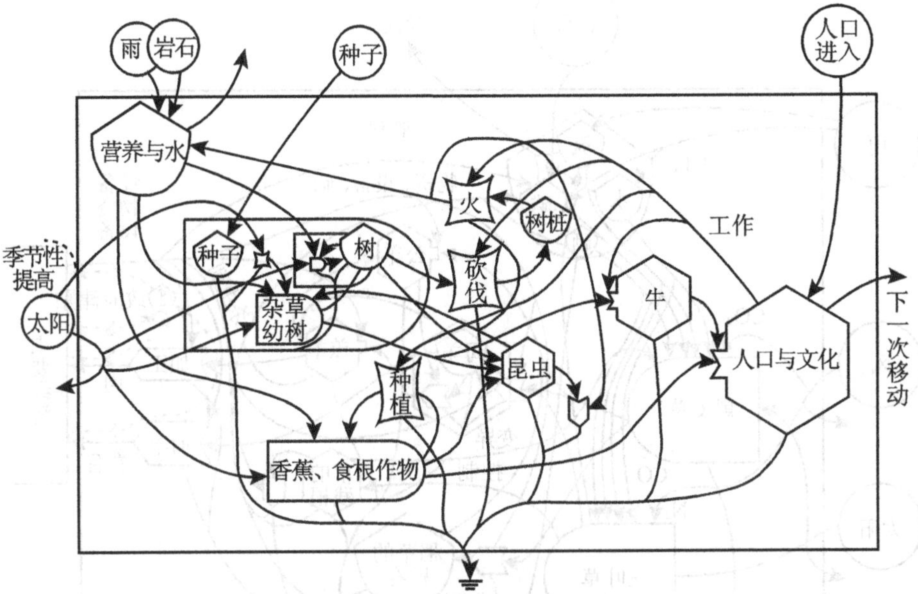

图 12-18　热带农业系统模型

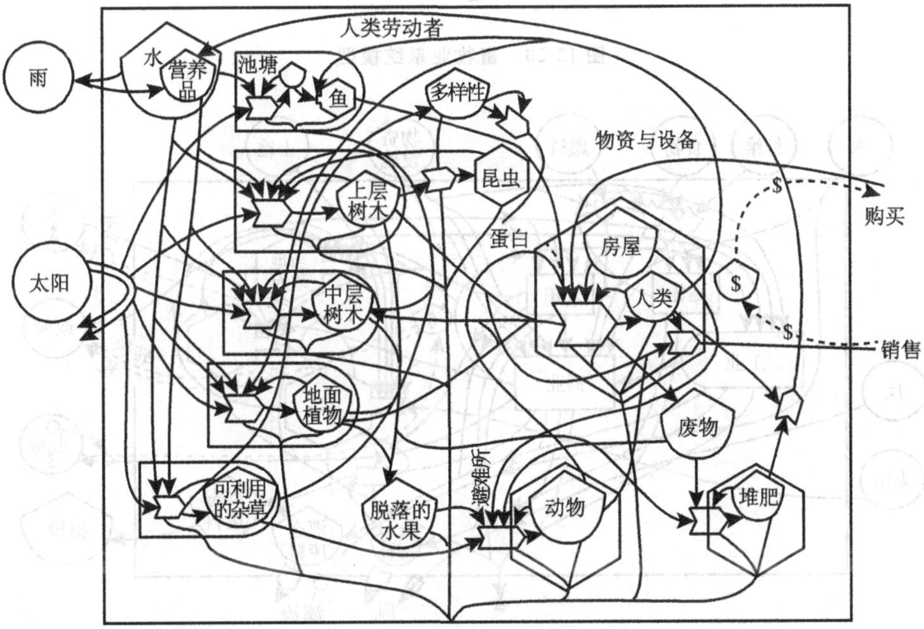

图 12-19　庭院生态系统模型

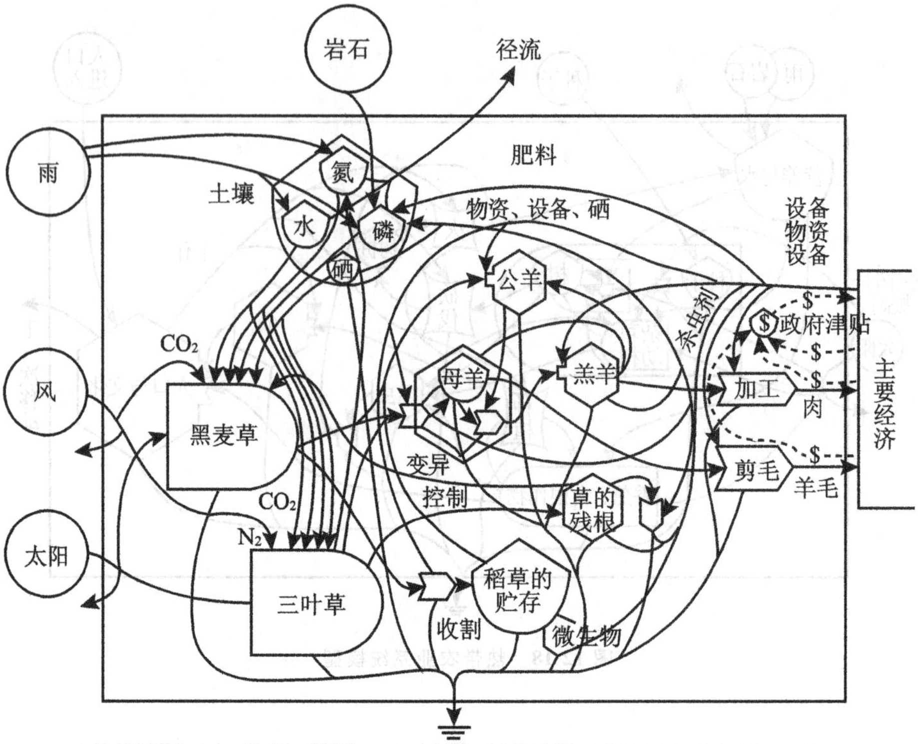

图 12-20 畜牧业系统模型

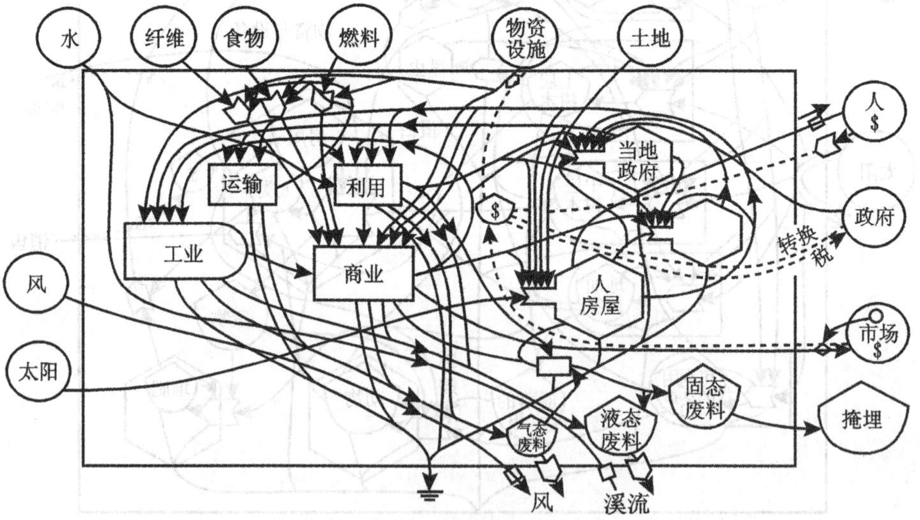

图 12-21 城市能量利用模型

使它达到更高的水平和占据发展的优势。但当改革的信息和成果扩散到毗邻的竞争地区或系统时，改革就失去了其优势地位和作用，因此持续性地改革与完善对于社会、经济的发展是必不可少的。其概念模型如图 12-22[1,2]所示。

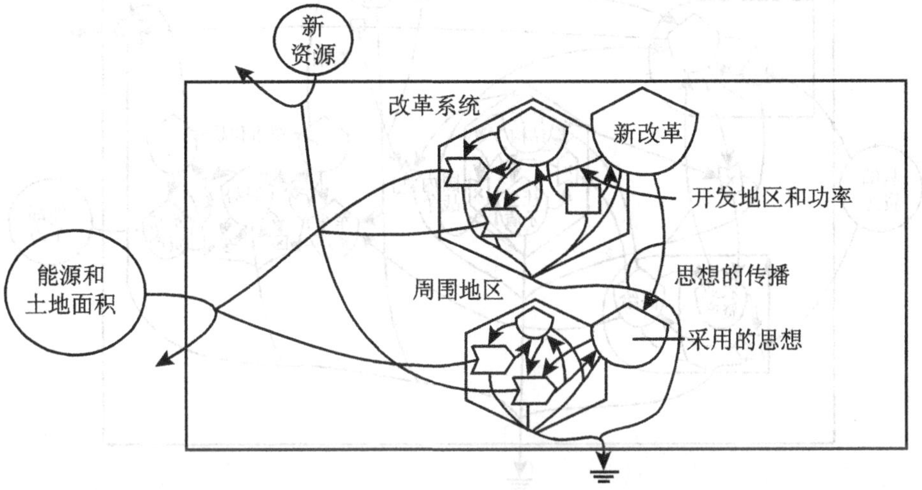

图 12-22　改革的优势作用模型

在当代或可预期的国际社会环境条件下，一个国家或地区军事力量的存在，既是稳定国内社会秩序和保障其经济顺利发展的需要，也是避免外部势力入侵和维持区域社会均衡的需要。对象系统军事力量的强弱，既应以经济实力为基础，也取决于国际国内局势的稳定程度。因此，从能量角度探讨军事与地缘政治、国内社会和经济发展之间的相依关系，确立相应的军事战略和如何发掘军事资产的潜力服务于社会经济的可持续发展，则是一个亟待研究的课题。这里仅介绍美国学者 Farned 曾提出的一个概念模型，如图 12-23[1,2]所示。

12.4　能值与国民经济系统

经济是一个国家兴盛、社会发展、人民生活水平提高的基础与命脉，而这又依赖于对资源的能量转化、物质商品的流通与分配，以及对人力资源的利用和技术的开发，乃至环境的改善与保护。制定一个国家或区域未来可持续发展的战略与规划，需要进行系统分析和物质能量的均衡供需研究，而采用能值分析和模拟方法无疑是一种甚为有效的途径。

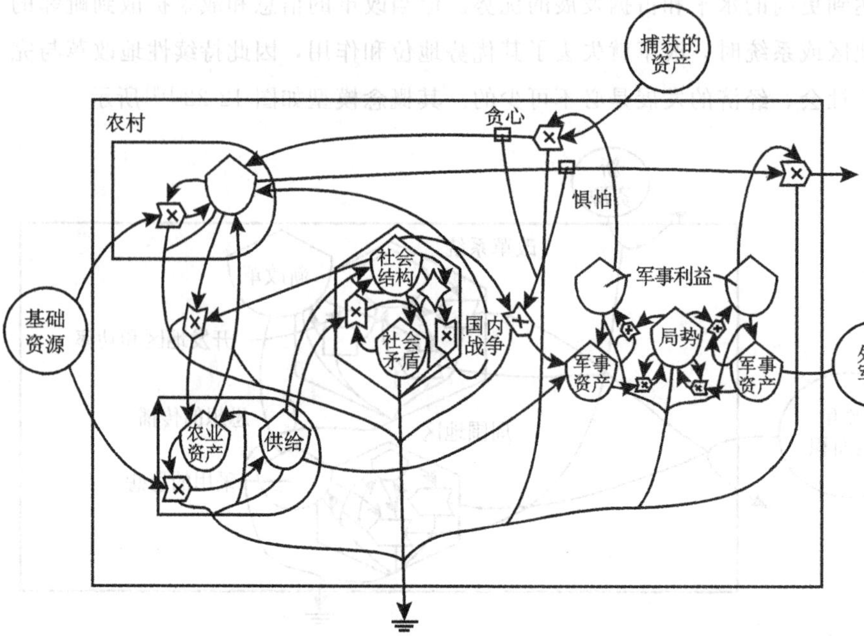

图 12-23 军队在社会经济发展中的作用模型

12.4.1 能值—货币比率

在社会经济的发展过程中，人类借助自然力的生产，并通过人的劳动把自然的物质能量转化为社会所需的商品。作为劳动价值衡量和商品交换中介的货币成为现代经济活动和社会发展的中枢，但事实上它仅是能量及其供需的符号。如果没有不同能质的资源供经济生产所需，或者没有商品和劳务供购买交换，货币就失去存在的价值。但反过来看，如果没有依附于能量存在与供需的货币资金，经济则无法顺利发展，自然资源和人力资源就难于有效地开发利用，也无法调节物质利益的公平分配和各业及时空间的协同发展。因此，作为人类真正财富的能量价值的能值与反映能值的货币价格是密切相关的，即能值大所需支付的价格就高。但两者也存在着背离，即因供需失衡使得能值与货币的价格相背离。由此看来，货币价格并不能真正反映实际系统物质、能量的价值及客观存在的均衡，特别是不能衡量自然界的贡献；加之因供需失衡产生的通货膨胀上的价格扭曲，以及因空间发展水平相异出现的同一能值但价格却不同，因此进行能值分析和评价时需要做能值—货币比率的换算。

能值—货币比率可定义为：一个国家单位货币相当的能值，等于全年能值应用总量除以当年货币循环量（GNP 或 GDP），也即使用的总体现能除以流通中的货币总量。例如，[1]新西兰 1988 年的能值—货币比率是 3.0 E12 太阳能焦耳/美元，即 7.91×10^{22} sel.（体现能）$\div 2.6\times10^{10}$ 美元(GNP)。

在以农业为主的国家里，由于依赖自然力的转化可以使用很多不需花钱的自然环境产品，因而这些国家具有较高的能值—货币比率，即在那里单位货币可以买到更多的商品。通常，穷国能值—货币比率高，但人均 GNP 低，而富国恰好相反。例如，1988 年美国的能值—货币比率为 2.4E12 太阳能焦耳/美元，人均 GNP 高达约 1.4 万美元；而我国该年的能值—货币比率则为 8.7E12 太阳能焦耳/美元，人均 GNP 仅有 280 美元左右。尽管两国的人均 GNP 相差 50 倍，但实际生活水平的差距远小于此货币差异。显然，用能值衡量各国的实际发展状态和水平比价值形态较为真实可信。

利用能值可以评价人类劳务。譬如能值—货币比率为 3.0E12sel/美元，某人年收入为 14000 美元，其劳动贡献的能量达到 4.2E16sel。采用能量评价劳务，可以避免因货币膨胀或发展水平相异国家出现的同等贡献但货币量不等同所造成的扭曲。

12.4.2　能值与通货膨胀

货币购买力系指单位流通货币所能买到的商品与劳务量，而能值—货币比率恰好反映了这种购买力。例如新西兰 1980 年货币与国际通用货币美元的兑换率为 1∶1，1 元新西兰货币可购买相当于 3.4E12 太阳能焦耳的商品与劳务。

一个国家的货币会因商品的供需失衡和货币发行量的多少而出现通货膨胀问题。即如果参与流通的货币量增加，在能量或商品、劳务输入未变情况下；也或者在货币流量不变，而输入系统的能流减少，均导致单位货币所购买到的能值或商品、劳务减少（能值—货币比率变低），也意味着货币贬值，这种现象就称为通货膨胀。

通货膨胀有助于刺激经济的发展，其原因在于消费购买力的增加刺激生产的增长，也迫使生产经营者只有扩大生产规模和采用先进技术降低生产成本，才能获取较多的利润。此外，由于流通中的货币量增加有助于调节生产资料、消费品和劳务市场的供需转换；有助于节约资源，也有助于商品的国际输出和国际通用货币的积累。但通货膨胀超度或延续时间太久，就会加剧社会、经济结构的失衡，引起市场供需和交换秩序的混乱，易于产生劣质商品的生产，以及产生财富分配的不公平和贫困加剧现象。

从经济发展规律来看，通货膨胀总是推动着经济的发展，因而能值—货币比率呈现出递减趋势。如图 12-24[3] 所示。

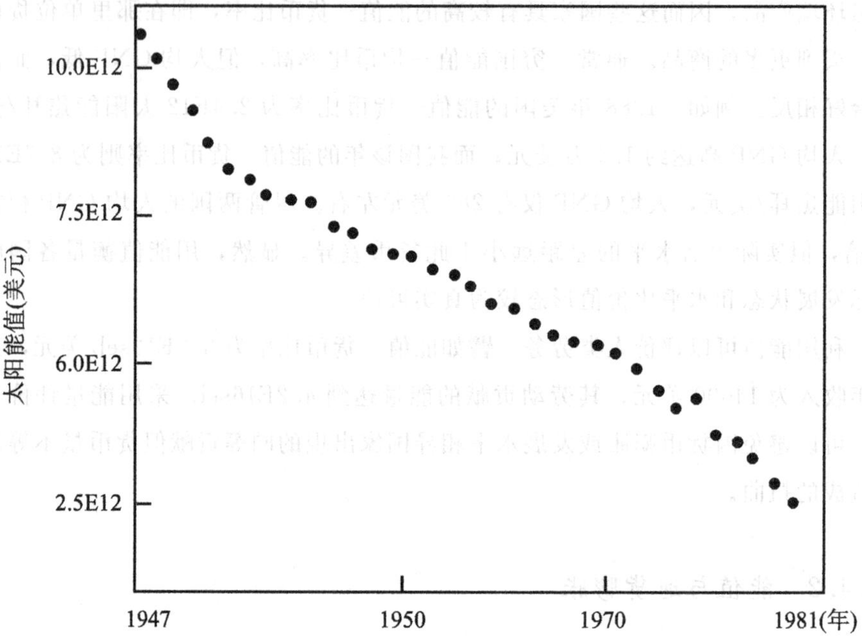

图 12-24 能值流量与美元流量近几十年的比率变化（据 H. T. Odum 和 E. Odum）

注：太阳能值包括雨水、燃料、水电和核动力等能值，单位为太阳能焦耳（Sej）

就货币的国际流通来说，一个国家流出的货币多于收回的货币时，其货币积累减少，这个国家的货币在国际市场上的价值便降低。这时，国际或他国银行便把过去来自这个国家的钱，或将国际货币也或通过其他资本投入到这个国家，便能赚取更多的钱。也就是说，一个国家的货币价值低于金融市场上的交换价值时，其货币不能从国外购买到较多的东西；而别的国家把他们的钱换成通用货币时，则可以从这个国家得到更多的物质能量。因此，通过出口高能值的商品、技术和劳务或低能值的资源，换取、积累更多的外汇往往成为一个国家占领国际市场甚至渗透国际政治，抵抗外力干扰乃至左右国际社会的重要目标。

12.4.3 净能值及其产出率

资源的经济价值：人类利用资源进行经济生产时，资源的经济价值便顺着资源的利用过程而出现多种经济价值，每种价值均以货币单位来体现。例如木材的加工利用因其不同的过程而具有多种价值，木材的经济价值，应是利用木材资源进行一系列加工过程中所循环流通的货币总量。

宏观经济价值：由于资源对经济价值的贡献可用能值来衡量，因此宏观经济价值系指某种物品的能值相当于多少循环流动的货币。例如新西兰1980年木材的能值为1.6E21太阳能焦耳，占新西兰全年能值总量的1.8%。那么它的宏观经济价值则为：GNP×1.8%＝4.68亿美元。

净能值（Net Emergy）：为了描述单位时间或年度社会劳动的实际贡献，常常需要用净能值来衡量。净能值等于资源生产输出的能值减去资源生产过程所投入的成本能值或所花费掉的能值。计算能值时，首先估算实际的能量，然后将各实际能量乘以该能量的太阳能（体现能）转化率，即得到以太阳能焦耳为单位的能值量，再去计算净能值。

净能值产出率：资源能量转化的经济效益关系到该资源的开发利用价值，这需要估算投入与产出之间的比率，也即需要计算产出的能值与投入的能值（称为反馈能值）的比率——净能值产出率。例如经济发达的日本、美国和荷兰等国，在20世纪50—60年代每花1焦耳能量用于能源开发和生产，便可获得40焦耳的能量。但随着能源勘探和开发难度的增加，投入于勘探、运输和加工生产过程的能量显著增加，能源生产的净能值便大幅下降，其净能值产出率由原来的40∶1下降到80年代的6∶1左右。

通过净能值产出率的比较，可以更好地了解某一资源的生产、运输和销售是否具有效益和市场竞争力。如果一种资源的净能值产出率远低于其他资源的该比率，则开发利用或异地销售这种资源所消耗的能量、资金都较高，因此其开发利用和市场转移便没有效益和价值。

譬如，1980年国际市场上每桶石油的能量为6.3 E 4太阳能焦耳，乘以太阳能值转化率，则每桶石油的能值为3.3 E 4太阳能焦耳。这里假定此值为基值或不变的量。由于通货膨胀和石油价格大幅度变化，1973年前每桶的净能值率为40∶1，随着国际市场价格的上升，到了1980年每桶的净能值率降为

4.5∶1。显然，就石油的投资开采、运输、进口和加工利用来说，投入产出效益急剧下降，但相对于贫油国或富国而言，从中东或其他发展中国家进口石油仍是有效的。

能源的净能值：如果净能值比率大于1，则表明这种能源具有效益和市场竞争力。而净能值的产出比率小于1，这意味着它提供的能量比用于这种能源生产所消耗的能量还要小或低得多，其效益为负，不具有开发生产的有效性。如果是这样，它并不是能源，而成为能量消费者。也就是说，这种能源的生产需要消耗别的能量来维持，才能存在。太阳能热水器就是这一类替代性“能源”，它不能产出多于自身消耗的能量。未来使用的替代性能源，即依靠消耗其他能源（低能质）来产生使用能值的能源，尽管相对于被消耗的能值效益低，但因不可再生资源有限，可利用再生资源替代不可再生资源，对人类社会的可持续发展具有明显的经济、生态和社会效益。例如海水淡化，利用地热发电等，在技术代价大、比较利益低情况下，其净能值产出率低，但随着能源紧缺等会出现正效应。这里给出不同密集度能源的净能值产出率比较，如图 12-25所示。[3]

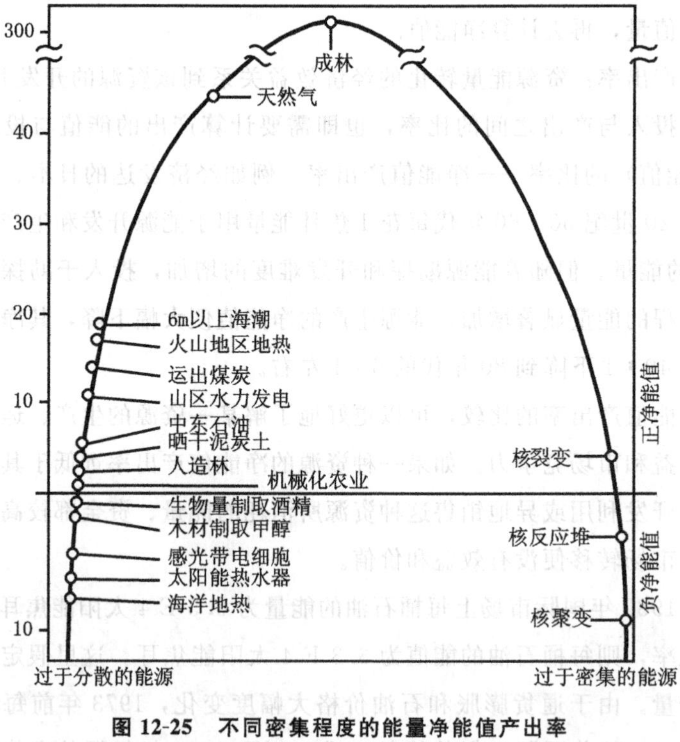

图 12-25 不同密集度的能量净能值产出率

12.4.4 能值评估

能值分析：一个国家经济的发展是以人力资本、社会资本、技术条件和创新的动力，以及自然资源的拥有和环境保障为基础的。应用能值概念和理论，可对这些资源进行分析与评估，以及预测这些资源对国家经济发展的影响与贡献。这里需要介绍能值分析的图解法和矩阵分析、评估方法。

在一个国家能值的总图解中（如图 12-26 所示）[3]，通常包括自然资源、农业、商业和工业生产者，居民和政府、社会团体的消费者，及其行为和技术支撑体系。自然环境和农业系统接收太阳能、风、雨水和地质作用输入的能量，植物的光合作用进行自然力的转化，天然林存在于自然环境中或被采伐利用，矿藏资源维系着地质结构或被开发利用，沿海滩涂接受着海浪和海潮的能量，工业生产对资源进行不同层次的加工利用，商业和服务直接满足人们的消费需要。所有这些，均影响着一个国家或区域社会经济系统的发展。此外由于系统的开放性，一国的资源与能量也需要输出国外，用于换取资金、技术来增强本国的经济实力。外汇收入也可用来购买商品、设备、燃料和其他先进的技术。

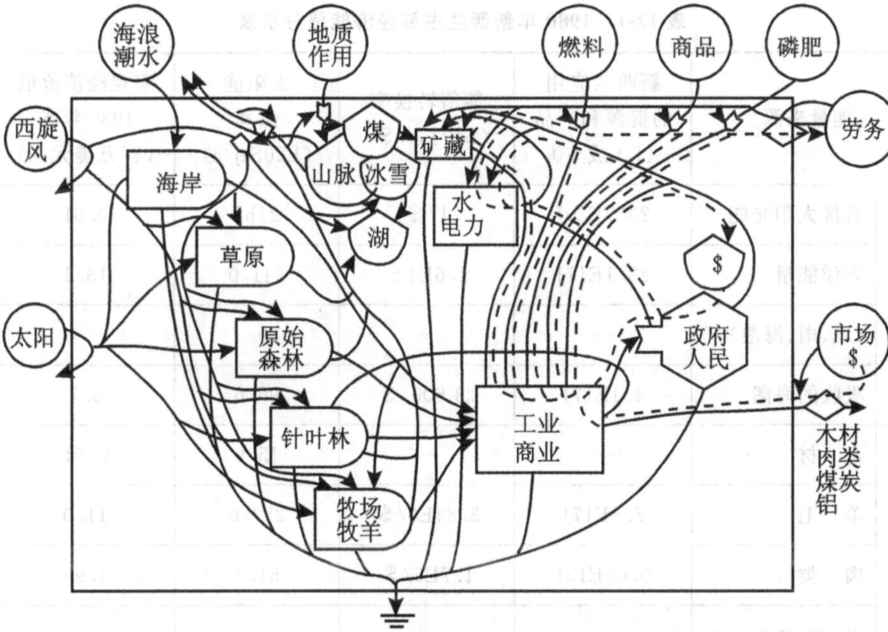

图 12-26　新西兰能量系统

一般而言，一国的资源环境状况和人口、文化传统影响，决定了这个国家经济发展的特点和可持续发展宜采用的模式。如爱斯基摩人因北极寒冷的气候和贫乏的生存资源，只能以捕猎为生，特别是对弓头鲸的青睐。鲸肉有助于人体内血红蛋白的增加可防寒，而外部提供的牛肉等替代品则无法维持该人群在北极的生存。爱斯基摩人共同分享的文化准则认为，不是能人能捕到鲸鱼，而是鲸鱼会主动让乐于和其他人分享食物的好人捕到它，以便用自己的身体使那些不自私的人们活下去。为此，爱斯基摩人为了后代人的生存，除了保持较低的生育率和小规模人口外，积极保护鲸鱼的繁衍，从而自觉地维系着与生态载体的平衡。

评价一个国家的经济实力、承载力和可持续发展潜力，首先需要编制能值分析表或能值矩阵，见表 12-1。[3] 表内每一横行可评估一项主要经济资源，但有的资源项目如风与海浪系同一自然作用过程的不同现象，故其能值不应重复相加到总能值中去。由于不同类别资源具有能质和价值上的根本差异，因此需转换成同样的度量单位，即太阳能的体现能值，然后再进行衡量与比较。对于一个区域可持续发展的潜力或支撑能力也可用能值进行分析评估，这比现在常用货币（如 GDP 等）或实物单位进行加权判别更为准确和公正。

表 12-1　1980 年新西兰主要经济能值分析表

能量来源		新西兰应用的资源和产品（J,t 或 $）	能值转换率（Sej/J,t,$）	太阳能焦耳（E20Sej/a）	宏观经济价值 1980 年 $（百万美元/a）
自然资源能量	直接太阳光能	23.7E20J	1/$	21h2	0.81
	海洋能量	22.1E17J	1.6E4 $	341.0	13.1
	（风、雨、海浪）	—	—	—	—
	吸收的海潮	4.1E17J	23 600/$	96.6	3.7
国内资源	木　材	—	—	15.9	0.61
	羊　毛	7.5E17J	3.84E6/$	287.0	11.0
	肉　类	3.05E15J	1.7E6/$	51.8	1.99
	煤、天然气、石油、地热发电	— 3.77E15J	— 1.6E5/$	40.0 6.0	1.53 0.23

续　表

能量来源		新西兰应用的资源和产品（J,t 或 $）	能值转换率（Sej/J,t,$）	太阳能焦耳（E20Sej/a）	宏观经济价值 1980 年 $（百万美元/a）
进口	燃　油	1.78E17J	53 000/ $	94.3	3.6
	碳酸块	1.2E6t	1.41E/16t	170.0	6.5
	劳　务	5.17E9 $	2.6E12/ $	134.4	5.2
出口	羊　毛	5.96E15J	3.84E6/ $	229.0	8.8
	肉　类	3.05E15J	1.71E6/ $	52.0	2.0
	铝	1.2E5t	1.63E16/T	19.6	0.75
	铁　矿	3.5E6t	9.5E14/t	29.7	1.14
	劳　务	5.15E9 $	3.4E12/ $	175.1	6.73

注：1. 宏观经济价值等于第三栏的太阳能焦耳量除以能值-货币比率，1980 年的国际能值—货币比率为 2.6E12 太阳能焦耳/美元。

2. 表内单位：J 为焦耳；t 为吨；$ 为美元；Sej 为太阳能焦耳；E20 为 1×10^{20}。

国际交流的能值评估：可再生的生物和不可再生的矿藏、化石类资源及农林产品的实际能值，远高于在市场上购买它们时支付的货币所能购得的能值。这是因为货币只作为市场价值付给人类的劳动报偿，而并没有付给自然界作为索取的回报。物质产品在形成的过程中，自然界做了大量的工作，人类并没有为此支付金钱。

作为低质能量的自然资源或初级产品，在出卖给另一国家时大大地促进了该国的经济发展，买方所获得的利益比卖方大得多。例如表 12-2 中的原始产品，都有比市场价值高得多的宏观经济价值。如玉米的市场价格为 200 $/吨，而宏观价值为 540 $/吨。

表 12-2 原始产品的宏观价值与市场价值比较[3]

产品名称	单位	1978 年市场价值（美元/单位）	宏观经济价值（美元/单位）
玉米	吨	200	540
燃油	桶	23	138
木材	公斤	2.20	33
人造林木材	吨	5.70	42.75
蜂蜜	公斤	1.17	4.10

资料来源：H. T. Odum. Energy，environment and public policy.

与城市相比，由于农村的人直接利用的环境资源产物多，不必为自然物支付货币，因此农村地区单位货币所含的能值较城市高。相应地，农业国家的货币购买力比发达的工业化国家的货币购买力高，即单位货币可购买到更多的能值。就是说，农业或农村比重大的国家或地区，其能值—货币比率较高；而发达或城市、工业化高的国家或地区，则能值—货币比率较低。因此，发达国家的资本输出或在国际市场上的贸易交换往往能够得到更多的利润或能值。也就是说，在国际经济活动中，发展中国家总是以较多的能量换取较少的收益。为了人类社会的可持续发展和国家之间的公平交易及和谐发展，发达国家应该以信息、高新技术、低息或免息贷款等多种优惠、援助措施补偿发展中国家。为了取得这种公平与和谐，需要利用能值来决定货币的交换率和借贷利息的支付率。就是说，在外贸活动中应根据产品的能值来判断它的价值，而不是按市场价格来决定商品的价值。即以能值为同度量来计算货币的交换率，进行公平的货币交易支付。

在借贷方面，具有高能值—货币比率的发展中国家，向低能值—货币比率的发达国家借贷时，所需归还的钱和能值比所借的多得多。如果借贷国家应付5%利息并以国际通用货币支付，那么以实际购买力计，借贷国家要付出高于利息5%好几倍的代价。就是说，当一个国家从另一个国家借贷时，借贷来的钱的购买力由债权国家的能值—货币比率决定；还钱时所需支付的钱的购买力，则由债务国家的能值—货币比率决定。于是，由于债权国单位货币包含的能值少，债务国单位货币内含的能值多，因此债务国不只是负担利息增长问题，而且通过一借一还的形式，付出了大量的能值财富于债权国，造成了难以弥补的损失，形成了经济发展过程中的恶性循环。为避免这种不合理的现象，借贷的归还和利率的计算应以能值为同度量进行货币交换率的计算，才能保障国际交往中的公平。现在借贷的发展中国家提出减免利息或债务的呼声是公正的，并非一种企求和债权国的恩惠。建立和平共存、公平交流的国际社会，是人类可持续发展的需要。利用能值理论和分析方法于国际商贸或公平评价，则具有重要的现实价值。

12.5　区域能值系统的分析与仿真

12.5.1　投入产出模型

在国家或区域发展的研究中，为了揭示系统内物质、能量的运动过程，分析其物质、能量的供需均衡或比较不同部门的投入产出效益，常用投入—产出模型来解析。由于物质单位的异同，构造物质型矩阵较麻烦；另则物质型矩阵一般只能求得单项的均衡状况，不能体现活劳动的价值和反映系统总体均衡状态，因而多用价值型矩阵来研究。但由于价值受市场供需影响往往不能反映系统内在的物质能量供需，因此采用能值矩阵进行分析更为有益。

为了恰当地评价人工生态过程在环境与发展决策时所具有的重要性，通常需要搜集和分析三类信息：①涉及直接获得各类生物、污染和利用自然环境，对野生物种群体以及对自然生态系统的功能所造成的最终影响。②要测定生态系统是通过什么方式把环境的“坏影响”和危机传递给人类的，例如重金属进入天然食物链的情况。③如何管理自然生态系统所提供的服务，以便使社会净收益达到最大。也就是说，如何最佳地利用自然生态系统，同时又使它保持在稳定状况。上述三种信息旨在用于分析研究人与自然之间的和谐，即需要分析研究经济与自然生态环境在物质、能量上的输入—输出转化和供需均衡。投入产出矩阵模型尽管产生于对经济生产部门均衡供需的研究，但经济的发展离不开生态环境的支持，且人类社会的可持续发展需要经济与生态环境达到物质能量的供需均衡。因此，从能值转化角度拓展投入产出矩阵，用于分析能量在经济和生态环境之间的循环流动，具有重要的实践价值和广博的应用前景。

投入产出矩阵一般可用表和数学模型来表示，下面分类简介投入—产出矩阵的一般形式和方程。

(1) 实物形态的投入产出表

见表12-3[6]，这实质上是一张综合的物资平衡表，每一行代表一张单项的物资平衡表。该表的特点是：在各种产品的分配中（横行或宾栏）分别列出生产消耗与最终消耗；在生产消耗部分（列或主栏）分别列出各种产品，其数目和排列次序与宾栏相同，从而组成棋盘式的实物平衡表。实物表的平衡关系为：资源合计＝生产消耗合计＋消费与积累合计＋出口＋期末库存＝分配合计。通过实物表的编制，可以计算出各种产品的直接消耗系数与完全消耗系数和产出系数，以便了解国民经济中各种主要产品生产与消耗之间的直接联系和间接联系。

表12-3　投入产出表（全国表式实物形态简表）

产品（或部门）名称	计量单位	资源					生产性消耗								消费与积累					出口	期末库存	分配合计
		生产	进口	动用国家储备	期初库存	资源合计	粮食	……	棉纱	……	电	钢	……	合计	生活消费	其中：居民的个人消费	新增固定资产	增加国家储备	合计			
粮食																						
……																						
棉纱																						
……																						
电																						
钢																						

(2) 价值形态的投入产出表

根据表 12-4[6] 分别介绍其内涵。

表 12-4　投入产出表

(全国表式实物形态简表)　　单位：亿元

物质生产部门产品的去向 / 物质生产部门产品消耗来源		中间产品：农业 C_{i1}	中间产品：工业 C_{i2}	中间产品：建筑业 C_{i3}	中间产品：运输邮电业 C_{i4}	中间产品：商业 C_{i5}	中间产品：合计 $\sum_{j=1}^{5} C_{ij}$	最终产品：积累 Z	最终产品：消费 W	最终产品：合计 Y	总产品 X
物质消耗 (C)	1. 农业 C_{1j}	270	830	48	0	2	1150	50	700	750	1900
	2. 工业 C_{2j}	312	2060	340	65	58	2835	488	1177	1665	4500
	3. 建筑业 C_{3j}	0	0	0	0	0	0	550	0	550	550
	4. 运输邮电业 C_{4j}	14	36	25	3	36	114	26	50	76	190
	5. 商业 C_{5j}	4	24	7	2	4	41	16	303	319	360
	合计 $\sum_{i=1}^{5} C_{ij}$	600	2950	420	70	100	4140	1130	2230	3360	7500
新创造价值	劳动报酬 (V)	1040	390	90	50	80	1650	—	—	—	—
	社会纯收入 (M)	260	1160	40	70	180	1710	—	—	—	—
	合计	1300	1550	130	120	260	3360	—	—	—	—
总产品 X		1900	4500	550	190	360	7500	—	—	—	—

① 主、宾栏的主要指标。物质消耗 (C) 或生产消耗，包括原材料、运输通信费、维修费用、生产性固定资产的折旧等；新创造价值，即国民收入，就是各生产部门的净产值之和 ($V+M$)，它所反映的是国民收入的初次分配情况；中间产品，即在生产过程中作为劳动对象被消耗了的产品，它在总量上和物质消耗是一致的；最终产品，即一定时期内社会产品退出生产过程的那部分，也即国民收入再分配后的最终使用情况，从实物形态看，包括全部消费品和用于积累的生产资料。

② 表式构成。垂直方向的表，反映的是各物质生产部门在生产过程中的

各种消耗，包括物化劳动消耗和活劳动消耗。物化劳动消耗构成了产品的转移价值，活劳动消耗构成了产品的新创造价值。该表反映了产品价值的形成过程。水平方向的表，说明各物质生产部门所生产产品的分配去向。这些产品除了中间产品外，还有以最终产品方式满足人们的生活需要和扩大再生产的积累。它反映的是产品的实物运动过程。

由于这两个表互相纵横交叉，把整个投入产出表分成四个部分，即四个象限。第一象限为表的基本部分，部门数目相等，排列次序相同，为一正方形的矩阵表，反映的是国民经济部门之间的生产技术联系。其中的纵列表示各部门生产所需消耗其他部门产品的数量，横行表示各部门的产品分配给其他部门使用的数量。第二象限是第一象限在横向的延伸，主要包括积累和消费部分，体现了国民收入经过分配和再分配后所形成的最终使用情况。第三象限是第一象限在纵向的延伸，包括劳动者的收入与社会纯收入部分，也即为自己和社会劳动创造的价值，体现了国民收入初次分配的情况。第四象限是由第二象限和第三象限共同延伸而成的，用于反映国民收入的再分配。由于再分配过程复杂多变，一般较少使用。

③ 平衡关系。第一象限中的物质消耗之和等于中间产品之和，表明生产过程中消耗的生产资料应该以同量的中间产品来补偿。第二、三象限的合计相等，说明社会生产的国民收入与社会最终分配的国民收入在总量上是相等的。但由于存在国民收入的再分配因素，所以每一部门生产的国民收入和每一部门最终分配的国民收入是不相等的。每一列的总计等于每一行的总计，表明各部门生产的产品和分配使用的产品在总量上是相等的（去掉进出口因素）。第一与第二象限合计之和等于第一与第三象限合计之和，表明社会产品的生产和分配使用在总量上也是相等的。

④ 价值形投入产出的数学模型。通常直接消耗系数公式为：$a_{ij}=C_{ij}/X_j$，式中 a_{ij} 为直接消耗系数，C_{ij} 为投入产出表中各个格子的数字，X_j 为投入产出表中每列的总计数。直接消耗系数反映的是国民经济各部门之间的直接的生产技术联系，其在实物表中为单位产品的生产消耗量，在价值表中是部门内单位产值的平均消耗额。由于 $C_{ij}=a_{ij}X_j$，故有矩阵形式的模型为 $X-AX=Y$，或 $(I-A)X=Y$。经矩阵变化可得 $X=(I-A)^{-1}Y$。如果已知 a_{ij} 和 Y_i，或者已知 a_{ij} 和 X_j，就可以通过该公式求出各部门的总产量 X_i 或者最终产品 Y_i。

国民经济各部门之间除了直接联系产生直接消耗系数外，还有因间接联系而产生间接消耗系数，所以直接消耗和间接消耗之和为完全消耗。如生产煤时需要直接消耗电力，但还需要消耗设备、钢材等产品中所需耗费的电力，形成采煤对电力的第二、三、…n次的消耗。直接和间接之和应为采煤对电力的总消耗。该系数的计算稍复杂，这里不再讨论。

(3) 达莱和伊萨德模型

当代全球性的可持续发展危机已使人们认识到，由于人口和消费膨胀压力驱动下的经济增长与地球的长远生物物理平衡无法相容，因而经济增长不可能按现在的趋势无限度地持续下去。于是，建立以社会经济和生态环境相互协调的可持续发展系统便成为人类追求的一致目标。为了取得可持续发展系统的稳定效应和社会经济—生态环境协同进化的可能均衡性，探讨投入—产出的拓展形模型引起一些学者的重视。美国的经济—生态学家达莱（H. E. Daly）和伊萨德（W. Isard）曾在 20 世纪 70 年代分别提出了两个投入—产出概念模型[7]，其结构见表 12-5，表 12-6。

表 12-5　投入—产出概念的达莱模型

	人　类	非人类
人　类	1	2
非人类	3	4

表 12-6　投入—产出概念的伊萨德模型

商　品 \ 活　动		陆地 经济　生态	海洋 经济　生态
陆地	经济 生态	Ⅰ	Ⅱ
海洋	经济 生态	Ⅲ	Ⅳ

表 12-5 中的项目分为人类活动和非人类活动两大部分，主要描述商品流在其间的供需转化，即人类部门生产经济商品，而生态商品则来自非人类部门。人类和非人类将会产生四种相互作用：单元 1 是常规的经济投入产出系统，单元 2 表示投入环境的经济商品对生态的影响，单元 3 是指由经济系统从环境中摄取的生态投入，单元 4 则是某种生态投入产出模型。

而在表 12-6 中，分为陆地和海洋两个部分。由于横行表示商品，纵列描述活动，因此系统矩阵不一定为方阵。其基本模型是用流量和系数两种形式构成的，系数描述每种活动的商品投入需要。只要商品作为投入而进入某一活动，矩阵的相应元素就带有负号；如果发生产出，就记为正号。显然，这是一种以活动分析的格式表示的图解模型，而非通常类型的投入—产出模型。

值得注意的是，在这个图解模型中的生态部分可划分为若干非生物要素（如气候、地质、水文和土壤等）和具有动物与植物形成的生物因素。伊萨德断言，一生态系统中物种之间的相互关系，能够采用和经济投入—产出系统中的工业部门相同的方式加以表示。伊萨德曾利用这种投入—产出图解研究了普利斯海湾地区河口海湾生态系统中鳕鱼生产的食物链，见表 12-7[7]。表中尽管横行表示商品，纵列代表活动（生产），但采用了一致的计量单位，全部系数都从一个以重量磅数表示的流量矩阵推导而得。例如鳕鱼列表示生产一磅鳕鱼需要 1.167 磅鲱鱼等。对于非生物因素可按同样方式增加到系数矩阵之中，如太阳能施加到生态生产上的约束条件可借助于浮游生物的光合作用关系进入模型。因此，有机消费者的生产是受浮游植物的供应所限制的，表 12-7 表明了浮游生物在鳕鱼食物链中的作用。

表 12-7　鳕鱼生产的食物链

	浮游生物	全部海洋植物	死去的植物	食草性无脊椎动物	鲱鱼	小鱼	食肉性无脊椎动物	鳕鱼
浮游生物	+1				−10			
全部海洋植物		+1	−1					
死去的植物			+1	−10				
食草性地脊椎动物				+1		−10	−10	
鲱　鱼					+1			−1.167
小　鱼						+1		−1.167
食肉性无脊椎动物							+1	−8.333
鳕　鱼								+1

注：资料源于 W. 伊萨德等人：《区域发展的生态—经济分析》，弗里出版公司，纽约，1972 年，第 70 页。

(4) 能流矩阵模型

把热力学定律应用到生态系统分析研究方面，就会发现经济系统和生态系统在能量转化上具有惊人的相似之处。于是可以能值形态的投入产出矩阵模型代替价值形态的矩阵模型，从而提供了可把社会经济与生态环境两大系统联合起来进行分析的基础。类似于经济投入产出模型，只要加入人力、生态和环境的主要参与部门或门类，然后用能值来表征部门间的供需均衡，便可对区域可持续发展系统进行能量分析和研究。

见表 12-8[7]，这一能流矩阵表是根据 E. P. Odum 为一农场用来垂钓的池塘所提出的能流图改造的。该矩阵表的特点是：每种物类作为能量的供应者和接受者而活动。矩阵中每一物类的行和列的总数相等，即流入每一方格的总能量等于总的能量流出。能量的外流是通过生态系统的食物链转移到其他物类，否则就转移到最终的用途，包括呼吸、排出，以及现有量的变化和人类的取用量。由于该示例假定为稳态情形，故现有量没有变化。表中系统的总的原始投入等于到达最终用途的总流量。在这里可以把呼吸作用比作经济消费，把排出比作输出，而现有量的变化比作净投资。输入在经济和生态系统中具有相同的涵义，但也有点不同，即在生态系统中每一物类产生它自己的现有量的变化。而只有在一种很特殊类型的经济系统中，每个工业部门才会产生其自身的资本设备。

表 12-8 能流矩阵模型

	浮游植物	浮游动物	蚯蚓	双翅类昆虫的幼虫	翻车鱼	鲈鱼	呼吸	排出	现有量的变化	人类获得量	总产出
浮游植物		900	1000				5500				7400
浮游动物				200	50		650				900
蚯　蚓					300		634	66			100
双翅类昆虫的幼虫					3		191	6			200
翻车鱼						30	302			24	356
鲈　鱼							26			4	30
太阳投入 740							7303	72	0	28	
输　入					3						
总投入	7400	900	1000	200	356	30					9886

注：资料源于 E. P. 奥德姆：《生态学原理》(第 3 版)，W. B. 桑达斯出版公司，费城，1971 年，第 70 页。

(5) 生态能流矩阵模型

生态学家 M. Edel 曾利用投入—产出模型研究了生态系统能量的供需转化问题，他所给出的数学模型为[8]

$$Y'_eI' + W_e = X_e = Y'_eI' + r + g + \Delta s + c$$

式中：W_e 为原始能量供应的矢量，X_e 是总能流量的矢量，Y_e 是物类间能流矩阵，I 为单位阵，r 是用于呼吸的能量矢量，g 是排出的能流的矢量，Δs 为现有量变化的矢量，而 c 是通过收获人类得到的能量矢量。上述方程中左侧为能量的流入，右侧是能量的输出。一旦能流被置于投入产出表中，便可以像经济投入产出模型那样研究生态系统中的物质循环，特别是污染物的循环与消解过程。

与经济模型相似，如果能量转移能被接受者所控制，则可求得下面的直接需求系数矩阵

$$A_e = Y_eX_e^{-1}$$

式中：A_e 是直接需求系数矩阵，表示该系统中每一物类的单位能量需要；Y_e 是能流矩阵，而 x_e^{-1} 是总能流的对角逆阵。将该系数矩阵代入上述方程得

$$X_e = A_eX_e + r + g + \Delta s + c$$

故有

$$X_e = (I - A_e)^{-1}(r + g + \Delta s + c)$$

该方程表示为维持某一给定水平的呼吸、排出、生长和收获而直接和间接需要的总能流量。需要指出的是，这里呼吸是假定独立的，这不现实。如果假定其是总能流量的函数，即 $r = bX_e$，这里 b 是呼吸/总能量流量系数的对角矩阵，于是上述方程变为

$$X_e = (I - b - A_e)^{-1}(g + \Delta s + c)$$

如果能量流受控于供给者，于是所求得的系数矩阵为

$$Z_e = X'^{-1}_e Y_e$$

式中：Z_e 的各元素表示每一物类供给其他物类的能量流比例。由于 W_e 是进入生态系统的原始能量投入（如太阳能和有机体等），故有

$$X'_eZ_e + W'_e = X'_e$$

可得

$$X'_e = W'_e(I - Z_e)^{-1}$$

该方程决定了作为原始能量供给与产出的均衡情况。

基于上述基础，国外的学者还建立了经济—生态投入产出的能量数学模型，有兴趣的读者可参阅参考资料[7,8]。

12.5.2 区域系统的能值仿真模型

对于任何区域的可持续发展战略和方案措施进行能值分析、研究，则需要建立相应的概念类仿真模型，以便更好地揭示对象系统的状态结构和物流转化之间的相依关系，且为数量模拟鉴定最重要的基础。下面介绍三例物流模型图，以供借鉴参考。

(1) 美国国家系统的能值仿真模型

如图 12-27 所示是 H. T. Odum 利用能值仿真原理和符号语言设计研究的美国经济综合发展模型[1,2]。在这个模型中，低质能的供给放在图的左侧，如太阳能和初级生产部门等。而将需要较多体现能等价物的高质能项安排在图的右侧，如信息、教育等。由于化石能源和电力主要投入于中等能质工业和第三产业的发展，故置于图的中上部。在工业时代或以工业发展为主体的国家，以能源为主体的中等能质的投入无疑是主要的能流来源。而在以第三产业发展为主导的社会里，虽然消耗更多的体现能资源，但以技术和教育、服务为特色的非自然资源的消耗，既是经济发展的动力源泉，也是可持续发展的支柱所在。

这张图揭示了国家或其他区域社会、经济物质能量流的一般运转规律，且也阐述了区域系统能值仿真概念模型设计的常规性技巧，可值同类研究借鉴。

(2) 中国国家系统的能值分析与仿真

如图 12-28 所示是原中山大学的蓝盛芳先生于美国进修期间，在 H. T. Odum 的指导下从能量角度研究我国的综合发展问题时绘制的。诚然，这是一张比较简单但综合性较强的国家发展能量仿真图，有兴趣的学者可以此图为基础，从社会、经济、资源和环境协同发展角度出发进行更细的分类研究。由此得到的国家综合发展国力、不同产业之间的发展协调、总量供需均衡和可持续发展战略方案及对策措施，无疑较其他模型方法更为可靠和富有创建性。

与此能值仿真模型图相配合的是环境资源和经济状态的能值评估，见表 12-9和表 12-10。[3]

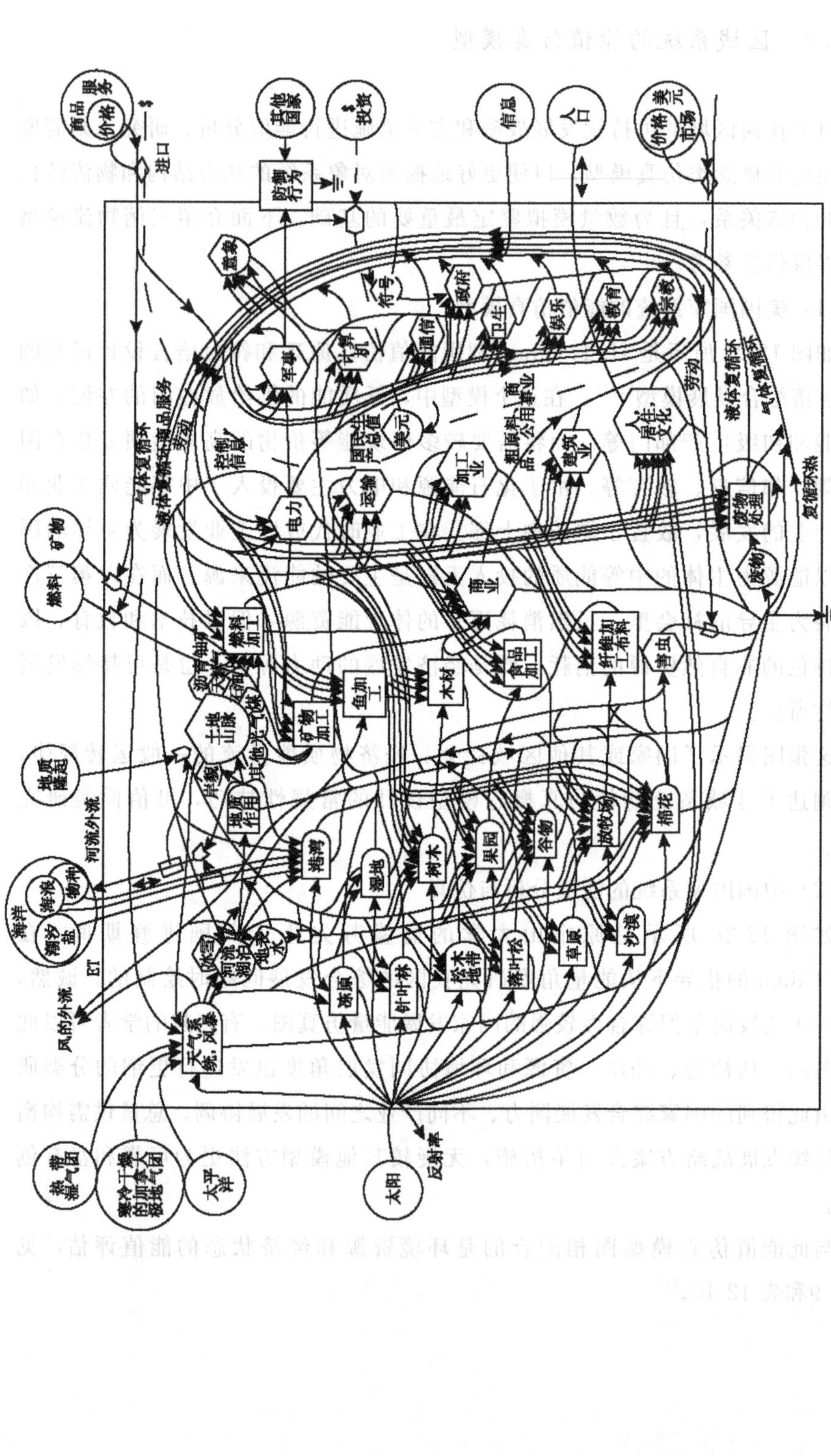

图 12 27　美国国家系统能值仿真模型

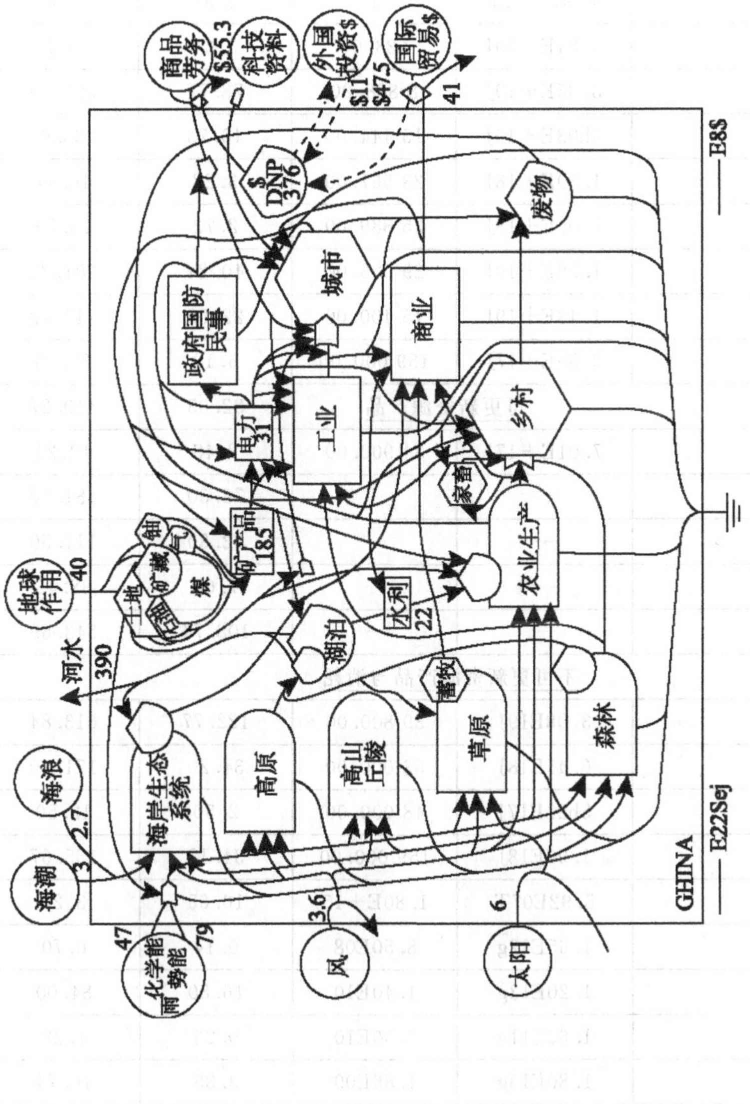

图 12 28　中国能量系统总图解

表 12-9 中国生态-经济系统环境资源和经济能值评估表

编号项目	原始资料（1988年）	能值转换率（Sej/单位）	太阳能值（E22Sej）	宏观经济价值（E8 $）
可更新资源				
1. 太阳光	5.9E+22J	1	5.97	29.87
2. 风　能	5.84E+19J	623.00	3.64	18.19
3. 雨水势能	8.86E+19J	8 888.00	78.77	393.86
4. 雨水化学能	3h03E+19J	15 444.00	46.73	233.64
5. 海　潮	1.39E+18J	23 567.00	3.28	16.41
6. 海　浪	1.05E+18J	25 889.00	2.72	13.59
7. 地球旋转	1.39E+19J	29 000.00	40.24	201.21
8. 灌溉水	1.43E+19J	15 400.00	22.08	110.42
9. 水力发电	3.89E+17J	159 000.00	6.19	30.96
可更新资源产品			82.05	410.27
10. 木　材	7.01E+17J	34 900.00	2.45	12.24
11. 农产品	—	—	76.30	381.50
畜产品	—	—	22.30	111.50
渔产品	—	—	7.69	38.45
合　计	—	—	108.74	543.69
不可更新资源产品与消耗				
12. 煤　炭	3.08E19J	39 800.00	122.77	613.84
13. 原　油	6.45E18J	53 000.00	34.20	171.00
14. 天然气	5h21E17J	48 000.00	2.50	12.50
15. 电	1.96E18J	159 000.00	31.13	155.67
16. 钢　材	5.92E07T	1.80E+15	10.65	3.26
17. 铝土矿	1.65E12g	8.50E08	0.14	0.70
18. 磷　矿	1.20E13g	1.40E10	16.80	84.00
20. 铅　矿	1.60E11g	1.60E10	0.26	1.28
22. 锡　矿	1.80E13g	1.86E09	3.35	16.74
23. 金　矿	5.91E07g	4.40E14	2h60	13.00
24. 土地损失	2.30E15g	1.71E09	392.75	1 963.76
25. 耕地有机质	4h24E17g	6.25E04	2.65	13.25
26. 化　肥	3.20E15g	1.69E06	0.54] 2.70	—

续　表

编号项目	原始资料（1988 年）	能值转换率（Sej/单位）	太阳能值（E22Sej）	宏观经济价值（E8 $）
合　计	—	—	620.34	3 101.70
进　口				
27. 全年进口总额	$ 55.3E9	2.00E12	11.06	55.30
出　口				
28. 全年出口总额	$ 47.5E9	8.67E12	41.18	205.91

注：1. 所有资料不包括中中台湾省和中国港澳地区。

2. 单位：J，焦耳；Sej，太阳能焦耳；g，克；$，美元；E=10（右上角有 1 次方）

3. 农牧渔业产品能值由亚系统能值评估而得。

4. 资料源于 S. F. Lan 和 H. T. Odum，1990 年。

表 12-10　中国主要储存资源能值评估表（截至 1988 年）

编号名称	储存量（J，g，其他）	能值转换率（Sej/单位）	太阳能值（10^{22} Sej）	宏观经济价值（10^{22} 美元，1988）
煤　炭	2.13E22J	39 800/J	84 800	4 238 700.00
铁　矿	4.96E16g	8.55E8/g	4 240	21 204.00
磷　矿	1.34E15g	1.4E10/g	1 890	9 380.00
木　材	1.14E20J	34 900/J	398	1 989.30
土地有机质	1.43E24J	63 000/J	9 000 000	45 000 000.00
水力（一年）	1.21E19J	1h59E5/J	335	961.95
地下水	1.91E20J	41 068/J	784	3 921.99
淡水（一年）	8.40E 18J	665 714/J	559	2 796.00
石　油	8.55E19J	53 000/J	453	2 265.75
天然气	4.94E18J	48 000/J	24	118.56
铀　矿	—	1 790/J	—	—
经济资产（1988）	7.54E12 $	8.67E12/ $	6 540	32 685.90
人口（人—年）	3.08E10P-Y	3.1E16/P-Y	95 500	477 400.00

注：资料源于 S. F. Lan 和 H. T. Odum，1990 年。

（3）区域可持续发展的能值分析和仿真模型

如图 12-29 所示是本书作者在从事国家自然科学基金项目的研究中，以县域的可持续发展为背景而设计的。其特点是：产业分类较细，物流在部门之间的

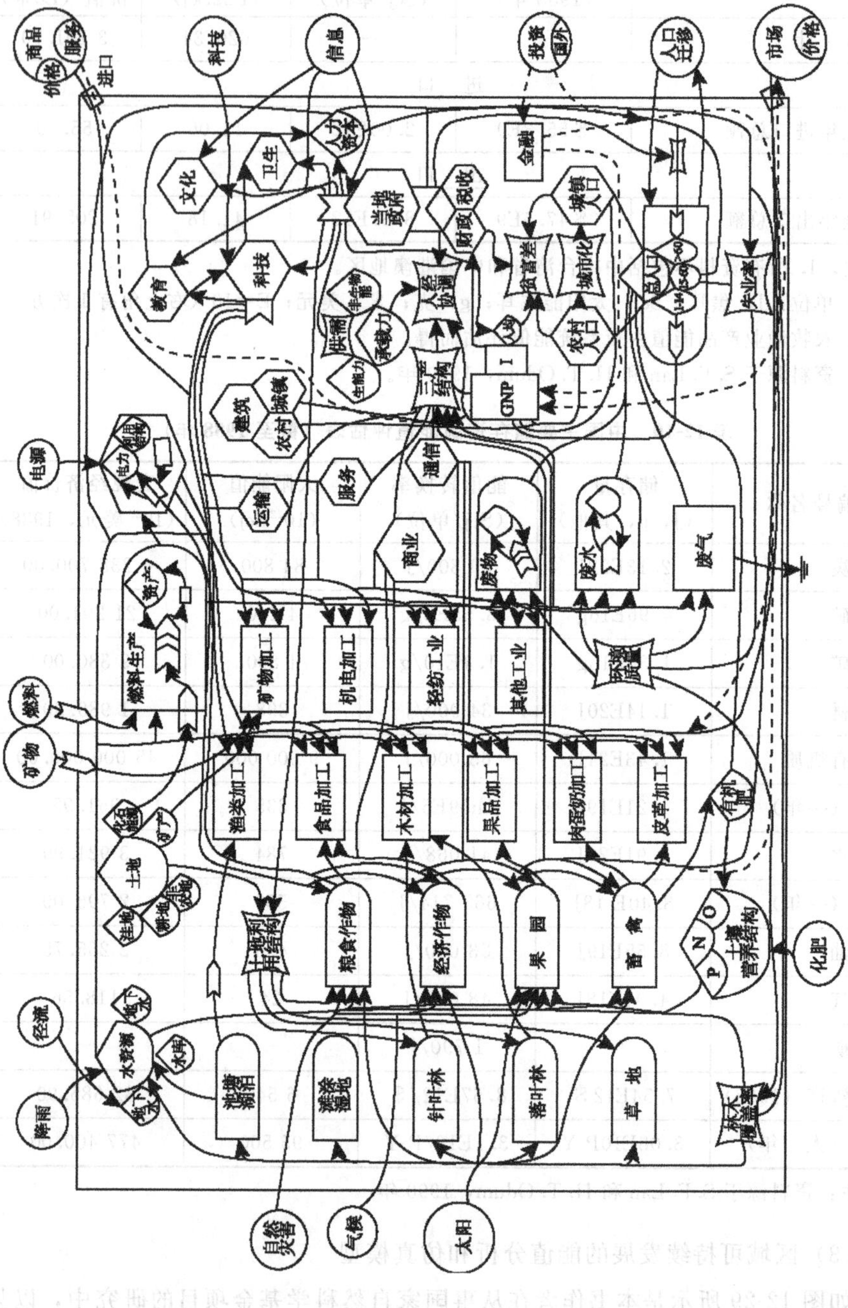

图 12 29 区域可持续发展能值分析和仿真模型

转化更为清晰。但最鲜明的特点是突出了土地利用结构、土壤营养结构、三大产业结构、人口控制与失业率控制、城乡人口转移和贫富差异的控制、环境质量的控制，以及人口—经济—资源—环境的协同发展。因此该模型图比较符合国情，且在主张区域系统自组织调节的同时，更强调了宏观政策与法规的他组织调节作用。这对于分析、研究我国县级区域或省市级社会经济和生态环境的稳定、协同的可持续发展问题，具有甚为重要的参考价值。

12.5.3　系统能值仿真

仿真即运用数学方程揭示对象系统变元之间的相依关系，然后通过初值的输入和参数的不同取值，借助编程或专有模拟语言进行计算机模拟（Simulation）。这是一个通过系统运行而随时间产生格局变化的过程，需要借助数量模型和人—机在线对话来演绎对象系统的发展态势，制定相应的发展方案和策略。

就能值模型来说，模拟是靠对贮存元内量的输入输出变化连续计算而完成的。对具有一个以上贮存元的系统，每个贮存元都有一个相应的微分方程或差分方程来刻画其能量的积累，影响其积累的变量则是“生产”和“消费”的变化，它们又与资源的投入和最终消纳转移有关，加之控制变元的介入，形成了一个有机联系的整体。描述这些贮存和其他变元之间的关系，除了微分或差分方程外，需要引入其他恰当的函数或非线性和线性方程，然后编程或利用模拟程序进行模拟分析。这种状况与系统动力学方法有些相似，但没有其规范的方程和特殊函数及相应 DYNAMO 程序语言的约束，故较之更灵活、适用，自然研究难度也较大些。诚然，也可利用 DYNAMO 语言来模拟能量系统，所不同的是需要用能值作同度量处理。

利用能值原理进行仿真研究的一般步骤是：当我们对某一对象系统绘出概念模型图后，则需要做投入产出分析，寻找“生产”“消费”部门或单元各自内部和其间的能量转化关系函数或其他数学模型，这些函数或模型可以借鉴经济、人口、生态、环境、工程、技术学科领域已有的研究成果，或根据变元之间的因果关系及变元的时序演变规律，用相似而规范的数学方程进行离线或在线处理，从而形成较完整的模型体系；根据模型和变量的数字表述需要搜集数据资料，并进行必要的辨识和统计处理，再做能值换算；然后进行编程或借用其他模拟软件模拟，对区域未来的可持续发展或生态环境问题进行多方案设计和分析，并通过比较或判别做出较为科学的抉择。

利用系统生态学的原理进行区域可持续发展的仿真研究是一个颇有前途的事业，目前国际国内成功研究的案例仍较鲜见。开展这类研究，需要运用综合集成的思想进行多学科理论与多种模型方法的组合及创新，因此借鉴相关学科成熟的理论和模型方法，以及能值分析和模拟研究方面的成果甚为重要，有兴趣的读者可参阅参考文献中所列出的书籍及其他学者的一些研究成果。

本章参考文献：

[1] H. T. Odum. Systems Ecology An Introduction. John Wiley & Sons，1983.

[2] [美] H. T. 奥德姆著．蒋有绪，徐德应等译．系统生态学 [M]. 北京：科学出版社，1993.

[3] [美] H. T. 奥德姆著．蓝盛芳译．能量、环境与经济——系统分析导引 [M]. 北京：东方出版社，1992.

[4] 闻大中．农业生态系统能流的研究方法 [J]. 农村生态环境，1985（4）.

[5] Odum，H. T.，Energy，Environment and Public Policy A guide to the analysis of Systems. UNEP，1989（95）.

[6] 张塞，罗蘅．投入产出基层调查表编制方法 [M]. 太原：山西人民出版社，1985.

[7] [澳] 戴维·詹姆斯等著．王炎庠等译．应用环境经济学——经济分析的技术和结果 [M]. 北京：商务印书馆，1986.

[8] M. Edel. Economics and the Environment. Prentice Hall，Englewood Cliffs，New Jersey，1973.

[9] B. C. Patten. Ecology Simulation Primer. Systems Analysis and Simulation in Ecology，Vol. 1，Academic Press，New York，1981.

[10] Hannon，B.. Energy Discounting，in Energetics and Systems. Ann Arbor，Mich. 1982：73—93.

[11] H. T. Odum. Energy Basis of Man and Nature，2nd Ed.，McGraw Hill，New York. 1980：336.

[12] R. N. Adams. Energy and Structure-A Theory of Social Power. University of Texas Press，A ustin，1985.

[13] 毛志锋，蒋正华．国民经济发展的递阶控制探析 [J]. 西北大学学报，1992（1）.

[14] 毛志锋．线性规划在农业经营中的应用 [M]. 西安：陕西人民出版社，1988.

[15] 李德，钱颂迪．运筹学 [M]. 北京：清华大学出版社，1982.

第 13 章　区域可持续发展系统的评估

13.1　引　言

可持续发展既是人类社会发展的最高历史阶段，又是一个不断追求和受检验的目标。目标虽因发展过程和区域而别，但必须依靠区域来实现。因此，对区域的可持续发展进行阶段性的评估，旨在认识不足，避免危机和通过加强可持续发展的能力建设，以促进其良性进化。

区域尽管因地理空间大小而不同，但这里界定它必须是一个行政功能辖区，因为人类在发展问题上的种种行为都是由具有行政功能的区域政府实施有效政策和管理的结果。区域可持续发展系统是一个社会、经济和生态环境交织的复合系统，除了具有地理空间上一般和特殊的物种多样性、气候适宜性、生态环境的自组织可调节性外，应当具有行政上的综合调控职能，人口、经济与生态环境上的协同、自调节机能，可持续发展能力建设和产业经营、收益分配及灾害抵御方面的自组织功能。

显然就我国而言，选择以县（州）为最小行政区域的可持续发展对象研究系统是比较合宜的。此外，由于我国县域占全国总面积的 90％以上，全国 80％的人口居住在县域农村，其未来发展状况关系到国家可持续发展战略的实践与实现。因此，本章以县域可持续发展系统的评估为主要对象，论述和探讨区域可持续发展系统评估的原则、原理和方法，且使之具有实践上的可操作性。

13.2 区域可持续发展评估的原则

13.2.1 区域可持续发展的特点

相对于省或国家级区域来说，县域具有以下几个特点：

① 一个县域的地貌、气候、生态等条件较为单一些，自然资源的数量及种类也毕竟有限，但却具有较为鲜明的地域特色和各具特色的自适应机制。

② 这些自然禀赋上的差异作用于该区域内的人类社会经济活动，再加上其他方面的制约，就使得各个县在生产类型（畜牧型、农业型、工业型等）和生活水平（富裕、温饱、贫困）上存在着一定的差异。

③ 县域的人口规模和地理空间决定了具有农、工、商综合发展的潜力和需要，但没有能力也没有必要各自建立一个完整的社会经济部门体系。因此，在其发展过程中，全方位拓展与外部系统的物质、劳务、技术、资金、人才和信息交流，是保障其可持续发展的必充条件。

④ 县域可持续发展是国家或省域可持续发展的基础。后者的实现有赖于前者，但为了实现整体发展效益的最大化，前者又必须受到后者的约束和引导。

上述特点决定了县域的可持续发展评价既具有共性，也应立足各自的特点；既关注各行业部门的可持续性发展，但更强调其间的综合协同和与资源环境保障能力的匹配；既需要同外部区域系统进行比较，更应注重自身时序演化上的改善和符合高一级系统的可持续发展要求。而纵观现有的可持续发展评价方法，通常是将区域对象系统按行业门类划分为社会、经济、科学、资源、环境等若干个子系统，根据各子系统的现行状态和未来趋势，进行单项指标的域内域外比较评价；或是对各指标做加权处理，然后再同其他区域系统的发展进行综合比较；也或者是按当代社会发展的某一“共同标准”集进行部门分类评价或区域比较评价，以断定其状态的优劣和可持续发展的潜势或压力。

显然，这种现行的评价方法缺乏理论上的支持，且也难以为继。因为：①自然禀赋不同、生产类型不同、发展水平也相差甚远的各个县域，分属不同发展阶段或类型的发展系统，其系统要素构成及运行机制具有质的差异。在此情况下，要寻找适合所有县域可持续发展评价的统一标准或方法，是不妥当和不可能的。也就是说，客观上不存在一个标准的可持续发展参照系；②由于县域的可持续发展对外依存度日益增高，这样评价一县发展的可持续性时，必然离不开对外部环境的评估，而这类评估一般又属于省域或国家可持续发展评价的内容；③局部的可持续发展不等于整体的可持续发展，局部现时利益的最大化也并不意味着整体长期利益的最大化。这表明仅就单个县域本身或者从其部门子系统来评价县域的可持续发展是不完整的，需要站在更高的层次上（省域或国家）根据系统本身的演化态势来进行合理及预警性的评价。

13.2.2 区域可持续发展的评价原则

可持续发展是人类社会进化的最高历史阶段，也是一个永无止境的历史过程，因而不断改善人们的生存环境和提高人们的生活质量，是任何区域系统所需追求的共同目标。区域自然环境和社会经济发展上的差异性，也决定了目标内容和程度追求上的非等同性。因此，从人类追求的共同目标出发，立足于区域自身的基础和特点，确立自身不同时段可持续发展的目标和避免不可持续发展危机的对策措施，然后对目标的实现和措施的贯彻进行状态与过程的评价应是区域可持续发展评价的核心议题。

“满足当代人的需求，又不损害子孙后代满足其需求能力的发展”。这一公理包含两方面的内容：其一，可持续发展首先是发展，而人是可持续发展的中心，一切发展活动都是为了满足人的物质需求和精神需要，即实现人的全面发展；其二，可持续发展不是盲目的发展，它要受一定时空范围内自然环境保障和资源支持能力的约束，一旦突破这一约束，将损害子孙后代满足其需求的能力。因此，人的发展及自然约束对它的影响构成了可持续发展的两个基本内容，也预示了区域的可持续发展应确立3个基本目标：①提高自身社会经济的发展水平；②缓解自然资源和环境对其发展活动的约束；③满足高一级发展系统对其提出的外部政策要求。因此，应从发展水平、资源环境保障度和外部要求满足度3个方面，对区域的可持续发展进行具体而科学的评价。

区域社会经济的发展水平是以人的参与和需求为中心，应包括人的素质、科技水平、经济活动能力等方面的评价。因为，一则人的全面发展是可持续发展的中心目标，使用“发展水平”能考查这一目标的实现程度；二则从动态的角度看，区域现有的发展水平既是过去发展成果的积累，更是未来发展的基础。在不同发展水平下，区域的发展具有相异的自我推动能力。发展水平愈高，就愈有可能形成良性循环，持续发展。而发展水平如果太低，意味着区域本身就比较脆弱，抵御外部干扰的能力也很差，发展的持续性便没有保证。因此，“发展水平”应作为可持续发展评价的中心指标。

任何一个区域的自然资源环境系统，均由于各种条件的制约而具有相应的系列承受能力极限，这些极限是区域系统运动和变化的临界点，我们称其为阈值或最大支持能力。各区域在追求经济社会全面发展的同时，至少应将其对自然的压力控制在阈值以下才可能维持其持续发展，否则将导致自然系统的逐步退化乃至崩溃。对此，我们用资源环境保证度（区域自然系统所能提供的最大资源环境支持能力与其当年使用量之比）来衡量。虽然在不同的发展阶段各区域发展的目标侧重有所不同，如贫困时期解决温饱问题是头等大事，而小康阶段人们对环境保护会提出较高的要求。但若发展水平等价，区域系统的资源环境保证度应该是越高越好，因为它表明该区域的发展具有较为宽松的可拓展或缓冲调节空间。通过合理而有效的发展和积极的治理保护，增大此可容空间，提高资源环境的保证度，是区域可持续发展战略决策的核心，也是其评价的重点。但遗憾的是，现有的可持续发展研究多集中在三废处理率、资源利用率、万元GDP能耗等资源环境因素指标的评价上。究其实质，由于这类指标所反映的是人类进行物质转化所付成本的高低，故局限于科技进步的一些侧面和人类自身的活动，而忽视了生态环境的保障和与自然的和谐。

外部要求满足度则是考察一区域的发展活动是否与更大空间整体的发展利益相一致。由于像县级这样的区域系统，其社会经济门类一般不完全，具体产品的生产也各具地域特色，加之资源环境存在的均衡破缺和保障力有限，因而需要与外部系统分工、协作发展和共同治理保护环境。于是应当从国家或省市区域整体的可持续发展需要出发，对县域进行外部功能定位，并具体化为一些额外（超出该县发展内在需要）的政策要求，如商品粮基地县的耕地面积须保持在一个远高于维持其自身发展所需的水平之上；生态保护县的污染排放量或森林砍伐量要远低于该县的实际承受能力等。如果这些要求未被满足，即使从短期来看对局部发展危害不大，却可能对整体的长期发展造成危害，最终也使局部的持续发展无法实现。因此县域作为国家或省市的局部层次，在评价其可持续发展水平时决不应忽略对外部要求满足度的考查。1998 年长江全流域洪水所引起的人们对四川、云南某些县域滥伐森林的关注，已清楚地说明了这一点。

综上所述，区域的可持续发展首先是合理有效的发展，我们用发展水平来表征这一目标的实现情况，没有它的不断提高，可持续发展也就失去了意义。同时，要考虑发展的可持续性和自我推动持续发展能力的大小；资源环境保证度说明了自然资源和环境对各区域发展约束的松紧程度；外部要求满足度则反映了各区域发展与整体利益的一致程度。三者分别是区域发展可持续性中的主观能动因素、客观可能因素和系统功能因素。由此可见，发展水平、资源环境保证度和外部要求满足度这三个指标已基本涵盖了区域可持续发展的发展及其可持续性两个方面，综合考虑这三个因素及其协调状况，才能对特定区域的可持续发展状态和潜势做出较为全面和科学的评价。

13.3　区域可持续发展系统的评价指标体系

13.3.1　评估指标体系的建立原则

为了全面、科学地反映区域可持续发展的状态和潜势，在选择和确定其评价指标体系时，我们需要遵循以下指导原则。

(1) 科学性原则

即指标的选择、指标权重和量度的确定、数据的采摘、计算与合成必须以科学的理论准则为依据。特别在评估区域发展的资源环境保证度和外部要求满足度时，涉及了相当多的主观判断成分，如果不本着公正、严谨、科学的态度，并从全局出发考虑问题，就无法保证评价结论的可信度。这也从另一个侧面向我们提出，仅仅局限于特定区域或由各县自行其是地评价其可持续发展水平意义不大，只有先制定省级、国家级可持续发展规划，也或者充分考虑到上级系统的目标要求及外部环境的约束，才可能对对象系统的可持续发展做出科学可信的评价。

(2) 明确性原则

所选取的指标对我们的评价对象来说应有明确的极性，即对某一指标的取值我们能够肯定：它是越高越好（正极性）还是越低越好（负极性），或是在一个理想的区间选择合适的值。值得注意的是，有的指标从直觉上看似乎与可持续发展有关，但究竟有何关系无法说清，不但无法确定它对可持续发展的贡献有多大，甚至有时连它起促进作用还是阻碍作用都不能肯定。如有的研究者在评价人口可持续发展水平时使用了人口结构这一指标，但到底是老年型还是年轻型人口结构有利于可持续发展呢？大致说来，前者可能减轻未来人类活动对自然系统的压力（有利），但社会负担可能加重（不利）；后者则正好相反，然而二者利弊究竟该如何衡量？对于这种描述性指标，若未超过某一极端值而难以确定其利弊情况下，则不必列入可持续发展的评价指标体系。

(3) 弹性原则。

评价指标及其权重和量度实际上是区域可持续发展目标的具体体现。由于在不同的发展阶段区域的可持续发展往往有不同的目标追求，因而所需考虑的指标项目、指标量度及各指标的相对重要程度可能会发生变动。此外，由于某些测不准和不可测因素，在区域每一特定发展阶段，指标的量度和权重不应当取某一定值，而是介于某一合理的抉择区间。因此，区域可持续发展的评价指标体系应遵循弹性原则，应能够随客观现实的变化及人们认识水平的提高而进行相对稳定基础上的阶跃性调整。

(4) 可行性原则。

即指标体系所涉及数据的搜集及其运算处理应具有实践可行性，评价的结论应能起到促进区域的可持续发展，而不是为了评价本身或某些非实践需要来劳作。

13.3.2 区域可持续发展评价指标体系的基本框架

按上述原理和原则，区域可持续发展评价的指标体系如图 13-1 所示。

- 区域可持续发展态势
  - 发展水平
    - 人类生存状况
      - 物质生活水平
        - 婴儿死亡率（－）
        - 预期寿命（＋）
        - 万人医生数（＋）
        - 恩格尔系数（－）
      - 精神生活水平
        - 小学在学率（＋）
        - 在业人员平均受教育年限（＋）
        - 万人电话数（＋）
        - 人均 GDP（＋）
        - 非农产业比重（＋）
    - 社会经济活动能力
      - 贸易额占 GDP 比重（＋）
      - 科技贡献率（＋）
      - 城乡失业率（－）
      - 通货膨胀率（－）
      - 收益分配基尼系数（1/3±ε）
    - 科技进步水平
      - 物质转化效率
        - 资源利用率（＋）
        - 万元 GDP 能耗（－）
        - 三废处理率（＋）
  - 资源环境保证度
    - 大气质量保证度
    - 淡水资源保证度
    - 能源保证度
    - 稀缺资源保证度
    - 森林覆盖或绿地植被保证度
    - 濒危物种拯救度
    - 自然灾害减少度
  - 外部要求满足度
    - 外部要求满足度 1
    - 外部要求满足度 2
    - M

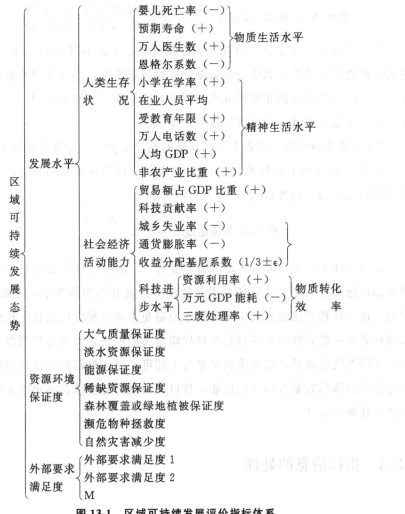

图 13-1　区域可持续发展评价指标体系

就“发展水平”的评价而言，主要包括人类自身生存状况、社会经济活动能力和科技进步水平三个方面所涉及的指标，以便能够反映人们物质和精神生活的质量，反映人与人之间（包括地区间、行业间）的生产合作水平及其健康稳定状况，反映区域内人们进行物质转化满足其需求的效率。由于发展水平是人类活动能力高低的反映，因而用其衡量区域的可持续发展具有普遍性。在框图中，我们给出了各个指标的极性，而其合理的评价取值区间应依据对象系统阶段目标来确定。

对于“资源环境保证度”的衡量，应按下述公式分类计算：

$$某项资源(环境)保证度=\frac{某项资源(环境)年最大支持能力}{该项资源(环境)的年作用量}$$

在该公式中，分子分母的量度单位既可以是资源或环境的实际通用单位，也可以按能值来计算。其中分母数据的取得较容易些，而分子的量值应依据特定时空域内自然资源的年度可开发利用最大能量或环境的消纳阈值，以及外部系统的能量输入或环境包容可能度来计算。

“外部要求满足度”由若干外部要求的满足度组成，计算方法如下：

设 X_i＝区域现有指标值/外部目标要求值（设指标极性均为正，若为负则用其倒数变换为正极性指标），则

$$外部要求满足度\ d_i=\begin{cases}1 & X_i\geqslant 1\\ X_i & X_i<1\end{cases}$$

在 $X_i\geqslant 1$ 时取第 i 项外部要求满足度为 1，是因为对象系统只需要达到这些外部目标即可，超额完成任务未必能相应提高其与整体发展利益的一致性，同时，这一计算方法也有利于最大限度地避免束缚区域发展的自主积极性。外部目标要求一般只针对某些具有全局战略意义的项目，而没有特别提出外部要求时区域系统则取其外部要求满足度为 1 即可。对于外部的具体目标值，应充分考虑到总体的需要及局部的可能，盲目提高或降低要求都不免损害评价结构的公正性和可信性。

13.4　指标信息的处理

13.4.1　时序信息的处理

进行可持续发展评价需要以发展的眼光动态地看问题，这就有必要利用时序信息，对区域多方面发展的态势做出分析，其具体方法如下。

(1) 综合评价

区域的可持续发展态势由反映其不同侧面的多个指标综合而成，具体综合方法在发展水平、资源环境保证度和外部要求满足度之间有所不同，具体如下：

① 发展水平。由人类生存状况、社会经济活动能力及科技进步水平三项

内容准则构成，它们各包含多项基本指标。我们可以分别对其属下的指标值施以主成分法，提取其中的主导因素和有用信息。而在这三项内容准则层面上，可以运用层次分析法确定其权重，以反映对象系统的地方特点及其政策重心上的差异。采取这种综合方法主要出于以下几点考虑：

其一，一般情况下，发展的各方面较为同步，则反映发展水平的指标之间具有较强的相关性，应用主成分法可以消除各指标间的平行相关影响；

其二，主成分法所得权重由信息量和系统效应决定，这比人为地确定权数工作量少些，也有助于保证客观地反映样本间的关系。此外，还可以最大限度地区分样本，提高综合评价的有效度；

其三，可持续发展要求多部门间发展的协调，但这些部门究竟应保持怎样的比例才算协调难以确定，而主成分法则有助于这一问题的解决，其相应的权重属于伴随生成权。在某些情况下，所谓的正指标（越大越好的指标）也会出现负权数，这是因为从指标联系的角度看，其获益不足以弥补其变动代价。也就是说该正指标在数值超过一定程度后，虽然对局部（从单个指标看）是正功，但对全局（从所有指标看）却是负功，这就在一定程度上揭示了发展的不协调性；

其四，主成分法中无量纲处理必须用 Z-SCORE 法，而这种方法一般在样本数大于指标数的两倍时效果较理想。在上述指标框架中，发展水平包括近 20 个基本指标，若直接施以主成分法将对样本数量产生过高要求，我们在每个准则内部施以主成分法就可以解决这一问题；

其五，我国各县域的发展水平差异显著，针对自身特点所制定的政策重心也有所不同，因此对某一特定县域的发展水平及其三个准则运用层次分析法（其权重是估价权重而非信息量权重），可以充分考虑地方特点及其政策重心。

具体的操作步骤如下：

第一步，记样本点 i 的第 j 个指标值为 X_{ij}（$i=1, \cdots, n$；$j=1, \cdots, p$）。

用 Z-SCORE 方法将其标准化，变化公式为：$Z_{ij}=\dfrac{X_{ij}-\overline{X}_j}{S_j}$

式中：　$\overline{X}_j=\dfrac{1}{n}\sum\limits_{i=1}^{n}X_{ij}$，$S_j=\left[\dfrac{1}{n-1}\sum\limits_{i=1}^{n}(X_{ij}-\overline{X}_j)^2\right]^{\frac{1}{2}}$

第二步，求指标数据的相关矩阵 R

$$r_{ij}=\frac{1}{n-1}\sum_{i=1}^{n}Z_{ij}Z_{ik}(j,k=1,\cdots,p)$$

且有 $r_{ij}=1$，$r_{jk}=r_{kj}$。

第三步，求 R 阵的特征根、特征向量和贡献率。

由 R 阵的特征方程 $|\lambda I_p - R| = 0$

得 R 阵的特征根 $\lambda_g(g=1,\cdots,p)$，并有 $\lambda_g \geqslant \lambda_g+1, \lambda_g \geqslant 0$，其相应的特征向量为 $L_g(l_{g1},\cdots,l_{gp})$，各分量的贡献率为 $a_g = \lambda_g \Big/ \sum_{g=1}^{p}\lambda_g$，它表明每个分量所含原始数据的信息量。

第四步，确定主分量的个数 k 及各样本点在主分量方向上的得分 y_{ik}。由 $\beta(k) = \sum_{g=1}^{k}\lambda_g \Big/ \sum_{g=1}^{p}\lambda_g$，取 k 使 $\beta(k) \geqslant 85\ \%$。计算第 i 个样本点在各主分量方向上的得分值。

$$\begin{bmatrix} y_{i1} \\ y_{i1} \\ M \\ y_{ik} \end{bmatrix} = \begin{bmatrix} L_{11} & L_{12} & \Lambda & L_{1p} \\ L_{11} & L_{22} & \Lambda & L_{2p} \\ M & M & \Lambda & L_{2p} \\ L_{k1} & L_{k2} & \Lambda & L_{kp} \end{bmatrix} \begin{bmatrix} X_{i1} \\ Z_{i1} \\ M \\ Z_{ip} \end{bmatrix}, (i=1,\Lambda,n);\ (g=1,\Lambda,k)。$$

同时根据 L_{ji} 的正负、大小及相互关系，可以对各分量的社会经济含义作合乎客观实际的解释说明。

第五步，计算各样本点的综合评价值。

以第 i 个样本点的第1个准则为例，记其得分为 F_{1i}，则 $F_{1i}=\sum W_g \gamma_{\alpha}$，其中：$W_g = \lambda_g \Big/ \sum_{g=1}^{p}\lambda_g$

至此完成主成分法阶段的工作，得到了人类生存状况、社会经济活动能力及科技进步水平三个准则在不同样本点上各自的综合得分。

第六步，由三个准则得分综合计算所评区域在第 i 个样本点发展水平的得分 DL_i，即

$$DL_i = \sum_{j=1}^{3}\beta_j F_{ji} \qquad (i=1,\Lambda,n)$$

式中：β_j 为由层次分析法得到的第 j 个准则的权重；F_{ji} 为第 i 个样本点第 j 个准则的得分。

值得指出的是，有些样本点的准则评价值或最后的发展水平会出现负值，这说明该时期的准则水平或发展水平处于整个样本期的平均水平之下，因为主成分法的计算结果均为时序数列中的相对水平。

② 资源环境保证度。从定义式可知资源（环境）保证度的数值可以有大等于 1 和小于 1 之分，前者表示人类对该项资源（环境）的使用不妨碍自然系统的正常运动，且大于 1 的幅度越大表明该项资源（环境）对该区域发展的约束越小；后者则表明人类对该项资源（环境）的使用损害了自然系统的正常运动，且小于 1 的幅度越大表明该项资源（环境）对该区域发展的约束越大。显然，这两类指标值的含义截然不同。此外，各项资源（环境）保证度之间不具有明显的相关关系，更难以相互替代。因此如果将表征资源（环境）保证度的指标值不加区分地加权综合成一个数值，会使得大于 1 和小于 1 的指标值发生中和，相互掩盖，最终结果既显示不了优势，也说明不了问题所在。因此需要把二者分别综合处理，并考虑其结构比例关系，以全面反映问题。另外，由于各项资源（环境）对区域影响的重要程度不同，其权重须视具体情况而定。具体步骤如下：

第一步，按各项资源（环境）对所评区域发展贡献的大小，确定第 j 项资源（环境）保证度指标的权重 $w_j(j=1,\cdots,p)$。

第二步，记样本点 i 的第 j 个指标数值为 $X_{ij}(i=1,\cdots,n;\ j=1,\cdots,p)$，将 X_{ij} 中指标值大等于 1 的归为一类，共有 p_{i1} 个，记为 $X_{ij1}(j_1=1,\cdots,p_{i1})$；小于 1 的归为另一类，记为 $X_{ij_0}(j_0=1,\cdots,(p-p_{i1}))$。

第三步，计算 $a_i=p_{i1}/p$

$$b_i=\sum_{j=1}^{p-p_{i1}}X_{ij_0}W_{j_0}\Big/\sum_{j=1}^{p-p_{i1}}W_{j_0}$$

$$C_i=\sum_{j=1}^{p_{i1}}X_{ij_1}W_{j_1}\Big/\sum_{j=1}^{p-p_{i1}}W_{j_1}$$

其中，w_{j0}，w_{j1} 分别为 X_{ij0} 与 X_{ij1} 的权重。

于是，资源环境保证度是由向量形式（a_i，b_i，c_i）刻画的。其中，a_i 说明了两类指标的结构比例关系，b_i 和 c_i 分别表明了资源环境对发展的约束程度和宽松程度。

③ 外部要求满足度。由于外部要求满足度 d_i 所含指标项数一般不多，且可以认为它们对整体的可持续发展都具有相同的意义。为简便起见，取这些指标的算术平均数即可达到其综合评价之目的。

最终，我们可将区域的可持续发展态势表示为向量 SD(DL，(a，b，c)，d)。在此未将发展水平、资源环境保证度和外部要求满足度的指标值进一步加权综合，是因为三者立足点分别为人类、自然和外部系统，其内涵存在质的差异，若硬把不同质的指标加权综合，所得数值恐怕会过于抽象、意义不明确。而且以向量形式表示，区域可持续发展的各方面情况即一目了然，因此不宜对SD做进一步综合。

(2) 趋势分析

以上所得的时序向量SD就是进行区域可持续发展状态纵向分析的对象。不同区域可针对各自情况使用不同方法从SD中发掘所需信息，下面提出一种方法可供参考。

为了考察区域的发展水平、资源环境保证度及外部要求满足度的综合变动趋势是否符合可持续发展的要求，可进行如下处理：

记所评区域在报告期 t 的发展水平为 DL_t，状况良好的资源环境比例为 a_t，资源环境对该区域的约束程度为 b_t，外部要求满足度为 d_t，则前一期的相应指标分别为 DL_{t-1}，a_{t-1}，b_{t-1}，d_{t-1}。

计算 $$A_t=\frac{DL_t}{DL_{t-1}},\ B_t=\mathrm{Min}\left\{\frac{\mathrm{a_t}}{\mathrm{a_{t-1}}},\ \frac{\mathrm{b_t}}{\mathrm{b_{t-1}}}\right\},\ \mathrm{C_t}=\frac{\mathrm{d_t}}{\mathrm{d_{t-1}}}$$

由于 DL、a、b、c 均为正指标，因此 $A>1$，$B\geqslant1$，$C\geqslant1$，分别说明相对于前期，发展水平有所提高；资源环境状况有所改善（$B>1$）或没有恶化（$B=1$）；以及外部要求满足度没有下降。这符合可持续发展的基本要求，可分别记为“↑”，反之则记为“↓”。对于 B 来说，只要 a_t 和 b_t 中有一个较前期有所倒退（即比例降低或约束度加大），就认为资源环境的发展变化方向不符合可持续发展的要求。而反映资源环境宽松程度的 C_t 当然越大越好，但它相对于前期大一点或小一点并不改变区域的可持续发展方向，简便起见，在 B 中对此不予考虑。

综合考察 A_t、B_t、C_t 可大致判断对象系统在 t 期内的发展态势是否符合可持续发展的要求。若三者反映的信息为（↑↑↑），则说明该区域正沿着可持续发展的道路前进；若为（↑↓↑）则说明其发展在一定程度上是以损害自然系统为代价，应重视资源环境的保护；如果为（↓↓↓）则是最坏的情形，它与可持续发展的要求背道而驰，应积极采取措施，扭转其颓势。其他情形可作类似的分析。对对象系统进行以上多个时期的分析，我们就可以判断出它是否稳定地沿着可持续发展的方向演化。

13.4.2　截面数据分析

对特定区域可持续发展状态的纵向分析，能告诉我们该对象系统一段时期以来的发展趋势如何。但考察更大区域系统及其次级系统的可持续发展状态究竟是好是坏，以期取长补短、督促后进，还需要进行同一时期不同次级区域间的横向比较和整合分析，这就是截面数据分析。

截面数据分析的大体思路是：将多个次级区域的发展水平、资源环境保证度和外部要求满足度分别聚类为高、中、低几个档次，则经过横向分析后的某次级区域的可持续发展状态可写为诸如（高高高）或（中高低）等形式，再与时序分析的结果（如（↑↑↑）或（↑↓↑）等）相结合，就能既反映该次级区域可持续发展的静态水平，又反映其动态趋势。进而经整合后，还可对高一级系统的可持续发展态势做出评判。具体步骤如下：

① 由于发展水平在各次级区域的指标构成相同，用其基本指标组成的向量直接进行聚类。

第一步，设发展水平所属基本指标共有 m 个，参评次级区域有 n 个。以 X_{ij} 表示第 i 个次级区域第 j 个发展水平指标的取值（$i=1, \cdots, n$; $j=1, \cdots$ m），则矩阵 $\begin{bmatrix} X_{11} & X_{12} & \Lambda & X_{1m} \\ X_{21} & X_{22} & \Lambda & X_{2m} \\ M & M & \Lambda & M \\ X_{n1} & X_{n2} & \Lambda & X_{nm} \end{bmatrix}$ 中的行表示各次级区域的发展水平，列表示同一发展指标在各次级区域的不同取值。

第二步，用 Z-SCORE 法将其标准化为 $Z(z_{ij})$ 矩阵，其中 $Z_{ij} = \dfrac{X_{ij} - \overline{X}_j}{S_j}$，（$\overline{X}_j$ 和 S_j 的计算参前面的公式）。

第三步，计算 a 区域与 b 区域发展水平间的欧氏距离 d_{ab}。

$$d_{ab} = \sqrt{\sum_{j=1}^{m} (Z_{aj} - Z_{bj})^2}, (a \neq b; a, b = 1, \cdots, n)$$

所有的 d_{ab} 构成一个 $n \times n$ 阶方阵 $D(d_{ab})$。由于 $d_{ab} = d_{ba}$，因此仅考虑方阵 D 的上三角或下三角即可。

第四步，聚类。在方阵 D 中找出距离最小的单位（次级区域）对，将二者合为一类。接着选次小距离的单位对，按下述规则处理：

Ⅰ. 若单位对中的任一个单位在已形成的类中都没有出现过，则二者形成一个新类；

Ⅱ. 若单位对中的一个单位在已形成的类中出现过，则二者都并到原类中去；

Ⅲ. 若单位对中的两个单位分别在两个不同的已形成的类中，则把这两类合并为一类；

Ⅳ. 若单位对中的两个单位出现在同一个已形成的类中，则原类保持不变。

第五步，根据实际情况，在一定的欧氏距离 d_{ab} 上进行截取，便可得到具体分类，分别记为高、中上、中、中下、低等（聚类分析方法事先无法确定会产生几类，但都可以按水平高低分别表示）。

② 资源环境保证度与外部要求满足度的指标构成，在不同次级区域可能会有所不同，因此不能由基本指标直接聚类。在实际操作中，二者分别取各区域时序综合值中相应样本期内的取值（a、b、c）和 d(可参见以上时序分析的内容)。这样做虽然在指标的构成、权重的大小上各区域并不统一，但其计算综合的机理一致，都是各区域资源环境或外部要求各方面理想值与实际值的对比综合，因此可以认为不同区域的资源环境保证度或外部要求满足度具有可比性。将不同区域的资源环境保证度以（a，b，c）的向量形式聚类（具体步骤可参见对发展水平的聚类分析），而外部要求满足度 d 直接按其数值的大小归为若干类即可。

最终，我们可以用类似（高中低）形式的向量来表征某一区域可持续发展在多个同级区域中的相对状态。

13.5 小　结

第一，红黄牌机制的运用。因为各区域在实现可持续发展的进程中，无论就其发展水平、资源环境保证度还是外部要求满意度来说，它们所属的多个指标之间都具有一定程度的不可替代性。特别是如果若干项指标代表的状态严重滞后，将构成系统进一步发展的瓶颈，甚至导致整个系统的发展崩溃。而本章在对这三者进行处理时，所采用的加权综合方法很可能掩盖这种极端不协调的状况。因此我们在全面评价一区域可持续发展的态势时，有必要以红黄牌机制为补充，提示或警告某些极端不协调的现象，以此对各区域的发展起到指导和监督作用。

第二，关于该方法的现实意义。到目前为止，可持续发展还只是对人类改进其发展模式与进程的一种目标要求，而不是对人—自然复合系统这一研究对象运动规律的描述。因此，当我们进行区域可持续发展状态评价时，所得结论也仅能看出在通往可持续发展目标的道路上，谁走在前面，谁落在后面，谁走得快些，谁走得慢些，以及通过分析探究怎样才能走得更好些。具体到实践上，某一时空域的可持续发展状态只是一个孤立的抽象概念，它只有在横向及纵向的比较中才有意义。即观察某区域一段时间以来的发展趋势，或同一时点上它在多个同类区域可持续发展状态中的相对位置。同时，可以从比较而得的可持续发展状态差距出发，按计算层次逐步回溯，寻找促进或阻碍该对象系统可持续发展的具体因素，为制定下一步可持续发展战略提供依据。

本章参考文献：

[1] 牛文元，毛志锋．可持续发展理论的系统解析 [M]. 武汉：湖北科技出版社，1998.

[2] UNDP. Human Development Report 1997. Oxford University Press. 1998.

[3] 李春文，冯元昆．多变量非线性控制的逆系统方法 [M]. 北京：清华大学出版社，1992.

[4] 胡皓．可持续发展理论与实践 [M]. 西安：陕西人民出版社，1998.

[5] 刘求实，沈红．区域可持续发展指标体系与评价方法研究 [J]. 中国人口、资源与环境，1997 (12).

[6] 毛志锋．区域可持续发展的机理探析 [J]. 人口与经济，1997 (6).

[7] 乔晓春．中国人口与可持续发展的几点认识 [J]. 人口研究，1997 (6).

[8] 马传栋．论资源生态经济系统阈值与资源的可持续利用 [J]. 中国人口、资源与环境，1995 (12).

[9] 王军．可持续发展 [M]. 北京：中国发展出版社，1997.

[10] 邱东．多指标综合评价方法的系统分析 [M]. 北京：中国统计出版社，1991.

[11] 联合国环境与发展大会．21 世纪议程 [Z]. 北京：中国环境科学出版社，1993.

[12] 姜振环．软科学方法 [M]. 哈尔滨：黑龙江教育出版社，1994.

第14章　发达国家可持续发展的战略与政策

14.1　引　言

自产业革命特别是第二次世界大战后，美国、英国、法国、加拿大、日本和西德等国家率先进入工业化社会，从而显著地推动了全球以物质生产发展和其生活水平提高为主导的现代人类文明。但是伴随而来的，却是全球性能源紧缺、环境污染、生态失衡。自然灾害频繁，进而使人类社会面临着不可持续发展的危机。

面对此境，发达国家开始反思，全球也业已觉醒。在国际社会的积极倡导和推动下，可持续发展已成为人类社会有序进化的共识，各国相继制定了自己可持续发展的战略和政策，且付诸实践和探索。

西方发达国家缘于“先发展，后治理”的惨痛教训而觉醒较早，在资源有效利用和环境保护实践方面已颇有成效，且其可持续发展的战略和政策也无疑会影响到全球的可持续发展进程，故此，本章欲求对以美国、日本、法国、加拿大为代表的发达国家的可持续发展战略和政策进行分析、比较，力图从中获得有益的借鉴，以促进我国的可持续发展研究和实践。

14.2　发达国家可持续发展战略和政策的形成

自20世纪60年代始，随着工业化的加速发展，由发达国家引发的能源短缺和环境“公害”危机，不仅严重地威胁到它们自身的现代化建设和民众生活质量的提高，也广泛地冲击着发展中国家的“工业化”追赶浪潮。因而，节约资源，保护环境，促进社会的全面发展就成为全球共同关注的焦点。在联合国及有关国际组织的积极推动下，1987 年《我们共同的未来》的发表，标志着可持续发展世界共识的形成，而 1992 年通过的《21 世纪议程》则被看作是全球可持续发展的总体纲领和战略性转移。以此为蓝本，制定本国的可持续发展战略和政策，成为各国政府的急迫目标。

可持续发展政策是其战略行动的具体规范和有效实施的保证，两者的协同则能够使人类从目前的经常是破坏性的增长和发展过程转而走向持续发展的道路。但一个富有创见和成效的可持续发展战略和政策的形成，往往需要经历一番痛苦的探索和磨难。认真总结发达国家的艰难历程和经验教训，有助于发展中国家汲取营养，避免失误，以便更好地制定自己的可持续发展战略和政策，且促进其有效地实践。

考证发达国家可持续发展战略和政策的形成，大致可分为以下三个阶段：

第一阶段：在二十世纪六七十年代，可持续发展战略和政策往往以单一的部门规划、法律法规制定为主要特征。当时，虽有“寂静的春天”的呐喊和“增长的极限”的警告，但并没有明确地提出或形成可持续发展的纲领及思潮。发达国家仅仅为解决工业化造成的严重环境污染、资源巨大消耗等问题，制定了一些诸如环境保护、节约资源的规划和政策、法规，环境、资源只是孤立地被考虑或仅作为支撑经济发展中应附带解决的问题来对待。

第二阶段，到了 20 世纪 80 年代，以国内政策的可持续发展导向为特征，是可持续发展战略的诞生期。1987 年《我们共同的未来》使可持续发展成为一种全球共识的公理，各发达国家逐渐从孤立的环境、资源政策转到人口、资源和环境全面发展的战略上来，开始了制定、实施经济、生态和社会可持续发展战略与政策的进程。不过，此时的可持续发展战略和政策更多地是从本国利益出发，很少顾及发展中国家的利益和全球可持续发展问题，缺乏人类社会的进化史观和国际合作。

第三阶段：20 世纪 90 年代伊始，以国内、国际可持续发展战略和政策的协同探索为特征，是国际、国内可持续发展紧密结合、共同作用的时代。这一时期出台了全球性可持续发展的总体纲领《21 世纪议程》，号召全世界各国行动起来，共同实现人类社会的可持续发展。至此，发达国家开始较多地意识到可持续发展国际合作的重要性，在可持续发展政策中注入了国际合作的内容，且重视把国际、国内的可持续发展对策有机地结合起来，认为这才是真正意义上的可持续发展。也只有协助发展中国家顺利地步入可持续发展之路，才能保障自身的可持续性发展。

可持续发展是指人类社会的可持续发展，因而涉及非常广泛的领域和问题，按 1992 年联合国的《21 世纪议程》，基本上可将其划分为三个子范畴：生态可持续发展、经济可持续发展和社会可持续发展。由于可持续发展政策是可持续发展的行动准则和战略措施，因此，需要有与之相适应的分类政策系列，但人口政策、环境政策和资源政策是其核心。

就发达国家而言，现已基本形成的可持续发展战略和政策主要包括：适度鼓励生育，以稳定人口的增长；加强自然保护和生境的改善，以保障物种的繁衍和生物多样性；寻求替代资源和新能源，提高资源，能源的利用率，以保障其可持续性利用；增加环保基金和技术开发，推行清洁生产和治理污染，以便遏制环境消纳能力的退化和提高其质量；利用经济手段，控制城市规模化膨胀和消费污染；加强社会保障能力，提高公众参与意识等。

14.3 美国可持续发展的战略和政策

美国自二战后，由于片面追求经济增长，致使资源破坏，环境污染问题日益严重。因而其可持续发展事业起步较早，也收到了一定成效。特别是 1996 年 3 月制定的美国国家可持续发展战略，标志着其可持续发展事业迈进到了一个新的历史阶段。

14.3.1 美国国家可持续发展战略的出台

在 1992 年联合国环境与发展大会之前，美国有关可持续发展的战略措施庞大繁杂、包罗万象，内容涉及面颇宽，但零乱、分散，不成体系，缺乏一套总体的纲领性的国家可持续发展战略。为响应联合国大会的倡议，1993 年 6 月克林顿总统下令成立了“总统可持续发展委员会（PCSD)”，要求其用三年左右的时间，形成美国的国家可持续发展战略体系。戈尔副总统也进一步明确指出：“目光要长远，意识要创新，思维要宏观。”

PCSD 由来自政府部门、工业界、环保、人权、劳工以及土著居民组织等领域人士所组成。该委员会旨在阐明“我们所面临的、对于经济增长的要求与保护世界环境的义务之间存在的困难”。其使命是提出并向总统推荐一个有助于促进经济活动的国家可持续发展行动战略，制定一个年度“总统荣誉方案”(Presidential Honors Programs）以表彰在可持续发展研究和实践上取得的杰出成就，且提高公众对于可持续发展项目的关注程度并给予其更多的参与机公。该委员会主要致力于下述八个方面的探索和推动：经济效率、能源与交通运输、自然资源管理与保护、基本的目标与概念、人口与消费、公众参与、对话与教育、可持续农业。重点在于克服多年以来一直存在的环境保护和经济增长、社会进步三者之间的矛盾和冲突。

当 PCSD 着手为促进更广泛的可持续发展政策确立指导原则时，私营部门也出现了一种倡导社会责任的新的道德规范，要求所有的经济决策和环境决策都应当考虑到他人和后代的福利。与此同时，公众舆论的支持也对可持续发展战略的出台起到了极大的推动作用。1995 年进行的一项关于《可持续发展：新的美国梦想—美国人对于经济、环境和社会进步的态度和行动》的民意测验显示，在被调查者中，2/3 的美国人认为可持续发展的三个目标—经济增长、环境保护和人民健康幸福—能够同时达成，而并不必以牺牲其中任何之一为代价。这与 20 年前，美国人关于环境保护的政治辩论中“非此即彼”的思维方式是截然不同的，它表明美国人对更高生活质量的追求和公众可持续发展意识的提高。

经过近三年的研究和审议，PCSD 在许多领域内达成了被《纽约时报》称之为工业界和环保运动之间“罕见的共识”。因为“国家未来发展的质量如何，取决于国家政策中经济、平等和环境的结合”。在此基础上，1996 年 2 月，一份题为《可持续发展的美国：争取对于未来的繁荣、机会和健康环境的新共识》的美国国家可持续发展战略报告出台了，并于 3 月 7 日正式提交总统。报告共分七章，分别介绍了美国可持续发展的国家目标、信息和教育、自然资源管理、人口与可持续性等内容。对于 PCSD 的工作，克林顿评价道：“这一工作本身就已经表明，当来自商业、环保和政府的专家真诚地合作时，我们就能够寻求到保持经济繁荣、社会平等和环境保护三者相协调的发展目标。”并认为该报告在促进美国可持续发展事业方面，必将发挥重要的作用。

14.3.2 美国人口、资源、环境与可持续发展政策

人口、资源、环境是可持续发展的三个重要制约因素和主要组成部分，三者既相互独立、自成体系，又相互联系、相互制约。一定数量和质量的人口是可持续发展的前提，而人口总量又必须控制在资源和环境所能承载的范围以内。资源的永续利用是可持续发展的基础，而保护环境则是可持续发展的重要目标。以下我们分别从这三个方面来剖析美国的可持续发展战略和政策。

(1) 美国的人口与可持续发展

美国地大物博，加之经济发展迅速，劳动力供给相对不足，因而自建国伊始直至20世纪60年代末，历届政府实行的是一种鼓励人口增殖的政策。特别是二战后不久，和其他资本主义国家一样，美国也出现了“婴儿激增”现象，加之国际移民政策的松动助澜，呈现出人丁兴旺的局面。

伴随全球性“人口爆炸”引发的社会危机，从而“世界末日论”“人口压力论”“人口过剩论”等忧患意识又率先在美国兴起。这些观点对美国当权者产生了一定的影响，使之开始认识与关注人口增长的不良后果。1963年美国成立了人口问题委员会，且在1965年的一份专门报告中指出，人口增长是美国的“关键问题”；认为美国经济没有能够保证给增长的人口以足够的工作岗位，故主张建立两子女的家庭模式。进入20世纪70年代后，政府开始倾向于控制人口增长的运作。如支持美国民间家庭生育计划组织推广的节育活动，1973年联邦最高法院在美国历史上第一次批准堕胎合法化。还有些州采取了切实控制人口的措施。20世纪80年代以来，美国开始步入老龄化社会，老年人的医疗保健、社会保障问题受到重视。公共政策也日益关注贫困儿童的医疗保障和社会救助，以及对妇女的健康和教育进行投资。

应该指出的是，美国本地居民的出生率还是比较低的，而导致总量人口较高的增长率多是由于移民量的剧增和新移民较高的出生率。但随着移民的大量涌入特别是非法移民的泛滥，美国的财政开始不堪重负，移民潮也带来了就业、教育、医疗、保险等诸多方面的问题。为此，政府开始采取较严格的限制移民措施，如1976年的《西半球移民法》结束了西半球自由移民的历史，1986年又通过针对非法移民的改革与控制法案。但非法移民现象仍未遏止，1990—1994年间与1985—1989年间相比，移民人数从302.8万增加到了

384.9 万。加之国内反移民情绪的日益升温，移民问题仍是美国政府面临的难题之一。

教育是推动美国经济发展的强大杠杆，也是增强美国可持续发展能力的重要条件。美国政府历来重视文化、教育的普及和提高，能够根据整个社会经济发展的需要，且针对文化教育方面存在的问题，适时地制订相应的法令，并提供大量资金资助，以此指导和推动其文化教育事业的发展。这对于消除贫困、提高人口素质、促进经济增长，起到了至关重要的作用。

基于上述情况，美国的可持续发展战略突现出稳定人口增长的目标，主张由政府提供更多的计划生育和生育卫生方面的服务，为妇女提供更多的教育和就业机会，且改进移民政策，减少非法移民数目。此外，主张通过各种正规的或非正规的教育机构，为人们提供终生的学习机会；通过全民文化科技素质的进一步提高和科技移民，来克服劳动力短缺造成的经济萎缩，以保障国家的可持续发展。

(2) 美国的资源与可持续发展。

资源与环境密不可分，因而许多环保政策往往同时也是资源保护政策。美国拥有相当丰富的自然资源，但同时也是世界上消耗自然资源数量最多的国家。得天独厚的自然资源和地理条件为美国经济起飞提供了重要的先决条件，但随着二战后经济的迅速发展，高能源、高消耗的生产方式和消费方式导致资源供给日渐短缺。此后，除了大肆掠取发展中国家的资源以缓解发展支撑危机外，美国联邦和各州政府相继采取了一系列措施，旨在改善环境，保护生态系统，使自然资源得以永继利用，而其中最重要的手段就是立法。

迄今为止，美国已制定了一系列严格的资源保护法律、法规，主要有《多重利用、持续产出法》《森林、牧场可更新资源规划法》《联邦土地利用和管理法》《濒危物种法》《海岸带管理法》，以及国家公园管理法规系列等。这些资源保护法律、法规和控制资源开发活动的各类经济法，加上履行有关的国际公约，共同构成了比较完整的资源保护法律、法规体系，从而大大增强了对资源开发利用和保护的实践效应。特别是 1989 年 6 月通过的一项有关资源和环境核算的法律，使自然资源由无价变为有价，将环境外部成本内在化，从而把自然资源纳入国民经济账户，对资源和环境保护起到了重要作用。此外，从 1990 年开始，由布什总统倡导的为期十年，每年植树十亿株的“美丽的国家亚美利加”全国性植树造林运动也收到了很好的效果。

美国政府已深深地意识到，丰富的自然资源是美国保持强大的充满生机经济的基础。美国经济的持续繁荣取决于在保护和可持续利用自然资源方面的能力，而核心就是自然环境的管理工作，要求每个社会成员对保护自然资源和生态环境承担责任和义务。为此，PCSD 提出了八项政策建议，并拟定了相应的行动措施。这八项建议概略为：①协作途径；②生态系统的完整；③促进“管理工作”的鼓励手段；④农业资源管理；⑤实现 2000 年林业可持续发展管理目标；⑥恢复渔业；⑦自然资源信息；⑧保持生物多样性。

美国是世界上第一能耗大户，人均能源消耗量为世界平均水平的 5 倍，是印度的 33 倍。从美国的发展史来看，丰富、廉价的能源支撑着美国的经济发展和高水平的生活。但是美国人在享受丰富的能源供应的同时，却没有顾虑到这些能源生产和使用的隐形代价（即环境和社会成本）。此外，政府对能源生产和使用的补贴政策也客观上导致了能源的浪费，造成了更多的环境污染，同时也使得美国成为 OECD 国家中能效最低的国家之一。事实上，美国在这方面的改革改善仍是大有潜力可挖的。在工业、交通、电力、取暖等领域，都不乏更为有效地利用能源的技术机会，如在一些公用电力事业实行的最低成本计划，开发利用和更多地使用可替代性再生能源（如太阳能、生物能）等。而现代科学和信息技术的发展，更是为此提供了良好的契机。美国政府 1994 年发表的《为持续未来的技术》、1995 年颁布的《可持续发展的能源战略》等一系列政策报告，对于节能降耗、提高能效都起到了重要的推动作用。特别是可持续发展战略报告中提到的、改革不利于环境保护和可持续发展的能源价格补贴的建议，更是至关重要和富有深远影响的战略对策。

(3) 美国的环境与可持续发展。

1962 年美国女作家卡尔逊《寂静的春天》一书的出版，标志着人类环保意识的觉醒。60 年代末的生态危机，又促成了美国环保运动的兴起。随之美国政府颁布了第一部清洁空气和水质量的立法，开始对环境污染进行治理。特别是 1969 年的《国家环境政策法》，确立了环境影响评价制度，这使行政机关将对环境价值的考虑纳入决策程序，从而在美国历史上第一次为政府正确对待经济发展和环境保护两方面的利益和目标创造了内部和外部条件。嗣后，在环保运动的推动下，国会又通过一系列环境法规，内容涉及大气、水、噪声、农药、有毒物质管理及资源保护和回收等诸多方面。美国环保局和州政府也颁布了一系列环境质量标准，从而形成了一个严格的全方位防治污染法规体系。

美国政府也十分重视环境科学技术的发展。在从 20 世纪 70 年代初到 80 年代初的所谓“环境十年”中，联邦政府的环保投资很大一部分都是用于环境科学技术和环保设备仪器的开发，如固体废物再资源化技术、烟尘及 SO_2 防治技术等。现今大部分常见污染的控制和治理技术已过关，在促进环境质量明显改善的同时也产生了相当大的经济效益，且使环保产业成为美国的一个新兴支柱性产业部门。

其后 10 年，在环境综合治理与赔偿责任法，以及公众对环境质量重视的推动下，美国的环保政策开始由“以治为主”向“以防为主”转变；且以环境效益为出发点，以直接控制和经济调节为手段，制定了一套灵活、切实可行的与其他政策相匹配的管理政策，如征收排污费、排污交易制度等，收到了良好成效。20 世纪 90 年代初，随着区域性环境问题演变为酸雨、温室效应、臭氧层破坏、全球气候变暖等全球性危机，美国在环保战略对策的制定中也开始包含了国际环保内容。如 1990 年的大气清洁法修正案，提出了以市场机制减少 SO_2 排放从而解决酸雨问题的战略。

20 世纪 90 年代，美国环保政策的一个重要特征就是从重视“末端控制”向“源头控制”转变。提倡使用先进的科学技术来预防和治理污染，鼓励清洁生产和无废少废工艺的开发和应用，并十分强调措施的灵活性和创新性，重视市场机制的运用，以及充分发挥地方和企业的积极性。

由联邦政府发起的“绿灯计划”“绿色”汽车计划、清洁煤技术开发项目；各州的绿色税收和绿色收费，如清洁技术开发和应用的税收优惠和补贴、税收与环保表现挂钩、天然产品发展税、交通优惠政策等，都很有成效。为了提高公众的环保意识，增强环保观念，美国于 1970 年和 1990 年先后颁布了两部环境教育法。在学校、社区、公司、公共场所和博物馆开展了数百个环境教育项目，目前至少 30 个州规定中小学必须设立环境教育课程，同时还组织了可持续发展教育的师资培训，设立“环境奖学金”等。“现在越来越多的美国人开始懂得，如果要保证自己和后代人的生活质量，就必须努力保护水、空气和土地”。（Carol Browner，美国国家环保局局长，1994 年）。20 世纪 90 年代以来，许多人都加入了社会团体，义务宣传可持续发展。在华盛顿、田纳西和波特兰等城市还出现了可持续发展“示范区”，它们成为推动实现可持续发展的未来的有力工具。

可以说，在 20 世纪 70 年代以前，美国的经济发展是以环境污染为代价的，所遵循的是“先发展”，待后再考虑“治理”的战略。从1970年4月22日第一个“地球日”起，美国进入了现代环境政策时期。从以往的经验教训中，美国政府和公众逐渐认识到“经济的发展不能以环境破坏为代价”，“环境行动将加速和支持经济的持续增长，对社会发展起促进作用”，并且“运用现代科学技术完全可以在经济发展的同时进行环境治理，实现经济、社会和环境三者的协调发展”，另则还颁布了一系列促进可持续发展的政策措施。这些认识和努力最终促成了美国国家可持续发展战略的出台。该战略提出了包括提高实施现有法规的成本收益率，政府和企业共同合作开发新产品，逐步转向采用环境税收机制，更多地运用市场激励措施促进环保，加强环保科学决策，促进环保技术的开发和应用等近40条建议。

14.3.3 美国可持续发展对策的评价与发展前景

美国的人口已达2.4亿，居世界第三位。人口年增长率为1%，即年均增加近300万人口，虽然低于发展中国家，但却为大多数工业化国家的两倍以上。人口的增长和高消费方式的追求势必危及美国的可持续发展，因而稳定人口增长成为其走向可持续发展的必然选择。但是，相对于美国的经济支撑能力和资源获取及环境包容量，人口和高消费并未成为主要压力而对可持续发展造成严重的威害。因而，美国政府认为资源和环境问题仍是主要威胁，可持续发展的对策也主要侧重于节约和合理利用资源及保护环境。

总的来看，美国可持续发展战略中的若干举措，诸如给妇女以更多的教育和就业机会，进行可持续发展意识的宣传教育，扩大公众参与，发挥地方和企业的积极性，更多地采用经济刺激手段（如征收环境费、环境税、排污权交易制度等）来促进资源和环境保护，重视科学技术在节能和环保中的重要作用等，这一切都体现了可持续发展思想的基本内核和要求，无疑是值得我们借鉴的。

但是，长久以来，经济和社会的短期效益与长期健康发展之间的矛盾，一直是美国的能源和环境对策争论的焦点之一，对自然资源和环境的长期保护被视为经济增长的对立物。20世纪80年代，美国联邦政府的环境项目投资曾一度大幅下降，污染控制机构的雇员人数也急剧减少。此后情况虽有所改善，但有关经济、社会发展和环境保护之间的争论仍时有起伏，难于罢休，从而制约着可持续发展战略的顺利实施。

现实中的美国的环保政策基本上仍是一种技术经济型发展政策，即强调以开发新技术、新产品而不是以改变生产、生活消费方式的办法来实现对环境的保护和经济的持续发展，其主要着眼点仍在于经济增长和效益的追求。这种治标不治本的办法是难以从根本上解决问题的。此外，多年来实行的能源低价政策既助长了能源的浪费，也不利于环境保护和环保技术的开发与应用。可持续发展政策中虽提出了改革能源价格补贴的建议，但在政府决策极易受利益集团操纵和影响的体制下，这一有利于环保的建议能否顺利付诸实施还是个问题。如 1993 年 9 月克林顿政府提出的 BTU 税收建议就是一个例子。该建议旨在减少对石油的消耗，促进能效和可再生能源的利用，其所建议的税收也是较低的。但由于工业界，特别是大企业如石油公司、汽车制造商的强烈反对而最终流产。另外，美国国会的一些保守势力仍在试图竭力削减环保开发经费，放松环保规章管理，甚至提出要撤销环保局。有鉴于此，美国可持续发展战略能否顺利实践值得怀疑，前景并不乐观。

一个国家或区域的可持续发展战略是一项庞大的系统工程，涵括众多领域。可持续发展的目标—社会平等、经济繁荣和环境保护，涉及社会各阶层、各集团、各群体的利益，而这些利益之间往往是互相冲突的，需要相互做出牺牲、让步和妥协，才能有效解决。因而可持续发展战略和政策的实施，有赖于政府、企业和公众个人的共同努力和合作，特别是公众的参与可以说是实现可持续发展的关键。可持续发展不仅意味着人们的世界观、价值观、道德观的变革，同时也意味着人们生活方式、行为方式的变革。种种可持续发展的政策措施只有得到公众的拥护、接受和支持，才可能付诸实现。正如美国报纸编辑学会主席托平一针见血地指出的："工业化国家的人民，特别是美国人尽管他们的能源消耗给环境带来了最大的负担，但会愿意接受一种较为节俭的生活方式吗？"（Topping，1993）尤其是对于美国这样一个汽车拥有量占世界的 1/5，以汽车为中心来安排其日常生活的民族来说，节约能源意味着他们必须大大调整其未来的生活方式，这显然是至为不易的。因而正如 PCSD 所深谙的：可持续发展需要政府、企业和个人行为的根本性变化。显然，只有当可持续发展观念真正深入人心，引起全社会的广泛重视和踊跃参与，工商界、政府部门乃至公众积极主动采取各种措施，开展对话、消除冲突、加强合作时，可持续发展才能真正发挥作用，其重视性也才能得以体现。

作为世界上1/3污染源的制造者，美国对于全球环境问题负有不可推卸的责任。但是在这方面，美国是做得很不够的。美国政府虽声嘶力竭地强调其作为国际领袖的“传统和责任”，但实质上关注自身利益者多，关注全球利益者少。美国由于长期以来实行一种“全球开发，适当保护本国资源”的资源策略，宁可自己的石油埋在地下不去开采，而花钱从国外进口石油，结果使每年的石油贸易逆差高达500多亿美元；宁可自己的森林烧掉或烂掉，而不惜巨资从加拿大进口木材。这不难看出，美国是以保护本国自然资源和榨取外国资源来实现自身长远的经济发展和社会可持续发展。倘若继续奉行这种策略，势必不可持续。

此外，里约会议八年来，美国对于《21世纪议程》中应承负责任和义务的许多项目基本上未予落实，某些方面甚至出现了倒退现象，对发展中国家的资金援助和技术转让态度相当消极。美国是OECD国家中对发展中国家资金援助减少幅度最大的一个，其提供的OPA占GDP的比例从1990年的21%下降到1994年的0.14%，1995年则还不到0.1%，援助额仅为居第一位的日本的一半。美国对于发展中国家的技术转让要求，则总是以“保护知识产权”为由予以拒绝。与此同时却在1995年制定了一项环保技术与出口的战略，旨在促进对广大发展中国家和地区的环保技术和产品出口，加强同欧洲和日本在国际环保技术市场上的竞争地位。对于减少温室气体的排放问题，美国迄今仍拒绝任何具体承诺，更不愿按欧盟要求制定具体的减排时间表等。作为世界唯一的超级大国，美国的这种所作所为无疑是极端令人失望的，不仅与其大国形象不相称，也不利于全球可持续发展事业的进一步推进。

14.4 日本、法国和加拿大可持续发展的战略与政策

日本、法国、加拿大也是当今世界上的主要发达国家，其可持续发展的战略和政策走向如何，不仅决定着自身发展的前景和命运，也影响着全球可持续发展的进程。但由于各国的地理条件、人文环境、经济状况等都千差万别，因而在可持续发展战略和政策的制定、实施方面也有所区别。

日本是经济大国，资源小国，二战后经济迅速发展，导致资源短缺和环境污染日益加剧，遂成为日本可持续发展关注的焦点。此外，日本的人口出生率在发达国家中不算高（1.5%），但由于日本国土面积狭小，因而人口压力相对

较大，且是世界上人口对耕地压力最大的国家。显然，人口问题也是日本可持续发展战略和政策所须重视的另一焦点。在环境对策上，日本很重视凭借自己的经济、科技实力，从经济、技术上解决环境问题，积极推行绿色技术、环保产业。

法国是西欧国家中领土最大的国家，但人口总量却只占欧共同体人口的 1/5，因而适度鼓励生育及移民往往是现行人口政策的主要方面。由于法国的核电站发电量占全世界核发电总量的 72.9%，水能开发率则几近 100%，皆为世界之最，因而较多地使用水能、核能等清洁能源，污染相对较轻，于是对环境问题较少关注。但是，法国的山区面积大（占国土面积的 21%），山区人口外流严重，田地荒芜，山区生态环境呈现恶化趋势。因此，如何整治山区，实现山区和平原地区的协调发展则成为法国可持续发展对策的一个重要内容。

加拿大地广人稀，自然资源较为丰富，从而为其可持续发展奠定了比较坚实的基础。由于加拿大的经济在很大程度上依赖于得天独厚的自然资源条件，因而在可持续发展战略中较注重资源与环境的保护。此外，注重环境教育，提高公众环保意识，增强公众参与程度，也是加拿大可持续发展政策的最大特色。

虽然日本、法国和加拿大的国情不同，在可持续发展战略和政策方面各有倚重，但由于三国同属工业发达国家，且又是发达国家不同地域的典型代表，因而分析总结这三个国家可持续发展的对策特点，则更有助于我们把握发达国家的可持续发展趋向。归纳起来，这几个发达国家可持续发展的战略和政策主要有以下几个特色。

14.4.1　轻人口，重资源和环境的可持续发展战略

这是发达国家有别于发展中国家可持续发展战略的一个重要特色，显然与发达国家的国情密切有关。在发达国家中，相对于工业化造成的资源、环境问题来说，人口问题轻得多。发达国家人口规模普遍较小，出生率低（人口增长只占世界人口增长的 3%），相对于其经济的支撑能力和人口素质普遍较高来说，人口的消费和就业压力较小，基本不存在控制人口增长的问题。由于人口年龄结构均为老年型，已经或欲将出现人口负增长，因而在 20 世纪 90 年代前其人口政策往往侧重于鼓励生育、移民等。随着移民的增多，除加拿大外，日本和法国等国家均出现人口增长与社会经济发展不相协调的问题。在这种情况下，这些发达国家逐渐意识到人口是可持续发展的关键因素，稳定人口增长成为发达国

家可持续发展政策的重要内容。但与环境资源问题相比，其压力均处于次要地位，反映在战略和政策的制定与实施上，也是轻人口、重资源和环境问题。

14.4.2 注重依靠科学技术

这是发达国家可持续发展对策的最重要特点。人类发展的历史表明，科学技术进步在改变人类命运中具有巨大的力量。在今天人类面临资源短缺、环境恶化与经济发展两难境地情况下、科学技术无疑是可持续发展的重要支柱。日本、法国、加拿大如同美国一样也深谙此理，注重凭借自己雄厚的经济、科技实力，更多地依靠科学技术来克服资源短缺或保护资源和治理环境污染问题。例如，法国注重发展“干净技术”，即无污染技术，而使其工业污染物大量减少。日本政府的“绿色行动计划”，旨在积极开展“绿色技术”研究，运用各种技术有效地利用资源余热，并通过废物利用保护资源和环境。加拿大 1991 年的“绿色计划”启动了一项为期五年的环境科学技术行动，鼓励开发高新环境技术和环保产业的发展。显然，这些国家都在千方百计地通过建立各种科技机构、增加科研经费等来加强环境科学技术的研究，促进科技成果的转化和利用，推动资源节约和清洁生产，变末端治理为源头控制，以减少资源压力和环境污染。

14.4.3 发挥经济手段的调控作用

资源耗竭、环境恶化与生产经营和消费活动密切相关，因而采用经济手段调控人们的经济活动，促其保护环境、节约资源、实现可持续发展具有更为直接的效果，这在以市场经济为主导的社会中尤为明显。日本、法国、加拿大等国都很重视采用经济手段来保障其可持续发展，且取得了较显著的成效。譬如，加拿大废水排放许可证政策实行后，不仅使水环境质量达标，而且大大减少了污染治理、控制费用；法国林业基金制度的推行，使法国森林覆盖率由 1970 年的 25.6%上升到 1989 年的 27%；日本设立了环境奖，对那些在保护环境、开发新的对策与防治技术方面做出突出贡献者给予奖励，从而有效地推动了日本环保事业的发展。

目前，发达国家采用的经济手段主要有经济鼓励政策和经济惩罚政策两方面，即对积极行为进行奖励，而对破坏或消极行为予以惩罚。具体而言，目前发达国家采用的经济手段主要有：明晰产权，建立市场，税收机制，收费管理，财政和金融手段，责任制度，以及债券与押金—退款制度等。

14.4.4　充分完善法律法规体系

可持续发展是一项综合运筹的系统工程，要实现它除了科学决策外，还必须建立和完善可持续发展所涉及的法律、法规体系。通过法律、法规的制定和体系的完善及实施，有助于合理利用自然资源，有效地控制环境污染，从而实现经济、生态和社会的协调、稳定、有序发展。

在依靠法律法规保障社会有序运转的这些发达国家，也只有通过建立健全相应的法律法规体系，才能保障可持续发展战略的顺利实践。就现已实施的法律法规而言，其涉及面较广，主要包括污染防治、生物多样性和资源保护、废弃物综合利用、清洁生产，以及社会失业保障、贫困救济等方面，其中最主要的就是有关环境保护的立法。就日本而言，早在二十世纪六七十年代就制定了一大批与可持续发展紧密相关的法律，如《环境污染控制法》《自然环境保护法》《环境基本法》等。

14.4.5　重视教育的基础作用

人的生产和消费行为是影响可持续发展的关键因素，而这有赖于人口素质的提高，因此教育是基础和根本。这除了通过普通教育不断提高人们的文化、科技和道德水平外，也需要进行可持续发展教育，以便提高公众可持续发展的意识、培养公众可持续发展的价值观，且是评估和解决可持续发展问题能力的有效途径。

发达国家在这方面做地比较早且很出色，兴起于二十世纪六七十年代现仍在蓬勃发展的绿色生态教育运动就是一个突出的表现。当初，发达国家只是注重通过在各级学校设立环境教育课程来提高学生的环境意识、参与程度。到了八九十年代以后，则把正规教育和非正规教育结合起来，注重通过学校、大众媒介等各种可能途径宣传可持续发展，促进公众参与可持续发展。例如，加拿大政府非常重视可持续发展的公众参与，通过制定《21 世纪行动》，鼓励人们积极参与环保，善待地球。政府不仅在中小学设立可持续发展教育课程，还鼓励成立诸如《21 世纪议程》“青年先锋队”“加拿大女子先锋队”等社会组织，宣传和促进可持续发展。

14.5 发达国家可持续发展对策的启示

总的说来，美国、日本、法国、加拿大等发达国家的可持续发展运动起步较早，逐步探索出了一套符合国情、比较完善且行之有效的可持续发展对策。目前，曾威胁发达国家的不可持续发展局面大为改观，环境、资源等问题取得了较明显的改善。但发达国家可持续发展的对策措施和实践也存在许多弊端，如注重改变传统生产方式，而不在意改变消费方式，没有处理好消费与生产的关系，等等。

“他山之石，可以攻玉。”我国是个人口众多、人均资源匮乏、经济发展相对落后的国家，如何根据国情，借鉴西方国家可持续发展对策和实践的经验与教训，制定、补充、完善我国的可持续发展策略，是一项有待深入探索的重大课题。长期以来，我们在比较、借鉴和实践中已经取得可喜的进步。比如，发达国家人口压力较小，在可持续发展政策中就不太重视人口问题，而人口众多却是我国不同于发达国家的最大国情。我们认识到这个国情，也意识到人口问题是实现可持续发展的关键，因而注重和解决人口问题是我国可持续发展战略对策和实践的最大特色。但是，也要看到我们在根据国情，借鉴西方国家可持续发展政策方面还有许多不足之处，特别是在经济生产上依然自觉不自觉地沿袭“先发展，后治理”的模式，在传统消费方式的转变和公众参与程度方面迄今仍缺乏有力的对策措施。

联合国的《21世纪议程》指出：“全球环境不断恶化的主要原因是不可持续的消费和生产模式，尤其是工业化国家的这类模式。”认为这类模式是一个严重的问题，它加剧了贫困和失调；要达到较好的环境质量和可持续发展目标，就需要改变生产和消费模式，最充分地利用资源和尽量减少浪费。从发达国家实行的可持续发展对策可以看出，他们在改变不可持续的生产模式时可谓煞费苦心，投入了大量的人力、物力、财力，而对如何改变人们的消费方式则注重不够。他们没有采取措施促使人们放弃豪华奢侈的生活，改变无节制、高强度地消耗自然资源的生活方式。有资料显示，仅占世界人口20%的发达国家却使用着全世界80%以上的自然资源。这种消费方式无疑是发达国家目前环境问题居高不下的一个重要原因，也威胁、制约着发展中国家的可持续发展。

生产方式和消费方式的转变在可持续发展中同等重要。因为生产决定消费，消费反作用于生产，二者相辅相成不可偏废。我国改革开放以后，经济迅速发展，物质生活繁荣，在给人民带来幸福的同时，也刺激着人们的物质欲望，高消费、超前消费成为相当一部分人的追求目标。而且，随着经济的发展，这种期望与“国际接轨”的消费行为有所加剧，特别是近年来经济发展疲软而过度刺激消费的政策导向，势必威胁到我国可持续发展战略的实施。此外，对于消费方式的转变迄今并没有引起我国政府和民众的充分重视，在可持续发展的政策中也无明显限制高消费、超前消费，改变人们传统消费方式的具体措施。因此，在改变传统生产模式的同时，采取有力措施改变传统的消费方式，并把二者有机地结合起来，协同作用，应当是我国可持续发展对策研究和实践皆需急迫解决的问题。

要改变人们不合理的消费模式，实现可持续发展，重要的是要提高公众的可持续发展意识和参与程度。《21 世纪议程》明确指出：“公众、团体和组织的参与方式和参与程度，将决定可持续发展目标实现的进程。”加拿大环境保护水平之所以堪称世界一流，其中一个重要原因就是：在政府及社会各界、民间团体的长期宣传教育下，全国上下已形成一股大家关心环境、保护环境、人人有责、全民参与的良好风气。我国是世界上人口最多的国家，可以想象公众的参与程度将在何等重要程度上影响着可持续发展大业的实现。

中华环境保护基金会和中国人民大学于 1995 年 1—10 月联合组织了一次中国“全民环境意识调查”，调查结果表明公众对环境保护了解的层次尚浅，对环境保护相关知识知之甚少，公众环境意识水平颇低。不难推断中国公众的可持续发展意识也肯定是很薄弱的，更不要说积极参与可持续发展的实践活动了。这与没有在各级教育体系中重视可持续发展的教育有关。中国公众获取有关可持续发展信息的渠道主要是电视、电影、广播、报刊杂志等大众传播媒体，但这些媒体作用的程度、宣传的广度和深度还很不够，而且可持续发展意识的普及和形成关键仍在于教育。因此，首先应立足于教育，然后再辅之以电视、电影、广播或其他渠道，才能产生更好的效果。

日本、加拿大、美国等发达国家，在 20 世纪 70 年代就颁布了环境教育方面的法律、法规，建立了从小学到大学的环境教育体系，开设专门的环境教育课程，90 年代后则开设可持续发展教育课程。而我国至今没有在各级学校专门设立有关可持续发展的课程，普及可持续发展教育，只是在某些课程中插入有限的教育内容，或偶尔在某些特殊的日子搞些有关可持续发展方面的宣传活动，这犹如一阵风，过后就销声匿迹了，不能长久坚持，自然不能很好地提高公众的可持续发展意识和自觉参与。

可持续发展不仅涉及人类生产方式和消费方式等行为模式的变革，更是思想观念上的一次革命。传统消费方式的改变，公众参与程度的提高，说到底取决于价值观的转变。只有每个人都对自己生活的地球，对他人和自己子孙后代的幸福和未来抱有强烈的责任感，树立起可持续发展的价值观、道德观，方能自觉、主动地投入可持续发展，推动可持续发展战略和《21世纪议程》的实施。所以，在人口众多，文盲、半文盲仍占一定比例的我国，要实现可持续发展，十分有必要从抓教育、宣传入手，逐步改变人们不可持续的价值观，促其树立起可持续发展的价值观，形成全民参与决策和实践的风气。

14.6 小 结

发达国家既是当代先进生产力发展的前驱和代表，也是造成世界资源紧缺和环境污染的罪魁。因而，发达国家不仅应以先进的科学技术和政策法规保障自身的可持续发展，也应支持和援助发展中国家的可持续发展事业，这样才能更好地保障人类社会的可持续发展。

总结发达国家的发展经验和教训，探讨发达国家的可持续发展战略和政策措施，旨在能从中得到启迪和裨益于我国的可持续发展实践。因此，持续开展这方面的跟踪性比较研究和敦促发达国家履行国际义务及责任，是每个有志贡献于人类社会可持续发展事业的学者和政治家所应肩负的历史职责。

本章参考文献：

[1] 陈耀邦．可持续发展战略读本［M］．北京：中国计划出版社，1996．

[2] 钱阔，陈绍志．自然资源资产化管理——可持续发展的理想选择［M］．北京：经济管理出版社，1996．

[3] 龚抒编．欧洲国家概况［M］．北京：世界知识出版社，1996．

[4] 龚抒编．美洲、大洋洲国家概况［M］．北京：世界知识出版社，1996．

[5] 辜胜阻，王冰．世界人口政策简编［M］．武汉：武汉大学出版社，1988．

[6] 牛文元．可持续发展导论［M］．北京：科学出版社，1994．

[7] 王军．可持续发展［M］．北京：中国发展出版社，1997．

[8] 欧阳锋，周济．可持续发展：中国走向未来的必由之路［M］．北京：科学技术出版社，1996．

第15章　发展中国家可持续发展的战略对策

15.1　引　言

可持续发展是全球继民主与科学浪潮基础上，人类对未来社会发展的又一历史性把握与规划，是对惨痛的资源环境保障危机和社会经济发展危机的反思与前瞻。尽管各国因自身的发展水平、自然赐予和可持续发展潜力不同，对可持续发展的内涵理解和实践方式、战略对策而相异，但代际和代内的公平性，自然与社会发展的可持续性，以及全球和人类事业的共同性，则是可持续发展的基本特征和原则。

有鉴于此，只有开展国际合作，才能实现人类社会的可持续发展；只有发达国家对发展中国家的多途径支持和援助，才能携手实现人与自然的和谐进化；也只有占世界人口80%的发展中国家，依靠制度、政策创新和科技进步尽快摆脱贫困，积极控制人口的增长，合理地利用资源和保护好生态环境，有效地推动经济的较快而良性的发展，才能有序全面地实现人类社会的可持续发展。

15.2　发展中国家可持续发展的战略对策

15.2.1　面临的挑战

(1) 人口压力与贫困

人口膨胀与贫困恶化相伴而生。据联合国资料悉，当世界人口1999年10

月达到60亿时，按照国际购买力平价计算，平均每天生活费少于2美元的人口多达30亿，少于1美元的人口为13亿。显然，这30亿人口属于贫困人口，而其中13亿人口生活在疾病和营养不良的绝对贫困之中，他们分别占发展中国家人口的63%和27%。当今世界人口每年增长约7800万人，其中95%的新增人口出生在发展中国家，而且这种人口剧增浪潮还将持续50年。因此，人口和贫困问题将是发展中国家可持续发展的最大隐患。

与此同时，现代科技的进步又使富国和穷国之间的差距愈来愈大。一方面，发达国家的科学技术在日新月异地发展，给这些国家的人民创造了优越的生活条件和展示了美好的前景；另一方面，发展中国家的众多人口却在饥饿和温饱中求生，不可避免地破坏着已较脆弱的生态环境，从而陷入愈加贫困和不可持续发展的危机之中。

(2) 资源短缺与环境恶化

一切发展都是资源的能量变换。经济乏力、生态退化和环境污染，本质上是不同形式资源的短缺。没有较充足的能源和资金，以及高素质的人力资本，就很难有快速和持续能力的经济发展；没有丰富的水、生物和其他可再生资源，就很难维持生态平衡；同样，没有丰腴的森林资源和适宜的气候及地理资源、环境对污染物的消纳、自净能力肯定较差。因此，自然和经济资源的短缺，必然成为未来人类社会可持续发展的瓶颈。

世界上绝大多数的发展中国家，因地理区位、发展基础和人为破坏及国际贸易不公平等原因，自然资源总量不足，人均拥有水平更低；经济资本欠缺，人口文化、科技素质普遍较差；为了尽快摆脱贫困，大多以资源的初级转化为导向，走高消耗和高污染的经济发展之道，从而在加剧资源短缺的同时，也加大了环境的污染和生态的破坏。现在全球水土流失、荒漠化、干旱和水资源短缺、生态环境恶化的地区大多集中在发展中国家，且是世界上最为贫穷落后和社会秩序较差的地区。因此，资源短缺和生态环境恶化也严重地危害着发展中国家的可持续发展。

(3) 经济落后，可持续能力建设堪忧

从经济结构看，20世纪后半叶发展中国家大多仍以农业和资源的初级加工业为主，这显然与众多人口的生存需要和低素质劳动力支撑下的生产力发展密切关联，因而经济增长缓慢，难以满足人们的物质消费需求。

伴随世界经济一体化和以信息网络为中枢的新经济时代的勃兴，发展中国家薄弱的经济基础，必然面临着巨大的国际竞争压力和国内人们生活水平改善及就业的需求压力。在以经济的快速发展为主导方针的现代化建设中，发展中国家难免又会导致自然资源的过度开采利用，以及工业污染和生态环境的恶化，反过来又会制约其经济的持续发展。

因此，如何从可持续发展角度克服上述进退两难处境；在增强经济实力的过程中，如何避免西方国家的“先污染，后治理”弊端；在信息化和高科技发展的追赶浪潮中，依据国情如何缩小与发达国家的差距和加强可持续发展的能力建设，均是发展中国家亟待正确抉择和实践探索的问题。

15.2.2　战略抉择

由于世界南北半球自然差距的存在和各国的发展基础相异，因而有关可持续发展的认识和道路选择不尽相同。发达国家立足于自身的国情和利益需要，其可持续发展战略往往倚重于资源、替代资源的有效开发利用和环境的充分治理与保护，并着力于通过科技创新来推动经济的持续发展，通过生产技术的改进和消费模式的调整以节约资源和减少污染物的排放。此外，还试图通过关心全球气候变化和环境问题，以及经济贸易、技术援助等手段，来遏制发展中国家经济的快速发展。这种无视发展中国家的利益以降低资源消耗和减少污染的对策，不仅带有浓厚的新殖民主义色彩，而且也有害于全球同舟共济下的可持续发展实践。

面对上述困境和挑战，发展中国家只有依靠“发展”才能摆脱国内人与自然非协同进化的局面，以及避免发达国家在不平等竞争中施加的束缚。由于社会经济发展水平愈低，实现可持续发展的难度愈大，因而如果不能成功地“发展”，发展中国家在可持续发展道路上的障碍就不能消除，贫困条件下人口与生态环境间的恶性循环就不能得到制止。因此，坚持“发展优先”原则是发展中国家实施可持续发展战略的生命线。

需要强调的是，这里的“发展”是指以经济有效增长为主导和突出表征的社会、经济的全面发展，包括民众文化科技素质的提高，社会法规的健全和秩序的稳定，内涵经济效益的提高和外延经济规模的扩张，科学技术的进步和管理水平的提高等。发展中国家解决人口、贫困和环境问题的根本途径，就是要通过人口素质的提高和科技的进步来开发自身发展的能力。也只有快速而能持续的经济增长，才能起到釜底抽薪的作用，才能依靠自身的经济实力面对国际日趋激烈竞争的环境，也才有能力和谐人与自然、人与人之间的相依关系，从而保障自身的可持续发展。

解决生存问题无疑是发展中国家脱贫的基础。而生存问题不仅仅限于粮食的生产、物质商品消费的基本满足，还包括淡水和基本生存环境的保障，以及服务和精神方面的需求。显然，单纯的经济增长并不能使生存问题得以妥善的解决。除了生存问题外，发展中国家现在更多地面临着发展的问题，即需要以提高人们的物质、服务、文化教育和环境享受为消费结构，以此消费结构调整经济、社会制度和产业发展的方向，有效控制人口增长和提高其文化科技素质，以及改善生态环境。因此，对发展中国家来说，这种“发展”必须以可持续性为原则，从人口、经济和资源环境协同角度快速发展经济，促进社会文明和改善生态环境，以满足人们对物质消费和精神追求的需要。而不能再沿袭发达国家工业化时期“高消耗、高浪费、高污染”的经济增长、掠夺它国资源支撑自身经济的高速发展和物质上的高消费追求模式，依据国情选择可持续发展要求下的经济增长、社会发展和资源开发、环境保障模式，制定相应的对策措施，无疑应是发展中国家可持续发展的战略方针。

15.3 中印可持续发展的对策比较

中国和印度不仅是两大文明古国，而且是当今世界上人口最多、疆域辽阔的两个发展中国家。由于两国人口的总量占世界人口的1/3强，其经济建设和社会改革都正处在蓬勃发展的时期，加之两国皆奉行“多极世界”和“和平共处”的原则，因而其可持续发展的程度和战略对策必然影响世界的可持续发展进程，且亦映象着发展中国家的客观现实和未来曲折的可持续发展历程。尽管两国的社会制度和地理、资源、环境条件不同，但由于地处亚洲，睦邻共荣，因而在可持续发展实践中既具有较强的互补性，也有相互可资借鉴的经验和教训。

15.3.1 基本概况

印度位于南亚次大陆，面积297万平方公里，现今人口已达10亿；海岸线长5600公里，属热带季风气候国家。印度自然资源比较丰富，铝土储量和煤产量均占世界第五位，云母出口量占世界出口量的 60%。截至 1996 年年底，印度主要资源可采储量估计为：煤 463.89 亿吨（不含焦煤），铁矿石 97.54 亿吨，铝土 22.53 亿吨，铬铁 1.14 亿吨，矿 6550 万吨，锌 589 万吨，磷酸盐 8100 万吨，黄金 86 吨，石油 8.96 亿吨，天然气 6970 亿立方米，森林覆盖率已达 19.4%。近 20 年来，印度的经济发展较快，以计算机软件开发为特色的信息技术产业已跃居世界的前列，从而为其可持续发展奠定了较好的基础。

印度是一个拥有悠久历史及宗教背景的文明古国，受传统文化影响而具有较好的节俭资源和保护环境意识，但也因其历史背负、国内党派之间的政治斗争和宗教理念导引的人口问题积重难解。20 世纪 90 年代的印度，由于工业化的负面效应、人口的急剧膨胀和不发达地区贫困问题的久治不愈，使其环境和贫富差异问题日益严重，导致了人与自然环境之间的不和谐和地域发展上的非协同。

中国位于亚洲东部，东临太平洋，海岸线长 1.65 万公里；疆域 960 万平方公里，大部分地区位于北温带和亚热带，属东亚季风气候；现拥有 56 个民族、12.6 亿人口，当属世界上的多民族大国。中国矿产资源已探明储量的有 100 多种，其中煤、锡、铀、钼、钨、稀土、钛、锑、汞、铅、锌、铁、金、滑石等的探明储量均居世界前列或占有重要地位。水力资源理论储量约 7 亿千瓦，一半可供开发，森林覆盖率接近 15%。改革开放以来，中国的经济和现代化建设取得了巨大的成就，人口控制和脱贫成效亦举世瞩目，生态环境的改善已引起各级政府和民众的高度重视。这些均为可持续发展战略的顺利实施创造了十分有利的条件。

中国古代的农业文明，曾为人类社会的发展做出了重要贡献。然而，两千多年的封建统治在纵容人口膨胀、外辱内乱和闭关锁国的情况下，造成了追赶近代物质文明浪潮的缺憾，从而使自身陷入贫困落后的境地。在当代加快现代化建设的过程中，人口压力、资源短缺和环境污染问题成为制约的瓶颈。因此，有关可持续发展的研究和实践问题，在中国政府和民众中易于产生较大的共鸣。

15.3.2　可持续发展战略的形成

自然资源的持续开发和高效利用，受制于其他经济资源乃至整个社会资源的供给保障。因此，作为有效配置资源基础方式的市场，会成为可持续发展在经济体制上的必然选择。建国或独立以后，中印两个国家在发展民族经济之初，都不同程度地采用过中央集权的计划体制，因而在保障国家社会、经济稳定发展的同时，也造成了资源的不合理开发和严重浪费，乃至生态环境的惨重破坏和经济发展上的畸形与落后。

在20世纪中后叶，为了经济的快速、高效发展，两国先后开始了市场取向的经济体制改革，在现代化建设中现均已取得了较为显著的成就。然而，资源短缺和环境污染问题却愈益加剧，加之持续膨胀的人口规模和消费增长压力，使中印两国均面临着较严重的不可持续发展危机。于是，以人口、经济和资源环境的协调为主导的可持续发展探索，皆引起两国政府和民众的高度关注。

(1) 印度可持续发展战略的形成

印度1947年独立后，施行公营和私营并举的混合经济体制，国防、通讯、交通、银行、矿山和能源等主要经济部门为国营，其他部门允许私人经营。在一定程度上受苏联模式的影响。1954年，尼赫鲁宣布“要建立社会主义类型的社会”，并于1956年始仿苏五年计划。四十多年来，印度经济发展比较平稳，其中近20年年均增长率达5%以上，国内总产值近40年里增加了5.6倍，现居世界第10位左右。但在经济发展上也存在诸多隐患和瓶颈，特别是国营企业，设备陈旧、技术落后、管理混乱、效率低下、亏损严重，产品在国际市场竞争力下降，失业现象严重。为扭转这种局面，自拉·甘地始，减少政府对经济的干预，放宽对私营经济的限制，降低工业所得税，鼓励引进外资和技术，特别在信息软件技术、金属和外贸领域加大改革力度，而取得了显著的经济、科技成就和呈现出蓬勃发展的局面。

伴随经济和科技的加快发展，以生态和社会失衡为表征的资源短缺、环境污染和人口膨胀压力下的失业和贫困问题，也日益严峻。因而印度政府和民众对可持续发展的忧患与日剧增。1972年始，印度政府先后制定、颁布了“野生动物保护法”“森林保护法”和“环境保护法”等法规，制定了治理水污染的“恒河行动计划”，积极推行人口增长控制和解决贫困的系列政策，从而逐渐形成了《关于环境与发展的国家保护战略和政策声明》。这事实上是印度的“21世纪议程”，但它诞生于里约国际环境与发展大会之前，且基本内容与环发大会通过的“21世纪议程”相似。不难看出，印度对自身可持续发展的高度重视和对未来发展行动纲领的准确把握。

在这份行动纲领中，印度政府特别强调了保护环境和生态资源的紧迫性，为此确立了诸如防止生态破坏，加强环境治理和持续发展能力建设方面的行动议程，以及加强环境影响评估和管理制度改革方面的措施。更重要的是，印度政府根据自己的国情，确立了行动计划的优先领域及其目标任务。这些优先领域主要包括：控制人口特别是农村和贫困人口的增长，保护土地和水资源，保护大气环境和生物多样性。除此之外，该声明还就如何在兼顾环境及生态资源保护的情况下，进行工业、交通、能源、农业、林业、养殖业等行业的发展，阐述政府的政策，且提出了以保护环境和持续发展为目标的行动计划及具体措施。

世界环发大会后，印度政府未再制定新的 21 世纪议程，但在资源与生态环境的保护方面，又采用了一系列步骤，以加快实施行动计划的进程。其主要工作为：成立"环境法庭"，以保障有关环境保护方面的法律、法规有效实施；设立"特别奖励制度"，对那些实现了最小污染控制的工艺过程及产品给予特别奖励，以促进企业技术改造和科技创新；国家成立了特别工作组，专门指导区域生态环境的恢复。此外，印度政府又陆续出台了一些行动计划，如"国家河流行动计划"，将烟尘、机动车及化学物污染列为三个重点控制领域，实施"使空气的污染度降至近零级水平"，开展环境保护的"绿色预算"，以及人口控制和解除贫困的行动计划等。

在全球环境问题与自身发展的关系处理上，印度政府坚持认为：印度的经济发展不应受到来自国际上以保护全球生态环境为名义的任何阻碍。诚然，印度这种以自身经济发展为主导的理念和行为，难免会对全球的环境改善产生一定不良的影响，但对国内的生态改善和环境保护，仍不遗余力地在奋斗。同时，对发展中国家来说，"发展"毕竟是更好的保护。没有自身社会经济的全面、有效和合理地发展，既不能摆脱人口膨胀和贫困压力，也没有能力去改善环境，保护生态资源。因此，以可持续性为准则，坚持"发展"方略，应是发展中国家的较佳选择。

(1) 中国可持续发展战略的产生

1949 年中华人民共和国成立后，即开始全面恢复战争创伤和发展国民经济。社会主义改造的完成，在中国确立了中央集权的计划经济体制。实施这一体制，在第一个五年计划期间取得了巨大的成功，但也随之陷入较长时期的困境：自然灾害严重和频繁，社会矛盾急剧对抗或尖锐冲突，经济发展停滞或缓慢爬行。其主要根源在于：一是计划经济体制束缚了人的创造性，不仅浪费人力资源，还造成自然资源的滥用和社会资源的畸形配置，出现了“大办钢铁”“农业学大寨”这类公然鼓励全民滥用资源的历史无奈，使国民经济逐渐濒临崩溃的边缘；其二是人口增长的失控，既造成了经济的严重背负，更带来无穷尽的环境与发展后患；三是对资源利用和环境保护缺乏基本的认识和保障机制，因而导致资源的滥用和浪费，使生态环境惨遭破坏和消纳能力退化。

1979 年开始的逐步以市场调控为主导的社会经济、政治体制改革，在推动城乡经济快速发展的同时，也引发了社会、经济的全面振兴，使物质生产和以物质消费为主体的社会生产力及生活水平显著提高。然而，工业经济的超常增长、乡镇企业的遍地开花，物质利益追求的市场盲目竞争，人们物质消费的急剧追求，造成了城乡环境的严重污染，生态调节功能日趋恶化，干旱、洪灾、水土流失和污染、荒漠、沙化等危机不断加剧。因此，以人口控制、环境治理和保护、资源有效利用及其区域间的协同为主导的可持续发展，自然引起政府和民众的高度关注。

于是，20 世纪 70 年代率先开始了计划生育，取得人口增长控制的显著成就。80 年代起，以环境机构、管理法规和政策体系的建立健全为核心的环境治理与保护工作有了长足的发展。以规模扩展和粗放经营为主体的经济增长，在环境保护和资源日渐短缺的压力，以及市场利益调节的驱动下，逐步转入以经济效益的提高为主导的经济发展。同时，保护生态环境、减少资源浪费和污染、保障就业和社会稳定等方面的法律法规和政策也相继出台，且逐步得以完善。因而，在世界环境与发展大会之后，中国政府率先发表了“中国 21 世纪议程”白皮书，宣告了中国进入可持续发展时代的战略和行动方案。

中国的国情，既决定了以“发展”为指导思想，也决定了须重视人口、农业、能源和环境，以及区域协调发展和摆脱贫困问题。因此，在中央政府将可持续发展作为 21 世纪首要实施战略的前提下，“中国 21 世纪议程”突现了“发展是硬道理”这一原则，但这里的“发展”是以追求经济效益、环境效益和社会效益为核心的社会经济的全面性发展，而非外延粗放扩张下的经济增长或单纯性的经济发展。尽管人口、农业和环境问题是制约中国可持续发展的重点，但该议程强调了其间的协调以及中国国家战略与全球战略的协调。此外，确立了优先项目的行动计划，并且从机制、立法、教育、科技和公众参与及国际合作等方面提出了能力建设的重大举措。

15.3.3　资源环境的可持续发展政策比较

资源与环境在空间上往往密不可分。生物资源的开发，同时涉及生态环境的保护问题；矿藏资源的开发利用，也直接或间接地影响到环境的保护；“三废”的回收利用，不仅是增加资源，也旨在减少环境的污染。因此，我们把资源与环境并作一个问题来讨论。

(1) 土地和水资源政策

印度独立后，制定土地改革法，对土地占有实行法定限额。建立质量监测和评估制度，实现国家对土地资源的综合管理和有效保护。印度政府 1988 年颁布了新的“森林政策”，目的在于通过调整土地的利用结构，增加林地和保护森林资源，以便保护土壤、水源和生物的多样性，进而提高森林覆盖率，确保生态平衡。此外，在可持续发展行动议程中，制定了控制耕地减少、水土流失和防止土地污染的激励政策，以保障众多人口的生存基础。

就水资源而言，除海洋水域外，印度的淡水资源较中国丰富。但伴随工业的发展和人口的剧增，水体污染和水源供给短缺也日益突出。因此，在对恒河等水系的清污和改善水质，以及工业用水和生活用水方面，制定了相应的政策措施，如建立监测评估制度，污水排放达标和节水方面的激励政策等。

中国于 20 世纪 50 年代初进行了土地所有制的改革，20 世纪 70 年代末又包产到户，实行家庭联产承包责任制。尽管两次变革方式不同，但都是以土地经营方式为内容，以提高土地生产率为目的，通过制定一整套土地使用政策来促进农业的发展。伴随农业基础的稳固和工业及城市化的迅速发展，耕地减少、土壤污染、水土流失和沙化等破坏土地资源及农业生态环境问题也日趋严峻，直接威胁到粮食的生产和农业、农村经济的持续发展。因而，中央和地方政府先后出台了一系列保护耕地、调整土地利用结构、防止水土流失和污染方面的政策。如颁布了“土地管理法”，耕地、林地、草场的承包经营政策，进行退耕还林还牧还渔方面的结构调整。特别是在“中国 21 世纪议程”中，强调了贯彻“十分珍稀和合理利用每寸土地，切实保护耕地”国策，须做好土地利用规划，稳定耕地面积，深化土地使用制度的改革，加强土地法规，使土地管理真正纳入法治的轨道。

水资源的短缺和污染问题也愈益成为中国可持续发展的桎梏，特别是干旱少雨的北方地区和大中城市尤为严重。因此，中央和省市政府除了有步骤地保护水源（如近期启动的三江源头自然保护区建立）、治理长江、黄河等七大水系和太湖、滇池、巢湖等主要湖泊外，通过调整产业结构、提高生产生活用水价格、排污达标、鼓励采用节水技术等政策措施，以便能够节约用水和改善水质。

(2) 矿产能源政策

印度于1952年通过“油田管理和开发法”，1957年制订了“矿山与矿产管理和开采法”，规定“矿产财富属于政府，陆地上的矿产属于邦政府，海岸外除已被特殊转让的权利外，全部归国家所有”。且明确规定由钢铁和矿山部、石油天然气委员会、原子能产集中负责全国矿产的勘查、开采和生产管理工作。的开发利用。为了保障资源的可持续利用和减少环境污染，印度政府在21世纪议程中特别强调了“努力发挥社会替代技术，降低工业发展对能源及其他自然资源的消耗”，为此政府制度了系列调整产业、产品结构，鼓励新技术、新工艺开发和企业进行产品更新换代经营方面的优惠政策。

新中国成立后，中国矿产资源实行国有化，其勘查与开发也由国家统一计划和组织实施，改革开放以来，其所有权仍归国有外，地方政府及乡镇企业也参与进来开采经营。伴随经济快速发展的需要，矿藏和能源的开发利用呈现出大幅度扩张之势，因而其储量明显减少，资源浪费、生态破坏和环境污染现象急剧增加。为了保障国家的可持续发展，中国政府在21世纪议程中强调围绕下述内容制定相关的政策法规：一是坚持开源与节流的方针，合理利用矿产资源。主张加强矿产的勘查勘探，依靠法律、政策和科技进步提高资源开发和利用过程中的“开采回收率”“选冶回收率”和“资源综合利用率”，以便减少损失和浪费，增加矿产资源的供给保障能力；二是在合理利用、有效保护本国资源的基础上，扩大矿产品的进出口贸易，以满足国民经济建设的需要；三是对高污染的煤炭类资源限产开发，取缔地方小煤窑、小矿藏的滥开发及土法冶炼等，以保护矿产资源的有效开发利用和防止生态环境的破坏。

(3) 生态环境政策

为了确保生态平衡和使环境质量得以改善，印度政府根据国内不同地域的自然条件，设置专业机构和配备专业人员，确保生态环境的监测和管理工作；对工业项目上马前实施“环境影响评估”，且对一些生态环境敏感项目实行

“环境许可制度”；鼓励环境方面的研究与开发，鼓励采用不破坏生态环境的“健全技术”和减少污染的节能技术；建立自然保护区网络，对动植物基因资源进行保护和研究，以保障生物资源的多样性。为落实上述措施，印度政府制度了一系列法规和激励性的政策。并且充分发挥社会团体和新闻媒介的作用，通过加强教育和宣传，促进国民树立生态环境保护意识。

改革开放以来，中国政府将生态环境保护作为一项基本国策，在经济发展的实践中坚持“预防为主，防治结合”的战略方针，且逐步形成了一套比较成熟的政策、法规体系和管理制度。值得一提的是，国家制定和完善的“谁污染谁治理，谁开发谁保护，谁利用谁补偿”三大政策体系，对全国生态环境的改善和保护产生了积极的推动作用。这是本着各负其责，各尽其力，各享其利的原则，并且通过建立合理的资源、环境税收、排污收费、破坏受罚、投资获益制度，将生态和环境的损失计入成本，使产品能够正确反映生态环境保护投入的效益，进而建立起生态和环境保护的经济激励机制。

15.3.4 人口政策比较

人口问题对中国和印度两国的可持续发展来说是最大的障碍，这不仅表现在人口总量和其规模性膨胀的举世惊叹，也体现在整体人口素质普遍较低，贫困、就业和消费压力最大。因此，摆脱人口问题的羁绊是两国实施可持续发展战略的政策核心。中印两国政府均早已认识到人口问题的严重性，近半个世纪来进行了不同程度的积极控制，但由于基本国情、社会制度和文化背景相异，因而效果也有所不同。分析比较其人口政策的经验和教训，有助于相互借鉴和鞭策。

(1) 印度的人口政策

生育政策：降低出生率，控制人口总量增长，是印度政府长期以来实行的基本国策。在 1951（1956 年的第一个五年计划期间，鉴于迅速增长的人口压力，印度政府首创并实行了政府支持的人口计划，特拨款 650 万卢比用作计划生育工作。1976 年颁布的《计划生育法》规定：A. 对两个以上孩子的夫妇不提供贷款，不提供工作、住房，不予免费医疗和提供教育津贴等；有三个孩子的夫妇必须绝育，否则处以罚款或监禁。B. 对实行计划生育者奖励。如独生子女家庭可以得到较好的住房待遇，绝育最多的村子给予饮水、灌溉和更多的福利保健。C. 对执行计划生育比较好的工作人员予以奖励，一年内完成50例以上绝育手术的医务工作者，增加薪水。D. 奖励“晚”“稀”生育。如妇女21岁以后生第一胎奖100卢比，四年后第二胎奖200卢比，如果一方行绝育术，加奖120卢比。E. 支持人工流产。规定怀孕20周以内进行人工流产是合法的。

婚姻政策。印度1931年以前，妇女结婚年龄通常在13岁左右，以后逐渐提高到17岁，目前法律规定女子为18岁，男子为21岁。

提高妇女的受教育程度和社会地位。政府普及小学教育规划的重点是招收女孩入学，并提供特别奖励；有计划地多安排妇女就业；规定妇女产假为12周，休假期间工资照发；禁止妇女上夜班和残害妇女等。

设立专门组织。国家设有人口委员会，各邦直到基层社区都要有从事计划生育的队伍。印度议会号召每个议员每年至少联系1000户，逐户宣讲家庭计划生育。此外，对非政府家庭计划生育组织提供援助。

加强人口的宣传教育。印度政府要求竭尽全力使人口教育成为正规教育体系及其他发展规划的一部分，把人口教育贯彻到各级各类学校以及各种训练班中，务求人人懂得控制人口的重要性和必要性。

印度还是发展中国家第一个制定明确的人口分布和人口迁移政策的国家，限制人口盲目从农村涌入城市，且主张发展中小城市，建设新的经济活动中心，逐步转移人口。

印度长期执政的国大党强行推行上述人口政策，使民众较难接受，引起不满。反对党以此为由，贪欲政治上的争权夺利需要，大肆攻击现政府的人口政策，加之传统文化、宗教信仰和市场经济体制的负面影响，反而中断了人口政策的执行，导致人口增长失控，影响深远，其教训是深刻的。据预测，到20世纪中叶，印度的人口将达到15.9亿，成为世界第一人口大国，因而对其自身乃至全球的可持续发展造成的危机是不可估量的。因此，印度政府在实施21世纪行动计划中，除了重申上述合理可行的人口政策外，主张将人口增长控制政策正式纳入宪法，且为人口的脱贫问题也制定了系列有效的政策，以求认真解决人口对可持续发展的威胁。

(2) 中国的人口政策

与印度相似，中国政府也一直重视人口的增长控制问题，并采取了一系列政策措施，极富有成效地遏制了人口总量的规模性膨胀，使现在的人口增长率明显低于印度的人口增长，为可持续发展实践奠定了较好的人口控制基础。人口素质也有了普遍的提高，特别是贫困人口急剧减少，失业人口得到了较好的就业安置和社会保障，使社会能够在稳定中加快发展。

中国的人口控制较之于印度成功的关键应当归结为：一是从中央到地方制定了系列明确的人口控制目标和可行的奖惩政策及管理制度。如在生育方面，除一部分老、少、边地区和农村适当放宽生育限额外，全国绝大多数城镇均实行“一孩化”政策，少生优育，迄今已使人口的出生率降至 10‰。二是充分发挥行政管理职能，从中央到地方均有计划生育委员会，基层单位有专兼职计生干部，实行党政首长亲自抓和“计划生育一票否决制”，从而保证了生育政策的贯彻执行。三是把人口生育计划纳入国民经济和社会发展总体规划，以及列入“中国 21 世纪议程”，有助于协调人口与经济、资源环境的相互依存，从而更有利于区域人口的自觉控制。四是大力发展各类教育事业，着力解决贫困人口问题和加快中小城镇的建设，从而在提高人口素质和生活水平的过程中，也有效地遏制了愈穷愈生、文化水平愈低子女愈多的恶性循环现象。

中国人口规模的膨胀大约到 20 世纪中叶达到高峰后即可停滞、退缩，因而未来半个世纪人口数量增长控制、素质提高需求、就业和社会保障压力，依然是制约可持续发展的关键所在。所以，应不遗余力地贯彻执行现行有效的人口政策。

15.4　小　结

占世界人口 80%的发展中国家的可持续发展问题，不仅关乎一个国家或地区的命运，而且决定着全球人类社会可持续发展的实现进程。发展中国家的人口和贫困问题是制约可持续发展的关键所在，因此只有坚持“发展是硬道理”原则，才能协同人口与经济和生态环境的可持续发展。然而，对发展中国家来说，仅仅依靠自身的力量通过快速有效的“发展”实现其可持续发展是困难的，因此发达国家对发展中国家的经济、技术援助，既是一种义务，但更是一种职责。只有协作和互助，才能保障人类社会的可持续发展，也才能最终保障自身的可持续发展。

本章参考文献：

[1] 陈耀邦．可持续发展战略读本［M］．北京：中国计划出版社，1996.
[2] 钱阔，陈绍志．自然资源资产化管理——可持续发展的理想选择［M］．北京：经济管理出版社，1996.
[3] 龚抒编．亚洲国家概况［M］．北京：世界知识出版社，1996.
[4] 龚抒编．美洲、大洋洲国家概况［M］．北京：世界知识出版社，1996.
[5] 南山等．中国邻邦［M］．西安：陕西人民出版社，1994.
[6]［美］托马斯·斯基德莫尔，彼德·I. 史密斯．现代拉丁美洲［M］．北京：世界知识出版社，1996.
[7] 胡世建编著．拉丁美洲——历史与现状［M］．北京：旅游出版社，1994.
[8] 驻巴西使馆科技处．巴西可持续发展战略［Z］．中国人口、资源与环境，1995（2）.
[9] 郑晓光．印度‘21世纪议程’——行动计划的构想与实践［Z］．中国人口、资源与环境，1994（2）.
[10] 辜胜阻，王冰．世界人口政策简编［M］．武汉：武汉大学出版社，1988.
[11] 国家计划委员会等编．中国21世纪议程［M］．北京：中国环境科学出版社，1994.
[12] 牛文元．可持续发展导论［M］．北京：科学出版社，1994.
[13] 胡鞍钢等．开源与节约——中国自然资源的潜力与对策．北京：科学出版社，1992.
[14] 徐辉．人口、资源、环境与可持续发展［J］．求实，1997（4）.

第 16 章　中国可持续发展的专题研究

16.1　引　言

中国是世界上疆域辽阔、人口众多、资源环境保障能力比较薄弱、农村发展尤为落后的最大发展中国家，协同人口与发展和自然环境之间的相依关系，走可持续发展之路，是中华民族幸福生存和健康发展的必然选择。中国政府已经制定了以《中国 21 世纪议程》为代表的一系列有关可持续发展的宏观战略对策。然而，从不同侧面，选择重点领域和典型区域深入开展可持续发展的战略对策研究，对于有效地促进中国的可持续发展具有十分重要的实践价值。有鉴于此，依据国情和亟待解决的实践问题，本章拟从人口控制、小城镇建设、自然保护区和县级区域的可持续发展方面进行探索。

16.2　中国的人口控制与可持续发展

地球犹如茫茫宇宙中一个蓝色的岛屿，她养育了人类和万物，支撑着未来“种”的繁衍和人类的文明。然而，由于人口总量的加速膨胀和消费需求压力下的无度开发，既令生物恐惧和无奈，也使地球怒吼和诱发出强烈的抗衡。当今世界，“人口爆炸”的危机仿佛是一把高悬在人类头顶上的达摩克利斯之剑，随时都有坠落的危险。人口问题危机的程度已超越了国界、民族和不同意识形态的相互争论，直接地威胁到人类的可持续生存和发展。因此，当 1999 年 10 月 12 日全球人口达到 60 亿时，联合国提出了“人类对生育的选择将决定世界的未来”的主题思想和警世呼唤。

占世界人口1/5的中国，近30年来尽管有效地控制了人口的超度增长，显著地促进了经济发展和人民生活的改善，然而未来40～50年人口总量将不可避免地达到15亿～16亿高峰，伴随而来的不仅是人口银色浪潮冲击下的社会负担加剧，而且因消费水平和生活质量提高引起的经济负担、环境负荷、资源保障危机，将以指数效应对自身乃至全球的可持续发展形成极其严峻的挑战。因此未来人口增长的不懈控制，人口素质的普遍提高，人口就业、社会保障和老龄化问题的有效解决，以及人口与经济、社会、资源、环境的协调发展，既是中国可持续发展的核心议题，也成为全球关注的焦点。

16.2.1 中国人口态势与发展困境

(1) 人口规模惯性膨胀与消费压力

中国大陆自20世纪70年代实行计划生育、且作为基本国策之一以来，已完成了人口增长的历史性转变，使其进入全面计划生育的理性发展阶段。虽然经过28年不懈的努力，生育率持续下降，使人口自然增长率提前3年实现控制在1%以下的联合国目标，而人口总量却仍以年增1200余万的速度在规模性膨胀，预计到2040年可能达15亿～16亿高峰。倘若再经过两三代人的努力，实现人口的零增长，完成中国人口控制的第二个飞跃，到21世纪末人口减少到11亿，便能为中华民族的可持续发展提供一个良好的人口环境。由此看来，中国未来半个世纪的人口控制任务依然非常艰巨。同时，伴随人口生活水平的提高，经济生产的压力也愈来愈大，资源和环境承负日益加重。

生活水平的提高，生活质量的改善，是当代和未来人口生命力发展的必然选择。这意味着，既要持续地提高物质消费档次，又要加强文化、教育、医疗保健和优良环境享受方面的精神消费。也只有这样，作为个体的人才能适应现代经济和社会快速发展的需要。

改革开放以来，中国人口的物质消费状况有了显著的改善，基本摆脱了以原粮消费为主体的温饱型生存困扰，逐步进入了以物质消费质量提高为主导的小康水平阶段和文化、教育、保健、环境享受的多元消费时代。尽管中国政府曾自豪地宣称，以占世界7%的耕地养活了21%的人口，但这是一种低水平的抚养。如果按发达国家的物质消费水平衡量，每人年均粮食须在1000kg以上，人口的粮食问题才算根本解决。而中国在1984年创人均粮食占有量的最高纪录时，才为430kg，仅及美国的1/3，加拿大的1/6，显然仍处于“温饱线”的偏紧水平。[1] 1990年粮食总量达4350亿kg高峰，人均粮食反而下降到369.2kg，看来粮食增产的水平赶不上人口增长的比例需求。随着工业化和城市化的加快发展，耕地的持续减少已不可避免，因此粮食紧缺的“紧箍咒”随时胁迫我们不可熟视无睹。

人口物质生活水平的提高，不仅表现为基本生活资料量的增加，更体现为替代性消费结构的变化。譬如，在生存阶段人们以原粮的消费为主，反映基本物质消费水平的恩格尔系数一般在60％以上。而在发展和可持续发展阶段，[2]则代之的是粮食的精加工和肉蛋奶、水产品的能量转化，以及衣住行的现代化消费和对环境质量的追求，相应的恩格尔系数降到50％以下，这意味着需要更多的自然资源和更强的经济生产能力。因此，对于中国来说，与粮食和耕地挑战相伴随的是能源、淡水等主要资源的供给和环境质量保障及生产转化方面所面临的危机。

能源是国民经济和现代化建设的重要基础，用清洁高效的能源系统逐步取代以化石燃料为主的污染型能源系统是社会发展的必然趋势。在20世纪90年代初期，世界能源消费结构以石油为主，占到38.7％，煤炭降到32.4％，天然气为23.95％，水力和核能达到5％且有迅速递增之势，而同期中国的能源结构则是18.6：73.8：2：5.6(水电)。中国的煤炭储量虽居世界首位，但人均占有量仅及世界水平的1/2，石油为12％，人均能耗也仅及世界水平的47％(《大自然探索》，1996年，第1期)。此外，由于单位产值能耗高，既导致能源的大量浪费和生产成本的显著增加，使原本短缺的能源更为紧缺，也造成环境质量的明显下降。

按河川径流量计算，中国的水资源总量居世界第6位，但人均淡水资源为2474m³，约为世界人均水量的26％，仅与印度相当。此外，由于水资源的地域分布与人口、耕地、经济中心的地域格局不协调，导致其利用率较低，加之浪费、污染和洪涝灾害频繁，因而淡水的供给、利用和其危害也将对中国未来的可持续发展构成严重的挑战。

(2) 人口质量变化与改善压力

人口总是数量与质量的对立统一。人口素质的构成与变化，不仅通过技术进步与精神文明直接影响社会经济的发展，而且经由潜意识和行为功能左右着人口数量的增长与控制。人口素质是自然要素和社会经济条件相互作用而不断进化的体能与智能的综合映像，因而带有时代和地域差异积累的烙印。

衡量一个国家或民族人口素质高低的标准，主要借助婴儿死亡率和平均预期寿命来集中反映人口群体的体能素质，凭借受教育程度映射人口群体的文化技术素质。新中国成立前夕，中国人口的平均寿命仅为35岁，是世界上平均寿命最低的国家之一。[3]1996年已提高到70岁，高于当年世界平均水平（66岁）和发展中国家的水平（64岁）。新中国成立后随着文教事业的较快发展，人口的文化技术素质也有了明显的变化。到1995年，具有大专以上、高中、初中、小学文化程度人口的比例分别为0.02，0.083，0.27，0.38，文盲、半文盲人口占总人口的比重也由新中国成立前的80%降低到16.48%（《中国人口年鉴（1997）》）。然而，同世界发达国家和一些发展中国家相比，仍有较大差距。据世界银行资料悉，1984年美国大学入学率为57%，印度也达到了9%，而中国1995年仅为2%。日本在1976年已普及了高中教育，而中国目前基本普及初等教育的县占全国县总数的不足70%，要尽快实现9年制义务教育则颇为艰难。就人均占有的教育资源而言，全世界公共教育支出占国民生产总值的比例1980年为4.4%，1995年上升到5.2%。而中国的教育经费支出仅从1980年的2.5%上升到1998年的2.55%。

由于过去30年来人口增长的严格控制，中国的“一胎化”政策在城市最为成功，而在农村较为宽松，且愈是贫穷、偏僻的地方愈是无效。这样，势必造成落后地区低素质人口比发达地区高素质人口增长快得多，导致低素质人口比重的扩大化。于是，中国未来教育条件的改善和国民文化素质的提高将面临巨大的挑战。特别在已到来的信息科技革命时代，如果我们不能严格地控制落后地区人口的膨胀和提高其文化科技素质，即使今后总人口不再增多，中国也只能继续成为世界上最大的廉价劳动力供应者，“强国梦”仍然只是梦。

(3) 人口格局与地域发展失衡

人口的空间格局和迁徙流动，虽然取决于社会经济条件及其发展的需求，但均以自然环境和地理区位为基础。中国地域辽阔，自然地理环境差异显著，近百年来人口地理空间分布和经济发展格局基本雷同，即人口密度大致形成自西北向东南逐步加大的“等高线”，经济、文化的发展也依次呈现出递增型繁荣。若按东、中、西部三大地域划分而言，1996年人口的分布密度分别为385人、152人和51人；占全国总人口的比例依次为41.19%，35.74%和23.07%；相应地，人口出生率分别为11.57，14.92和19.79。从国内生产总值的结构来看，东、中、西部 1996 年的 GDP 分别占全国 GDP 的 57.9%，28.0%，14.1%；人均 GDP 依次为 7889 元、4396 元和 3449 元。显然，人口和经济占有比重具有相同变化趋势，且愈是经济发展落后的地方，人口出生率愈高。

从资源和经济的人口承载力格局来看，东、中、西部地区各占国土总面积的 13.46%，29.59%，和 56.95。据 1994 年资料测算，相应的人口资源压力指数分别为 1.30：0.93：1.01，人口经济压力指数分别为 0.70：1.31：1.58（《人口与经济》1996 年，第 6 期，第 25 页）。显然，东部地区经济的人口承载力最大，而资源的承载力最小；西部地区经济的人口承载力近于均衡，但经济负载严重超度，这表明西部既需要控制人口的增长，也更需要通过增加资金、技术的投入来发展经济；中部地区资源的人口承载能力最大，但因经济发展迟缓，其人口的超载也较严重，因而发展经济和控制人口是实现可持续发展应始终坚持的两大举措。

（4）人口就业压力与社会稳定

生产资料与劳动力相结合，是任何人类历史发展阶段社会生产得以进行的必要条件。新中国建立以来，因人口数量急剧增加和生产力长期的涨落、低速发展，从而使劳动力的供需之间一直存在着较大的势差。由于计划经济体制下的人人就业和社会平均分配方针，将数量大、素质较低的一部分过剩人口以隐性失业方式潜藏于广大的农村和企业内部，而将规模较小、素质相对稍高的那一部分人口以显性待业或失业人口游居于城镇社会场。这种机制以分割的方式保障了社会的安定，有利于政权的巩固和集中精力于社会主义事业的拓展。但是，这种淡化就业压力和失业困惑的措施，亦弱化了人口增长危机的紧迫控制意识和政策运作。以牺牲劳动生产率为代价来实现充分就业的方针谋略，一方面导致经济效益、工作效率的低下和生产投资的长期饥饿；另一方面因“铁饭碗”的惰性劳动机制，扼杀了竞争创新意识和劳动者的生产积极性。同时，高就业政策也排挤着生产劳动和办公装备的机械化、自动化，从而刺激了人口的多生，制约着技进步和人口文化技术素质的主动提高。

在劳动还是人们谋生的基本手段的中国，高就业的人口政策既已满足了人们为生存、发展而就业的欲望，也保障了社会秩序的稳定。但伴随中国现代化建设的快速发展和市场机制的日益完善，科技投入的大量增加和效益的追求必然使资本有机构成显著提高，也不可避免地“排挤”出愈来愈多的剩余人口于生产力系统之外。同时，中国人口规模的惯性膨胀和劳动寿命的延长，在下一世纪的前半叶又源源不断地“再生产”出日益剧增的劳动力人口。这种双向的“挤压”导致大量剩余人口的存在已无法避免，据预测，[1]中国2000年农村剩余劳动力达2亿，城镇失业人口约为3000万，2010—2030年期间每年大约需要提供1400万～1500万个新的就业岗位。这样，解决就业问题的挑战势必成为中国各级政府和社会保障部门绝不可懈怠的艰巨任务。

(5) 贫困人口与生态环境的双重变奏

贫困问题是一个世界性的社会问题。尽管美国1998年还有12.7%，即有3450万人“仍然生活在没有足够经济资源的情况下”（新浪网，1999，10，2），但这是发展中的相对贫困人口，因为美国的贫困线为人均收入不能低于4000美元。而发展中国家面临的贫困，则是生存性贫困，不仅收入低，更为重要的是粮食短缺，营养不良，乃至于生存欲望的丧失和发展动力的泯没。

任何国家贫困人口的规模和贫困程度皆取决于两个因素：一是人均国民收入或GDP的水平：二是国民收入分配的不平等程度。假定人均国民收入一定，分配愈是不公平，贫困人口愈多：反之若分配公平度即定，人均收入水平愈低则贫困人口愈多。这表明，贫困问题既与经济发展水平密切相关，也与社会分配息息相关。但经济是基础，没有经济的发展就不可能从根本上解决贫困人口的生存，也不可能解决其发展所需的物质、精神的支撑。绝对的公平分配和交易不可能存在，但贫困状态下的不公平分配和交易，其程度和危害更大更严重。

新中国成立以来，中央和地方政府一直重视经济的发展和摆脱贫困问题。特别是1994年年初实施“‘八七’扶贫攻坚计划”以来，全国没有解决温饱的人口已由1978年的2.5亿减少到现在的4200万人，这一显著成就令世界震惊。然而，现亟待解决温饱的贫困人口除部分城市失业、残疾、老年人外，主要分布在边陲少数民族聚居或邻省边缘的偏僻山区及水土流失较严重的革命老根据地的广大农村地区，由于自然条件较差，且因长期的战争创伤和新中国成立后的政策失误，既形成了经济贫困、生态恶化、低产多灾的生态—经济系统的恶性循环，也陷入了人口愈穷愈生、愈生愈穷的人口—经济—生态多重滞障的陷阱。因此，解决这些地区人口的脱贫问题其难度倍增，任务也更加艰巨。

与上述生存贫困相伴的是发展中的相对贫困问题。这主要表现为东西部地区、城乡和贫富阶层之间经济发展和生活水平上的明显差异，以及由此引起的区域发展失衡和社会秩序紊乱。据有关报道，中国现在银行个人存款的 80% 系不足 20%的人所有（《参考消息》，1999，9，2）；广东居民的存款约占全国的 1/4(《文摘周报》，1999，8，10)；1980 年全国农民人均纯收入是 191.33 元，东、中、西部地区之比为 1.39：1.11：1。到了 1995 年，全国农民人均纯收入达 1578 元，而东、中、西部地区之比上升为 2.3：1.3：1。与此同时，城乡居民人均储蓄额的差距，也由 3.25：1 扩大到 9.25：1，相差近 6 倍；[4] 1998 年，占城镇居民 20%的最高收入户人均年收入 10962 元，而占 20%的最低收入户人均只有 2447 元，社会财富愈来愈向高收入者集中；不同所有制企业之间职工收入差距扩大，最低的是城镇集体经济单位，人均只有 2770 元，外资企业等最高收入类型企业职工收入是前者的 2.26 倍；行业之间 1991 年职工年均工资最高行业与最低行业之比仅为 1.24：1，到 1997 年已扩大到 2 倍多（新浪网，1999，8，29）。

尽管中国已加大了开发中西部的投资力度，采用相关的调节政策和经济措施缩小上述差距，但在经济发展未达到使人们的物质生活充分富裕之前，这种差距依然有加剧之势。因而，21 世纪初在解决了绝对（生存）贫困人口问题之后，中国将面临相对（发展）贫困人口问题的严峻挑战。

(6) 人口老龄化与发展困惑

自从 1870 年法国成为世界上第一个老年型人口国家以来，发达国家现已进入老龄化社会，发展中国家也将陆续“银色浪潮”化，由此便引发了全球性的人口老龄化问题。老年人口因其体力的下降、智力的退化，必然导致劳动生产、创新意识和自我抚养能力的衰减、消失，于是需要社会和家庭的抚养，需要医疗、安全、娱乐和摆脱贫困的社会保障，相应地也加重了社会和家庭的负担。例如，美国政府直接或间接用于老年人口的社会保障和公共支出，1980 年占联邦政府预算的 25%，1984 年上升到 28%，预计到 2040 年将达 40%。[1]

国际上把 60 岁以上人口占总人口的 10%，或 65 岁以上人口占总人口的 7%的国家或地区称为“老龄社会”。据测算，中国 1999 年末 60 岁以上人口达 1.26 亿，占总人口的 10%，占世界老年人口的 25%。2000 年 65 岁以上人口占总人口的比重也将达 7%，2040 年有可能达到 18.3%的最高值（《新浪网》，1999，10，4）。显然，中国已进入老龄社会，且老龄人口的总数将较长时期居于世界的首位。

与发达国家的人口老龄化进程相比，中国人口老龄化的显著特点是：①人口老龄化转化迅速和老龄人口规模庞大。据联合国预测数据，以65岁老年人口的变化而言，中国1980年为4.7%，上升到7%仅用了20年，演化到峰值18.3%也仅需40年，而发达国家则需要80～100年。在人口达顶峰时老龄人口规模将为2.73亿。②人口老龄化地域非平衡。即城市人口老龄化明显早、快于农村；人口密度高的东南沿海地区老龄人口比例显著高于中西部地区，呈现层次分明的阶梯状[5]③发达国家的人口老龄化是在人均国民生产总值约达1万美元之后出现的。由于科技和发展中国家高素质移民的支持，因而对经济发展的影响较小；因经济富有老龄人口的社会保障程度又较高，社会压力不大。而中国是在经济尚未发达，人均GDP甚低情况下就受到“银色浪潮”的冲击。与此同时人口总量又在膨胀，无疑使社会、经济的发展和老龄人口的抚养面临诸多困惑，对未来的可持续发展形成了巨大的挑战。

16.2.2 中国人口控制与发展对策

(1) 人口生育控制与结构调整

人口作为一个开放系统，其状态的发生、发展，既取决于内在的生物机制和结构演替，又受制于外部社会经济和生态环境的激励与约束。因而，既需要依据时空域社会经济和生态环境的适度容载目标控制潜在人口的增长，亦须按上述目标来调控现实人口的发展，即有机地遏制无形人口的有形化和尽力促进有形人口的素质改善与就业奉献。因此，人口控制的实证研究，不能仅限于人口生育控制的探讨，还应当包括人口发展调控和两者之间交互机制的对策制定。就中国而言，人口数量增长的控制依然是头等大事。

据预测，中国未来人口控制的目标是：到2000年年底控制在13亿以内，2010年为14亿，2030—2040年介于15亿～16亿以内，然后在2050年左右实现人口的零增长。[6]需要指出的是，上述预测方案是在育龄妇女总和生育率依次假定为：1991年2.29，至2000年为2.10，其间每年下降0.02；继之每年下降0.03，直到2010年达1.80；2010年后一直保持在1.80水平。显然要求总和生育率基本降到更替水平以下，这在城市和发达地区已见端倪，如北京市1996年妇女总和生育率为1.00，广东省同年也降到1.88。但在以农村人口为主、经济落后的省份，育龄妇女的总和生育率仍较高，调控难度较大，如海南省曾从1995年的2.03上升到1996年的2.30。

由此看来，实现上述目标，中国未来10～20年人口生育控制的任务依然非常艰巨。因此，需要运用行政管理、社会服务和市场机制相互配合的措施，有效地实施生育的计划调控；通过推广“把计划生育与发展经济、帮助农民勤劳致富奔小康、建设文明幸福家庭相结合”的“三结合”方略，使农村人口的生育计划变成农民自觉的行动纲领得以切实执行。从社会实践来看，现最为薄弱也最难解决的是流动人口和边疆、边缘山区人口生育的控制。如何借助行政管理、社会教育、经济扶持、医疗保障、提高妇女和少数民族的文化水平，以及加快城镇化建设等措施，实现人口生育观念和行为的根本转变，则是中国人口增长控制、实现可持续发展的关键和需要多部门联手解决的焦点问题。

伴随人口生育的严格控制和年龄结构的转型，人口老化问题已不可避免。但由于科技进步的强大作用和老年人口预期生产能力的延长，不会对社会产生较大的负担，且相对于老龄化问题人口总量的增加依然是中国实现可持续发展的严重桎梏，因此不宜恐惧老龄化而放松人口生育的控制。此外，城镇人口的低生育率会影响中国人口整体素质的提高，但通过大力发展贫困落后地区的妇幼保健和教育事业，以促其人口的优生优育和素质的改善，而不宜主张依靠扩大城市育龄妇女的总和生育率来克服人口质量上的“逆淘汰”现象。

(2) 人口素质提高与教育发展

物质资源的稀缺，并不能阻止一个国家从落后跃入发达，从穷国变为富国。然而，一个国家若人力资本贫乏，则可能使这个国家永远陷入落后与贫困的折磨之中。劳动力资源的多少，劳动人口体能的强弱，并不能代表这个国家人力资本的富有程度，反而会因“无能的手”和“填不满的口”导致社会和生态环境的负担加剧，陷入双重的恶性循环。社会实践表明，只有文化科技素质较高的人力资源，才能创造更多的物质财富；只有用现代的知识、理念和技能武装起来的劳动人口，才能适应未来社会、经济、科技的发展需要。中国虽拥有世界上最为丰富的劳动力资源，但由于其受教育年限较低，科技文化素质较差，因而人力资本总量却不多，单位人力资本所能创造的财富更为贫乏，这正是中国社会、经济发展落后的重要根源。

人力资本的生成依赖于教育投资，而中国由于经济基础较差，过去对教育的重视不够，加之“文革”10年的严重摧残，致使长期教育投资增长的速度赶不上人口膨胀的速度，也更难满足人口对教育发展的强烈需求。就国家财政总支出而言，1995年较1978年社会文教费支出增长了10.95倍，虽是经济建设费支出增长速度的3倍，但仍次于行政管理费的支出变化，加之欠账太多使得教育发展步履维艰。近年来，中央政府又多次加大财政支出对教育的倾斜，按《中国教育发展和改革纲要》到2000年公共教育支出应达到GNP的4%，但仍然低于80年代初世界的平均水平。

由此看来，实施科技兴国战略和大力发展教育事业，若再仅仅依赖于国家财政拨款的大幅度追加是不太可能的，开辟社会经济资源和转变家庭消费模式以聚集更多的资金用于教育和人力资本的建设，则势在必行。这不仅需要制定相应的政策和建立社会激励机制，引导家庭或个人侧重于智力投资，鼓励企业或个人捐资办学；而且通过减轻学校、教育部门沉重的后勤背负，改革教育模式和教学方法，挖掘和解放教育“生产力”，提高办学效益，以便在有限的教育投资条件下有力推动中国教育的较快发展。值得注重的是，中西部农村和边远贫困地区教育的发展和人口文化素质的提高，这需要增加国家的财政投资，也希望发达地区通过各种形式给予支持，以避免这些地区失学者和新生代文盲的大量再现。

(3) 人口消费文明和就业保障

人口消费是社会发展的原始动力和最终依据。人类从一出现在地球上，便是在利用自然资源的过程中发展的。全球工业化和现代化经济的快速发展，使人类摆脱了饥饿的困扰，在物质生活水平不断提高的同时，人们对文化技术素质、环境清洁和回归自然的欲望日趋强烈。因此，以物质、服务、文化和环境消费需求为变元的福利效用累加递增，及其要求下的社会、经济结构调整成为人类社会可持续发展阶段的主要特征和人类文明的必然趋势。

中国人均GDP占有和物质生活水平现在虽然还较低，但已基本实现了温饱和正步入小康社会。面对人口持续膨胀、物质供给和环境保障压力，在适度加快经济有效发展的同时，我们也应当减少对物质消费的无穷尽贪婪。即要求人们在满足基本物质生活的需求之后，应将人均可支配收入的剩余转人对文化技术素质、服务和环境享受诸第二性消费的追求。相应地，必然会加快产业结构转向以第三产业的发展为主导和中国城市（镇）化、现代化的建设步伐。这样，既可由减轻物质生产部门的压力而减少对自然资源的消耗和环境的污染，又可吸纳更多的剩余劳动力就业和缩小城乡、贫富差别，以保障社会的稳定、持续发展。

值得指出的是，目前中国为了保持较高的经济发展速度，以利于就业和现代化建设，于是在物质产品相对过剩情况下纷纷出台了系列刺激物质消费的政策。这样做，尽管有助缓解当前经济、社会的矛盾，但却造成了大量的物质资源消耗，也增加了环境的消纳负载。因此，调整策略，刺激对文化、教育、服务和环境享受的消费，加快第三产业的发展和产业结构的更新换代，则无疑为上策矣。

就业是联系人口与经济的中间环节，也是调节人口生产与物质生产的最有效杠杆。社会经济发展对劳动力的吸纳需要通过产业结构作用下的就业结构来决定，社会劳动生产力的提高与否，也必然取决于产业结构和就业结构的发展水平。产业结构水平高，即表明能够吸纳更多的劳动力人口就业。而反映产业结构水平高低的标志，一般是各产业的产值构成和就业结构，两者的变化趋势基本等同，不过就业结构往往先于产值结构而转移。若劳动力数量超度供给和实行高就业率的迫使，必然引起各产业部门，特别是第一产业中冗员的大量充塞，因而既制约劳动生产率的提高，又阻碍产业结构的高层次转化。以牺牲必要的经济效益和减缓生产力的发展速度而保障社会秩序稳定，往往成为当今大多数发展中国家进行战略决策时无奈中的使然。

中国为了避免因过多失业人口引起社会的不安定，除了继续控制人口的增长外，解决其就业的关键在于产业结构的调整和经济的较快发展。诚然，只有保持较快的经济增长速度，才能加速产业结构的替代和向高层次转移，从而也才能吸纳更多的劳动力资源就业。但通过政策等措施，适度加强以文化、教育及服务业等劳动密集型第三产业的发展，既可带动消费模式转化和促进经济较快发展，又易缓解失业压力和保障社会的稳定。

(4) 人口合理迁徙与区域发展

自然资源的丰裕度和地理环境的适宜度是确立人口格局最为重要的条件，这不仅意味着人首先需要有良好的立足之地，也在追求广阔的发展前景，从而亦强化了地域空间社会、经济、文化和科技的非均衡性发展。

尽管近年来由于中国经济发展战略的西移，20 世纪 80 年代人口东南飞的趋势得到了遏制，但要均衡中国人口和经济的发展格局是不可能的，只有随着总量人口的减少，以减轻各区域的承载压力。相应地，缩小地区间的经济发展水平和人均收益差异则是永恒的奋斗目标。为此，不仅需要国家加大经济的投资力度，而且在吸引人力资源投入西部开发的同时，应采用相应的政策和其他多种途径提高西部人口的文化、科技素质，控制人口的盲目多生。需要强调的是，西部尽管幅员辽阔，矿藏资源较为丰富，但生态环境最为脆弱，气候条件不佳，可利用的水土资源较为欠缺，因而地域空间本身所能承载的人口十分有限。因此，伴随经济的外延扩张，既不能盲目地向西部迁徙大量的人口，也更不能鼓励当地人口的无度生育。只有通过提高人口素质，加大科技投入和转化利用，改善交通条件和基础设施，有序地增加外部劳动人口的周期性介入，在加速发展经济的同时，注重改善和保护生态环境，才能尽快实现西部的“山川秀美”和可持续发展。

提高人们的物质和精神文明水平，人口格局的城市化是必然选择。人口城市化因缩短了信息交往和物质产品流通的距离与时间，而产生集聚效应以推动社会的较快发展。当代“信息高速公路”“数字地球”“电子商务”“电化教学”，以及高速列车、现代空运和海运等，更大大缩短和加速了人们之间的物流、信息流和人流的传输与交换，从而亦预示了人们并非居住、工作在大城市就可以更好地产生“人口的推拉效应”。因此，以中小城市为据点，“众星捧月”式的城镇人口格局既是可持续发展时代适宜的城市化模式，也更适合于中国人口与生产力的发展布局。特别是加快小城镇的建设，对于推动中国农业产业化、农村经济现代化、农村人口生育控制有效化、农村生态环境优良化，克服农村剩余劳动力盲流的“民工潮”和保障城市的有序建设，最终实现中国的可持续发展，将会产生巨大的不可估量的作用。[8]

中国社会经济发展和资源环境承载的沉重背负，既要求严格控制人口规模的膨胀，又要求积极改善现有人口的素质，以促进百业俱兴，使人力资源充分就业和保障社会秩序稳定；人民生活水平的提高，既需要社会经济较快发展，生存环境日益改善，亦迫切需要控制潜在生命人口的剧增和促进现实人口生命力的再生产。因此，着力解决好中国的人口问题，不仅是人口控制领域的长期战略，更是实现IT持续发展宏伟目标的核心任务。

16.3 中国的小城镇建设与可持续发展

改革开放以来，在中国广大农村实施的家庭联产承包责任制，使禁锢于计划经济体制下的农村生产力获得了解放，粮食生产以前所未有的态势蓬勃发展，农业生产由自然经济状态向专业化、商品化、市场化的市场经济加速转变。作为农村经济第二次腾飞的乡镇企业的迅速发展，不仅使农业生产在反哺中得到了持续发展，而且极大地推动了农村工业化和农村经济乃至国民经济的繁荣。伴随中国工业化、城市化和现代化的战略转移，党中央审时度势地提出了“发展小城镇，是带动农村经济和社会发展的一个大战略”的指导方针，这不仅是农村经济体制改革的又一重大历史举措，而且是买施可持续发展战略，进一步推动国民经济现代化和解决“三农”问题的第三次农村社会经济的变革，意义深远而重大。

16.3.1 人类社会文明演进与世界城市化浪潮

城市，既是人类物质财富集约生产和高度聚散的地理空间，又是人口群居、文化交流、政治和信息交汇的关系场，她总是伴随着社会生产力发展要求下的分工合作而产生，依附科技的创新和政权的加强而壮大。

城市是人类社会发展的产物和文明的象征，是一个国家或地区的经济、科技、文化或政治中心，是物质文明和精神文明的荟萃之地。它以其自身所具有的吸纳和辐射功能，通过社会分工、资源重组、技术和体制创新，既推动着自身的繁荣，也带动着周围农村和整个社会、经济和科技的发展。因此，相对于物化形态的城市，城市化则是一个动态的历史过程，其核心是通过商贸活动和工业化带动着农业劳动力的转移、农村人口的迁居，进而推动了社会经济的全面发展。

世界上最早的城市出现于古代农业文明的发祥之地约旦河注入死海北岸的古里乔，距今已有 9000 年。中国最早的城市也产生于农耕文明兴盛的中原河南省登丰告城镇附近，弹指亦愈 4000 年。北魏时已出现：“有商贾贸易者，谓之市；设官将禁防者，谓之镇”的定论。[9] 特别到了唐宋时代，中国的城市化更处于世界的领先地位，经济繁荣，手工业发达，各类规模不等的专业性城镇遍布全国，皇宫、州府更是富丽堂皇。而这一切均是建立在农业经济基础之上的，也正是由于古代农业的发达、科技的发展和手工业、商业的繁荣，才使中国在中世纪呈现出当属世界第一次城市化的浪潮。

19 世纪中叶的工业革命，使欧洲的城市化迅速发展，1900 年英国的城市化水平已达 65%。这是一次依靠资本的原始积累，借助工业革命和文艺复兴而带动传统工业发展和第二次世界性城市化的浪潮，从而有力地推动了人类社会生产力的迅猛发展和拉开了现代城市化蓬勃的序幕。特别是 20 世纪中后叶，全球社会经济的城市化和现代化处于历史上最为活跃的时期。这是以资源、技术和资本集约为特征的现代化经济发展，故而有力地推动了现代城市化的进程。截至1998年末，发达国家已有90%以上的人口居住在不同规模的城市里，享受着现代的社会文明；发展中国家的城市化率平均已达42%，从而也正带动、加速着这些国家或地区现代化建设的进程。

伴随全球工业化、城市化和现代化的发展浪潮，资源短缺、环境污染加剧、自然灾害频繁、人口持续膨胀、失业和贫困交织下的社会不稳定，已使人类社会面临不可持续发展的重重危机。因此，摆脱诸上危机，克服工业化和城市化的弊端，走可持续发展之路是人类社会文明的最终抉择。在欧洲，追求田园式的城市和人与环境协调的可持续发展成为人居的目标，因而具有现代生产、生活装备和与自然和谐的小城镇建设颇受推崇。荷兰虽仅有1500万人口，但却拥有820多个市镇，最大的城市不足80万人口，大量的是1万～2万人的小城镇。现在，美国也已有50%以上的人口住在小城镇里。由此看来，城市化虽是人类社会文明的主要标志，大城市具有较佳的经济效益但从人们生活质量提高和可持续发展角度审视，城市化不能再沿袭工业社会的大城市发展模式，在大城市已成格局的情况下，加速小城镇的建设无疑是可持续发展时代的城市化象征。

16.3.2 中国国情与城市化进程

“现代化”是指能以时代最新的科技成果实现高效的生产和高舒适度的生活质量，以便在不断地促进物质文明和精神文明的过程中保障人类社会的可持续发展。而这一切需要依据不同时空域的社会、经济和自然环境状况，借助城市化和产业化过程来实现。因此，走具有中国特色的现代化和城市化道路，需要正确地把握国情和发展态势。

(1) 人口多，基础差，城市化水平受限

中国是世界上第一个人口大国和农业大国，这意味着我们必须长期承受消费、就业和资源环境承载的压力，而步履维艰地发展经济、增强综合国力、完成现代化的建设和实现可持续发展。新中国成立以来，由于人口总量持续膨胀，发展农业解决吃饭问题和摆脱贫困束缚，成为中央和地方政府长期决策困惑的主题，因而工业化和城市化也只能在曲折中缓慢演进。由此而形成的城乡分离、对立的二元经济和社会结构，不仅阻碍着中国工业化、城市化和现代化建设的进程，而且依靠农业经济和投入大量的劳动力于粮食生产来解决温饱，反而使农业更落后，农村更贫困，农民问题更突出。

党的十一届三中全会后，家庭联产承包责任制的推广和乡镇企业的遍地开花，不仅促进了农业和农村经济的繁荣，也显著地推动了中国工业化和国民经济的勃兴；实施社会主义市场经济、积极控制人口增长和科教兴国的战略，更大大地加速了中国现代化的进程。然而，人口总量未达顶峰前的规模性膨胀，迄今约 70%的人口生活在农村和从事农业生产的现实，因推行现代企业制度和产业结构调整使城市待业人口猛增的压力，加之国民经济基础依然较薄弱，因此依靠现有大中城市增容或再建大中城市来吸纳，以提高城市化水平的愿望只能是一种痴想。

(2) 耕地紧缺，农村剩余劳动力增多，解决“三农”问题又迫在眉睫

中国素以“地大物博”、以占世界 7%的耕地养活了世界 1/5 的人口而自豪。然而，就人均占有而言则相形见绌。若要基本解决中国的粮食问题，按发达国家的人均粮标准和中国现有的生产水平人均尚需 0.33hm^2 左右的耕地。然而据最新资料，中国 1998 年年底共有耕地 1.3 亿 hm^2，人均 0.1 余 hm^2，加之工业化和城市化步伐的加快，耕地的持续减少又不可避免，于是因耕地资源紧缺引起的粮食供给相对不足，将会长期制约着农业产业结构的大幅调整和生态环境的有效保护与改善。除此之外，能源、淡水等资源也愈益成为经济发展和城市扩张的瓶颈。因此，保护耕地，节约资源与控制农村人口的增长势必是中国长期所须奉行的主要策略。

伴随中国农业生产力的较快发展，必然使滞留于农村的大量剩余劳动力以“民工潮”流向经济率先发展的东南沿海和内地的大中城市。但由于交通和城市基础设施落后，特别是沿海工业区和大中城市在科技进步和现代企业制度机制下资本有机构成显著提高，因而单位资本所能吸纳的劳动力开始递减；加之大中城市和东部地区人口密度过高，环境污染加剧，吸纳能力十分有限。因此，由人口膨胀引起的劳动力资源的绝对剩余和缘文化科技素质较差产生的相对剩余人口，使就业和社会稳定问题成为中国现代化进程中最难消的“苦果”，也导致了近 20 年来城市化水平仅由 1978 年的 17.9%增加到 1998 年的 29.67%，只相当于世界 1950 年的城市化水平。中国经济到 21 世纪中叶欲达中等收入国家的水平，那么城市化率至少应达到 60%以上。若按上述年约 0.5%的增长速度，恐怕需要 60 年以土的时间。届时城市人口应达 9 亿以上，这意味着，将有 5 亿多农村人口陆续转人城市，需再建 100 万人口以上的大中

城市 500 个，岂止是天方夜谭。

近年来，中国伴随市场经济的发展和建设现代化步伐的加快，在保障了粮食生产能够稳中有增的同时，却因农产品价格下降制约着农业的持续发展；分散而粗放经营的乡镇企业因市场竞争激烈，出现了效益不佳、拓展空间萎缩的滑坡现象和造成资源的严重浪费与环境污染；日趋膨胀的农村剩余劳动力在工业结构调整和城市经济改革中，面临着严重的就业转移危机；城乡人均收入差距增大，由此引起的农民和社会稳定问题，也制约着中国现代化建设和可持续发展方略的顺利进行。因此，如何统筹地解决“三农”问题刻不容缓。

（3）城镇化滞后，产业化受阻，现代化建设步履维艰

城市化既是产业化和现代化的一种多元载体，又是两者之间进行嫁接的过程通道和桥梁；而产业化和现代化则是城市化赖以发展的动力，没有一二三产业的联立和协同发展，没有农业产加销的专业化、集约化、规模化、商品化和服务社会化的产业化开发和经营，没有用现代科学技术和企业制度装备、带动农业、工业和服务业等外延与内涵的发展，就不可能加速国民经济的较快发展和就业领域的充分拓展，也就不可能加速城市化过程和实现城乡的现代化建设。因此，作为基础和中枢的人口城市化不应滞后于农业劳动力的非农化；农村就业结构的变化也不能明显地滞后于农村产业化的非农化进程。

世界银行在 1970 年的统计分析报告中指出，一个国家或地区的人均 GNP 水平通常与城镇化率成正比。例如当人均 GNP 达到 376～1000 美元时，城市化率应为 50.5%，若为 1000 美元以上时，应达到 69.6%。[1] 中国 1998 年的人均 GNP 已达到 690 美元，但城市化水平不足 30%。

另据有关研究结论显示，世界上大多数发达或中等收入的国家或地区，在现代化建设中人口的城镇化进程普遍超前于农业劳动力的非农化进程，[11] 这样有助于通过人口的聚集和对物质、文化教育消费的增长需求，带动城市经济的较快发展；有助于节约耕地和生产、生活辅助设施的投入，加快农业的产业化进程；有助于提高农民的文化科技素质，加快农业的产业化经营和城乡产业结构的调整。相应地，也使农村劳动力的就业结构与农村的产业结构变化保持协同，以弱化因失业过度引发的社会动乱和城乡利益、贫富差异的冲突。

中国在改革开放初期的 1978—1982 年间，人口城市化率提高较快，相应地城乡社会经济的发展比较顺利和快速。其后，由于大城市容量有限和诸多“城市病”的出现，也由于乡镇企业的遍地开花和中小城市及小城镇发展的明

显滞后，因而人口的城市化进程远远落后于农村劳动力的非农化，导致持续不衰的“民工潮”涌向大中城市，伴随而至的是非农业劳动力的就业增长速度明显滞后于非农产值的增长速度。例如江苏省 1978—1997 年间，农村社会总产值中非农产值增长了 26.3%，但就业人口的非农化仅增长了 6.5%。[11]在科技进步和市场经济的机制下，中国主要依靠乡镇企业吸纳农业劳动力的劳动密集度日趋下降，大量待就业的农村劳动力处在城乡游离的闲散场，既形成这部分具有较好素质的农村劳动力资源的浪费，也带来更多的社会不稳定。

此外，中国以政府投资为主体的城市工业化由于不断造成企业和人口的聚集，因此起着推动城市化的作用。但占全国工业总产值半壁河山的乡镇企业，由于企业布局的高度分散化；因此在大多数地区尽管农业总产值的份额随着乡镇企业的发展而降低，但它并没有带来社会经济活动和人口的城镇化聚集，对于推动城镇化的作用也就相对甚微。中国的城镇化进程明显地滞后于工业化的进程，对于整个产业结构和就业结构的优化，以及形成合理的人口分布，都将产生长期不利的影响。

(4) 区域发展失衡，中西部待崛起

城市作为社会、经济多元要素汇聚的中心和发展的增长极，其聚合和辐射功能对区域社会经济的发展具有龙头效应。因而城市化与区域发展的水平往往呈线性相关。改革开放以来，由于中国地域自然条件和经济基础差异较大，加之倾斜发展的政策，而使东中西部和城乡发展的差距日趋加大，已成为影响经济持续发展和社会稳定的严重桎梏。

中国东中西部 1996 年的人口比重依次为 41.19%，35.74%和 23.07%，相应的 GDP 结构则是 57.9%：28.0%：14.1%，而各占国土总面积的比例却分别为 13.46%，29.59%和 56.95%。显然，三大区域的人口分布与经济结构成同向配置，与国土面积却为逆向演绎。虽然人口与经济结构同向，但不同比例，这表明中西部经济发展的滞后和人均收入与东部的明显差距。例如经济发展落后的贵州省，1998 年人均 GDP 仅占上海市的 1/12。占国土面积 76%以上的中西部地区，由于城市化水平低于全国平均水平近 10 个百分点，成为制约其社会经济发展的严重障碍。但是，这里有丰富的矿藏资源、廉价的劳动力资源和经济拓展的较大地理空间，因而为中国 21 世纪开发西部的战略转移奠定了基础。

法国经济学家费郎索瓦·佩鲁的增长极理论认为，[12]在经济发展的初期应以区域的极化效应为主，即使有限的资金、技术和其他生产要素由非增长极的农村或落后地区向具有极核效应的城镇或发达地区集中。到经济发展的后期，则以扩散效应为主，使生产要素（特别是资本和技术）从增长极向其腹地扩散，以缩小两者之间的差距。由此看来，率先发展的东部地区和大中城市需要转移部分资本和技术，以加速中西部的开发和小城镇的建设，既是协同区域和城乡经济、社会均衡发展的需要，也是促进东部和大中城市加快现代化建设的需要。

16.3.3 发展小城镇，推动中国的城市化和现代化建设

(1) 小城镇建设的机遇和作用

中国人口众多，70%的人口生活在农村；“城市短缺”迫使大量的农村劳动力隐身于经济效益下滑的农业和乡镇企业，农业的产业化和现代化只能在低效中缓慢爬行；农村市场经济活跃和农业科技进步日益增强，以及农民迫切需要改变居住条件和生活方式的激情，均要求大批的农村剩余劳动力转向城市从事第二、第三产业。然而，中国大中城市既因基础设施严重不足和“城市病”堪优，又因其经济体制的转轨和产业结构的调整，未来更无法吸纳数亿农村人口就业和安居，再建为数众多的大中城市财力不济和周期太长。这一基本国情和可持续发展战略需求，决定了中国的城市化必须走小城镇建设的发展道路。这是改变二元社会、经济结构，建立市场经济体系，迎接知识经济挑战，解决“三农”问题，实现中国现代化的重要途径。

从世界各国的城市化历程来看，当人均GNP达到300～1000美元时，是城乡生产设施和住宅建设迅速发展的阶段。中国1999年的人均GDP已达783美元，这为小城镇建设提供了经济保障。目前国内的乡镇企业正处在第二次创业、农业生产亟待产业化的转型时期，这也为小城镇的发展提供了一个很好的机遇。从区域发展来看，西部大开发的战略已付诸行动规划和实施，这也要求中西部的小城镇建设必须加快发展，在带动农村人口城市化和促进农业产业化、现代化的同时，实现生态环境的休养生息和“山川秀美”。

据世界银行专家分析，城镇只有达到15万人的规模时，聚集效应才能发挥出来，才可能具备较为齐全的商业、服务和文化设施，形成区域性服务中心。而5万人左右的小城镇尽管经济效益差些，但因基础设施投资较少，易于起步发展，且可以获得较好的生活环境。中国现有2100多个县城，还有1万

多个建制镇，其人口和经济发展规模目前普遍较小，市政和文化设施建设也相当落后。因此，加快这些城镇的建设和发展，以便使分散低效的乡镇企业尽快集聚产生规模和高效经营，使待转移的农村和城市部分剩余劳动力安居于这些小城镇就业，使先进的科技成果得以尽快转化，并通过它实现农业的产业化和与城市工商业的协同发展，对于促进中国的城市化和现代化进程，对于加快西部的开发将会产生不可估量的积极推动作用和深远的社会影响。

(2) 小城镇建设的目标、功能和原则

① 小城镇建设的目标

江泽民同志在十五届三中全会上指出："发展小城镇，是带动农村经济和社会发展的一个大战略，有利于乡镇企业相对集中，更大规模地转移农业富余劳动力，避免向大中城市盲目流动；有利于提高农民素质，改善生活质量；也有利于扩大内需，推动国民经济更快增长。"[13]显然，这不仅阐述了小城镇在建设具有中国特色的现代化过程中的地位和作用，而且也更指明了小城镇未来发展的战略目标。其核心要旨是：通过发展以遍布农村的小城镇为依托，加强农村经济和社会的健康发展，促进农民的思维方式、生产方式和生活方式的根本转变，带动农业和农村经济的腾飞，进而加速国民经济和现代化的进程，保障中国社会经济的可持续发展。

对于占据70%农村人口的中国来说，没有农民生活水平和生活质量的根本性提高，就不可能在21世纪中叶跃入中等收入国家的行列；没有农业和农村经济的尽快发展，既不可能保障农民生活水平的提高，也不可能扩大内需促进国民经济持续尽快增长；没有农村剩余劳动力和人口的城镇转移，就不可能加快农业的规模化、商品化和现代化建设，也不可能有效地控制农村人口的数量增长和素质的尽快提高，以及减缓对大中城市的压力和保障社会的稳定；没有乡镇企业的城镇聚集，就不可能采用先进的科学技术节约土地等资源，保护农村的生态环境和提高乡镇企业的经济效益，进而推动小城镇的建设和发展。因此，通过乡镇企业的小城镇集聚和农村剩余劳动力及人口的就地转移，推动农业的产业化和农村经济的繁荣，不断提高农民的生活水平和质量，促进区域社会、经济的较快和可持续发展，是小城镇建设和发展的基本宗旨与目标。

② 小城镇建设的功能和类型

与大中城市不同，小城镇的基本功能是重在安置农村的人口和劳动力进城生活与就业，聚敛社会闲散资金和当地资源财富，传播市场供需信息和农村适用的科学技术，以及传导政府的政策和法规，组织农村市场和发展乡镇工业及金融、通信、文教和其他服务业，以带动农业的产业化和农村经济的发展，并进而促进区域社会经济的健康发展和农民生活水平及文化科技素质的普遍提高。

由于小城镇人口、经济规模通常较小，区位和人文地方色彩浓重，因此，应根据区域经济、资源、环境和社会人文特点，以产业和服务立镇、市场和科技兴镇为指导方针，应建立各具功能特色和发展类型的小城镇，而不宜强调其产业和服务功能的齐全与完备。就是说，在产业的发展上，要紧密围绕当地的丰富资源和市场需求，发展以农产品的加工和营销、特殊资源的系列加工转化或旅游资源的开发和服务于农业及农民生活需求的专业市场为主体，且以劳动密集型为主导的特色经济，从而带动农业的产业化经营和农村经济的发展；要以市场为先导，以较为先进的科学技术作后盾，才能在市场经济的大潮和未来的知识经济时代立于不败之地，促进小城镇的兴盛和区域经济的繁荣。在城镇的建设上，要根据产业发展的特点、居民的生活追求、当地的民俗和文化底蕴及地理、资源条件分区规划，高起点设计，组团开发和分步建设，形成建筑上的特色，如仿古型、现代型、民族型、海滨或花园式的别具风格的小城镇。在经营和管理体制上，实行民营和股份合作制为主，除政府给予必要指导外，应依靠市场和政策调控，按法规督导和管理。

③ 小城镇建设的原则

中国的国情决定了小城镇建设必须承担农村城市化的历史重任，并通过上联大中城市和下接广大农村，促进农村的工业化、市场化和现代化进程。因此，小城镇的建设须遵循下列原则：

一是，小城镇的建设必须与区域社会、经济的发展和自然环境的治理改善相结合。即应依据区位发展的功能要求，充分发挥自身的优势和特色，在完善区域城镇体系、市场体系和产业链中互补共荣，才能加快自己的健康发展，以免功能趋同、盲目竞争、重复建设、相互制约；在保护和改善自然环境中自觉奉献，才能保障区域和自身的可持续发展。因此，研究制定区域综合协调发展的战略和城镇体系的规划，科学决策，定位定性定量分步实施，至关重要。

二是，小城镇的建设必须以乡镇企业的聚集、规模化发展和专业性市场的带动、兴隆为立镇的根本，才能在转移农业剩余劳动力和带动农村经济繁荣中稳步发展，在充分发挥自身的资源优势、不断壮大和市场竞争中立于不败之地。

三是，小城镇的建设必须以农村人口的城镇转移和农民文化科技素质的不断提高为基础，才能产生多元聚集效应和吸纳先进的科技成果及接受高尚的文化熏陶，以带动农业的规模化、产业化和现代化发展；也才能在控制农村人口无度生育、提高农民的生活和精神消费追求中，扩大内需，促进区域和全国经济、科教、文化市场的勃兴与产业化发展。

四是，小城镇的建设必须以民营经济和市场调控为主导，积极倡导私营和股份合作制，并通过建立现代企业制度和完善市场调控机制，促进城乡农工贸的发展；通过建立多元融资和经营体系，即通过房地产的开发和土地的出租，聚集更多的资金用于城镇公共设施的建设和公益事业的发展；通过人股分红吸纳更多的社会闲散资金，用于企业的规模化发展；通过特殊资源、特色经济的开发和优惠政策，吸纳外资独立或合作经营；通过人才、技术、资源和资金的多元人股参营，推动农业、工业、商业、文教和城镇建设的发展。

五是，小城镇的建设必须节约耕地资源和美化生态环境。这要求通过产业的发展和户籍制度的改革，以及建立健全社会就业、福利保障体系，迫使进城经营和生活的农民放弃农村承包的耕地和占用的村舍，即退还责任田于专业户规模经营和退还生活用地于农林牧的生产或生态环境的保护；要求小城镇的建设在合理功能分区规划的基础上，立体发展富有特色，一步到位，竭力避免过度占用、滥用耕地，沿国道省道“十里长街”矮化布局，污染和破坏生态环境，以及建了拆、拆了建和反复开挖的城建恶习。因此制定科学、合理、可行的城镇发展与建设规划，建立法规和严格实施，应作为城镇建设的头等大事来抓。

16.4　中国自然保护区可持续发展的案例研究

实现人类社会的可持续发展，需要有良好的自然屏障和丰富的物种资源。人类面临着生物圈惨遭破坏和资源、环境频频滋生危机的今天，在科学技术、社会机制和人类的自觉能动性还不足于能够有效地通过发展来和谐人与自然相依关系的情况下，只有采用封闭或半封闭性的措施保护类型各异的自然生态区，才能为人类美好的明天需要拯救濒危的生物物种，保存弥足珍贵的多样性基因资源和留下一方可供人类研究、享受的良性循环的自然生态系统。因此，建立、建设不同类型的自然保护区，探索其适宜的可持续发展模式和调控策略，不仅是贯彻人与生物圈计划的国际战略需要，也是促进国家或地区和谐人与自然，保障其可持续发展的需要。

有鉴于此，应国家级天目山自然保护区管理局的邀请，在中国人民大学张象枢教授的统率下，作为为项目的主笔人，本书作者和他人一道于1997年对天目山自然保护区的可持续发展问题进行了国内开创性的研究。现节录部分研究报告，作为可持续发展理论研究的实证篇之一，以飨兴趣者参考。

16.4.1 天目山自然保护区发展的背景和评价

(1) 历史沿革

天目山位于浙江省西北部临安市境内，山体由东、西两山相对组成，分别为东、西天目山。1929年，在东天目山建立了省立第一林场第一分场，在龙泉庵经营苗圃供民众造林。1936年第一分场又在西天目山留西门新辟苗圃，并配有森林警察，保护东、西天目山的天然森林。解放后，政府对天目山的保护与建设给予了高度的重视。1953年成立了天目山林场。1956年由林业部将西天目山划为最早的森林禁伐区之一。1986年经国务院批准，天目山为全国首批20个国家级自然保护区之一。1996年天目山国家级自然保护区被批准接纳为联合国教科文组织国际生物圈保护区（MAB）网络成员。

(2) 生态环境特征

天目山山体古老，远在4亿年前古生代由海底上升而成，山势险峻、峡谷幽深，地形复杂，今有古生物化石、火山口和冰川等遗迹。天目山自然保护区地处中亚热带北缘向北亚热带过渡地带，气候温暖湿润，雨量充沛，自然条件优越。大树华盖，天然植被面积大，而且保存完整，拥有区系成分非常复杂、种群十分丰富的生物资源和独特的环境资源，形成了以地理景观和森林植被为主体的比较稳定的自然生态系统。

该区系中国东南沿海仅存的古老森林，共有在册的高等植物246科974属2160种，其中属国家级保护珍稀植物35种，占浙江省55种的64%，占全国389种的9%，属濒危植物19种，植物模式标本82种。该区动物资源也很丰富，已知脊椎动物286种，无脊椎动物不计其数，其中昆虫1853种，属国家级保护的动物35种。世界仅有的野生古银杏、世界罕见的千年以上的柳杉群落，以及天目铁木、羊角槭、黑麂、云豹等物种都受到严格保护。

天目山自然保护区面积原为 $1050hm^2$，1994 年林业部报经国务院同意，批准扩大 $3234hm^2$，总面积达到 $4284hm^2$，其中核心区 $676.1hm^2$，缓冲区 $950.7hm^2$，实验区 $2657.2hm^2$。保护区内有林业用地 $4174.6hm^2$，森林覆盖率达 88.2%，最高的单株立木蓄积达到 $75.42m^3$，属国内外罕见。核心保护区的植被类型垂直分布明显，从山脚到山顶，依次为常绿阔叶林、常绿落叶阔叶混交林、高大柳杉林、落叶阔叶林、山顶矮林。此外，还有竹林和人工杉木林。该区是具有生物多样性特征和“物种基因库”美称的区域。

（3）地理区位优势

天目山是长江水系太湖流域与钱塘江水系天目溪的源头。它不仅能为各种生物提供良好的生存栖息环境，还可以发挥森林涵养水源、保持水土、调节气候、防治污染、美化环境等多种生态功能，这对提供周围大中城市的生活要素、改善生态环境起到特殊的作用。

该区地处长江三角洲南部，距杭州 94km，交通方便，与周边边西湖、千岛湖、黄山、天荒坪等著名风景点相毗邻，形成华东地区更具特色的环形旅游带，在开发性保护、经营方面有着得天独厚的优势。天目山自然保护区显著的区位优势和内在潜力，为其自身建设及临安市的发展提供了有利条件。

（4）总体功能评价

天目山自然保护区自然条件优越，环境质量较高，迄今仍保持着然清洁的环境“本底”。核心区内保存有完好的自然生态系统，是地带性和垂直带系列珍稀、濒危植物的集中分布地。由于保护对象有适宜的容量，因而是中国江南的天然动、植物园和物种基因库。缓冲区以明显的道路、山脊、水系为界，既有不同类型的多样物种，也更发挥着对核心区的自然保障作用。

自建立自然保护区以来，已退耕还林和林分改造 $500hm^2$，更新了疏林地和荒地，且对一些濒危、珍稀物种在有效保护的同时进行了育种繁殖。此外，在当地政府和村民的支持下，对居住在保护区内的人口已正在有计划地进行迁移。加之保护区周边乡村林茂粮丰，乡镇企业发展迅速，西天目乡、东天目乡、千洪乡已达到小康生活水平，从而为保护区的持续发展奠定了良好的氛围基础。

天目山国家级自然保护区管理局建立后，保护区的行政和业务管理得到了有效的调控，进一步强化了管理机构的职能作用，在保护生态环境、开展科研、教育和综合利用等方面取得了显著的成绩。然而，从保护区未来的发展来看，仍存在着下列问题有待改进和完善。

① 由于林业主管部门及地方政府尚未将新扩区的管理权纳入保持区管理机构范畴内，因此未能及时有效地制止新扩区中的一些乱砍、乱垦现象。

② 保护区风景点的建设和卫生管理不够规范，旅游商品不够丰富。此外，由于体制、观念、经济能力等方面的原因，有些旅游资源尚未充分开发。

③ 建设资金和事业费用严重短缺，且建设资金尚未纳入政府年度计划，从而制约着保护区各项事业的开拓与发展。

④ 尽管保护区已经进行了一定规模的本底调查工作，但欠系统、欠全面。而且，同其他保护区的交流也比较少，以致信息源的短缺和不规范，给建立保护区管理信息系统带来一定的困难。

⑤ 保护区管理局现有正式职工 80 人，退休职工 24 人。保护区干部、技术人员较少，具有技术职称的仅 13 人，迫切需要提高人员素质，调整人员结构。

⑥《自然保护区条例》规定，保护与开发工作由保护区统一管理。但由于管理权力的分割，保护区与其他职能部门相互沟通与协调困难，保护和开发措施的可操作性仍有待提。

16.4.2 可持续发展的指导思想和目标

(1) 指导思想和准则

设立自然保护区，是为了通过划定典型地域并加强管理来拯救濒危物种，保护生物多样性和保持生态平衡，以便为人类社会的可持续发展建立和贮备良好的生物基因库，为区域社会经济的繁荣和子孙万代的幸福生存提供丰富的资源与良好的环境。因此，对于不同生物类型和不同地理区位的自然保护区，尽管其具体功能和职责不尽相同，但其最终目的均服务于人类社会可持续发展的需要。实施有效的保护、管理和合理开发，应以实现上述任务为目的。

天目山自然保护区因其特殊的地理区位，不仅拥有美丽绝伦的自然风光、奇特珍稀的物种，而且蕴涵着历史悠久的宗教文化和热情好客的民俗民情，可供中外学者、游客考察、博览；也可对周边地区中小学学生进行科普教育。同时，也是长江三角洲地区居民利用假日回归自然、陶冶情操、康复养性的理想场所。毗邻城市群聚的科研力量、雄厚的资本，以及发展生态产业的优势和需求等有利条件，更为天目山自然保护区实现其保护濒危物种和开发利用生物、旅游资源的使命，奠定了广泛的社会参与及合作的基础。

综上所述，天目山自然保持区可持续发展战略的指导思想应是：以服务于区域的可持续发展和生物圈建设为宗旨，以科技为依托，实施优先保护，综合开发，有效利用，在保障生态效益的前提下，充分发掘社会效益和经济效益。

优先保护，是指我们必须面向全球和未来，首先要保护好天目山保护区的物种资源与生态环境，使之免遭破坏。在此基础上，充分利用周边地区经济发达、科技力量雄厚的有利条件，通过良种的繁育和区内及周边地区的规模化栽培、养殖，以扩大其存量，为生物圈建设做出应有的贡献。综合开发，是指在有效保护的基础上，不仅要运用现代科学技术，繁育社会需求多、经济效益好的动植物良种，逐步在区内外进行规模化种养、加工与销售一体化经营；而且要通过发展生态旅游业，开展环境教育，以满足人们观赏自然、人文景观、休闲、健身和康复等不同消费需要。此外，还应利用作为联合国教科文组织国际生物圈保护区网络成员的有利条件，通过信息交流和多方位的联姻合作，积极吸纳生物资源开发、生态环境保护和科学管理的先进技术与有益经验，以及可能的资金设备援助，加大综合开发力度，提高实际利用效果。

有效利用，指的是充分利用自身特有的珍稀物种，丰富的自然、人文资源和良好的生态环境以及长期积累的管理经验，结合外部资金、人才和技术，以生态产业的精品开发利用为主题，依靠科学技术进行高品位、高标准、高效益、低消耗和废弃物最小化的资源综合开发，使之产生显著的生态效益、社会效益和经济效益，充分满足人类和区域社会经济持续发展的需要。

(2) 发展目标

天目山自然保护区可持续发展的总体目标应是，立足高起点，按照面向世界，面向未来，促进持续发展的思路，积极吸纳国内外保护区建设的成功经验；通过科学研究、生态旅游、教学实习以及对野生动植物资源有计划的保护和有控制的开发，促进保护区多种功能的发挥；建立能包容生态、经济、社会、文化各方面需求的可持续发展样板，并通过联合国教科文组织世界生物圈网络走向世界。

为此，在保护工作上，要采用先进技术，加强对区内自然资源的动态监测，并制定有效措施，依法严格保护。在科研工作上，要加强区内自身科研力量，配备先进适用的仪器设备，充分发挥周边科技优势，积极开展与国内外同行的合作研究，尤其是跨学科的综合研究，深化对保护区社会—经济—自然复合系统动态变化与发展趋势的认识，为保护资源、发展经济和加强管理提供科学依据。在发展方面，要以生态旅游业为突破口，带动相关产业的发展，并积极与周边地区合作，发展银杏、中草药、花卉、茶、食用竹等植物的栽培，建立绿色食品综合开发、加工基地。在管理上，要提高管理人员素质，建立和健全各项规章制度，配备现代管理手段，提高管理水平。力争在 2000 年，使保护区工作跃居全国乃至世界同行业的前列。

上述总目标分以下两个发展阶段来实现：

① 第一阶段（1997—2000 年）

根据保护区的工作内涵与区位特点，应首先转变发展观念和指导思想；按前述可持续发展的指导思想和总体目标，调整原有总体规划设计和对策方略；通过制度创新和政策法规建设，逐步完善管理制度和经营、运作机制；在适量引进专业技术人才和配置现代化管理科研设备的同时，应通过各种形式的培训活动，尽快提高管理人员和技术人员的职业素质。此外，在这一时期还应着力疏导、理顺同上级领导、管理部门和周边群众的相依关系，并积极建立和不断扩大同外部科教单位、产业经营实体、其他自然保护区，乃至有关国际组织、国外社会团体或友人的网络联系。

在练好“内功”，进行上述软件建设的基础上，以发展生态旅游为先导，逐步拓展其他生态产业“精品”的生产经营或利用生物资源的繁育、引种以及部分良种在周边地区的规模化生产。到 2000 年年初，按新的规划要求基本完成珍稀物种实验园地或苗圃、饲养场、生态旅游新景点和道路、服务设施，以及管理现代化设备等方面的硬件建设，从而为下一阶段的发展打好基础，并能蓄积足够的资金、人才与经验。此外，应积极创造条件，尽快报请上级主管部门批准，扩展现有保护区面积，并做好发展规划和基础建设等方面的工作。

② 第二阶段的发展目标和要求（2001—2020 年）

进一步完善保护区基本工程设施、管理法规与运行机制，拯救濒危珍稀物种，保护生物多样性和生态环境，促进保护区与周边生态系统的良性循环。在不断提高管理和技术人才素质，改进和完善管理体系与运作机制的基础上，力争到 2020 年，使天目山自然保护区的科研开发、技术推广和管理水平跃入国家乃至世界自然保护区的前列。

16.4.3 可持续发展的模式与主要措施

(1) 发展模式与结构配置

为了贯彻上述可持续发展的指导思想，实现预期的发展目标，应采用下列发展模式：即依靠制度创新、政策导向、健全法规，围绕珍稀物种的拯救和繁育、生态产业的经营和发展，以及生态环境的保护与改善，实施区内生物资源与区外资本、人才和科学技术资源的优化重组；走开放促开发，发展促保护，自我完善和逐步扩展保护区生态经济系统功能辐射效应的经营管理之路。

实现保护区的发展目标，需要在发展模式的引导下，按不同时间和空间以及具体的发展内容，设计合理的发展结构框架。然后，寻求适宜的发展途径与突破口，把现有结构逐步调整到更为优化的发展结构框架上来，以便增强保护区生态经济系统的功能，更好地发挥它在促进周边地区发展中的作用。

① 保护物种多样性，促其形成合理的配置结构。任何一个生态系统，均是由植物、动物和微生物依据特定的气候、土壤、地质构造诸环境条件，遵循物竞天择，适者生存的客观规律，历经长久的自然造化而形成的。由于生物群落之间及其与生境之间存在着能量转化的联系和相互依附的机制，于是任何生态系统，既因特殊的生境条件形成特有的物种和群落配置结构，又因生境的变化或人为干扰而使群落结构失衡，导致部分物种生存受限，陷入濒危之境。因此，我们应对天目山生态系统进行深入的调查、分析和科学实验，在逐步掌握种群适宜配置结构和群落与生境相互作用规律的基础上，通过选择、改善生境条件和良种繁育、栽培或养殖，促使其形成合理的生物种群、群落结构。

② 优化生态产业结构与不同所有制的经营结构。为了提高自然保护区的经济和社会效益，必须依靠其资源、区位特点和社会需求，优化生态产业结构和不同所有制的经营结构，以便通过合理开发生物资源和其他人文、经济资源，促进保护区的建设和发展。

天目山自然保护区由于长期坚持以保护为宗旨的方针，因而对保护珍稀物种资源和生态环境起到了十分重要的积极作用。但由于认识和指导思想上的局限，加之人财物投入不足，不仅未能使区内丰富的旅游资源和生物资源及时形成合理的规模性开发，而且也无法使珍稀物种和环境以及对其适度开发利用所产生的生态效益在周边地区得到扩展，并获得相应的社会效益和经济效益。因此，为了贯彻上述指导思想，实现预期目标，应发展以生态旅游为主导，由可利用的生物良种的繁育、种植、养殖和加工、服务业组成配套成龙的生态产业系列。为此，首先应按这一框架结构进行具体规划设计；然后优选具体发展项目，通过政策导向以及建立相应的利益机制，在促进生态产业顺利发展的过程中，实现自然保护区的可持续发展。

（2）主要措施

天目山自然保护区应在始终不渝地坚持做好自然保护工作的同时，从众多适宜发展的项目中选择生态旅游为战略突破口，精心设计，踏实工作。并以此带动其他项目的发展，且通过提高管理水平促使保护区工作的全面勃兴。

① 始终不渝地做好自然保护工作

自然保护区行使管理的首要职责是：根据辖区资源和环境的发展状况以及可能受周边社区影响的程度，通过贯彻政策法规，以及采用科技、监护、预测、预报等手段，保护好管区内的自然资源。对于生物物种应遵循严格控制、精心筛选的原则，依据自身气候、水土条件和生物群落配置规律，就地或异地保护珍稀、濒危物种，使之不断繁衍、增殖，从而实现辖区更高层次要求的生物多样性发展。

对于管区内可提供观赏的自然风景区、人文景观和历史遗迹，则应采用生物、技术工程措施进行修复、建设和保护，以便为观光旅游、科普和爱国主义教育，以及宗教信仰等提供富有特色的良好场所。

就辖区和周边生态环境的保护而言，除了应严明法纪法规，防火、防偷猎、防采伐，避免病虫害蔓延和环境污染，以及加强分区监测、监控和严格管理外，还应适度控制旅游人员的数量和区内种养业的生产规模。在周边地区应发展以生物产品为主体和低污染的加工业。为此，需要毗邻地区各级政府和民众的支持，并通过有关政策和法规进行调控与约束。

② 以生态旅游为突破口，带动区域的全面发展

天目山自然保护区以珍稀特有的生物资源，神奇富有诗意和文化内涵的自然、人文景观，以及洁净的生态环境而闻名。因而发展以生态为主题的高品位旅游业，极具广阔的社会需求前景。同时，通过发展生态旅游蓄积资本、引进人才，以促进自然保护区各项事业的全面发展。

根据管区资源和环境的上述特点，以及地理区位优势，拟选择的生态旅游

项目和应施用的操作策略如下：

一是，发展以科普为主导的节假日游。为了保护生物圈和区域生态环境，不断提高广大群众，尤其是青少年、在校学生的环境保护意识极为重要。毗邻天目山自然保护区的临安、杭州、上海等城市，以及其周围的农村地区拥有数百万中小学生，可以“天目山生物宝库奥秘探索”和“天目山生物科普夏令营”等为主题，通过学校组织学生，或由父母带领子女来天目山进行节假日游。其旅游活动的内容应包括参观科技馆，听科普讲座，到实验区观察。在核心区和革命史迹陈列处观赏特有、濒危珍稀物种，领略自然风光和接受革命与文化传统教育。从而使青少年在学习、观赏的旅游活动中，既增强了生物与环境保护的科普知识，又陶冶了爱国、爱家、爱自然的高尚情操。

二是，组织科学考察、探索游。天目山自然保护区以其特有、珍稀的物种，不同地质构造条件下的生物群分布与优美的自然风光，以及良好的生态环境，可吸引众多的中外科学家与大学生、研究生来此进行科学考察、科研合作、标本采集，举办学术讲座与组织国内和国际学些学术研究性的生态旅游，不仅对管区珍稀物种的保护和生物资源的开发利用将会产生不可估量的积极推动作用；而且会大大提高天目山自然保护区在国内、国际的知名度。为此，需要借助国际互联网宣传召唤，积极筹办国内、国际学术研讨会和人才培训班，以及组织专项考察等活动筑巢引凤，促成物种保护研究与资源利用技术开发的长期合作。

三是，推动影视景点文化游。自古以来，祖国的江南素以“上有天堂，下有苏杭”的美丽风光，不断吸引着中外文人墨客和广大民众来此观赏旅游，尽管苏州玲珑剔透的人工景点和杭州秀丽的西子湖畔堪称中华名胜一绝，然而深山卧“虎”，仰目苍穹的人间天堂自然应归位于苏杭地区的“天目山”。天目山自然保护区不仅盈山皆壑，飞流淙淙，大树华盖，幽邃奇古，而且佛教文化源远流长，革命史迹光彩照人，故此足可成为影视拍摄和文化宣教的理想之地。

在这里，已有多部影视剧曾借助独特、险峻的自然景点名垂影史。近期，倘若在投资不大、建设周期较短的情况下，依山造势，触景布“阵”，建立一个天下独有的高山影视城，不仅会成为管区发展生态旅游和进行资源开发的突破口，而且伴随其文化渲染，会使天目山自然保护区享誉全国乃至世界。从而因其无形资产的扩张效应，会显著推动管区有形资产——生物资源的开发和环境的保护。

四是，倡导度假康复游。天目山自然保护区以其秀丽的山水风光、洁静清新的自然环境，为广大民众的修身养性、自然康复提供了独特而具有吸引力的度假胜地。因而，可以通过举办气功、健身保健学习班，或聘请名医，吸引度假康复的游客。为满足这种需要，除利用现有食宿、娱乐设施外，可考虑在山腰缓冲区建设简易安全多功能的室内住勤、餐饮娱乐房舍，或设立露天吊床、小帐篷、网球场等，以使游人在沐浴天然风光的同时，结合运动、治疗的度假得以身心康复。

五是，宗教观光游。天目山曾是宗教兴盛的圣地。盛时，寺院五十余座，僧侣超千人，时间长达千余年，道教称其为第三十四洞天和佛教谓曰韦驮道场，正是他们保护了天目山的古老森林。随着禅源寺等寺庙的修建和宗教活动的开展，以佛教文化为特点的鉴赏旅游，必将推进宗教观光游的发展。

开展上述各类生态旅游活动，不仅需要完善和建立新的景点，更需要大力宣传和主动组织好系列配套服务，然而仅仅依靠管理局有限的资金和人力是无济于事的。因此，在指导思想上首先应将开展生态旅游作为一项产业经营，因而需要借助社会资本（资金、人才）来实现。在做好全部旅游实施方案和制定有关优惠政策和管理法规的基础上，可以考虑以股份制形式由管理局与外部团体进行多种形式的合作经营。从保护区未来的发展看，结合自身特点发展生态旅游是积累物种保护、资源开发、科学研究、现代化管理所需资金的主导产业，也是带动临安市经济发展的龙头。

以生态旅游为主导，通过政策导向和市场机制，大力引进外部经营资本和技术力量，充分调动区内和周边乡镇村民及其他生产、开发和服务性经营者的积极性，发展特有良种的繁育、种植、养殖、加工和销售，花木盆景和动植物标本的制作，以及围绕生态旅游所需提供的交通、邮电、食宿、娱乐和纪念品之类的服务。实现自然保护区的自我发展，应做到经费自给有余，并能以此带动区内及周边农村和临安市社会经济健康、持续、快速地发展。

③ 提高科研工作水平，为保护、发展和管理提供科学依据

自然保护区通常也是一个十分复杂的“社会—经济—自然”复合系统，在其从事自然保护、发展经济和管理工作中，必然会遇到大量难题亟待解决。只有不断进行深入调查、动态监测和各类专项研究，才能做出科学的决策。因此，必须在已有科研成果的基础上，从人力、财力、物力等方面加强对科技的投入，利用国内外科研合作机会，吸引区外学者、专家参加科研攻关，并认真做好科研成果的转化工作，以便充分发挥科学技术在保护区建设工作中前导和助推作用。

④ 更新决策观念，提高管理水平

为了完成保护大自然的神圣使命，为了实现战略突破，带动保护区工作的全面勃兴，关键在于提高管理部门自身的管理水平。

首先，要加强该区管理局领导班子的建设；更新决策观念和调整管理职能。没有保护区决策层思想上的解放和观念的更新，就不可能实现管理职能和运转机制上的转变。不依靠生态型产业的开发经营和科技合作，以及保护区管理的现代化与法制化，就不可能实现保护区自身的持续发展，也更谈不上如何进一步发挥保护区在促进周边社区和临安市社会经济发展与改善生态环境中的作用。因此，保护区管理局应由现在较为单一的管理职能转向管理、经营和科技开发紧密结合，综合运筹，以便在逐步实现有效地服务于生物圈建设和区域社会经济持续发展这一最终目标的同时，探索出一条开放促开发型保护和经营型管理的路子。

其次，要搞好管理设施的现代化建设，培养具有较高素质的管理人员，加快管理现代化、决策科学化的进程。目前，天目山自然保护区虽然已进入国际人和生物圈网络，但既缺乏计算机软硬件设备和管理信息库，又缺乏人才。保护区经过资源综合考察和资料统计已基本摸清了家底，也有了较完善的信息管理制度。然而由于分散存档，部分数据欠缺，加之未经核实处理，往往无法及时、准确地提供决策分析所需的数据资料。因此，应配备一定数量性能良好的计算机，开发建立一个以资料信息管理为主体的决策支持系统，并引进相应的专业技术人才，逐步实现办公自动化、通讯网络化和决策科学化。在管理和科技队伍的建设方面，除了需要引进高级专业技术人才外，主要应通过培训、进修、函授等形式，提高现有管理和技术人才的文化、专业技术素质。到 20 世纪末，应使现有管理人员均达到知识结构合理和具有中专学历以上文化水平。此外，还应健全资料统计和财务管理，完善各种管理制度和运作机制，为保护区 21 世纪的发展奠定坚实的基础。

16.5 县域可持续发展的案例研究

作为国家自然科学基金资助项目的区域可持续发展实证研究部分，这一节的主要内容初稿是在张象枢教授和作者的亲自指导下，由博士生何开丽完成的，现经大幅调整和修改选编于此书中，以供读者参阅。

16.5.1 县域复合系统的本原特征

具有自然环境和社会经济综合调控特征的中国县级区域系统，尽管在行政管理和经济计划上受国家、省、地区的宏观领导及他组织制约，但它又是一个相对独立、具有自组织机制的自然、社会、经济复合系统。为了维持自身的有序结构和持续发展，不仅需要从自然环境和其他区域社会经济系统摄取物质和能量，同时也需要维护和促进自身生态系统的有序演化，以及保障上一级或国家社会经济系统的有序发展，只有这样才能最终满足自身的繁荣和未来的可持续发展。因此，从本质上说，物质循环、能量流动、价值增值、信息传递是县级区域复合系统的基本特征和功能。

(1) 物质循环

现实世界中的基本物流可以分为两大类：一类是自然界的物质循环，称之为自然物流。它是通过生产者—消费者—分解者—环境—生产者的序列过程进行的，也即生态学上所说的物质循环；第二类是社会经济中的物质循环，是由于人类活动干预自然物流而引起的物质循环，称之为经济物流。它是通过生产—分配—交换—消费过程在社会各经济系统之间循环流动的。

一般区域社会经济系统中的物质循环，是人类通过生产和消费活动与自然界进行物质交换的过程，也即自然的人化和人的自然化交互映像的过程。在这个过程中既包括了自然物流，又包括经济物流，两类物流相互转化、相互渗透、不断循环运动，从而保障了人类社会得以生存和发展。

而对于中国绝大部分县级区域系统来说，这两类物流有机结合、相互转化的渠道有两条：一条是通过农业和能源、矿产资源的初级生产转化来实现。这实质上是一个用经济物流置换自然物流的过程，其间由于大量消耗自然资源极易产生资源浪费、环境污染和生态破坏。另一条是通过生活消费来实现的。也即人们对物质产品的消费既刺激生产发展，促进自然物流和经济物流的有效结合，又需要排放生活垃圾和其他废弃物于环境，复归于自然，完成物流的循环。县级区域正是这样一个以自然物流和经济物流的有机结合、初级转化为主体的环境社会经济复合系统。

(2) 能量流动

能量流动总是和物质循环同时进行的，在物质循环进行的同时就伴随着能量的流动。物质循环是能量流动的载体，能量流动是物质循环的体现和度量。同物质循环一样，能量的流动也有两种：一是自然能流，包括太阳能流、生物能流、矿物化石能流等；二是经济能流，它是沿着人们的经济行为、技术行为规定的方向传递和变换的，即通过开采、运输、加工、消耗到废弃的序列过程进行的。自然能流转化为经济能流，是由农业、采掘、能源部门生产、输入各种能量到社会经济系统的各个系统和各个生产环节的过程。

在物质循环和能量流动同时进行的过程中，经济能流会对自然物流产生影响，具体表现在：一是经济能流对自然物流产生正相关作用；二是经济能流对自然物流产生负相关作用。前者已被各国能源消耗与国民经济发展的正相关关系所证实，后者的影响也是有目共睹的事实，这在中国比较贫困的资源转换型县域因发展而致生态环境惨遭破坏得以佐证。

(3) 价值增值

价值流是一个经济学上的概念，它不具有直接的物质形态。人类在生产过程中，通过有目的的劳动，把自然物（能）流变换为经济物（能）流，于是价值就沿着这一变换的生产链不断形成，同时实现价值的转移和价值的增值，最后通过市场买卖，由交换价值反映出来。这种商品生产的价值形成、增值、转移、实现过程，我们称之为价值流。

价值流的形成与增殖需经过三个阶段：①准备阶段，即进行生产条件的准备。这个阶段是在流通领域里通过交换活动实现的，如生产资料、劳动力的准备、信息的准备等；②物化阶段，这是价值流形成和增值的主要阶段，是在具体的生产过程中进行的。劳动者通过有目的的劳动，运用一定的技术手段实现价值的转移和增值。把生产资料的价值转移到新产品中，同时还凝结了劳动者的抽象劳动，创造了一部分新的价值，使产品的价值有所增大。价值的增殖幅度主要取决于劳动者的素质和生产技术水平及生产管理水平的高低；③实现阶段，这是价值流的终点，也是下一个再生产过程价值流的起点，它是在流通领域中实现的。如果产品不符合社会的需要，或者质次价高，产品卖不出去，价值就不能实现，价值流被阻断，社会的生产与再生产过程就难以为继。县域社会经济的发展，事实上就是这种价值流所需历经阶段的永续运动。

(4) 信息传递

人类的社会经济活动过程是一个客观的物质运动过程，同时又是一个信息的获取、存储、加工、传递和转化的过程。这种以物质和能量为载体，通过物流和能量流转换而实现信息的获取、存储、加工、传递和转化的过程，我们称之为信息流。

现代科技发展条件下的人类社会经济活动，本质上是一种信息活动。人类要想有效地进行社会经济活动，就必须有足够的信息和信息流动，因而信息流是县域复合系统的“中枢神经”。如果信息量过小或流动中断，社会生产和再生产就会失去控制，从而导致系统的不协调和混乱。信息的管理和传递是控制县域复合系统正常运转的基本手段。过去，人们重视社会经济信息的获取、传递和反馈，而忽视了环境变化和资源变化的自然信息，从而产生了无偿地掠夺开发自然资源、污染环境等一系列严重后果。因此，要有效地管理调控县域复合系统，使之朝着可持续发展的方向前进，必须重视社会经济信息和资源环境信息的管理，且须使信息流的传递畅通无阻。

综上所述，县级区域复合系统是物流、能流、信息流的统一有机整体。在这一有机整体中，物质流和能量流是基础，价值流是物质流和能量流有效性的体现，而通过信息流的控制和调节这些“流”的速度、流量和方式，则能够促使和保障县域复合系统的有序变化和可持续发展。

16.5.2 怀柔县的基本概况

(1) 怀柔县地理格局

怀柔县隶属于北京市管理，位于京郊北部，东邻密云县，南毗顺义县，西或西南与昌平县、延庆县接壤，北与河北省的丰宁、滦平两县搭界。县域面积 2557.3km^2，为全市 18 个区县之首。南北狭长 120km，地势由南向北逐步升高，海拔落差在 800 米以上，东西最宽处 37km，最窄处仅 11km，呈哑铃状。境内有平原、丘陵、低山、中山及沟谷等各种地貌类型，平原面积仅占 10%，其余 90%的面积为山区。行政区划上下辖 8 个镇 13 个乡，其中平原地区“一城六镇”的网状结构，为全县的发展和城乡交流奠定了重要基础。

(2) 怀柔县经济发展

改革开放以来，怀柔县的经济取得了长足发展。1998 年的国内生产总值已达 29.6 亿元（现价），财政收入 5.04 亿元，农民人均年纯收入 3503.5 元，城镇居民人均可支配收入 6620.0 元，均较上年增长 9%以上。

就产业的发展而言，怀柔县经济进入了以工业为主的多元化快速发展时期，一、二、三产业结构日趋合理。1998 年三次产业增加值占国内生产总值的比重分别为 12%、52%、36%，其中第三产业由于资金和劳动力配置上的明显倾斜而增长较快，表明怀柔县的产业结构正在由自给性主导产业向商品性主导产业转换。但由于第二产业占了国内生产总值的一半，对资源消耗和环境影响比较大，因此怀柔县的产业结构基本上属于资源消耗型经济，加快产业结构的转化和升级已势在必行。

怀柔县是国家级城郊型“高产、优质、高效”农业示范区，在发展生产性、生活性、生态性城郊农业思路的指导下，近年来的特色农业有了显著的发展。服务于首都的功能定位，使怀柔县的农业实现了从传统种植业为主的单一结构向粮食、经济作物多元化经营的转变。

怀柔县旅游资源丰富，自然环境优越，被誉为“京郊首座园林式城镇”、首都文明“后花园”，因此旅游业成为带动第三产业发展的龙头。1998 年怀柔县接待中外游客 500 万人次，比上年增长 7.1%，实现旅游综合收入 3.0 亿元，同比增长 14.1%。怀柔已成为京郊的旅游大县，相应的旅游服务设施建设名列北京郊县之首，具备了接待国际、国内大型会议和组团旅游的能力。

（3）怀柔县资源环境

怀柔县在 10 个远郊县中，土地面积最大，其资源特点是：山场面积大，宜农地少，但宜开发房地产的土地较多；耕地面积 231051 亩，人均耕地面积 0.88 亩，多于北京市 0.48 亩的平均水平。

怀柔县的水资源比较丰富，水环境质量较好，是北京市的重要饮用水源基地。水资源年均总量为 8.5 亿立方米，占北京市水资源总量的 1/5，人均占有量达 3300 立方米，相当于北京市人均占有量的 7 倍多；水质优良，达到国家二级标准，年供给首都用水 3.9 亿立方米。但水资源时空分布不均，春季短缺，夏季水多而拦蓄能力不足；平原地区河网密度大，水量充沛，而广大深山区则较为干旱。

怀柔县矿产资源比较丰富，品种多，储量大，品位高。目前已发现矿种四大类，八个亚类，34 个矿种，共计 99 个产地，其中有 28 处达保有储量乙级以上，经勘探详查已开发利用的有 52 处。主要矿藏有金、铅、锌、铁矿，以及萤石、水泥灰岩、砂石、矿泉水等，其中石灰岩、砂矿、金矿、萤石等不论储量和产量均居全市第一位，从而为该县的国民经济发展提供了重要的物质基础。

怀柔县有人文景观和具开发价值的自然景观等数十处，其中有国家重点文物保护单位、市级风景名胜、自然保护区、重点文物保护单位 5 处。境内长达

62.5公里的古长城横穿县境，长城“北京结”最为著名。全县植被覆盖率达54.4%，居京郊之首。另外，境内野生动植物资源也十分丰富。县城绿化美化水平高，人均绿地77.2平方米，皆为怀柔县生态旅游业的开展提供了良好的环境条件。

怀柔县由于森林覆盖率高，植被净化能力强，工业污染相对较少，加之暖温带半湿润的大陆性季风气候，四季分明，日照时间长，因而空气清新；大气总悬浮微粒含量约100微克/立方米左右，氮氧化合物含量也仅15微克/立方米，大气质量已达到国家一级标准，生态环境良好。但近年来工业废水排放量的剧增，农业生产活动中化肥与农药对环境的严重危害，应引起当地政府、企业和民众的高度重视。

(4) 怀柔县人口状况

到1998年年底，怀柔县人口总数为26.5万人，常住人口26.2万人，其中农业人口18.7万人，非农业人口7.5万人。近年来，人口的自然增长率比较低，特别是1998年呈现出－1.05‰的负增长。平均人口密度为123.1人/km^2，远远低于北京近远郊区的人口密度。人口少，自然增长率低，从而为怀柔县的可持续发展创造了极为有利的条件。

怀柔县域内人口流动较大，流向集中，主要是从山区向平原流动，农业人口向非农业人口转移。县域内外人口的交流规模相对较小，但呈明显的增大态势。1998年人口的自然增长为－278人，而机械增长则为1122人，表明怀柔县已具有吸纳外地人口的聚合力。

怀柔县超过劳动年龄的人口占15.3%，已显现出了老龄化人口结构。另外，人口的文化科技素质偏低是怀柔县不容忽视的一个突出问题。1996年年底，怀柔县具有高中、中专以上学历的有3.4万人，占总人口数的13.2%；具有大专以上学历的有4293人，仅占总人口的1.66%；具有中级以上专业技术职称的有2854人，也仅为人口总数的1%。这种人口龄级结构和素质结构，势必对该县的可持续发展产生一些不利的影响。

16.5.3 怀柔县复合系统的能值分析与评价

(1) 怀柔县农业生态—经济系统的能值分析

① 怀柔县农业生态—经济系统发展的能值基础

怀柔县农业生态—经济系统发展的能值基础见表16-1，其中包括可更新的环境资源（太阳光、雨水等），不可更新的环境资源（土壤），不可更新的工业辅助能（电力、化肥、机械等），以及可更新的有机能投入（人力、有机肥等）。

表16-1 怀柔县农业生态—经济系统的能值基础（1998）

序号	项　目	原始数据	太阳能值转换率（Sej/J，Sej/g）	太阳能值（E20Sej）	宏观经济价值（亿美元）
可更新的环境资源（Renewable Resources）					
1	太阳光	6.76E18J	1	0.07	0.01
2	雨　水	1.41E15g	75000	1.06	0.10
3	农业用水	1.49E14g	15400	0.02	0.00
	合　计	—	—	1.15	0.11
不可更新的环境资源（Non Renewable Resources）					
4	表土层损失	5.59E14J	62500	0.35	0.03
	合　计	—	—	0.35	0.03
不可更新的工业辅助能（Auxiliary Energy From Industry）					
5	电　力	1.85E14J	159000	0.29	0.03
6	氮　肥	1.56E10g	4.62E9	0.72	0.07
7	磷　肥	1.34E9g	1.78E10	0.24	0.02
8	钾　肥	1.76E8g	2.96E9	0.01	0.00
9	农　药	3.52E8g	1.62E9	0.01	0.00
10	复合肥	4.78E9g	2.80E9	0.13	0.01
11	农用机械	3.66E13J	7.50E7	27.45	2.68
12	农产品加工机械	2.75E13J	7.50E7	20.63	2.01
13	其他运输机械	2.21E14J	7.50E7	165.75	16.17
14	燃料油	0.82E13J	66000	0.01	0.00
	合　计	—	—	215.24	21.00
可更新的有机能（Renewable Organic Energy）					
15	人　力	4.38E13J	3.80E6	1.66	0.16

续 表

序号	项 目	原始数据	太阳能值转换率 (Sej/J，Sej/g)	太阳能值 (E20Sej)	宏观经济价值 (亿美元)
16	有机肥	8.68E10g	2.70E6	0.02	0.00
17	种 子	3.09E14J	2.00E5	0.62	0.06
	合 计	—	—	2.30	0.22
投入的总能值合计				219.04	21.37

注：1. 原始数据的计算参见何开丽的博士论文附录二；

2. 能值货币比率引自参考文献 [17]，即 10.25E+12Sej/美元。

* 包括原材料、制造、维修保养三部分能耗，加工和运输机械相同。

资料来源：《怀柔县统计年鉴》，1998；调查资料。

从上表中可以看出，怀柔县农业年能值总投入为 219.04E20Sej，其中自然环境资源能值投入仅占 5%，而经济系统的投入占到了 95%；不可更新资源的投入量大于可更新资源的投入量，分别为 98%和 2%。显然，环境资源的投入量太少和不可更新资源的投入量太多，这既反映了该县农业生产经营中的工业化特征，也潜藏着对不可再生资源耗竭和使环境污染加剧的危机。另外，在经济系统的投入（包括工业辅助能和有机能）中，有机能（包括人力和有机肥）投入较少，而工业辅助能的投入份额较大，几乎已形成了一种依赖，势必给环境造成很大的压力。

环境资源对怀柔县农业经济的贡献虽然很小，这与北方地区的自然气候条件普遍较南方差有关，但自然环境资源在农业生产中具有其他投入所不可替代的作用。因此，怀柔县应减少经济投入中的工业辅助能，大力提倡使用有机肥，以利于改良土壤，增进农业持续发展的后劲。同时，怀柔县应利用丰厚的自然生物资源和区位优势，大力发展高科技生态农业，以降低自然气候条件对农业生产的制约，又不至于对环境产生很大的压力。

(2) 怀柔县农业生态—经济系统的能值产出

怀柔县农业生态—经济系统产出的能值计算结果见表 16-2。从表中知，1998 年怀柔县农牧渔业的产出能值依次为 3.53E20Sej、32.37E20Sej、0.13E20Sej。其中畜牧业的发展最为突出，势头强劲，占整个农业产出的 90%，这主要源于怀柔县占较大国土面积的山区畜牧业的发展。种植业的产出远远低于对它的经济投入，投资效益低下，除了成本投入较高和自然灾害影响外，主要原因是缺乏有效的管理。相比之下，渔业的产出能值就更低，这和怀柔县丰富的水域面积形成很大的反差。近年来虽已扩大了渔业的养殖面积，但还没有达到充分的利用，因此加快渔业的发展，无疑是改善人们营养膳食结构，增加农民收入的一条重要途径。

表 16-2　怀柔县农业生态—经济系统产出的能值评价

序号	项　目	原始数据 (J)	太阳能值转换率 (Sej/J)	太阳能值 (E20Sej)	宏观经济价值 (亿美元)
主要农作物生产					
1	粮　食	2.14E15	8.30E4	1.78	0.17
2	油　料	9.74E13	8.60E4	0.08	0.01
3	蔬　菜	1.26E15	2.70E4	0.34	0.03
4	水　果	2.50E14	5.30E5	1.33	0.13
	小　计	—	—	3.53	0.34
畜牧业生产					
9	猪牛羊肉	3.76E14	1.71E6	6.43	0.63
10	禽　肉	5.96E13	1.71E6	1.02	0.10
11	禽　蛋	1.65E14	1.71E6	2.82	0.28
12	羊　毛	5.75E14	3.84E6	22.1	2.16
13	其他畜产品	1.97E11	1.73E6	0.003	0.00
	小　计	—	—	32.37	3.17
渔业生产					
14	水产品	7.38E12	1.71E6	0.13	0.01
	小　计	—	—	0.13	0.01
产出的总能值合计				36.03	3.52

资料来源：《怀柔县统计年鉴》，1988；调查资料。

注：能值货币比率同上表。

此外，怀柔县山区面积很大，为发展林果蔬菜业创造了十分有利的条件。但从表中显示悉，怀柔县林果蔬菜业的产出还很低，没有形成一定的生产规模，也难于在首都市场占有一席之地。因此，应当充分利用自身优越的资源条件和首都市场浩大的需求潜力，加快林果蔬菜业的发展步伐，进而带动加工、运输和营销业的规模性发展。

(3) 怀柔县农业生态—经济系统的能值分析指标

本节采用投入产出的能值分析方法，构造了怀柔县农业生态—经济系统系列能值指标，克服了以往可持续发展评价指标量化的困难，有助于对一个国家或地区进行更客观的可持续发展评价。下面分别利用不同能值综合指标对怀柔县农业生态—经济系统进行一个粗略的评价，参见表 16-3 和表 16-4。

表 16-3 怀柔县农业生态—经济系统能值分类和能值评估指标

序号	能值与能值指标	代 号	数 据
农业生态—经济系统能值投入(E20Sej)			
1	可更新环境资源	R	1.15
2	不可更新环境资源	N	0.35
3	可更新的有机能	O	2.30
4	不可更新的工业辅助能	F	28.86
5	加工机械能量	P	20.63
6	运输机械能量	I	165.75
7	环境资源利用总量	$U=R+N$	1.50
8	外部投入能量总量	$V=O+F$	31.16
9	总能值投入量	$T=U+V+P+I$	219.04
10	可更新资源投入量	$R1=R+O$	3.45
11	不可更新资源投入量	$N1=N+F+P+I$	215.59
农业生态—经济系统能值产出(E20Sej)			
12	农作物产出的能值	$Y1$	3.53
13	畜牧业产出的能值	$Y2$	32.37

续 表

序号	能值与能值指标	代 号	数 据
14	渔业产出的能值	Y3	0.13
15	农牧渔业总产出能值	Y=Y1+Y2+Y3	36.03
农业生态—经济系统评估综合指标			
16	能值投资比率	NTR=V/U	20.77
17	净能值产出率	JCR=Y/V	1.16
18	环境负载率	FZR=(V+N)/(R+O)	9.13
19	环境资源投入比率	HTR=U/(U+V)	0.05
20	经济系统投入比率	JTR=V/(U+V)	0.95
21	可更新环境资源投入比率	KTR=R/U	0.77
22	不可更新环境资源投入比率	BTR=N/U	0.23
23	工业辅助能投入比率	GTR=(F+P+I)/T	0.98
24	有机能投入比率	YTR=O/T	0.01
25	工业辅助能与总辅助能比率	GWR=(F+P+I)/(F+P+I+O)	0.99
26	有机能与外部投入比率	YWR=O/V	0.07
27	可更新资源投入比率	KTR1=R1/T	0.02
28	不可更新资源投入比率	BTR1=N1/T	0.98

表 16-4 怀柔县农业生态—经济系统的能值指标比较

能值指标	怀柔县	中 国	海南省	意大利①	日本②
净能值产出率	1.03	0.75	1.27	6.12	6.08
环境资源能值投入比率	0.01	0.13	0.30	0.11	0.07
反馈能值比率	0.99	0.87	0.70	0.94	—
能值投资比率	20.77	4.39	2.33	8.52	14.03
环境负载率	9.13	2.80	2.44	10.43	14.49

注：① 1992 年数据；② 1991 年数据。

资料来源：见参考文献 [20]，怀柔县数据来自本项研究。

第一个是净能值产出率：净能值产出率等于产出的能值除以投入的能值，其中投入的能值来自社会经济系统。净能值产出率是评价能量利用效率的基本指标，它说明经济系统应用能量的效果如何，同时还可表明对象系统经济活动的竞争能力。

由表 16-3 知，怀柔县农业生态—经济系统的净能值产出率为 1.03，高于全国的 0.75(蓝盛芳，1988)，但低于海南省的 1.27(张跃辉，1999)，和其他发达国家相比差距较大（见表 16-4)。这表明怀柔县农业经济的发展并非主要依靠自身的资源，而是投入了大量的购买能值，增加了产品的成本，加之技术进步贡献小产出较少，于是净能值产出率低，经济效益较差。尽管发达国家也依靠购买能值来发展，但由于科技进步等因素的影响，能值产出效率相对甚高，在产品交换的竞争中就处于有利的地位。海南省则是另外一种情况。由于其蕴藏有丰富的光、温、水资源，因此投入了大量无偿的环境资源，而投入的购买能值相对较少，所以净能值产出率较高一些，但因产出水平较低，经济效益较差，且将更多的环境资源让位于购买者，在商品交换的竞争中仍处于不利的地位。

净能值产出率愈高，表明经济效益愈好。当前发达国家经济活动过程中的净能值产出率一般为 6∶1 或更高（蓝盛芳，1990)。换句话说，这些国家自经济系统反馈投入到生产过程中 1 份的能值（物资、劳务和科技等)，可产出 6 份左右的产品能值。而怀柔县农业的净能值产出率虽然大于 1，但投入和产出基本持平，除了满足自身基本需要外，在经济效益上几乎无利可图。因此，未来农业不是怀柔县经济发展的主要支柱和能值来源，主要支柱和能值来源应是工业和第三产业的发展。然而，农业的基础作用不仅仅限于经济因素，它还具有重要的环境改善功能，这是工业生产所替代不了的自然功能。因此，怀柔县农业生态—经济系统的这种投入高、产出效率低的状况一定要加以改变。首先就是要找出产出效率低的根源，然后再着手提高怀柔县农业的净能值产出率，以加强农业生态—经济系统在怀柔县可持续发展中的基础地位与作用。

第二个是能值投资比率：能值投资比率是指经济系统投入（反馈）的能值与环境资源系统投入的能值之比。前者如燃油、电力、物资和劳务等，均需要花钱购买，故又称为“购买能值”；后者来自自然界的无偿输入，称为“免费能值”，包括土地、矿藏等不可更新的资源和太阳能、风、雨等可更新的资源。

从表 16-4 中可以看出，几乎所有国家和地区能值的投资比率均大于 1，这说明人类对农业生态—经济系统投入的“购买能值”均大于“免费能值”。在技术进步因素不变情况下，由于过多的经济投入，即输入大量购买的能值，将因成本增加而使其生产的产品在市场上的竞争能力降低。这种情况在农业发展的初级阶段或经济起步阶段，为了满足人们生存的需要已初见端倪，但进入现代文明社会，并不是“购买能值”投入的越多就越好，必须有一个适度的把握，才能保障人类或区域社会经济的可持续发展。

一个区域社会经济系统的能值投资比率越低，说明该系统对经济系统的需求越小。在同等技术条件下，因购买的能值较少，其生产的产品可以较低的价格出售，故具有较强的市场竞争能力。然而，由于更多地依赖于环境资源系统，在增加了其负载压力的同时，该区域的发展也更多地受到环境资源的约束。因此，能值投资比率不但可以用来决定经济活动在一定条件下的竞争能力，并可测知环境资源条件对经济活动的承受能力。

当前世界范围内的能值投资率一般不低于 2∶1，发展中国家通常较低，因为需要依靠自身的环境资源来发展经济。而发达国家普遍较高，如日本高达 14.03∶1，美国也为 7∶1(Odum，1988)。因为这些发达国家需要购买较多的各种能值资源，用以支撑其经济的高速发展和维持生活的高消费，而自身资源欠缺或图谋使自己的环境资源能够永续利用。这也表明，当代发达国家的高速发展往往是以发展中国家的环境资源和人才资源支持为条件的。诚然，在全球经济一体化和交易公平、互惠互利情况下，如果是依靠购买更多的劳务、技术类能值资源来发展经济，而不是大量消耗自然资源和破坏环境，保持较高的能值投资率无疑是未来人类社会可持续发展的一种必然趋势。

怀柔县能值投资比率现达 20.77，表明投入农业生态—经济系统的“购买能值”巨大，自身资源利用的较少。尽管怀柔县的能值投资比率远高于发达国家，但从投入能值的具体项目来看，这个巨大的“购买能值”主要来自于技术含量低、耗能极大的农村运输、农产品加工和农耕等农用机械的投入。这种技术含量低的高“购买能值”必然加大生产成本，在产出和市场价格一定情况下引起竞争能力下降，且也是造成现时该县农业经营效益颇低的根本原因。

第三个是宏观经济价值：是指输入系统的某种能值对经济的贡献折算成货币的话，相当于多少币值。其折算方法是将输入或产出的某种能值除以某一时期的能值/货币比率。这里所得的币值绝非指市场上可流通的货币价值，只是表明该能值从宏观上看“相当于”多少币值。投入或产出的能值越高，其宏观经济价值就越大。由于它不仅包含了凝结在产品中的人类的劳动价值，还包含了没有付费的环境资源的价值，所以宏观经济价值要比按市场流通的货币计算的价值大得多，怀柔县农业生态—经济系统和复合系统的宏观经济价值也符合这一特点。

第四个是环境负载率：是指“购买能值”加上不可更新资源能值与可更新资源能值的比率。通常，环境负载率越高，对环境造成的压力也越大。怀柔县环境负载率为9.13，与发达国家接近，对环境产生的压力较大。但从另一方面来看，环境负载率高表明科学技术水平也高。怀柔县科技对整个经济的贡献率虽无法同发达国家可比拟，但现已达40%以上，而农业的科技贡献率水平又略高于全县的平均水平。因此，怀柔县应利用此优势条件大力发展城郊型高科技生态农业，以提高环境资源对农业生态—经济系统的贡献。

从以上的能值指标分析中可以看出，怀柔县农业生态—经济系统是一个低效率的系统，投入的能值较高，但产出能值却较低，这也表明怀柔县的农业还有较大的潜力可挖。但从能值投入的结构来看，高能质的“购买能值”投入量较大，低能质的“免费能值”投入量较少，导致农业经营效益不佳，农产品市场竞争力较差。另一方面对可更新资源的利用较少，不利于农业的可持续发展。在农业生态—经济系统的产出中，种植业和渔业的产出相对较小，特别是渔业的发展规模太小，未能充分利用现有丰富的水域资源。

科学技术是属于高能质和具有较高能值转换率的一种能值资源。从根本上讲，农业的可持续发展最终必须依靠现代科学技术的进步和应用。怀柔县农业投入的机械化水平不低，农业科技贡献率也较高，同发达国家或地区相比虽然还有较大的差距，但由于农村劳动力的文化科技素质太低，运用科技的水平较差，导致农业的投入产出效率不高。因此，怀柔县应加大教育的投资力度，尽快提高劳动者的文化科技素质，促进科学技术在农业生产中的推广和应用。同时，还应充分继承和发展传统农业精耕细作的生产技术及经验，注重农业发展的整体性和生态合理性，以促进物质和能量的良性循环。此外，还须应用现代生态农业技术，努力探索怀柔县农业持续发展的新途径。

(2) 怀柔县社会—经济—生态复合系统的能值分析与评价

① 怀柔县社会—经济—生态复合系统的能值基础

怀柔县社会—经济—生态复合系统的能值基础见表16-5和表16-6。1998

年怀柔县投入的总能值为 234.69E20Sej。在总能值的使用量中，投入的“购买能值”较多，即较多地使用了付费的资源产品，而对“免费能值”的投入量则较少（仅占 3%），因此能值投资比率为 19.71(>1)。在总能值的使用中，大量的投入了不可更新资源（占 98%），这与农业生态—经济系统的情况相似，表明怀柔县的社会—经济—生态复合系统也是一个低效率的系统，从下面一节的比较分析中，我们可以看得更清楚些。

表 16-5　怀柔县社会—经济—生态系统能值计算（1998）

序号	项　目	原始数据	太阳能值转换率 (Sej/J，Sej/g)	太阳能值 (E20Sej)	宏观经济价值 (亿美元)
可更新环境资源（Renewable Resources）					
1	太阳光	1.05E19J	1	0.11	0.01
2	雨　水	1.41E15g	75 000	1.06	0.10
3	水力发电	2.84E13J	159 000	0.05	0.00
4	耗水量	1.34E14g	15 400	0.02	0.00
	合　计	—	—	1.24	0.12
不可更新的环境资源及产品（Non Renewable Resources）					
5	表土层损失	8.96E14J	62 500	0.56	0.05
6	木　材	8.01E13J	34 900	0.03	0.00
7	金　矿	1.67E6g	4.40E14	7.35	0.72
8	铁　矿	2.50E11g	8.60E08	2.15	0.21
	合　计	—	—	10.09	0.98
不可更新的工业辅助能（Auxiliary Energy From Industry）					
9	电力	1.16E15J	159 000	1.84	0.18
10	煤　炭	3.99E15J	39 800	1.59	0.16
11	汽　油	0.18E15J	66 000	0.12	0.01
12	柴　油	0.83E15J	66 000	0.55	0.05
13	其他能源	0.31E15J	66 000	0.20	0.02
14	氮　肥	1.56E10g	4.62E9	0.72	0.07
15	磷　肥	1.34E9g	1.78E10	0.24	0.02

续表

序号	项　目	原始数据	太阳能值转换率 (Sej/J，Sej/g)	太阳能值 (E20Sej)	宏观经济价值 (亿美元)
16	钾　肥	1.76E8g	2.96E9	0.01	0.00
17	农　药	3.52E8g	1.62E9	0.01	0.00
18	复合肥	4.78E9g	2.80E9	0.13	0.01
19	农用机械	—	7.50E7	213.83	20.86
	合　计	—	—	219.24	21.39
可更新的有机能（Renewable Organic Energy）					
20	人　力	9.17E13J	3.80E6	3.48	0.34
21	有机肥	8.68E10g	2.70E6	0.02	0.00
22	种　子	3.09E14J	2.00E5	0.62	0.06
	合　计	—	—	4.12	0.40
投入的总能值合计				234.69	22.89

注：1. 原始数据的计算参见何开丽的博士论文附录一；

2. 能值货币比率引自参考文献 [16]，即 10.25E12Sej/美元。

＊包括原材料、制造、维修保养三部分能耗，这里的能值包括农耕、加工和运输机械三部分。

资料来源：《怀柔县统计年鉴》，1998；调查资料。

表 16-6　怀柔县社会—经济—生态复合系统的能值流动表（1998）

变量		项　目	太阳能值 (E20Sej)	宏观经济价值 (亿美元)
R 可更新资源能值	R1	可更新自然资源（1）	1.24	0.12
	R2	可更新有机能（2）	4.12	0.40

续 表

变量		项 目	太阳能值 (E20Sej)	宏观经济价值 (亿美元)
N	不可更新资源能值	N1 不可更新的自然资源 (3)	10.09	0.98
		(N11) 净表土层损失	0.56	—
		(N12) 木材和矿产资源等	9.53	—
		N2 不可更新的工业辅助能 (4)	219.24	21.39
总 能 值			234.69	22.90

注：由表 16-5 整理而得；

① 包括降雨、太阳光等的能值贡献；

② 包括人力、有机肥等的能值贡献；

③ 包括净表土损失、矿产资源、木材的能值贡献；

④ 包括电力、肥料、机械等的能值贡献。

(2) 怀柔县社会—经济—生态复合系统能值指标的比较

有比较才会有所发现。通过能值分析指标的计算和比较研究，我们既可以较准确地知悉一个地区或国家的经济发展潜力，又能客观地判别该对象系统的可持续发展程度，以便为其资源环境与社会经济的协调发展提供科学的依据。怀柔县社会—经济—生态复合系统的能值指标见表 16-7。

表 16-7 怀柔县社会—经济—生态复合系统的能值指标 (1998)

序号	能 值 指 标	公式说明	数量(Sej,%)
1	可更新资源能值流量	R	5.36E20
2	不可更新资源能值流量	N	229.33E20
3	总能值输入量	$T=R+N$	234.69E20
4	总能值使用量	$U=R+N+\exp^{①}$	234.69E20
5	怀柔县能值自给率	$(R+N)/U$	100
6	可更新资源能值占总能值使用量的比例	R/U	2
7	无需付费能值占总能值使用量的比例	$(R+N11)/U$	3
8	能值投资比率	$(R2+N2)/(R1+N1)$	19.71

续 表

序号	能 值 指 标	公 式 说 明	数量(Sej,%)
9	能值使用强度	U/S②	110.18*E*11*Sej*/m^2
10	人均能值使用量	U/POP③	8.87*E*16*Sej*/人
11	在目前生活标准下可更新资源的人口承载量	(R/U) * POP	6042 人
12	电力使用占总能值使用量的比例	Electricity/U	0.08
13	人均电力使用量	Electricity/POP	7.00*E*14*Sej*
14	能值与国内生产总值的比例	U/*GDP*④	6.59*E*13*Sej*/$

注：① 出口原材料量＝0。

② S＝全县总面积（2.13*E*9*m*2）。

③ POP＝全县人口总量（264539 人）。

④ *GDP*＝295864.3 万元＝3.56*E*08$（8.3*Yuan*/$，1998）。

其一是人均指标的比较。能值指标与能量指标有所不同，过去的能量指标没有考虑各类投入的质量差异，也难以区别可更新资源与不可更新资源在不同时空域所包含的实际价值上的差别。而能值指标则充分考虑了各种能量的质量差异，并可把非能量的指标如货币换算为能值，因此，人均能值指标更能全面地评估一个国家或地区的实际生活水平，同时还可以客观地比较发达地区与不发达地区、发达国家与不发达国家的可持续发展情况。

不发达国家或地区的经济增长与经济发展在很大程度上都要依赖于环境资源的能值支持，她们的环境资源能值使用量一般来说都比较大，而且主要是使用本国或本地的资源能值。但是，在对外经济活动中，这些国家或地区却处于不利的地位，要损失大量的真正财富？能值，再加上其人口相对较多，因此人均能值的使用量反而较少，也即真正的生活水平较低。而发达国家或地区的情况则不同，它们通常从国外购进了大量廉价的环境资源，其能值使用量水平并非远低于拥有丰富环境资源的国家，而且由于人口相对较少，实际的生活水平却很高，表 16-8 比较清楚地反映了这种状况。

我们把表 16-8 所列国家的人均能值使用水平可以粗略地分成如下四种类型：（资源丰富，人口较少的不发达国家或地区，人均能值的使用量均在 30E15Sej/人/年以上；（资源丰富，人口较少的发达国家或地区，人均能值的使用量大致在 20E15—30E15Sej/人/年之间；（资源贫穷，人口较少的发达国家或地区，人均能值的使用量大致在 10E15—20E15/人/年之间；(资源丰富，人口较多的不发达国家或地区，人均能值的使用量均在 10E15Sej/人/年以下。

从上述分类中可以看出，第一类型的国家或地区，她的人均能值使用量最高，主要原因是其大量投入了本国或本地区的资源，加上人口数量比较少，所以实际生活水平比较高。但这些国家或地区的经济处在不发达或欠发达状态，究其原因主要是环境资源利用效率低，环境资源能值未能充分发挥作用以获取较高的经济利益，因而经济效益比较低，诚然，这类国家或地区的经济发展具有较大的潜力可挖，关键是要从提高资源的使用效率上入手。怀柔县人均能值使用量虽低于西藏，但她的经济发展即属于此种类型。其他几种类型的情况参见表 16-8 和表 16-9。

表 16-8　部分国家或地区的人均能值使用量比较

国家或地区	能值总使用量 (E20Sej/year)	人　口 (E6 人)	人均能值使用量 (E15Sej/人/年)
西藏（中国）	2 450	2.16	113.43
怀柔县（中国）	234.69	0.26	90.26
澳大利亚	8 850	15	59.00
瑞　典	4 110	8.5	48.35
利比亚	465	1.3	35.77
新几内亚	1 216	3.5	34.74
美　国	66 400	327	29.25
荷　兰	3 702	14	26.44
新西兰	791	3.1	25.52
意大利	12 650	57.51	22.00
苏　联	43 150	260	16.60
巴　西	17 820	121	14.73
西　德	8 027	62	12.95
日　本	15 300	121	12.64

续 表

国家或地区	能值总使用量 (E20Sej/year)	人 口 (E6 人)	人均能值使用量 (E15Sej/人/年)
瑞 士	733	6.37	11.51
厄瓜多尔	1 029	9.6	10.72
台湾省（中国）	2 137	20.16	10.60
波 兰	3 305	34.5	9.58
中国（大陆）	71 900	1100	6.54
印 度	6 750	630	1.07
泰 国	1 590	50	3.18
西班牙	2 090	134	1.56
世 界	202 400	5250	3.86

资料来源：严茂超．西藏经济发展的能值分析与模拟，中国留学人员可持续发展学术会议论文，1997。

表 16-9 不同类型国家或地区实际生活水平比较

类 型	发展水平	人均能值水平 (E15Sej/人/年)	实际生活水平	资源利用效率	经济发展潜力
资丰,人少	不发达	30 以上	最高	最低	最大
资丰,人少	发达	20～30	高	高	小
资贫,人少	发达	10～20	次高	最高	最小
资丰,人多	不发达	10 以下	低	低	次大

电能是一种高能质的能值，它被广泛用来与其他低品质的能量和物质相结合投入使用，能给生产过程以刺激和反馈，它还被用于信息的加工与操纵。电能具有较高的能值转化效率，因此应用于那些真正需要电能的地方，以最大的限度和最优的方式与各种低能质的能量相结合使用，才能获得最大的效益。也即需要对它进行最优资源配置，才能发挥电能的高能值转化效率优势。由此可见，电能的使用量也是衡量一个国家或地区的发展和人们生活水平的一个重要指标。表 16-10 列出了部分国家或地区电能的使用情况。

表 16-10 部分国家或地区人均电能能值的使用比较

国家或地区	电能能值用量(E20Sej)	电能占总能值使用量的比例(%)	人口(E6 人)	人均电力用量(E15Sej)
瑞 典	965.85	23.5	8.5	113.62
美 国	13 280	20.0	227	58.50
澳大利亚	601.80	6.80	15	40.12
新西兰	118.65	15.0	3.1	38.27
瑞 士	234.56	32.0	6.37	36.82
日 本	3 993.30	26.1	121	33.00
苏 联	8 198.50	19.0	260	31.53
意大利	1 771	14.0	57.51	30.79
西 德	1798.05	22.4	62	29.00
荷 兰	370.2	10.0	14	26.44
台湾省(中国)	427.40	20.0	20.16	21.20
波 兰	594.90	18.0	34.5	17.24
巴 西	1 425.60	8.00	121	11.78
怀柔县(中国)	1.84	1.00	0.26	7.00
世 界	26 716.80	13.2	5250	5.08
利比亚	4.65	1.00	1.3	3.58
泰 国	171.72	10.8	50	3.43
西班牙	459.80	22.0	134	3.43
厄瓜多尔	32.93	3.20	9.6	3.43
中国(大陆)	3 091.70	4.30	1100	2.81
新几内亚	9.73	0.80	3.5	2.78
印 度	675	10.0	630	1.07
西藏(中国)	1.96	0.08	2.16	0.91

资料来源：严茂超．西藏经济发展的能值分析与模拟，中国留学人员可持续发展学术会议论文，1997。

从上表可以看出，怀柔县电能的人均用量为7.00E15Sej，虽高于中国的人均水平，但低于世界平均水平。

综上所述，怀柔县的发展现主要依赖于不可更新资源的大量投入和使用，但像电力这样的高品质的能值投入却较少，而是大量投入了不可更新的矿产、木材等太阳能值转化率较低的资源产品。这既导致怀柔县资源利用效率不高，经济效益较差，又因不可更新资源消耗的大量增加，对生态环境造成一定程度的破坏，进而势必威胁到其未来的可持续发展。

其二是能值/货币比率的比较。从人类社会的可持续发展和能值分析角度来看，真正的社会财富不是金钱，而是能值。金钱的表现形式？货币仅仅是一种流通工具，它可以衡量经济活动中人的作用和贡献，但并不能衡量自然的作用和贡献。而且由于通货膨胀因素的影响，以货币为符号的社会财富或产品价值往往不能反映实际的劳动贡献或物质能量的均衡供需，所以金钱并非衡量一国经济或发展的唯一形式。由于自然和人类所创造的一切可供人类利用的东西（资源、商品和科技文化等）均包含能值，所以能值是一种客观存在的真正的财富。与人为的金钱不同，能值是衡量自然和人类经济活动的客观标准，而金钱只是用于衡量人类经济的人为标准或工具。

能值与金钱的数量关系可用能值/货币比率加以表示和反映。为了便于比较不同国家或地区的能值/货币比率，通常采用太阳能值与国际流通的货币？美元的比值来表示。由于每年使用的不可更新资源的能量不同，以及流通的货币量不断变化，因而太阳能值与货币的比值关系亦在不断变化。能值/货币比率能够客观地评价一个国家或地区经济的发达程度，即通常不发达的国家或地区，由于国内生产总值较低，因而能值/货币比率较高，而发达国家或地区的能值/货币比率则较低，见表16-11。

表16-11 怀柔县能值/货币比率与其他国家和地区的比较

国家或地区	总能值 (E20Sej)	国民生产总值 (E9 $ /年)	能值/货币比率 (E12Sej/ $)
西藏(中国)	2 450	0.39	628.21
怀柔县(中国)	234.69	0.36	64.05
新几内亚	1 216	2.6	46.77
利比亚	465	1.34	34.70

续 表

国家或地区	总能值 (E20Sej)	国民生产总值 (E9 $ /年)	能值/货币比率 (E12Sej/ $)
多米尼加	7	0.08	8.75
厄瓜多尔	964	11.10	8.68
中国(大陆)	—	—	8.67
巴 西	17 820	214.00	8.33
印 度	6 750	106.00	6.37
澳大利亚	8 850	13900	6.37
世 界	202 400	5000.00	4.05
泰 国	1 509	43.10	3.50
苏 联	43 150	1300.00	3.32
新西兰	791	26.00	3.04
瑞 典	4 110	160.00	2.57
美 国	66 400	2600.00	2.55
荷 兰	3 702	16.60	22.30
日 本	15 300	715.00	2.14
西班牙	2 090	139.00	1.50
意大利	12 650	865.83	1.46
台湾省(中国)	2 137	158.00	1.35
西 德	8 027	715.00	1.12
瑞 士	733	102.00	0.72

资料来源：严茂超．西藏经济发展的能值分析与模拟，中国留学人员可持续发展学术会议论文，1997。

1998 年怀柔县的总能值使用量为 234.69E20Sej，与当年怀柔县的国内生产总值相比，所得的能值/货币比率为 64.05E12Sej/ $ 。同其他国家或地区相比(见表 16-11)，怀柔县能值/货币比率较高的原因是她直接使用了本地区的资源，没有或甚少从外地或国际市场上购买资源产品。表明怀柔县的经济系统还是一个相对比较封闭的系统，经济的发达程度较低。这与现实情况是吻合的。

(3) 怀柔县主要储藏资源的能值评估

怀柔县不但自然环境条件比较优越，使其成为首都北部良好的绿色屏障；而且自然资源也较丰富，尤其是矿产、水和木材资源的储量、开发和利用，对于自身的可持续发展和北京经济建设的支持作用将会愈益重要和凸现。

表 16-12 怀柔县矿产资源探明储量估算表(1996)

矿产类别	矿种名称	保有储量 单位	数量	回采率（%）	产品价格（元/吨）	可采价值（亿元）	可采年限（年）
黑色金属	铁 矿	万吨	7 094	50	10	3.52	10
	钛 矿	万吨	12.8	50	—	—	10
	钒 矿	万吨	1.11	50	—	—	10
贵金属	金 矿	吨	7.548	80	86(克/元)	6.49	5
有色金属	含镁白云岩	万吨	1 686	60	70	7.08	20
冶金辅料	石英岩	万吨	4 753	70	30	9.98	150
化工原料	制碱灰岩	万吨	10 650	90	30	28.75	40
建筑材料	水泥灰岩	万吨	2 984	80	15	3.58	20
	砂 矿	万吨	7 725	90	25	17.38	30
	石灰石	万吨	120.5	70	70	0.60	10
	大理石	万吨	700	60	200	8.4	10
合 计		万吨	35 681	—	—	85.78	—

资料来源：怀柔县计划委员会。

从表 16-12 可以看出，目前怀柔县已探明的矿产资源中具有工业开采价值的矿种有 11 种，按目前技术设备的“回采率”和市场价格计算的工业价值达到 85.78 亿元。

从表 16-13 的能值评估中可知，怀柔县储藏资源的能值总量为 3571.54E20Sej，是 1998 年能值总投入量的 15 倍左右。已探明的矿产资源和木材储存量的宏观经济价值为 348.63 亿美元，相当于 1998 年怀柔县国内生产总值的 98 倍。显然，这些资源均具有较大的开发利用潜力。其中，不可更新的矿产资源的潜力最大，可更新资源的储藏量相对较小，但水资源的储藏量较为丰富，在首都的经济建设中无疑占有非常重要的地位。

表 16-13　怀柔县已探明资源储藏量的能值评估(1996)

类　别	贮藏量	能值转换率（sej/单位）	太阳能值（E20sej）	宏观经济价值（亿美元）
制碱灰岩	1.07E14g	1.00E9	1070.00	104.39
砂　矿	7.73E13g	1.00E9	773.00	75.41
铁　矿	7.05E13g	8.55E8	603.00	58.83
石英岩	4.75E13g	1.00E9	475.00	46.34
水泥灰岩	2.98E13g	1.00E9	298.00	29.07
含镁白云岩	1.69E13g	1.00E9	169.00	16.49
大理石	7.00E12g	1.00E9	70.00	6.83
人力资源	1.41E5(人·年)	3.1E16	43.71	4.26
金　矿	7.55E6g	4.40E14	33.20	3.24
水资源量	2.22E16g	75000	16.70	1.63
石灰石	1.21E12g	1.00E9	12.10	1.18
木材蓄积量	9.82E15J	34900	3.43	0.33
水能蕴藏量	1.77E15J	159000	2.81	0.27
钛　矿	1.28E11g	1.00E9	1.28	0.12
钒　矿	1.11E10g	1.00E9	0.11	0.01
合　计	—	—	3571.54	348.63

资料来源：怀柔县计划委员会。

注：能值/货币比率与前表相同（10.25E12Sej/＄）。

（3）怀柔县发展状态能值分析的结果讨论

通过以上能值分析，我们可得出以下几点结论：

怀柔县在农业经济和整个社会经济的发展中，投入了大量具有较高能质的经济能流，如化肥、机械等，而低能质的自然能流投入较少，如太阳能流、生物能流、矿物化石能流等。由于自然能（物）流和经济能（物）流之间的相互循环转换，在特定区域系统中客观地存在较适的平衡点与搭配，才能获取较佳的发展效益。因此，怀柔县域的自然能（物）流与经济能（物）流的现状配置导致其相互转换关系是不平衡的，必然造成经济效益不高，这与“人”的调控管理不佳有直接的关系。也就是说，怀柔县社会、经济、生态复合系统的相互耦合关系不协调，其主要原因是经济物（能）流远大于自然物（能）流的投入，加之信息流不畅，“人”的调控不佳，致使怀柔县物（能）流低效使用和浪费。

农业对人类社会的持续发展具有特殊的不可替代的作用。在怀柔县的农业一生态经济系统中，经济物（能）流也远大于自然物（能）流的主要原因正如H. T. Odum在1984年所指出的那样：长期以来仅注意对农业系统不断地投入工业辅助能，对环境资源因素的价值认识不足，于是逐渐以外部的有目的的调控方式取代自然环境生态系统内部亚系统的调控，这是现代农业产生弊病的根源。因此，合理地认识和评价环境资源对农业生产的贡献，是怀柔县农业持续发展中亟待探索的重要课题。

“经济是人类文明拥有的资源和能量的总系统。论及一个国家或地区的经济，通常人们想到的就是拥有金钱的多少。其实，某一地区的经济乃是如何开发利用该地资源和能量的问题”[16]。换句话说，一个地区的经济就是如何有效地利用本地区的能量、物质和劳务这些真正的财富，生产各种产品供应消费者。在现代全球经济一体化和社会化大生产过程中，这种“自力更生，丰衣足实”的理念及行为方式虽已不可取，但保障区域的经济发展和社会经济的全面可持续发展，不能仅仅依赖于外部系统的能量输入。怀柔县具有巨大的环境资源能值财富，只有将外部的技术、资金和人才同这些能值财富进行有效的结合和合理的开发利用，才会将环境资源转化为巨大的经济财富，以保障和实现自身的可持续发展。

16.5.4 怀柔县可持续发展的战略构想

(1) 怀柔县社会一经济一生态复合系统的战略演进

发展战略是一个具有全局性、长远性的，有关一个国家或地区总的社会经济发展构想和对策。也只有有了正确的发展构想和对策，才能避免盲目冲动而有效地指导国家或地区的社会经济健康、快速地发展。然而，一个正确的发展战略不能脱离区域的时代背景和自身的条件基础，同样也需要经历一个不断探索的实践过程。

新中国成立后，怀柔县社会经济的发展大致经历了改革开放前的缓慢爬行阶段、1979—1989 年间的改革腾飞阶段和 1990 年以后的快速跃进阶段，在实现由农业县向工业县转变的基础上，现已进入以工业为主导的多元化经济发展和社会一经济一生态复合可持续发展的历史时期。在这一进化过程中，其发展战略经历了下列三次质的飞跃。

①“龙头带动战略”的提出，实现了怀柔县经济发展战略的第一次飞跃

“龙头带动战略”的基本内涵可用“八五”规划中提出的“依托首都，发展县城，辐射平原，带动全县”来概括。这是怀柔县根据国家和北京市的宏观经济总体发展要求，结合本县的发展基础和环境条件所制定出的创新性发展战略。其实质是找到了怀柔县域经济发展的源动力？“龙头”，具体表现为：第一，在区域布局上，依靠县城带动；第二，在产业结构上，通过工业带动；第三，在经济层次上，依托县直经济带动。

怀柔县素有“九山一田”之称，国土面积以山区为主，但山区的发展受到诸多条件的限制。尽管平原面积狭小，但由于紧邻京城，交通方便，信息快捷，人才集中，基础较好，故应成为全县经济发展的主战场。另外，在产业结构上开始了以农业大县为主的传统产业结构的调整。先后在县城邻域建设了三个工业开发区，并在平原为山区的乡镇也集中建起了工业区，且通过制定优惠政策予以扶持。这样工业本着发展名的、培育大的、置换小的方针，初步建成了一大批较大型骨干企业，这些工业现已成为怀柔县经济发展的支柱行业。

考虑到以上的有利区位和发展态势，怀柔县在“八五”末期，即 1995 年年底明确地提出了“依托首都，发展县城，辐射平原，带动全县”的“龙头带动战略”。这里的“龙头”是指县城，即以县城一极为龙头，带动平原地区，再以平原地区带动山区；强化县城建设，并在山区撤村并乡展开全方位的联合。“龙头战略”的决策思路与实施为怀柔县社会经济的发展注入了活力与动力，全县实现了发展战略上的第一次质的转变。

②“长入战略”的提出，为“龙头带动战略”注入了新鲜血液

“龙头带动战略”的提出无疑为怀柔县经济的发展注入了一剂催化剂，但对经济发展刚刚步入正轨的怀柔县来说，还需要不断地寻找经济发展的突破口和新增长点，只有这样才能在正确的发展战略指引下，取得经济建设的成功发展。因此，为了配合“龙头带动战略”的实施，怀柔县相继又提出了“长入战略”。这一战略也是在贯彻党中央十四届五中全会提出的“两个转变”的精神基础上，研究制定并实施的，从而为“龙头带动战略”注入了新鲜血液。

“长入战略”的内涵是指利用怀柔县内部现存条件，通过商品化、市场化途径，从外部引入自身欠缺的要素，与内部质量要素嫁接、优化组合形成新的生产力，并建立起经济运行的新秩序与新机制。经过全县企业在转轨变型中新旧观念的碰撞和脱胎换骨的阵痛，使怀柔县形成一批新的经济增长点，构筑出若干颇具活力的经济板块，促进怀柔县由人口小县向经济强县发展。

“长入战略”选择的经济增长点主要有：①农业方面以发展“三高”（高产、高质、高效）与“三生”（生产性、生活性、生态性）相结合的城郊型农业为重点；②工业方面以建设环保型高科技产业为重点，重点发展的行业包括食品饮料、机械加工、新型建材、微电子等；③城镇建设和第三产业方面以发展旅游、商业、房地产、信息产业为重点，并有相应的政策配套措施，这就为“长入战略”的实施注入了新的活力和动力。

③“城镇带动战略”的提出，实现了怀柔县经济发展战略的第二次飞跃

“一珠璀璨，三点便达，五轴贯穿，七星闪烁”是怀柔县特殊的人文地理区位优势的高度概括。其中的“七星闪烁”是指怀柔南部平原的七座小城镇，包括怀柔县城所在地的怀柔镇及其周围紧密相连的北房、杨宋、庙城、桥梓、雁栖、怀北等七镇，通常也称为“一城六镇”。这六个小镇各具特色，呈群落布局，宛如六颗闪烁的星星围绕在“明珠城”的周围，形成了一个特殊的城镇群。这“一城六镇”虽占地面积不大，平均每个城镇面积仅为45km²，却聚集着全县近64%的人口、58%的耕地。实践证明，城镇群的建设将大大提高区域的发展速度。于是就有了怀柔县发展的“城镇群”思路和“城镇带动战略”的提出。

怀柔县平原区的一城六镇在全县城镇体系和生产力格局的建设中有着明显的层次联系以及功能互补性，无疑通过“城镇带动战略”可带动全县社会经济的全面发展。由“龙头带动战略”中强调一个城市的中心作用到“城镇带动战略”中所突出的“城镇群”的概念，是怀柔县发展战略的第二次质的飞跃，它是对“龙头带动战略”的完善与深化。

④“可持续发展战略”的提出，标志着怀柔县发展战略的根本性飞跃

从上述发展战略的演进和近10余年来的实践历程中可以看出，怀柔县已在自觉不自觉地探索着20世纪90年代以来受到国内外普遍关注的可持续发展战略。在1995年，怀柔县已明确提出要正确处理社会经济发展与人口、资源、环境之间的相依关系，走可持续发展之路，并将其作为《国民经济和社会发展

九五计划和2010年远景发展目标纲要》的重要内容确定下来。嗣后，在北京市科委等部门的大力支持和帮助下，邀请有关专家、学者就怀柔可持续发展问题进行研讨，拟定了怀柔可持续发展的基本框架，制定了实施可持续发展的相关政策，建立了“怀柔可持续发展基金”，现已被列为北京市可持续发展的综合实验县和国家级社会发展的综合试验区。这意味着，可持续发展战略的提出是怀柔县发展战略的第三次质的、也是最根本的飞跃，已受到县域内外的高度关注。

(2) 怀柔县社会一经济一生态复合系统的战略抉择

① 战略思想和原则

众所周知，可持续发展是既满足当代人的需要，又不对后代人满足其需要的能力构成危害的发展。其核心思想是健康的经济发展应建立在生态可持续能力、社会公正和人民积极参与自身发展决策的基础上，体现了效率与公平、持续性和共同性的原则。从哲学属性来看，可持续发展是一个历史阶段范畴，因为在不同的社会经济发展阶段，有着不完全相同的战略目标、重点和内容。现阶段，怀柔县实施可持续发展战略有其客观的必要性和现实的可行性。

客观必然性主要表现在：从发展的大环境看，任何区域社会经济系统必须以可持续发展为根本目标追求。怀柔县社会经济要实现长远发展，就必须与国际接轨，融于世界经济的大循环，这就要求我们必须按照国内国际可持续发展的基本准则，确定并走一条具有自身特色的可持续发展道路；从怀柔县的区域功能定位看，实施可持续发展战略是实现怀柔县长远发展目标的关键所在。怀柔是北京重要的水源保护区，且区域功能定位是建成“四个中心”，即京郊会议中心、休闲度假中心、旅游观光中心和展示交流中心。要实现这一目标，就必须按照可持续发展的要求，在发展经济的同时，格外注意资源、环境的保护工作，确保社会、经济、环境的协调发展。

就现实可行性而言，怀柔县既具有实现可持续发展必须具备的前已述及的资源、环境、市政设施和合理的经济结构等方面的优势条件，也更具有政府与民众对其自身发展的危机意识和实施可持续发展战略的紧迫感，再则已得到国家和北京市的高度重视和支持。

经过上述三次发展战略上的飞跃，怀柔县已步入实施可持续发展战略的实践征程。当前怀柔县推行的重点是发展经济兼顾环保的可持续发展战略，与发达国家实施的重点在于提高环境质量的可持续发展战略一样都是一种有缺陷的发展战略，导致一些环境和社会问题仍频繁出现。因此，要实现真正意义上的可持续发展，就必须从改变现存的不合理的生活方式和生产方式开始，在环境文明的框架指导下，从生活方式、生产方式、经济形态的创新中推进可持续发展。但考虑到怀柔县现阶段的经济发展水平，不可能实行一步到位的创新性可持续发展战略。因此，怀柔县现阶段宜实施环境文明框架下的渐进式绿色战略，以便使现行不良的生产方式和生活方式得以逐步调整。

怀柔县可持续发展渐进式绿色战略的基本要点为：（遵循生态效益、经济效益和社会效益统一的原则，以高效率、高效益、节约自然资源与减少环境污染为目标，在北京市内率先实现经济的可持续发展；（合理地开发利用人力资源和自然环境资源，特别应突出人力资源的培养和训练；（大力推广应用各类对环境友善的技术（如生态农业技术、清洁工艺等），加速现有第一产业、第二产业和第三产业的"绿化进程"；（在第一产业、第二产业和第三产业中积极创建专门从事生态环境建设和环境保护的各类新型产业。在加快绿色经济发展和不断提高人们生活质量的同时，积极拓展县域内外的就业渠道，加强社会服务和保障体系的建设，以使全县在稳定有序中实现可持续发展。

概而言之，怀柔县可持续发展渐进式绿色战略的核心是：一方面积极发展一系列新型生态、环保类产业和产品，另一方面加速传统产业和产品的绿化进程。通过这两方面的努力，克服现有经济体系中人力资源和环保产业开发滞后的缺陷，建立与健全"广义"的经济再生产体系，即使人口生产、物资生产和环境生产协同发展。为此，需要深入分析研究这一"广义"国民经济再生产体系中生产、交换、分配与消费四个环节存在的问题及其解决的途径，以便有效地推进怀柔县可持续发展绿色战略的实践。

② 战略目标体系

可持续发展因国家或地区的客观条件差异以及发展水平的不同，在发展目标上而有所区别。在可持续发展已成为时代最强音的大背景下，怀柔县也应从自己的县情出发，制定出适应可持续发展战略要求的总体目标和各分项目标，以便分阶段有步骤地实施可持续发展战略，并最终实现县域经济、人口、资源、环境的协调发展。

战略总目标：怀柔县近 10 年来，经济取得了快速的发展，同时也注重了对环境及其资源的保护与合理利用，基本上走的是一条以经济发展为主、环境与经济协调发展的路子。由于怀柔县现处于可持续发展的初级阶段，经济实力比较薄弱，人们的生活水平还较低，改善生态环境的能力仍有限，因而其战略总目标仍须遵循以经济发展为主导，同时注重环境资源的保护与合理开发利用的原则。

从可持续发展定义的本质上讲，可持续发展就是经济文明、社会文明、环境文明的协同发展，由此制定出怀柔县可持续发展的长远总目标是：在绿色战略和环境文明框架的指导下，依靠经济发展和科技创新，不断满足全县人民物质与精神生活水平提高需要，服务于首都现代化建设，实现具有怀柔特色的以经济、社会、环境与人口协调发展为主导的可持续发展。

战略分目标：可持续发展的战略总目标是一面旗帜，为怀柔县可持续发展道路指明了方向，在此总目标的导引下，各行各业都应该有一个现阶段的发展分目标。现分述如下：

其一，产业发展目标。中国现正处于社会、经济结构的大调整时期，改革与发展正沿着可持续发展的宏观战略向纵深方向突进，而产业结构的调整对于实现社会经济结构的合理化和高度化及可持续发展战略的贯彻就尤为重要和迫切。怀柔县也应抓住这个机遇，大力调整现有产业结构，实现产业结构的优化发展，以适应怀柔县可持续发展总目标的需要。

怀柔县产业发展的目标是：在产业生态化、技术密集化导向下推行倾斜突进策略，实现产业结构的优化配置和高层次位移。具体的思路是利用首都郊区的区位优势大力发展城郊型农业，调整与提高第二产业内部结构，以旅游为龙头带动第三产业的迅速发展，加大力度推进以信息、知识为基础的第四产业的发展，并通过对第四产业发展的大力倾斜，以增加全部产业的技术含量和可持续性，带动整个产业结构的升级换代。

其二，科技发展目标。《中国21世纪议程》明确指出：“科学技术是综合国力的重要体现，是可持续发展的主要基础之一，没有较高水平的科学技术支持，可持续发展的目标就不可能实现”。科学技术是第一生产力，科学技术也具有生态功能，首先，现代科技发展改变了人们对自然的片面认识和无止境索取，促进了现代生态意识的形成，无疑有利于人们在追求发展中自觉调整思维方式、生产方式和消费方式，努力向着生态无害化或生态友好型的方面发展。其次，科学技术能够拓展资源的利用范围和提高其利用效率，同时还为生态无害化提供了手段。总之，科学技术的发展，为我们实现可持续发展的战略目标提供了切实有效的手段。

怀柔县科技总体水平还不高，但具有发展高科技的区位优势条件。因此，适应怀柔县可持续发展总目标的需要，怀柔县科技发展的目标是：在科技创新的导引下，充分利用首都北京的人才、信息、成果和市场优势，通过多元引进、园区建设和成果转化等方式，大力发展绿色高科技，促进产业向生态化方向发展。

其三，环境发展目标。在发展经济的同时进行环境的保护，这是发展中国家在汲取了发达国家“先污染，后治理”的教训后取得的普遍共识。怀柔县环境条件得天独厚，长期以来，由于担负着北京市生态屏障的功能重任，以及处于北京的上风上水，对环境资源的加强保护势必影响到其经济的快速发展。近年来，怀柔县经济有了极大的发展，在环境保护上也下了一些功夫，但比起经济发展的速度来说环境保护仍相对滞后，且面临的挑战也更加严峻。

有鉴于此，怀柔县未来的环境发展目标是：本着预防为主、保护环境与发展经济协同并举的方针，大力拓展环保产业，加大环保投资和环境管理力度，实现环境与经济的协同发展。

其四，城乡发展目标。解放后，中国在赶超型战略的指导下，长期实行一种城乡分割的政策，导致农业与工业、农村与城市二元结构的持续并存，城乡矛盾根深蒂固。这是在工业化过程中必然遇到且又难于消解的困惑之一，也进而威胁到社会的稳定和可持续发展。

怀柔县是北京市的一个多山的远郊县，其地形地貌和城乡、城镇格局，导致城镇与农村在发展上存在较大的差距。为了缩小其发展差距，有效地节约利用土地资源、减轻城镇人口的扩张压力，实现城乡协同发展，怀柔县城乡发展的目标是：通过功能定位与分工，加强小城镇和中心村建设，以及合理其规模与布局，走城镇、中心村和乡村协同互利的可持续发展之路。

其五，社会发展目标。中国县域的可持续发展，应建立在经济有效增长、生态环境可持续演化、社会公平民主和人民积极参与自身发展决策的基础上。因此，要求在时间和空间两个维度尽力做到人与自然和谐、人与人公平，稳定与繁荣并举，缩小贫富和城乡差异，消除落后与贫困。在此原则指导下，怀柔县可持续发展的社会目标应是：以生态环境的持续演化为基础，以经济上的持续发展为条件，坚持少生优育，努力提高人口素质；完善法律法规和社会保障机制，以促进社会公正、民主和稳定发展。

③ 战略措施

其一，实现环境与发展综合决策科学化、规范化。环境与发展的综合决策是正确解决环境建设与社会经济发展之间矛盾的唯一途径。马克思在《资本论》中深刻指出："劳动是人和自然之间的过程，是人以自身的活动来引起、调整和控制人和自然之间的物质变换的过程"。这一物质变换过程包括两个方面：一方面是人类通过劳动生产出具有某种使用价值的产品；另一方面是消耗了自然资源，并且排放了废弃物，污染了环境。长期以来，人们只关注前一方面，而忽视了后一方面。其结果是使人类面临生态破坏和环境污染的严重威胁。因此，必须把合理利用资源和保护环境与发展经济同时列入决策者的议事日程，进行环境与发展的综合决策，以促进环境保护与社会经济的协调发展。

怀柔县近年来虽已自觉不自觉地在经济发展的决策中考虑到了保护环境的要求，但是离实现环境与发展综合决策科学化、规范化的目标，还有很大的差距。为此应从下列几个方面进行改进：

首先，县政府及其经济综合部门必须切实把环境保护目标纳入经济和社会发展的年度和中长期规划，从落实项目和落实资金投入上给予保证。

其次，要保证环境保护投入占同期 GDP 的比例达到 1%以上。根据国际经验，为使环境污染得到控制，治理污染投入应占到 GDP 的 1～1.5%；而为使环境逐步改善，则须把治理污染投入提高到占 GDP 的 1.5～2.5%。

第三，县政府在制定县域的资源开发、城镇建设和行业发展规划，进行产业结构调整和生产力布局等经济建设和社会发展的重大决策时，必须综合考虑经济、社会和环境效益，编制环境影响报告，实行环境影响论证和审批制度。

第四，县域内各产业、资源管理和经济综合部门在确定工业、农业、水利、资源开发等重大建设项目时，必须同时制定环境保护的对策措施，实行环境影响评价和"三同时"的审批、验收制度。

第五，县域内各级党委、政府的组织、人事部门要按照党中央、国务院的指示精神，把环境保护作为各级干部政绩考核的重要内容，组织制定具体考核指标，实行环境保护一票否决制，从而为实现环境与发展的综合决策提供有效的组织保证。

第六，要在总结经验教训的基础上，拟定实施上述各项制度的具体办法，逐步建立有效的环境管理程序，使环境与发展综合决策科学化、规范化。

第七，为实现环境与发展综合决策的科学化和规范化，有必要建立一个环境与发展综合决策的数据支持体系，即应进行综合性的环境和经济核算（英文缩写为SEEA)，以克服传统的国民核算体系（SNA）中忽视资源与环境价值和影响的弊端。

其二，建立健全可持续发展的经济体制。实现中国的可持续发展，需要依靠建立和完善具有特色的社会主义市场经济体制来规范政府、企业的职业行为和公众个人的活动行为。而建立健全符合可持续发展需要的企业生产经营制度和资源合理配置的市场调控机制，对于实现国家宏观和县域的可持续发展尤为重要。

如同全国一样，怀柔县的乡镇企业既是经济发展的支柱，又往往是造成环境问题的“元凶”。较之国有企业，怀柔县的乡镇企业具有技术水平低、生产管理落后、设备简陋、资源浪费严重、职工文化程度和业务素质偏低的特点，因而其单位产品之“三废量”也远高于国营企业。但同时，乡镇企业中相当多的行业是为北京市区国企加工配套服务的，是国企的有益补充，因此不能一概加以“关停并转”。但如何规范乡镇企业的经营行为，是建立怀柔县可持续经济体制的最大难点。

一般来说，由于郊区的环境容量相对于市区较大，而人们的产权意识、环境意识又相对较低，加之郊县环境管理的能力较差，从而助长了乡镇企业的乱采乱伐和乱排乱放。为了改变怀柔县乡镇企业所具有的上述弊端，应采取下列对策措施：第一，尽快建立并完善乡镇企业的环境管理法规体系；第二，应进行县域区位功能规划，合理布局，以及调整乡镇企业的发展方向和产业结构；第三，加强政府和乡镇企业内部环境管理机构的建设，提高管理人员和技术人员的素质；第四，大力促进乡镇企业的技术改造，推广无废、少废生产工艺及乡镇企业污染治理的适用技术；第五，加强县域内各级环保部门与其他部门间的协作。

其三，完善可持续发展的政策体系。在社会主义市场经济体制下，政策对发展的调控作用往往居于主导地位。实现怀柔县的可持续发展，需要在下列三个层次上遵循和完善相应的政策体系。

第一个层次涉及国家宏观经济政策，如税收政策、信贷政策、价格政策等。必须遵循和有效地利用这些宏观经济政策，调控县域环境与发展的关系，促进两者的协调发展。

在投资政策上，首先应通过有力的税收和信贷杠杆对多方面的投资加以协调和控制，鼓励投资主体向资源利用率高、资本有机构成高（特别是技术含量高）和污染少的行业投资；其次，在全县国企资产投资中，应保证环境保护投资比例的稳定与增长。在条件成熟的情况下，建立环境保护基金，则有助于加强县政府对污染防治和环境保护方面的宏观调控能力；第三，从怀柔县在服务于首都中所承负的责任和功能出发，应积极争取北京市的政策支持和项目资助，如扩大利用外资领域或规模的政策，增强水源保护和高新技术项目的开发投资等。

在财税政策上，首先应逐步减少并最终取消与可持续发展目标相悖的各种财政补贴，而对那些有利于可持续发展的重大项目或产业部门，则应通过财税优惠给予必要的支持；其次，在现行资源税中，依据可行性应增设新的资源税种，扩大资源税的征收比重；第三，在消费税中，应体现出“环境友好”产品与污染重产品的税收差异；第四，应征收环境税。

在信贷政策上，首先应坚持贷款择优限劣的原则，鼓励高效、低耗、低污染的企业发展；其次，综合运用多种金融调控方式，如贴息、专项投资、贷款优惠等，鼓励企业在发展经济的同时，积极进行污染治理，引导企业将发展与环境视为一体。

在价格政策上，一方面应依靠价值规律与供求关系来调整现行的不合理的资源价格，彻底改变由于资源低价或无价而造成的资源浪费、环境污染和生态破坏，以便逐步形成资源节约型的经济发展模式；另一方面，通过对产品的全生命周期进行分析，使价格尽可能地反映出产品“从摇篮到坟墓”全过程中的所有成本（包括环境成本），从而达到通过价格控制“环境有害”产品的生产和消费的目的。

第二个层次是产业政策与技术政策。这需要依据国家、北京市的相关政策和自身的发展状况，调整和制定新的政策。其目的和内容如下：要有助于通过优化产业、行业和产品结构以及调整生产布局，淘汰严重污染的产品或行业，促进有利于环境改善和资源节约、高效的产业部门的发展；要有利于引进、应用和推广环境无害化技术，普遍推广清洁性生产；能有效地扶植大集团企业的生成与发展，促进其科学管理，以便发挥规模效益，减少资源浪费；应规范乡镇企业的发展，使其通过提高技术水平和管理水平，减少资源浪费和环境污染；正确引导和大力支持环保产业的优先发展；有助于积极推广环保型的生态农业，且加强对山区资源的开发力度，把山区建成首都的生态屏障。

第三个层次，协调好环境政策与工业、农业、水利、矿产等部门政策之间的相依关系。由于环境政策具有显著的交叉渗透性，与各部门的政策有极为密切的关系，因此必须统筹兼顾，以便获得经济效益与环境效益上的双赢，并在此基础上真正建立起比较完整的环境与发展一体化政策体系。

第四个层次，开发与推广应用对环境友善的技术。对环境友善也即符合可持续发展需要的技术，是指直接和间接地有利于环境保护、减少污染和资源节约、有效利用方面的先进和传统可用类技术。为保持怀柔县“一盆净水、一块净土”的美名，应率先大力开发和推广应用这种善待环境的绿色科技，为实现可持续发展的绿色战略打下坚实的技术基础。

首先，应集中财力加大对绿色科技的投入，促进绿色科技进步。怀柔县应充分利用北京高而密的科技和人才优势，集中财力，加大对环保高新技术及其产品开发与研究的投入，以促进环保高科技和绿色技术的发展和推广应用。

其次，积极营造良好的内部环境，促进环保科技成果的引进、开发和转化。由于环保高新技术的产业化是促进环保科技成果引进、开发和转化的最佳途径，因此怀柔县政府、企业和民众应增强危机感和树立科技兴县的理念，并形成一种依靠科技致富和可持续发展的共识；积极创造条件和依靠优惠政策，促进环保产业的快速发展；加强法律法规建设，建立风险投资和完善市场调控机制，从而为科研成果的产业化培育好一套完整的社会化服务体系。

第三，启动和完善环境经济政策，加速绿色技术的推广应用。由于现行经济政策未能充分反映保护环境的要求，为此应启用和完善环境经济政策，如现行的排污收费、排污权交易等政策，对产生污染的行业或企业收取不低于使环境恢复的费用，促使污染企业积极进行技术和工艺的改造，以及采用绿色技术提高自身的经济效益和社会的环境效益。

16.6 小　结

本章运用前面的理论研究成果和方法，围绕中国的基本国情和当前凸现的一些焦点问题，有选择地探讨了人口控制、小城镇建设、典型自然保护区和县域的可持续发展战略及对策措施，旨在裨益于国家和区域的可持续发展实践及其应用研究，进而望能完善和逐步形成具有中国特色的可持续发展理论及方法体系。诚然，本章的探索仅仅是一个开端，虽不乏精辟的分析和新颖的观点，但纰漏和谬误亦在所难免，谨期能抛砖引玉矣。

本章参考文献：

[1] 李卫武．中国：跋涉世纪的大峡谷［M］．武汉：湖北人民出版社，1997.

[2] 叶文虎，毛志锋．三阶段论——人类社会演化规律初探［J］．中国人口、资源与环境．1999（2）．

[3] 毛志锋．适度人口与控制［M］．西安：陕西人民出版社，1995.

[4] 郝永平，冯鹏志．地球告急［M］．北京：当代世界出版社，1998.

[5] 田雪原．大国之难——当代中国人口问题［M］．北京：今日中国出版社，1999.

[6] 杜鹏．中国人口老龄化过程研究［M］．北京：中国人民大学出版社，1994.

[7] 毛志锋．论社会稳定与可持续发展［J］．北京大学学报，2000（3）．

[8] 牛文元，毛志锋．可持续发展理论的系统解析［M］．武汉：湖北科技出版社，1998.

[9] 高潮．乡村城市化问题论略［J］．村镇建设，1999（6）．

[10] 谭力．关于乡村城市化问题的思考［J］．村镇建设，1995（3）．

[11] 熊宁，曾尊固．农村城镇化与农业产业化［J］．城市规划，1999（3）．

[12] 周一星．城市地理学［M］．北京：商务印书馆，1995.

[13] 高潮主编．小城镇大战略论文集［C］．北京：新华出版社，1999.

[14] 天目山管理局编．天目山自然保护区自然资源综合考察报告［R］．杭州：浙江科技出版社，1992.

[15] 天目山志编纂委员会．西天目山志［M］．杭州：浙江人民出版社，1991.

[16] 张象枢，毛志锋，包晓彬．天目山国家级自然保护区可持续发展的战略研究［J］．天目山，1997（4）：1—7.

[17]［美］H. T. 奥德姆，蓝盛芳译．能量、环境与经济［M］．北京：东方出版社，1992.

[18] 谢自奋，凌跃初主编．中国县域经济发展的理论与实践［M］．上海：上海社会科学出版社，1996.

[19] 毛汉英．县域经济和社会同人口、资源、环境协调发展研究［J］．地理学报，1991（4）．

[20] 张跃辉，蓝盛芳．海南省农业能值分析［J］．农村生态环境，1999（1）．

[21] 师守祥，储茂车等．县域资源开发与可持续发展［M］．兰州：甘肃民族出版社，1998.

[22] 怀柔县计划委员会编．怀柔县国民经济与社会发展“九五”计划和 2010 年远景目标纲要［Z］．1996.

[23] 戴景珠．怀柔县域经济可持续发展方略课题研究报告［R］．1998.